Valérie Deshoulières, Hans-Jürgen Lüsebrink, Christoph Vatter (Hg.)
Europa zwischen Text und Ort /
Interkulturalität in Kriegszeiten (1914–1954)

Frankreich-Forum
Jahrbuch des Frankreichzentrums
der Universität des Saarlandes
Band 12 (2012)

Valérie Deshoulières, Hans-Jürgen Lüsebrink,
Christoph Vatter (Hg.)
**Europa zwischen Text und Ort /
Interkulturalität in Kriegszeiten (1914–1954)**
L'Europe entre Texte et Lieu /
Interculturalités en temps de guerre (1914–1954)

[transcript]

Das Jahrbuch des Frankreichzentrums wird herausgegeben vom Kollegium des Frankreichzentrums der Universität des Saarlandes: Tiziana Chiusi, Rainer Hudemann, Alfred Louis, Claudia Polzin-Haumann und Michael Veith. Unter Mitarbeit von Anne Rennig.

Kontaktadresse:
Frankreichzentrum der Universität des Saarlandes
Anne Rennig
Postfach 15 11 50
66041 Saarbrücken
fz@mx.uni-saarland.de
http://www.uni-saarland.de/fz

Bibliografische Information der Deutschen Nationalbibliothek
Die Deutsche Nationalbibliothek verzeichnet diese Publikation in der Deutschen Nationalbibliografie; detaillierte bibliografische Daten sind im Internet über http://dnb.d-nb.de abrufbar.

© 2013 transcript Verlag, Bielefeld

Die Verwertung der Texte und Bilder ist ohne Zustimmung des Verlages urheberrechtswidrig und strafbar. Das gilt auch für Vervielfältigungen, Übersetzungen, Mikroverfilmungen und für die Verarbeitung mit elektronischen Systemen.

Umschlagkonzept: Kordula Röckenhaus, Bielefeld
Redaktion: Jeanne Ruffing und Isabel Sorg, Saarbrücken
Layout & Satz: Julian Wichert, Saarbrücken
Druck: Majuskel Medienproduktion GmbH, Wetzlar
ISBN 978-3-8376-2357-4

Gedruckt auf alterungsbeständigem Papier mit chlorfrei gebleichtem Zellstoff.

Besuchen Sie uns im Internet: *http://www.transcript-verlag.de*

Bitte fordern Sie unser Gesamtverzeichnis und andere Broschüren an unter:
info@transcript-verlag.de

Inhaltsverzeichnis

1 Themenschwerpunkt: Europa zwischen Text und Ort/ L'Europe entre Texte et Lieu

VALERIE DESHOULIERES: L'Europe *plausible*: *entre* Texte et Lieu. Cartographies géocritiques 13

BERTRAND WESTPHAL: La géocritique, l'Europe et au-delà 23

ANNE GRACZYK: Sens et fonctions de l'espace fictionnel européen dans *Education Européenne* (1945) de Romain Gary et *L'Europe buissonnière* (1949) d'Antoine Blondin: vers une approche géocentrée du texte littéraire 39

THOMAS VERCRUYSSE: Géocritique et cartographie poétique: de la topographie mentale à la triade corps-esprit-monde 61

CAMILLE DE TOLEDO: Une écriture du vertige. Fragments sur l'u-topos européen, de Robert Musil à Bruce Lee 75

2 Themenschwerpunkt: Interkulturalität in Zeiten des Krieges (1914–1954)/Interculturalités en temps de guerre (1914–1954)

HANS-JÜRGEN LÜSEBRINK/CHRISTOPH VATTER: Vorwort 95

HANS-JÜRGEN LÜSEBRINK: Interculturalités en temps de guerre – approches d'une problématique paradoxale 99

HUBERT ROLAND: La *Flamenpolitik* de l'occupant allemand en 1914–1918. Un tournant dans l'histoire des relations interculturelles en Belgique et une question franco-allemande 111

GUEORGUI CHEPELEV: La guerre et la saleté. Les volontaires français de la Wehrmacht sur le territoire occupé de l'URSS (1941–1944) 127

PAPA SAMBA DIOP: La ‚guerre', l',honneur' et le ‚déshonneur'
dans l'œuvre littéraire de Léopold Sédar Senghor 155

IBRAHIMA DIAGNE: Zwischen Selbstlobrede, Opferdiskurs und
Anerkennungsansprüchen. Marc Guèyes *Un tirailleur sénégalais
dans la guerre d'Indochine 1953–1955* (2007) 167

CELINE MERAT: Zum Scheitern verurteilt?
Interkulturelle Beziehungen im französischen Indochina-Spielfilm
am Beispiel *Mort en fraude* (1956) 185

LOUISE-HELENE FILION: Entre distanciation et médiation.
Perceptions de l'Allemagne nazie et rencontres interculturelles
chez Hélène J. Gagnon, Simone Routier et Paul Péladeau 199

CHRISTOPH VATTER: Alte Gespenster und neue Zeiten:
Afrika als dritter Raum für interkulturelle Kommunikation
im Kriegsfilm der 1950er und 1960er Jahre 213

3 Bericht

VERONIQUE CHLOUP, GERRIT FISCHER UND JULIAN HULS:
Handlungsempfehlungen zur Schaffung eines Netzwerks
von Praktikantenbüros in der Großregion 237

4 Rezensionen

Alexandre, Didier/Asholt, Wolfgang (Hg.): *France – Allemagne,
regards et objets croisés. La littérature allemande vue de France –
La littérature française vue d'Allemagne*, Tübingen 2011
(Bernd Kortländer, Düsseldorf) 247

Aßner, Manuel [u. a.] (Hg.): *AfrikaBilder im Wandel? Quellen, Kontinuitäten,
Wirkungen und Brüche*, Frankfurt/M. [u. a.] 2012
(Albert Gouaffo, Dschang/Kamerun) 250

Bazié, Isaac/Lüsebrink, Hans-Jürgen (Hg.): *Violences postcoloniales.
Représentations littéraires et perceptions médiatiques*, Berlin [u. a.] 2010
(Fermin Suter, Bern) 252

Boer, Pim den/Duchardt, Heinz/Kreis, Georg/Schmale, Wolfgang (Hg.):
Europäische Erinnerungsorte, München 2012, Bd. 1: *Mythen und Grundbegriffe
des europäischen Selbstverständnisses*; Bd. 2: *Das Haus Europa*;
Bd. 3: *Europa und die Welt* (Etienne François, Berlin) 254

Chauvet, Didier: *Le Nazisme et les Juifs. Caractères, méthodes et étapes
de la politique nazie d'exclusion et d'extermination*, Paris 2011
(Armin Heinen, Aachen) 257

Clouet, Louis-Marie/Marchetti, Andreas (Hg.):
L'Europe et le monde en 2020. Essai de prospective franco-allemande,
Villeneuve d'Ascq 2011 (Sandra Eckert, Mannheim) 258

Darbellay, Frédéric/Paulsen, Theres (Hg.): *Au Miroir des Disciplines.
Réflexions sur les pratiques d'enseignement et de recherche inter- et transdisciplinaires/
Im Spiegel der Disziplinen. Gedanken über inter- und transdisziplinäre
Forschungs- und Lehrpraktiken*, Bern [u. a.] 2011
(Marie-France Chevron, Wien) 259

Defrance, Corine/Pfeil, Ulrich: *Eine Nachkriegsgeschichte in Europa
1945 bis 1963*, Darmstadt 2011;
Defrance, Corine/Pfeil, Ulrich (Hg.):
La France, l'Allemagne et le traité de l'Elysée, Paris 2012
(Adolf Kimmel, St. Ingbert) 262

Demesmay, Claire/Sold, Katrin (Hg.): *Frankreich-Themen 2010*,
Baden-Baden 2010 (Sabine von Oppeln, Berlin) 264

Deutsch-französisches Institut (dfi) (Hg.): *Kulturnation Frankreich?
Die kulturelle Dimension des gesellschaftlichen Wandels*, Wiesbaden 2012
(Adolf Kimmel, St. Ingbert) 266

Fischer, Carolin/Nickel, Beatrice (Hg.): *Französische und frankophone
Literatur in Deutschland (1945–2010).
Rezeption, Übersetzung, Kulturtransfer*, Frankfurt/M. [u. a.] 2012
(Aurélie Barjonet, Versailles/Saint-Quentin-en-Yvelines) 267

Frey, Daniel/Duvoisin, Corinne: *Histoire de la poésie amoureuse allemande
du XIIe au XXe siècle*, édition bilingue allemand/français,
Villeneuve d'Ascq 2011 (Jill Bühler, Genève) 270

Göbel, Christian: *Der vertraute Feind. Pressekritik in der Literatur des
19. und frühen 20. Jahrhunderts*, Würzburg 2011 (Jacques Le Rider, Paris) .. 271

Grunewald, Michel/Lüsebrink, Hans-Jürgen/Marcowitz, Reiner/
Puschner, Uwe (Hg.): *France-Allemagne au XXe siècle – la production
de savoir sur l'autre/Deutschland und Frankreich im 20. Jahrhundert.
Akademische Wissensproduktion über das andere Land*,
Bd. 1: *Questions méthodologiques et épistémologiques/
Methodische und epistemologische Probleme*, Bern [u. a.] 2011
(Sandra Schmidt, Clermont-Ferrand) 273

Hertrampf, Marina Ortrud M.: *Photographie und Roman. Analyse – Form –
Funktion. Intermedialität im Spannungsfeld von nouveau roman und postmoderner
Ästhetik im Werk von Patrick Deville*, Bielefeld 2011
(Michel Collomb, Montpellier) 274

Hüser, Dietmar/Eck, Jean-François (Hg.): *Medien – Debatten –
Öffentlichkeiten in Deutschland und Frankreich im 19. und 20. Jahrhundert/
Médias, débats et espaces publics en Allemagne et en France aux 19e et 20e siècles*,
Stuttgart 2011 (Vincent Goulet, Metz) 277

Jurt, Joseph: *Frankreichs engagierte Intellektuelle. Von Zola bis Bourdieu*,
Göttingen 2012 (Adolf Kimmel, St. Ingbert) 278

Kaiser, Gerhard R.: *Deutsche Berichterstattung aus Paris. Neue Funde
und Tendenzen*, Heidelberg 2008 (Hans-Jürgen Lüsebrink, Saarbrücken) .. 280

Klees, Heike: *Das Spiel in der Comédie-Italienne (1662–1729): Strukturen
und Funktionen im Wandel*, Würzburg 2011 (Pauline Beaucé, Nantes) 283

Kovacshazy, Cécile/Solte-Gresser, Christiane (Hg.): *Relire Madeleine
Bourdouxhe. Regards croisés sur son œuvre littéraire*, Bruxelles [u. a.] 2011
(Christian von Tschilschke, Siegen) 285

Lavric, Eva/Pöckl, Wolfgang/Schallhart, Florian (Hg.): *Comparatio delectat*.
Akten der VI. Internationalen Arbeitstagung zum romanisch-deutschen
und innerromanischen Sprachvergleich, Innsbruck,
3.–5. September 2008, 2 Bde., Frankfurt/M. [u. a.] 2011
(Nadine Rentel, Zwickau) 287

Le Quintrec, Guillaume/Geiss, Peter (Hg.): *Europa und die Welt seit 1945*,
Stuttgart [u. a.] 2006;
Le Quintrec, Guillaume/Geiss, Peter (Hg.): *L'Europe et le monde depuis 1945*,
Paris [u. a.] 2006;
Henri, Daniel/Le Quintrec, Guillaume/Geiss, Peter (Hg.):
Europa und die Welt vom Wiener Kongress bis 1945, Stuttgart [u. a.] 2008;
Geiss, Peter/Henri, Daniel/Le Quintrec, Guillaume (Hg.):
L'Europe et le monde du congrès de Vienne à 1945, Paris [u. a.] 2008;
Bendick, Rainer [u. a.] (Hg.): *Europa und die Welt von der Antike bis 1815*,
Stuttgart [u. a.] 2011;
Bendick, Rainer [u. a.] (Hg.): *L'Europe et le monde de l'antiquité à 1815*,
Paris [u. a.] 2011
(Alexandra Sefrin, Bad Homburg/Bärbel Kuhn, Siegen) 289

Liebeskind, Uta: *Universitäre Lehre. Deutungsmuster von ProfessorInnen
im deutsch-französischen Vergleich*, Konstanz 2011
(Béatrice Durand, Berlin) 294

Lüger, Heinz-Helmut/Giessen, Hans W./Weigel, Bernard (Hg.):
Entre la France et l'Allemagne. Michel Bréal, intellectuel engagé,
Limoges 2012 (Annette Schmehl-Postaï, Nantes) 296

Mehdorn, Margarete: *Französische Kultur in der Bundesrepublik Deutschland.
Politische Konzepte und zivilgesellschaftliche Initiativen 1945–1970*,
Köln [u. a.] 2009 (Dietmar Hüser, Kassel) 298

Miard-Delacroix, Hélène: *Le Défi européen de 1963 à nos jours*,
Villeneuve d'Ascq 2011;
Miard-Delacroix, Hélène: *Im Zeichen der europäischen Einigung: 1963
bis in die Gegenwart*, Darmstadt 2011 (Stefan Seidendorf, Ludwigsburg) ... 300

Montandon, Alain: *Les Yeux de la nuit. Essai sur le romantisme allemand*,
Clermont-Ferrand 2010 (Leslie Brückner, Freiburg) 302

Münchow, Patricia von: *Lorsque l'enfant paraît ...
Le discours des guides parentaux en France et en Allemagne*, Toulouse 2011
(Helga Bories-Sawala, Bremen) 303

Münscher, Robert: *Vertrauensentwicklung im interkulturellen Management:
ein empirischer Beitrag am Beispiel der deutsch-französischen Zusammenarbeit*,
Wiesbaden 2011 (Eric Davoine, Fribourg/Suisse) 306

Robert, Valérie: *La Presse en France et en Allemagne. Une comparaison des systèmes suivi d'un lexique allemand-français de la presse*, Paris 2011 (Heinz-Helmut Lüger, Bad Bergzabern) 308

Schmidt am Busch, Hans-Christoph: *Hegel et le saint-simonisme. Etude de philosophie sociale*, trad. de l'allemand par Olivier Mannoni, Toulouse 2012 (Jean-Louis Vieillard-Baron, Poitiers) 311

Toledo de, Camille: *Le Hêtre et le bouleau. Essai sur la tristesse européenne*, Paris 2009 (Franziska Eickhoff, Freiburg) 312

Westphal, Bertrand: *Le Monde plausible: espace, lieu, carte*, Paris 2011 (Robert Stockhammer, München) 314

Autorenverzeichnis 319

Bildnachweis 331

# 1 Themenschwerpunkt: Europa zwischen Text und Ort/ L'Europe entre Texte et Lieu

Valérie Deshoulières

L'Europe *plausible* : *entre* Texte et Lieu
Cartographies géocritiques

Titulaire depuis quatre ans de la chaire de Littérature française dans le contexte européen à l'Université de la Sarre, j'ai aussi le plaisir de diriger l'Institut français, abrité, grâce à la générosité de notre Land, dans le beau cadre de la Villa Europa. Cela crée quelques obligations. Un lieu, un nom et des rencontres essayant de penser l'Europe, d'abord à ses frontières, puisque telle est notre situation géographique, ici à Saarbrücken, et ensuite dans sa complexité générale, tant ce territoire, comme le rappelle Claudio Magris, se présente comme « une stratification de terre et d'histoire »[1]. Comparatiste de formation, j'ai le souci des passages – notre ville n'a-t-elle pas d'ailleurs la vocation des 'ponts' ? Aussi voudrais-je, pour présenter ce dossier 'géocritique' consacré à l'Europe et au-delà, me souvenir d'un certain nombre d'éléments : notre université, présentée dès son seuil dans les deux langues, française et allemande, fut pensée, sur le papier, à une époque où les nations, française et allemande, s'affrontaient ; au même moment, un caméléon polyglotte, désespoir des biographes, Romain Gary, anticipait leur réconciliation dans un roman, *Education européenne*, commencé en 1941, alors qu'il était engagé dans les Forces Françaises Libres. Si j'avais participé au colloque *Interculturalités en temps de guerre. Littérature, médias et mémoires*, organisé en juillet 2011 par mes collègues Hans-Jürgen Lüsebrink et Christoph Vatter et dont le présent volume accueille aujourd'hui les actes, c'est sous sa bannière que j'aurais pris la parole.

« La *Flamenpolitik* de l'occupant allemand en 1914–1918 » (Hubert Roland)*,* « La 'guerre', l''honneur' et le 'déshonneur' dans l'œuvre littéraire de Léopold Sédar Senghor » (Papa Samba Diop), « Entre distanciation et médiation. Perceptions de l'Allemagne nazie et rencontres interculturelles chez Hélène J. Gagnon, Simone Routier et Paul Péladeau » (Louise-Hélène Filion)… : les titres des contributions proposées dans le cadre de cette rencontre renvoient, pour la plupart, à la perception de l''étranger', coïncidant en l'occurrence avec des nations en guerre, et à ses représentations artistiques. De telles études supposent une démarche interdisciplinaire intégrant notamment

---

1 Magris, Claudio : *L'infinito viaggiare*, Milano : A. Mondadori, 2005, p. XVII : « […] il paesaggio – comme nella poesia di Andrea Zanzotto – è stratificazione di terra e di storia ». Cité par Bertrand Westphal dans l'article du présent volume, note 30.

l'histoire, la sociologie, l'anthropologie, et s'adossent éventuellement à une théorie conçue justement en Allemagne autour de 1960, l'imagologie, engageant une réflexion sur la culture de l'Autre et ses singularités supposées, autant dire sur les stéréotypes. On ne saurait imaginer, en résumé, qu'un imagologue s'intéresse à l'inscription d'une nation étrangère dans une œuvre, littéraire ou cinématographique, sans s'attarder sur la représentation de l'espace géographique qui lui correspond, forcément problématique « en temps de guerre ». A cet égard, l'œuvre de Gary ne peut que retenir son attention : contre les stéréotypes dont le soldat a pu observer les conséquences désastreuses, le romancier valorise une pratique déconstruisant toutes les définitions essentialistes de l'identité, à commencer par l'identité nationale. Au commencement de ces démythifications est l'idée d'Europe qui pousse de nouvelles racines dans les ruines laissées par la guerre.

Le premier roman de Gary se présente en effet comme un plaidoyer en faveur d'une Europe au-delà des nations comme l'illustrent en particulier ces paroles de Dobranski, résistant polonais courageux et romancier européen idéaliste, *alter ego* de Gary : « J'aime tous les peuples, mais je n'aime aucune nation [...] Le patriotisme, c'est l'amour des siens, le nationalisme, c'est la haine des autres. Les Russes, les Américains, tout ça... Il y a une grande fraternité qui se prépare dans le monde. Les Allemands nous auront valu au moins ça ! »[2]. Il est clair ici que Gary se souvient du diagnostic pessimiste, paranoïaque, de Maurice Barrès, lâché du haut de sa « colline inspirée »[3], selon lequel la France risquerait de disparaître parce qu'elle serait menacée par l'Allemagne. Dans *Education européenne*, les nations polonaise et allemande sont renvoyées dos à dos et c'est un continent, fût-il ambivalent, qui doit rédimer leurs travers et leurs différends. En 1972, au moment de la publication d'*Europa*, la bannière de Gary s'est assombrie : l'écrivain-diplomate a en effet acquis la certitude que la culture européenne ne constitue en aucun cas une force agissante susceptible de pénétrer l'ensemble des rapports humains : « L'Europe n'existe pas », écrit-il dans sa *Note pour l'édition américaine du roman*, « et n'a jamais existé en tant qu'entité vivante, spirituelle et éthique »[4]. Depuis la signature du Traité de Rome jusqu'en 1973, la Communauté européenne ne se perçoit ni ne se décrit, il est vrai, comme une entité culturelle, mais bien plutôt comme une force économique et politique appelée à lutter contre le totalitarisme soviétique.[5]

2 Gary, Romain : *Education européenne* [1945], [Paris] : Gallimard, 2005 (Folio 203), p. 246.
3 Œuvre de la maturité de Barrès, *La Colline inspirée* date de 1913. Précisons que la critique a baptisé « trilogie de l'énergie nationale » les romans publiés par Barrès en 1897 (*Les Déracinés*), 1900 (*L'Appel au soldat*) et 1902 (*Leurs figures*).
4 Gary, Romain : Note pour l'édition américaine d'*Europa*, ds. : *idem* : *Europa* [1972], [Paris] : Gallimard, 1999 (Folio 3273), p. 9.
5 Voir à ce sujet l'article d'Yves Hersant : Critique de l'Euroculture, ds. : Kastoryano, Riva (dir.) : *Quelle identité pour l'Europe ? Le multiculturalisme à l'épreuve*, Paris : Presses de Sciences Po, 1998, p. 81–94.

La faillite de l'esprit européen réactive, dans celui de Gary, « l'effroyable déchirure » de la Seconde Guerre mondiale. *Europa* doit alors « témoigner crûment de l'implacable dualité de la séparation totale, si savamment dissimulée au cours des siècles, de l'Europe d'avec sa très belle Narration »[6]. C'est cette dichotomie entre éthique et esthétique qu'incarne Jean Danthès, le protagoniste du roman, ancien déporté devenu Ambassadeur de France à Rome, un Européen « jusqu'au bout des ongles, c'est-à-dire, selon la définition de l'Européen par Milan Kundera, 'ayant la nostalgie de l'Europe' »[7]. « Dédoublement de la personnalité », écrit Gary dans la Note liminaire, « telle est bien la clé de chaque personnage ou aspect de cette œuvre de fiction – comme elle l'est de l'Europe elle-même, cet autre conte de fées »[8]. Le terme « fiction » est ici d'importance, car il signifie que l'Europe cesse ici d'être un *Lieu* et se métamorphose en *Texte*. Perçu comme « une sorte de cabotage erratique – chronique ? – à travers l'archipel des possibles » (Bertrand Westphal), *Europa* fut considéré à sa publication, selon une déclaration de Gary lui-même, comme « une louable contribution à la mode du baroque en littérature ». Comprenons que le roman fut apparenté aux œuvres latino-américaines, qui, dès les années 1960, s'employèrent, selon Carlos Fuentes, à remplacer le discours officiel sur la nation, « bureaucratique et commémoratif »[9], par un rapport imaginaire à la nationalité. Un « schizo-roman » *calquant* un continent scindé.[10]

En publiant en 1993 sa *Geografía de la novela*, Fuentes renouvelle donc fondamentalement le sens du mot 'territoire' : le référent 'terre' – et ses frontières – s'estompe au profit du référent 'texte' pour mieux désigner l'appartenance des écrivains du monde entier à une seule *nation*, celle de l'imagination et de la parole, celle du roman. La formule : « la nation nommée roman »[11], à partir de laquelle se développe l'essai de Fuentes, a inspiré très récemment le titre d'un ouvrage passionnant coordonné par Danielle Perrot-Corpet et Lise Gauvin. Leur introduction, puissante, s'amorce avec Fuentes et s'achève avec Edouard Glissant dont le concept de 'créolisation' est appliqué au roman : au-delà du « simple brassage de couleurs locales climatiques », il s'agit bien pour le poète-romancier erratique de produire une œuvre fondée sur une

---

6   Gary : *Europa*, p. 471.
7   Kundera, Milan : *L'Art du roman. Essai* [1986], [Paris] : Gallimard, 1995 (Folio 2702), p. 154.
8   Gary : Note pour l'édition américaine d'*Europa*, p. 11.
9   Fuentes, Carlos : *Géographie du roman*, trad. Céline Zins, [Paris] : Gallimard, 1997 (Arcades 52), p. 26. (Original : *Geografía de la novela,* Madrid : Alfaguara, 1993.)
10   Nous nous permettons de renvoyer ici à notre article : Deshoulières, Valérie : L'arbre et la mangle. Déterritorialisations et reterritorialisations du roman. Romain Gary, Edouard Glissant : de l'Europe au 'Tout-monde', ds. : Perrot-Corpet, Danielle/Gauvin, Lise (dir.) : *La Nation nommée roman face aux histoires nationales*, Paris : Classiques Garnier, 2011.
11 « la nación de la novela », ds. : *Geografía de la novela*, p. 23.

poétique et un imaginaire inspirés par le « hèlement du monde » et ses tremblements.[12] Une œuvre, en d'autres termes, qui ne *calque* pas servilement une réalité « conçue selon le déterminisme d'un modèle structural et codifié »[13], mais la *cartographie*, c'est-à-dire l'expérimente. Le Texte et le Lieu s'enlaçant comme en un répons. Ou, si l'on préfère, se 'métissant'. De là à se tisser l'un l'autre, il n'y avait qu'un pas que seul un grand… voyageur pouvait faire aisément.

Dans son autobiographie intellectuelle, *L'Esprit nomade,* publiée en 2008,[14] le poète cosmographe Kenneth White se propose d'ouvrir, au-delà des « grands cheminements critiques d'hier », désormais réduits à des « discours de maître » ou des « pratiques réductrices », « une aire culturelle où les énergies circuleraient librement »[15]. Figure-clé de cette culture planétaire et de cette poétique du monde, le « nomade », dont il trace ici le diagramme, plutôt qu'il ne dessine le portrait, « s'enfonce dans un paysage où il n'y a parfois plus de chemins. » Loin de « l'autoroute de l'histoire »[16], ce dernier doit alors s'inventer une « géographie » et, plus fondamentalement même, cette « densification de la géographie » baptisée par White : « géopoétique ». C'est sous le signe de cet « anarcho-nihiliste » ou, plus justement, de ce « sur-nihiliste » – il conviendrait d'entrevoir dans cet adjectif le « visage » d'« un intellectuel d'un nouveau genre, mobile et multiple, abrupt et rapide, n'appartenant à aucune intelligentsia, ne s'attachant à aucune idéologie et ayant la solidarité difficile, sauf avec l'univers »[17] – que j'ai placé la rencontre organisée à la Villa Europa le 29 juin 2011 autour de l'idée que « le texte est digne d'apporter sa contribution au réel » ou encore que « le lieu est nécessairement un agrégat d'espace-temps et participe d'une construction stratigraphique » (Bertrand Westphal).

Kenneth White est en constant dialogue avec Gilles Deleuze, qui fit de la « Pensée nomade » l'un des chapitres fondamentaux de *Nietzsche aujourd'hui*[18]

---

12 Perrot-Corpet, Danielle/Gauvin, Lise : Introduction : qu'est-ce que « la nation nommée roman » ? Coordonnées d'une utopie, ds. : Perrot-Corpet/Gauvin (dir.) : *La Nation nommée roman*, p. 9–30, ici p. 20.

13 Nouss, Alexis : *Plaidoyer pour un monde métis*, postface de Daniel Bensaïd, Paris : Textuel, 2005 (La discorde 26), p. 55. C'est nous qui soulignons. L'auteur cite ici partiellement Deleuze, Gilles/Guattari, Félix : *Capitalisme et schizophrénie 2. Mille plateaux,* Paris : Minuit, 1980, p. 20.

14 White, Kenneth : *L'Esprit nomade* [1987], Paris : Librairie générale française, 2008.

15 White : *L'Esprit nomade*, p. 9.

16 « Le nomade, c'est aussi celui qui quitte l'autoroute de l'histoire, ainsi que les cités pathogènes qui la jalonnent, et qui s'enfonce dans un paysage où il n'y a parfois plus de chemins, plus de sentiers, tout au plus des tracés. Il faut qu'il s'invente une géographie et, plus fondamentalement, cette densification de la géographie que j'ai appelée géopoétique », White : *L'Esprit nomade*, p. 11.

17 White : *L'Esprit nomade,* p. 17.

18 Deleuze, Gilles : Pensée nomade, ds. : *Nietzsche aujourd'hui ?,* vol. 1 : *Intensités,* Paris : Union générale d'Editions, 1973, p. 159–174.

et qui fut, avec Félix Guattari, l'auteur d'un « Traité de nomadologie », correspondant précisément au chapitre 12 de *Mille Plateaux* (1980). Opposant fervent à ce qu'il appelle « la philosophie philosophante » – celle dont la logique se présente comme un enchaînement historique de cause à effet –, Deleuze plaide au contraire en faveur d'« une succession infinie d'opérations locales ». Etre sensible, comme il le revendique, à l'interchangeabilité du *dedans* et du *dehors*, laquelle ne saurait « s'installer » que « dans le balancement du principe de différence », c'est relever le défi de substituer le « et », la conjonction la plus apte, paradoxalement, à tracer « une ligne de fuite active et créatrice », au « est », « verbe fétiche des ontologies de la substance ». Le « nomade » ne possède ni identité ni histoire ; il n'a qu'une *géographie*, laquelle a lieu, advient dans « l'espace lisse des steppes » et se caractérise par la rapidité, le flux, l'énergie. L'opposition initiée par Deleuze entre le « calque » et la « carte » pour définir le nomadisme fonde la réflexion que nous avons menée sur l'Europe lors de cette rencontre : si le « calque » nous oblige en effet à penser notre continent en terme de « territoire », la « carte », au contraire, nous incite à le créer par-delà les langues et les nations.

C'est bien à *cartographier* l'Europe, autrement dit, que s'employèrent nos invités ce jour-là. Comme Kenneth White, Bertrand Westphal, le premier d'entre eux, voudrait rendre compte de la complexité de toute saisie des espaces humains ; comme lui, il a inscrit ses pérégrinations, plus critiques toutefois que poétiques, dans le sillage de Deleuze et cherche la ligne de fuite inhérente à tout territoire, fût-il étroitement délimité, en posant notamment cette question : ne serait-ce pas la « déterritorialisation », plutôt que le « territoire », qui créerait la terre ? Le « territoire », dans ces conditions, ne saurait plus apparaître comme « une chose solide et immuable ». Ce n'est qu'« un tenir ensemble d'éléments hétérogènes » qu'il convient dès lors d'observer dans leur mouvance. En dissociant « espace » et « fixité », Deleuze et Guattari mettent donc implicitement l'accent sur le lien entre « temporalité » et « espace ». Westphal ne fait pas autre chose au moment de cerner les fondements théoriques de la géocritique : c'est par une réflexion sur la spatio-temporalité que s'ouvre le premier essai qu'il lui a consacré aux éditions de Minuit.[19] Il lui faut d'abord montrer en effet comment les métaphores du temps se sont spatialisées depuis les lendemains de la Seconde Guerre mondiale et de quelle façon l'espace a été revalorisé au détriment d'un temps qui, dans la critique et la théorie, avait exercé jusque là une suprématie sans partage. Ecrire « en temps de guerre ».

L'objectif de la géocritique, comme il nous le rappelle ici, est clairement d'interroger les liens entre le Référent et sa Représentation ou, si l'on préfère, entre le Monde et le Texte, d'évaluer l'importance du Texte dans la construction

---

19 Westphal, Bertrand : *La Géocritique. Réel, fiction, espace,* Paris : Minuit, 2007.

du Lieu et réciproquement. Rapportée à l'espace européen, une telle interrogation pourrait être formulée ainsi : si l'Europe est cet « ensemble flou, pluriel, volatile, poreux »[20] dont parle Marc Fumaroli, n'est-ce pas au Texte, soit à la littérature, « mode privilégié de la représentation de l'espace »[21], qu'il appartient de l'inventer ? Je suis reconnaissante à Anne Graczyk de l'avoir clairement montré, à partir de deux romans : *Education européenne* de Romain Gary (1945) et *L'Europe buissonnière* d'Antoine Blondin (1949), et d'avoir simultanément prouvé l'extrême fécondité d'une approche géocritique de telles œuvres. Des textes romanesques et des textes poétiques aussi bien. La « cartographie poétique » telle que la définit en effet Thomas Vercruysse se déploie, s'invente, se chorégraphie elle aussi à partir d'un manque, voire d'un échec : celui d'une topographie mentale analytique, donc close, établie par une intelligence déductiviste dont le Moi serait « le point d'origine des axes de la pensée ». Cette intelligence serait inféodée à un fantasme de maîtrise adossant ses pouvoirs à la faculté de tout voir. Westphal et Vercruysse, par conséquent, sont aux prises avec le même démon : celui que devait engendrer l'imagination du physicien Pierre-Simon Laplace, « tout aussi redoutable que le Méphistophélès de Goethe ou le Woland de Boulgakov », tandis qu'il considère la trajectoire mécanique et rectiligne des événements.

Désireuses d'outrepasser les frontières nationales du champ critique, les confins linguistiques du corpus fictionnel, les seuils disciplinaires, ces trois recherches m'ont paru entrer en résonance avec celle de Camille de Toledo qui, dans des pages marquantes : *Le Hêtre et le bouleau. Essai sur la tristesse européenne* (Seuil, 2009), médite sur l'ordre politique et émotionnel de l'Europe après la Chute du Mur. Sa description désenchantée de l'interprétation par Mstislav Rostropovitch des *Suites* de Bach devant un petit pan du Mur peint à la gloire de Mickey dit assez la dimension spirituelle de sa lecture de l'événement ; ce jour-là, au son du violoncelle du Maître transformé en Mendiant, à mesure que les pièces de monnaie tombaient à ses pieds, autre chose fut emporté en même temps que le diable : deux 'ailleurs' d'un coup disparaissaient et avec eux les utopies susceptibles de tenir à distance le sentiment de mélancolie. C'est toutefois à sortir du Cercle formé par le XXe siècle avec lui-même, ouroboro, autophage, que de Toledo nous encourage : « Le XXe siecle ne peut infiniment gouverner l'état émotionnel, philosophique et politique de l'Europe : Il ne saurait être à lui seul une pédagogie, une morale et une leçon d'éducation civique ». Partageant cette même sagesse poétique qui nous enseigne que l'on ne voyage jamais qu'à l'intérieur du langage, nos invités ont tous pris rendez-vous à Berlin, rue Hannah Arendt, à côté de l'*Holocaust-*

---

20 Fumaroli, Marc : Aristée et Orphée : L'Europe de l'action et l'Europe de l'esprit, ds. : *idem [et al.]* (dir.) : *Identité littéraire de l'Europe*, Paris : PUF, 2000, p. 7–15, ici p. 8.
21 Grassin, Jean-Marie : Introduction. Pour une science des espaces littéraires, ds. : Westphal, Bertrand (dir.) : *La Géocritique mode d'emploi*, Limoges : PULIM, 2000, p. I–XIII, ici p. II.

L'Europe plausible

Denkmal, pour poser une question commune : quelle conséquence pour l'esprit que de se reconstruire sur un simulacre de cimetière ?

Ou, pour le dire autrement : comment repenser l'utopie européenne, en transmettant différemment l'expérience du XXe siècle ? De Toledo, s'inspirant peut-être de Deleuze et de Glissant, nous répond dans « le langage des arbres » : au-delà du *hêtre,* faisant partie des essences nobles, mais entraînant la mort des autres arbres en les recouvrant de son feuillage et en leur dérobant la lumière, au-delà du *bouleau*, « l'arbre des pleurs de l'Europe car témoin silencieux du massacre en train d'avoir lieu », regardons le *banian*, l'arbre postcolonial par excellence, et diasporique, pour ce que ses branches replongent vers le sol, afin de reprendre racine.[22] Dans son écologie de la culture européenne, c'est à la traduction, « langue des identités multiples », qu'il appartient de nous aider à tourner la page d'un siècle que son exacerbation nationale et identitaire a mené où l'on sait. La 'géocritique' de Westphal et la 'pédagogie du vertige' de Toledo se méfient pareillement de « la fable de la continuité », celle qui porte « une vision civilisationnelle des Grecs, des Romains, puis de la Chrétienté en une seule étincelante lignée » : « Nous sommes infiniment plus bâtards, plus syncrétiques, plus hybrides que ce dont nos écoles cherchent à nous convaincre ». Je tiens à remercier personnellement Marine Ferry, qui fut également présente à cette réunion, de m'avoir amenée à comprendre que cette phrase, Westphal, aussi bien que Toledo, aurait pu l'écrire ; que tous deux, par conséquent, avaient songé à articuler la littérature autour de ses relations à l'espace et à promouvoir une poétique de l'archipel, le plus dynamique, sans doute, des espaces.

On ne saurait, je crois, penser aujourd'hui la mobilité des identités culturelles, sans tenir compte de leurs propositions : à la trajectoire géocritique, 'virevoltante', décrite par l'un correspondrait peut-être le projet linguistique, 'tournant', de l'autre. Ce projet, quel est-il exactement ?

1. Prendre à la lettre l'idée d'Umberto Eco selon laquelle la seule langue commune de l'Europe est la traduction[23].
2. Considérer la traduction, le non-lieu de l'entre des langues, comme le centre vide de la culture européenne, propice à l'accueil, au croisement, à l'hybridation, à l'expérimentation.

---

22 Voir à ce sujet notre entretien avec Camille de Todedo, Deshoulières, Valérie : Le hêtre, le bouleau… et le banian. Tristesse européenne, pédagogie du vertige, ds. : *Villa Europa* 2 (2011), p. 21–29.
23 Voir notamment ses livres *Dire presque la même chose. Expériences de traduction*, traduit de l'italien par Myriem Bouzaher, Paris : Grasset, 2007 (Original : *Dire quasi la stessa cosa. Esperienze di traduzione*, 2003, et *La Recherche de la langue parfaite dans la culture européenne*, trad. de l'italien par Jean-Paul Manganaro, Paris : Seuil, 1994 (Original : *La ricerca della lingua perfetta nella cultura europea*, Bari : Laterza, 1993).

3. Faire de la po-éthique du traducteur, de son effort pour accueillir l'autre langue dans sa langue, le cœur-creuset d'une citoyenneté des identités et des langues multiples.
4. Faire de la traduction le cœur d'une pédagogie nouvelle de l'entre-langues, où l'Europe se reconnaît comme une communauté poétique et politique de la traduction, autour d'un vertige originel, d'un vide.

La Société européenne des Auteurs, fondée il y a quatre ans, est donc à la fois un centre de recherche, un réseau, une contre-institution liant des auteurs, des traducteurs, des chercheurs, pour construire une Europe des textes et du traduire, à rebours des fondations technocratiques et économiques de l'Union : une Europe consciente que tout espace politique doit se concevoir, d'abord, comme un espace poétique. Au cœur de cette poétique du vertige pour le XXe siècle, on trouve l'impératif du traduire : se traduire, être traduit, traduire l'autre, être traduit par l'autre, se penser dans l'entre des langues, à rebours des langues savantes, nationales de la maîtrise, langues hégémoniques de l'Europe, dans le geste même du passage, du travestissement, et de l'accueil.

A ce jour, les programmes de la Société européenne des Auteurs sont au nombre de trois :

a. La Liste Finnegan, embryon d'une Académie européenne des langues et de la traduction, où de grandes figures du monde des lettres parrainent des œuvres, classiques ou contemporaines, pour les faire traduire.
b. Le projet Borges, dit TLHUB.org – Translation and Literary Hub. Un outil informatique dédié aux traducteurs, aux auteurs, une plateforme et un réseau social de la traduction, entre toutes les langues du monde, visant à construire une coopérative de l'entre des langues, pour, *in fine*, financer un fonds mondial pour la traduction : World Translation Fund.
c. Un observatoire de la traduction, consacré à rendre compte, dans les sciences humaines et le champ littéraire, de l'importance de la traduction, pour prolonger des travaux et recherches liés à la pensée de la traduction.

Renaîtrait alors, dans le creuset du *Texte*, l'idée d'une CONSTITUANTE, portée par une communauté de traducteurs.

Mais leurs propositions depuis lors – ils travaillent sans relâche – se sont affinées… ou élargies, selon que l'on adopte le point de vue du philosophe ou du géographe. Bertrand Westphal, qui pensait en avoir terminé avec l'espace et ses représentations esthétiques, a publié, toujours aux éditions de Minuit, un nouvel essai *Le Monde plausible. Espace, lieu, carte*, et Camille de Toledo, dont le « besoin de consolation », comme celui de Stig Dagerman, est « impossible à rassasier »[24], un nouveau chant à valeur d'essai, *L'Inquiétude*

---

24 Dagerman, Stig : *Notre besoin de consolation est impossible à rassasier*, trad. du suédois par Philippe Bouquet, Arles : Actes Sud, 1984. (Original : Vårt behov av tröst är omättligt, ds. : *Husmodern* 13 (1952).)

d'être au monde aux éditions Verdier. Le premier avoue avoir éprouvé une certaine « curiosité » à l'endroit de la panique de l'Europe face au « vertige du vide » (selon une expression récurrente de Camille de Toledo) et le désir corollaire d'interroger d'autres cultures quant aux modalités de la représentation de l'espace, phénomène culturel parmi d'autres (les projections centripètes de la tradition chinoise, les lignes de chant que tracent les Aborigènes…). Le second avoue nourrir « un espoir ouvertement politique et poétique », celui de « voir les mots *agir sur* et *dévier* l'esprit contemporain de l'Europe » : une manière de poursuivre les réflexions de Paul Valéry sur la « crise de l'esprit », quand en 1919, le poète lança ce cri face au « désordre mental de l'Europe » : « Nous autres, civilisations, nous savons maintenant que nous sommes mortelles »[25].

Reconnaissons-le avec humilité : le glas des revendications hégémoniques de l'Occident a sonné. C'est cette idée que l'intellectuel, à la suite du poète, doit 'en rabattre' qu'il nous faut entendre dans l'adjectif choisi par Westphal pour qualifier le monde : « plausible », comme il nous le rappelle, dérive du latin *plausibilis* et partage la racine de *plaudere*, qui signifiait « applaudir ».[26] L'Europe *plausible*, à l'instar du monde mêmement caractérisé, serait donc une Europe 'digne d'être applaudie'. Au-delà de l'ironie, entendons dans ces applaudissements un encouragement à faire encore un effort. Politique et, surtout, linguistique. En arpentant le cimetière juif de Varsovie avec « l'ami », auquel Todorov dut et dédia son ouvrage *Face à l'extrême*[27], je devais découvrir en mars 2010 que la tombe de la famille Perec était située juste à côté de celle de Ludwik Lejzer Zamenhof, l'inventeur de l'*esperanto*. Etrange proximité. En œuvrant pour que la traduction devienne la langue unique de l'Europe, Camille de Toledo et tous ceux qui l'accompagnent et le soutiennent dans cette aventure répondent courageusement au constat de Bertrand Westphal, selon lequel « pour l'Europe, l'espace n'est en aucun cas destiné à rester libre. Le vertige du vide lui est insupportable ». Si l'Europe existe et si elle veut durer, ce « vertige du vide », elle va devoir lui donner la parole. Dans toutes les langues évidemment. La *Société Européenne des Auteurs* devrait l'y aider.

Valérie Deshoulières
Professeur à l'Université de la Sarre
Directrice de l'Institut français de Saarbrücken

---

25 Valéry, Paul : La Crise de l'esprit, ds.: *idem* : *Œuvres*, éd. établie et annot. par Jean Hytier, t. 1, [Paris] : Gallimard, 1957 (Bibliothèque de la Pléiade 127), p. 988–1014, ici p. 988.
26 Westphal, Bertrand : *Le Monde plausible. Espace, lieu, carte*, [Paris] : Minuit, 2011, p. 18.
27 Todorov, Tzvetan : *Face à l'extrême*, Paris : Seuil, 1991.

Bibliographie sélective

Dagerman, Stig : *Notre besoin de consolation est impossible à rassasier*, trad. du suédois par Philippe Bouquet, Arles : Actes Sud, 1984. (Original : Vårt behov av tröst är omättligt, ds. : *Husmodern* 13 (1952).)
Deleuze, Gilles : Pensée nomade, ds. : *Nietzsche aujourd'hui ?,* vol. 1 : *Intensités,* Paris : Union générale d'Editions, 1973, p. 159–174.
Deshoulières, Valérie : L'arbre et la mangle. Déterritorialisations et reterritorialisations du roman. Romain Gary, Edouard Glissant : de l'Europe au 'Tout-monde', ds. : Perrot-Corpet, Danielle / Gauvin, Lise (dir.) : *La Nation nommée roman face aux histoires nationales,* Paris : Classiques Garnier, 2011.
Deshoulières, Valérie : Le hêtre, le bouleau… et le banian. Tristesse européenne, pédagogie du vertige, ds. : *Villa Europa* 2 (2011), p. 21–29.
Eco, Umberto : *La Recherche de la langue parfaite dans la culture européenne,* trad. de l'italien par Jean-Paul Manganaro, Paris : Seuil, 1994. (Original : *La ricerca della lingua perfetta nella cultura europea,* Bari : Laterza, 1993).
Eco, Umberto : *Dire presque la même chose. Expériences de traduction,* traduit de l'italien par Myriem Bouzaher, Paris : Grasset, 2007. (Original : *Dire quasi la stessa cosa. Esperienze di traduzione,* 2003.)
Fuentes, Carlos : *Géographie du roman,* trad. Céline Zins, [Paris] : Gallimard, 1997 (Arcades 52). (Original : *Geografía de la novela,* Madrid : Alfaguara, 1993.)
Fumaroli, Marc : Aristée et Orphée : L'Europe de l'action et l'Europe de l'esprit, ds. : *idem* [et al.] (dir.) : *Identité littéraire de l'Europe,* Paris : PUF, 2000, p. 7–15, ici p. 8.
Gary, Romain : *Education européenne* [1945], [Paris] : Gallimard, 2005 (Folio 203).
Gary, Romain : *Europa* [1972], [Paris] : Gallimard, 1999 (Folio 3273).
Grassin, Jean-Marie : Introduction. Pour une science des espaces littéraires, ds. : Westphal, Bertrand (dir.) : *La Géocritique mode d'emploi,* Limoges : PULIM, 2000, p. I–XIII.
Hersant, Yves : Critique de l'Euroculture, ds. : Kastoryano, Riva (dir.) : *Quelle identité pour l'Europe ? Le multiculturalisme à l'épreuve,* Paris : Presses de Sciences Po, 1998, p. 81–94.
Kundera, Milan : *L'Art du roman. Essai* [1986], [Paris] : Gallimard, 1995 (Folio 2702).
Magris, Claudio : *L'infinito viaggiare,* Milano : A. Mondadori, 2005.
Nouss, Alexis : *Plaidoyer pour un monde métis,* postface de Daniel Bensaïd, Paris : Textuel, 2005 (La discorde 26).
Perrot-Corpet, Danielle / Gauvin, Lise (dir.) : *La Nation nommée roman face aux histoires nationales,* Paris : Classiques Garnier, 2011.
Perrot-Corpet, Danielle / Gauvin, Lise : Introduction : qu'est-ce que « la nation nommée roman » ? Coordonnées d'une utopie, ds. : Perrot-Corpet / Gauvin (dir.) : *La Nation nommée roman,* p. 9–30.
Todorov, Tzvetan : *Face à l'extrême,* Paris : Seuil, 1991.
Valéry, Paul : La Crise de l'esprit, ds.: *idem* Œuvres, éd. établie et annot. par Jean Hytier, t. 1, [Paris] : Gallimard, 1957 (Bibliothèque de la Pléiade 127), p. 988–1014.
Westphal, Bertrand : *La Géocritique. Réel, fiction, espace,* Paris : Minuit, 2007.
Westphal, Bertrand : *Le Monde plausible. Espace, lieu, carte,* [Paris] : Minuit, 2011.
White, Kenneth : *L'Esprit nomade* [1987], Paris : Librairie générale française, 2008.

Bertrand Westphal

La géocritique, l'Europe et au-delà

In den letzten Jahrzehnten hat sich in einer ganzen Reihe von geisteswissenschaftlichen Disziplinen eine regelrechte ‚räumliche Wende' (spatial turn) ereignet: nicht nur in der Kulturgeografie, sondern auch in der Philosophie und der Literaturwissenschaft. Die Theorien zu Räumlichkeit haben sich inzwischen stark diversifiziert. In der Literaturwissenschaft, vor allem in der Komparatistik, sind Herangehensweisen wie Imagologie, Ökokritik, Geopoetik und Geokritik entstanden. Ein weiterer Begriff mit ‚geo' sollte dabei nicht vergessen werden: die Geophilosophie Gilles Deleuzes, die auf italienischer Seite von Massimo Cacciari wiederaufgenommen wurde. Dieser Artikel möchte einen kurzen Überblick über die Fragestellung geben und die Analyse der literarischen Räumlichkeit der Konstitution eines Anwendungsbereichs gegenüberstellen, der nicht ausschließlich europäisch ist, sondern sich auf die ganze Welt hin öffnet, jenseits der universalistischen Anwandlungen, die oft mit der westlichen Selbstreflexion einhergehen.

La déesse Géa, ou Gaïa, la Terre en somme, a péniblement enfanté tout ce que le monde a connu à l'origine. Sa descendance a été nombreuse. Elle incluait Ouranos, Zeus, six Titans, six Titanides, d'autres encore. Une science lui a été consacrée, la Géographie, écriture de la Terre, changeante biographie de Géa. La Géographie essaima à son tour. De ses affinités avec les Sciences Politiques est née la Géopolitique. La Géophilosophie est en revanche issue de sa proximité avec la Philosophie, comme en ont témoigné Gilles Deleuze et Félix Guattari, puis Massimo Cacciari.[1] Mais l'éclat de la Géographie n'a pas non plus laissé insensible la Littérature, avec qui elle a eu quelques rejetons tardifs, dont la Géopoétique et la Géocritique, cousines plus ou moins lointaines de l'Ecocritique. On pourrait sans doute étoffer cet arbre généalogique. Mais là n'est pas le propos. Abandonnons plutôt l'allégorie pour essayer de mettre un peu d'ordre dans cet étrange roman (géo)familial.

---

1   Voir Deleuze, Gilles/Guattari, Félix : *Capitalisme et schizophrénie 2. Mille plateaux*, Paris : Ed. de Minuit, 1980 ; Cacciari, Massimo : *Geo-filosofia dell'Europa*, Milano : Adelphi, 1994 (pour la version française : Cacciari, Massimo : *Déclinaisons de l'Europe*, traduit de l'italien par Michel Valensi, Combas : Ed. de l'Eclat, 1996).

1 Géopoétique et écocritique

La 'géopoétique' a été promue par Kenneth White à partir de la fin des années 1970. Poète établi en France, dont il a adopté la langue, K. White dit avoir forgé le mot 'géopoétique' vers 1978, à la faveur d'un voyage au Labrador. Le terme renvoie aussi bien à la biosphère qu'à la poétique, qui émerge à la fois du « contact avec la terre, d'une plongée dans l'espace biosphérique » et d'une « tentative pour lire les lignes du monde »[2].

Devant le succès du vocable et afin de « concentrer les courants d'énergie dans un champ unitaire »[3], K. White a fondé en 1989 un Institut International Géopoétique, à Trébeurden, dans les Côtes-d'Armor. Définir la géopoétique n'est pas une tâche facile, car K. White, qui dans l'âme est poète davantage que théoricien, a toujours répugné à cerner le concept. On apprend que celui-ci est « difficilement définissable, et se situant de moins en moins dans le contexte tout à fait dégradé de ce qu'on appelle la 'littérature' »[4]. Néanmoins, en surfant sur l'Internet et en lisant les deux ouvrages clés de K. White (*L'Esprit nomade*, 1987 ; *Le plateau de l'Albatros. Introduction à la géopoétique*, 1994)[5], on parvient à déliner les contours de la géopoétique. Son idée directrice réside dans le syllogisme suivant : le milieu écologique, tout comme le milieu culturel, périclitent ; or nous devons entretenir un « rapport fécond à la terre »[6] ; il s'agira donc de ré-enraciner notre culture dans un environnement propice via une poétique appropriée qui serait le vecteur de « [t]oute création de l'esprit »[7]. La géopoétique, dont K. White nous dit qu'elle aurait pu être baptisée « cosmopoétique », voire « biocosmopoétique », « occupe un champ de convergence potentiel surgi de la science, de la philosophie et de la poésie »[8]. En d'autres termes, l'approche est interdisciplinaire, mais elle intègre également une dimension cosmopolite et diachronique. K. White mentionne

---

2   White, Kenneth : Texte inaugural [pour l'Institut de géopoétique, le 26 avril 1989], http://www.geopoetique.net/archipel_fr/institut/texte_inaugural/index.html (07/08/2012).
3   White : Texte inaugural.
4   White, Kenneth : Lettre au Centre International de Recherches et Etudes Transdisciplinaires (C. I. R. E. T.), *Bulletin Interactif du Centre International de Recherche et Etudes Transdisciplinaires (C. I. R. E. T.)* 2 (juin 1994), http://basarab.nicolescu.perso.sfr.fr/ciret/bulletin/b2c3.htm (05/10/2012).
5   White, Kenneth : *L'Esprit nomade,* Paris : Grasset, 1987 ; idem : *Le Plateau de l'Albatros. Introduction à la géopoétique*, Paris : Grasset, 1994.
6   White, Kenneth : Considérations premières. A propos de culture, http://www.geopoetique.net/archipel_fr/institut/introgeopoetique/textes_fond_geopoetiques1.html (07/08/2012).
7   White : Texte inaugural.
8   White, Kenneth : Considérations premières. Développements scientifiques, http://www.geopoetique.net/archipel_fr/institut/introgeopoetique/textes_fond_geopoetiques4.html (07/08/2012).

d'ailleurs des sources et des références extrêmement variées, qui vont de Héraclite à Henry Thoreau et à d'autres poètes américains de la nature (Ralph Waldo Emerson, Wallace Stevens, Walt Whitman) en passant par le taoïste Tchouang-tseu et Matsuo Bashô, grand poète japonais du XVIIe siècle, ou encore par les romantiques allemands (Friedrich Hölderlin, Novalis, etc.), sans oublier des philosophes comme Georg Wilhelm Friedrich Hegel ou Martin Heidegger. Le point de convergence entre tous ces grands noms de la *World Culture* réside dans leur statut d'« errants en quête d'une nouvelle topologie de l'être »[9]. Tous sont des « poètes du cosmos »[10], des défenseurs de la « pensée cosmologique »[11], qu'ils soient poètes ou non. La géopoétique a le grand mérite d'avoir popularisé une réflexion originale sur les rapports entre la terre et le texte, au-delà des frontières géographiques et disciplinaires. K. White a conçu l'espace comme une entité fluide appréciable par tous ceux qui pratiquent assidûment le nomadisme intellectuel. Mais la géopoétique tient davantage d'une *Weltanschauung*, d'une attitude à l'égard du monde, que d'une véritable *praxis*. Elle accorde la priorité à la production d'une 'géo-poésie' (dont l'œuvre de K. White constitue un parangon) et au recensement d'un thésaurus géopoétique embrassant les siècles et les continents. K. White a d'emblée invoqué « une géographie de l'esprit poétique, un esprit poétique d'un nouveau genre, mieux, d'un nouveau souffle »[12]. L'accent est mis sur le *spiritus* plutôt que sur le *corpus* critique.

Le rapport de l'espace à la nature figure au programme d'autres approches esthétiques. Ainsi, dans *Place and Space in Modern Fiction*[13], Wesley A. Kort s'est-il appuyé sur l'étude de l'espace chez plusieurs grands auteurs britanniques (Thomas Hardy, Graham Greene, Joseph Conrad, William Golding, Edward Morgan Forster et Muriel Spark) pour tenter de bâtir une théorie qui incorporerait les différents aspects de la représentation spatiale dans un contexte exclusivement littéraire. W. A. Kort distingue trois types d'espaces, que les romanciers ont tour à tour illustrés : l'espace cosmique/englobant (*comprehensive*), l'espace social/politique et l'espace personnel/intime. Le premier modèle s'applique à un environnement préalable à toute intervention humaine ; il renvoie à la nature et au type de relation qu'elle suscite. Le deuxième modèle découle des relations interpersonnelles, ainsi que

---

9   White, Kenneth : Considérations premières. Ouvertures philosophiques, http://www.geopoetique.net/archipel_fr/institut/introgeopoetique/textes_fond_geopoetiques5.html (07/08/2012).
10 White, Kenneth : Considérations premières. Eléments d'une poétique d'envergure, http://www.geopoetique.net/archipel_fr/institut/introgeopoetique/textes_fond_geopoetiques6.html (07/08/2012).
11 White : *L'Esprit nomade*, p. 272.
12 White : *L'Esprit nomade*, p. 283.
13 Kort, Wesley A. : *Place and Space in Modern Fiction*, Gainesville : UP of Florida, 2004.

des structures et des lois qu'elles inspirent. Le dernier modèle rappelle l'hétérotopie foucaldienne : il pointe l'espace de repli de chaque individu, qui mobilise un territoire *a minima*. Cette typologie à trois variables est ensuite soumise à une nouvelle bipartition, car « les relations que l'homme entretient avec les lieux sont doubles »[14]. Elles sont tantôt physiques, tantôt spirituelles, ou les deux à la fois, mais l'une ou l'autre de ces caractéristiques dominera. La grille de W. A. Kort constitue l'une des très rares tentatives de saisie globale de l'espace fictionnel dans son triple rapport à la nature, à la *polis* et à l'individu.[15] Elle traduit aussi le souci de réduire l'abstraction propre à la plupart des spéculations sur l'espace et le temps. Dans le domaine littéraire, les approches spatiales consacrées à la nature, au sens où l'entend la géopoétique, ne sont pas légion. Il convient néanmoins de mentionner l'écocritique, qui consiste, selon Cheryll Glotfelty, en « l'étude de la relation entre la littérature et l'environnement physique »[16], comme son intitulé le laissait entendre. Inaugurée dans les années 1990 aux Etats-Unis et au Canada, consolidée au début du nouveau siècle, l'écocritique insiste tout particulièrement sur l'étude du paysage, dans une perspective écologique, et promeut de la sorte une réflexion sur le sens de la nature. Devenue populaire dans le monde universitaire anglo-saxon, l'écocritique n'est pas encore bien implantée en France. Ce retard n'a rien de surprenant. A titre d'exemple, les *Postcolonial Studies*, partout diffusées, commencent à peine à trouver des applications dans l'Hexagone. « Vérité en deçà des Pyrénées »[17] ou plutôt 'vérité au deçà de la Manche et de l'Atlantique'…

En matière de spatialité, l'attention des théoriciens se fixe avec une belle régularité sur des problématiques gravitant autour de la notion de référentialité. Cette question est capitale. En instituant un lien entre le référent et sa représentation, on situe le texte de fiction dans un environnement où littérarité et réalité objective cessent de paraître inconciliables. Cette posture infirme les théories qui récusent la concrétude de la représentation littéraire, dont seules les déclinaisons 'réalistes' ou 'naturalistes' entretiendraient, à la

---

14 « Human place-relations are two-sided », Kort : *Place and Space*, p. 20.
15 W. A. Kort se réfère à la tripartition somme toute banale entre macro-niveau géographique, environnement urbain et micro-espace de l'habitat individuel que Per Råberg a exposée dans *The Space of Man : New Concepts for Social and Humanistic Planning*, Stockholm : Almqvist & Wiksell, 1987.
16 « […] the study of the relationship between literature and the physical environment », Glotfelty, Cheryll : Introduction : Literary Studies in an Age of Environmental Crisis, ds. : *idem*/Fromm, Harold (dir.) : *The Ecocriticism Reader : Landmarks in Literary Ecology*, Athens, London : University of Georgia Press, 1996, p. xv–xxxvii, ici p. xviii. Voir aussi Garrard, Greg : *Ecocriticism*, London, New York : Routledge, 2004.
17 Selon le dicton de Blaise Pascal : « Vérité en deçà des Pyrénées, erreur au delà », Pascal, Blaise : *Pensées I*, édition présentée, établie et annotée par Michel Le Guern, Paris : Gallimard, 1977, fragment 56, p. 87.

limite, un vague rapport avec un modèle qu'il s'agirait de transposer. La relation au référent est allée se diversifiant au fil des dernières décennies. Telle qu'elle est mise en scène par les écrivains actuels, la spatialité adopte des tours parfois surprenants, y compris pour le lecteur averti, accoutumé à l'inventivité déréalisante de l'école postmoderne. On peut cependant être théorique sans se réclamer du postmodernisme. C'est ce que plusieurs essayistes ont démontré. Dans *Ecrire l'espace*[18], Marie-Claire Ropars-Wuilleumier s'est livrée à une remarquable étude de l'espace esthétique, dont l'espace littéraire est une variante. Elle joue du paradoxe qui fait de l'espace une forme fuyant devant l'écriture et une forme dont l'abstraction est en butte contre ce que le lieu a de sensible. Sa démarche oppose et rapproche trois pôles qui se dérobent réciproquement : l'écriture, l'espace, le lieu. Ainsi que M.-C. Ropars-Wuilleumier le note dans la présentation de son livre, l'espace est paradoxe… et ce paradoxe n'est pas destiné à être résolu, dans la mesure où le rôle de l'écriture – si tant est qu'elle ait un rôle – est de déployer et non de résoudre les apories, notamment les insolubles apories de la spatialité. Du fait de leur forte conceptualité et de leur attachement à la tradition structuraliste, ces analyses situent presque toujours la démarche du côté de l'espace de la représentation, faisant fi du lieu de référence. Le déni quasi-systématique de la référentialité, de l'ancrage problématisé de la fiction dans le sensible, découle de cette posture. Il en va comme si l'espace et la littérature étaient compatibles, voire interdépendants, tandis que le lieu, lui, serait exclu du champ littéraire.

2 Imagologie et xénologie

Il est pourtant une théorie qui a su faire place au monde, tout en sauvegardant le primat de l'analyse littéraire. Cette théorie est l'imagologie. Conçue en Allemagne au cours des années 1960, elle s'est aussitôt imposée dans le domaine de la littérature générale et comparée. Avant d'exposer succinctement cette approche, il m'incombe de faire un bref retour sur un conflit qui avait agité le petit univers comparatiste durant les années 1950. Renouant avec l'examen de la 'fortune' littéraire, de l''influence' et de la perception de l'étranger, pratiqué depuis plusieurs décennies en France et ailleurs en Europe, Marius-François Guyard et Jean-Marie Carré avaient à l'époque inauguré une ambitieuse étude des 'images' et des 'mirages' de l'Autre. Selon Marius-François Guyard, qui est décédé en mai 2011 et à qui je rends ici hommage, cette étude aurait dû conduire à « un véritable renouvellement de la littérature comparée »[19]. Cette démarche était interdisciplinaire, car elle intégrait l'histoire,

---

18   Ropars-Wuilleumier, Marie-Claire : *Ecrire l'espace*, Saint-Denis : PU de Vincennes, 2002.
19   Guyard, Marius-François : L'Etranger tel qu'on le voit, ds. : *La Littérature comparée*, Paris : PUF, 1951 (Que sais-je ?), p. 111.

la sociologie, la géographie, de même que l'anthropologie, mais elle eut le malheur de déplaire au plus célèbre comparatiste américain de l'époque, René Wellek, qui le fit savoir de part et d'autre de l'Atlantique. D'après R. Wellek, les travaux de M.-F. Guyard, de J.-M. Carré et de l'"école française' présentaient un double danger : celui de servir de support méthodologique à la cause des littératures nationales et, pire, celui de fourvoyer les études littéraires dans le domaine des sciences humaines et sociales. Les dérives que signalait R. Wellek n'apparaissaient pas à l'évidence dans l'œuvre des deux comparatistes français, mais elles étaient envisageables. Le recours à la psychologie des peuples, même placée sous le sceau de l'"ethnopsychologie' issue des théories positivistes d'Hippolyte Taine, était en effet périlleux. En outre, l'"eurocentrisme' de ces analyses était patent, bien qu'il fût tout simplement conforme à l'esprit de l'époque. L'un des effets induits de l'intervention de R. Wellek fut de renforcer le camp du très classique *literary scholarship* et de porter un rude coup à ceux qui avaient osé s'aventurer dans une *extrinsic approach*, ouvrant sur l'inconnu... géographique, entre autres ! Il aura donc fallu une bonne dose de courage aux pionniers de l'imagologie pour songer au début des années soixante à structurer un nouveau type d'interconnexion entre la littérature et ce qui était réputé lui être extérieur (la géographie). Les études d'images furent en effet systématisées par Hugo Dyserinck, comparatiste belge qui enseignait à l'Université d'Aix-la-Chapelle. L'"école d'Aix-la-Chapelle' étendit progressivement ses recherches à des questions où la littérature ne constituait plus le *terminus ad quem*. Cependant, l'imagologie pratiquée par H. Dyserinck paraissait peu compatible avec les études postcoloniales, du fait qu'elle plaçait entre parenthèses la *location* (Homi Bhabha)[20] du chercheur et toute spécificité idéologique de sa part. La portée eurocentrique de l'imagologie s'affermissait. Mais l'imagologie a fini par s'adapter aux nouvelles conditions des études comparatistes, dont la portée était devenue mondiale. Au demeurant, en France par exemple, Daniel-Henri Pageaux a consacré plusieurs de ses essais à Haïti et à l'Amérique latine, tandis que Jean-Marc Moura s'est intéressé au tiers-monde et à l'ailleurs de l'Europe dans plusieurs livres remarqués.

Qu'entend-on par 'imagologie' et que représente son apport dans le domaine des analyses de l'espace en littérature ? J.-M. Moura en a livré une brève définition : il s'agit des « études de représentations de l'étranger dans la littérature »[21] à travers les récits de voyage. Reprenant à son compte une pré-

---

20 Voir Bhabha, Homi : *The Location of Culture*, London : Routledge, 1994.
21 Moura, Jean-Marc : *L'Europe littéraire et l'ailleurs,* Paris : PUF, 1998, p. 35. Les spécialistes de l'œuvre de Milan Kundera rétorqueront qu'il existe une autre définition de l'imagologie et citeront le passage suivant : « Imagologie ! Qui, le premier, a forgé ce magistral néologisme ? Paul ou moi ? N'importe. Ce qui compte, c'est qu'existe enfin un mot qui permette de rassembler sous un seul toit des phénomènes aux appellations si différentes : agences publicitaires ; conseillers en communication des hommes d'Etat ; dessinateurs projetant la

cision apportée par Yves Chevrel, il inclut dans le corpus imagologique les ouvrages de fiction « qui soit mettent en scène directement des étrangers, soit se réfèrent à une vision d'ensemble, plus ou moins stéréotypée, d'un pays étranger »[22]. Cette entreprise outrepasse le cadre étroit de la littérature. Elle suppose une convocation de l'ensemble du champ des sciences humaines et sociales. Avec le recul, la condamnation de René Wellek paraît prématurée et bien excessive : l'interdisciplinarité s'est imposée, grâce aussi aux littéraires... et la littérature (comparée) a survécu. L'imagologie accorde une importance déterminante à l'exotisme et au stéréotype. A la faveur de son examen de l'écart entre culture regardante et culture regardée, l'imagologie s'attarde bien entendu sur la représentation de l'espace géographique. A commencer par leur titre, maintes études imagologiques en attestent. Au hasard, on mentionnera *Images du Portugal dans les lettres françaises (1700–1755)*, *Roma nella vita e nell'opera di scrittori tedeschi contemporanei* ou *Europabilder in der australischen Literatur*.[23] Mais l'espace imagologique est pourvu d'une nature qui lui est propre. Si une réflexion sur la culture et l'identité du regardant est engagée, c'est en écho à sa spéculation sur l'Autre et ses singularités supposées. L'espace est mis en perspective, saisi dans une 'hétéro-image' (selon la terminologie imagologique) : il devient le support d'une altérité qui pourra être réduite, mais nullement surmontée. Dans son acception imagologique la plus courante, l'espace est espace du voyageur, espace viatique. Par là même, parce qu'il est exotique, au sens premier d'"extérieur', il tend à être affecté d'un fort indice de stéréotypie. Dans certaines hypothèses, l'espace imagologique prend même une valence mythologique. D.-H. Pageaux, notant que « souvent l'espace sera pris, écrit selon un processus de mythification »[24], renvoie à Mircea Eliade et à la symbolisation, la poétisation, voire à la sacralisation de l'espace.

---

ligne d'une nouvelle voiture ou l'équipement d'une salle de gymnastique ; créateurs de mode et grands couturiers ; coiffeurs ; stars du *show business* dictant les normes de la beauté physique, dont s'inspireront toutes les branches de l'imagologie », ds. : Kundera, Milan : *L'Immortalité*, traduit du tchèque par Eva Bloch, Paris : Gallimard, 1993, p. 172 (Original : *Nesmrtelnost*, Brno : Atlantis, 1990). On aura compris que Kundera, peu scrupuleux des canons de la littérature comparée, s'empare ici d'un terme qu'il dénature totalement.

22 Chevrel, Yves : *La Littérature comparée*, Paris : PUF, 1989 (Que sais-je ?), p. 25, cité ds. : Moura : *L'Europe littéraire et l'ailleurs*, p. 35.
23 Pageaux, Daniel-Henri : *Images du Portugal dans les lettres françaises (1700–1755)*, Paris : Fundação Calouste Gulbenkian, 1971 ; Cossio, Luciano : *Roma nella vita e nell'opera di scrittori tedeschi contemporanei*, Udine : Campanotto, 1985 ; Bader, Rudolf : Europabilder in der australischen Literatur, ds. : Harth, Dietrich (dir.) : *Fiktion des Fremden. Erkundung kultureller Grenzen in Literatur und Publizistik*, Franfurt/M. : Fischer, 1994, p. 263–288.
24 Pageaux, Daniel-Henri : *La Littérature générale et comparée*, Paris : A. Colin, 1994, p. 67.

Sous cet angle, l'imagologie entretient quelque lien avec la xénologie (*Xenologie*[25]), conçue à partir de 1976 par Bonny Duala-M'bedy, professeur à l'Université de Bochum (Allemagne). Selon cet anthropologue, la relation à l'Autre est conditionnée par une série de stéréotypes véhiculés par la mythologie. En dernière analyse, pour B. Duala-M'bedy, l'Autre n'est plus perçu comme un individu autonome et individué, mais comme le sujet (éventuellement actif) d'un mythe qui le met en 'scène' aux yeux du regardant. L'Autre paraît en quelque sorte une création fantasmée, qui elle-même émane d'une série de croyances sédimentées et prestigieuses. Contrairement à la xénologie et à toutes les perceptions extralittéraires de l'espace étranger, l'imagologie hésite cependant à prendre en compte le référent. Ainsi l'imagologue préfère-t-il instaurer un schéma égocentré, articulé autour du point de vue de l'auteur et/ou du personnage (ou d'un ensemble d'auteurs et/ou de personnages) et de leurs réactions, jugements, etc., face à l'espace autre et à ses ressortissants. Son travail sera donc intrinsèque à la littérature. En dernière instance, l'imagologue pourra éluder la question de la relation entre l'espace transcrit et l'espace de référence.

3 La géocritique

Ainsi qu'il a été signalé à plusieurs reprises, la relation du référent géographique à sa représentation artistique est extrêmement problématique, lorsqu'elle est abordée sous l'angle de la théorie littéraire. Les connexions sont souvent éludées, évincées, voire catégoriquement écartées. L'attitude péremptoire qu'adopta René Wellek en son temps est encore de mise dans bien des cas. Le structuralisme avait rejeté en bloc le hors-texte et donc le monde 'réel'. Aujourd'hui, bien que cette école exerce une influence moindre, le lien n'a pas été restauré. Dans un article consacré aux effets d'espace dans le roman, Henri Mitterand a noté : « Nombre de romans sont géographiquement surdéterminés, et l'on peut en reconstituer la carte. Cela ne veut pas dire pour autant que cette carte relève des lieux réels ». Et de renchérir : « On doit cependant prendre garde au fait que, même exacts, les lieux du roman ne délimitent pas pour autant un espace de géographe ».[26] Les mises en garde de ce genre sont extrêmement fréquentes, comme si la littérature et ceux qui l'étudient

---

25   Duala-M'bedy, Bonny : *Xenologie. Die Wissenschaft vom Fremden und die Verdrängung der Humanität in der Anthropologie*, Freiburg, München : Alber, 1977. B. Duala-M'bedy a ensuite poursuivi ses recherches, qui ont notamment débouché sur la création d'un Institut de Xénologie (à Bochum) et inspiré la *kulturwissenschaftliche Fremdheitsforschung*. Voir à ce propos : Wierlacher, Alois (dir.) : *Kulturthema Fremdheit. Leitbegriffe und Problemfelder kulturwissenschaftlicher Fremdheitsforschung* [1993], München : Iudicium, 2000.

26   Mitterand, Henri : L'effet d'espace dans le roman, ds. : Leroy, Claude/Schifano, Laurence (dir.) : *L'Empire du récit. Pour Francis Vanoye*, Paris : Non Lieu, 2007, p. 172.

redoutaient un péril ; de ces admonestations, on pourrait donner des exemples à l'envi. Dans *Univers de la fiction*[27], Thomas Pavel avait distingué deux types d'approches du référent : l'une, intégrationniste, supposait une relation du texte au monde ; l'autre, ségrégationniste, proclamait l'autoréférentialité du texte. Il est manifeste que l'approche ségrégationniste dominait et continue de le faire. Mais il est des exceptions. Dans *L'Affaire du chien des Baskerville* (2008), Pierre Bayard rompt une lance en faveur de l'"intégrationnisme" et donne deux arguments majeurs pour défendre sa position. « Le premier est d'ordre linguistique. Il revient à constater que le langage ne permet pas de faire la séparation entre les êtres réels et les personnages imaginaires et que l'intégration de ceux-ci est dès lors inévitable, que l'on ait l'esprit ouvert ou non »[28]. Quant au second argument, il est d'ordre psychologique : « Il revient à constater que les personnages de fiction n'ont peut-être pas de réalité matérielle, mais qu'ils ont à coup sûr une réalité psychologique, et que celle-ci conduit bien, qu'on le veuille ou non, à une forme d'existence »[29]. Il n'est pas dans mon propos de relancer un débat qui déborderait largement le cadre de cet article, mais force est de constater que les arguments de Pierre Bayard méritent d'être pris en considération, et attentivement même. Et ce qui est vrai pour le statut des personnages l'est au moins autant pour celui des lieux, dont la référentialité est souvent plus manifeste. Si l'on évoque ou décrit Paris, Sarrebruck ou Limoges dans un roman, il paraît indéniable que ces toponymes renvoient à des référents existant dans la 'vraie vie', autrement dit le réel dit 'objectif'.

La géocritique s'inscrit dans cet environnement épistémologique. Elle se fonde sur le constat que le réel et la fiction, le référent et la représentation, ne sont pas totalement hermétiques l'un à l'autre, mais, au contraire, qu'il s'établit une progressive interaction entre ces deux niveaux de la perception humaine. Pour reprendre la terminologie de Thomas Pavel, la géocritique serait donc intégrationniste. Il ne saurait s'agir ici de revenir *in extenso* sur une définition ou un descriptif détaillés. On dira simplement que, dans son examen de la géographie fictionnelle, la géocritique s'appuie sur une approche géocentrée (attention portée sur le lieu référentiel et ses représentations) plutôt que sur une approche strictement égocentrée (souci exclusif de prendre en compte le point de vue de l'auteur, comme il en va dans les études imagologiques). Par conséquent, le corpus retenu en guise d'échantillon (seuil de pertinence) sera assez ample et visera à illustrer la représentation d'un lieu significatif. Par son objet premier, qui est le lieu oscillant entre référent et représentation, la géocritique présente d'indéniables affinités avec cette branche de la géographie culturelle qui s'intéresse à la littérature (Denis

---

27   Pavel, Thomas : *Univers de la fiction* [1986], Paris : Seuil, 1988.
28   Bayard, Pierre : *L'Affaire du chien des Baskerville*, Paris : Ed. de Minuit, 2008, p. 104.
29   Bayard : *L'Affaire du chien des Baskerville*, p. 105.

Cosgrove, Derek Gregory, Marc Brosseau, parmi bien d'autres). Les enjeux interdisciplinaires sont au demeurant coextensifs au projet géocritique. Sur le plan méthodologique, la démarche présente une originalité quasi-surprenante dans le domaine des études littéraires. Son 'géocentrisme' et sa vocation délibérément interdisciplinaire ne sont pas seuls à lui conférer cette place à part. Alors que l'imagologie est monofocale, dans la mesure où elle se concentre sur le point de vue exclusif d'un écrivain, la géocritique, qui est géocentrée, devient multifocale : elle inclut dans une relation dynamique divers points de vue sur un même lieu. Si l'on examine les représentations fictionnelles de Barcelone, on considérera le point de vue endogène des écrivains barcelonais, ainsi que le point de vue exogène des visiteurs et de tous ceux qui ont représenté la capitale catalane de l'extérieur, sans oublier le point de vue allogène de ceux qui, sans être issus du lieu, sont davantage que de simples visiteurs, et dont la focalisation est hétérogène (et, par là même, particulièrement intéressante). La géocritique insiste également sur la perception polysensorielle des lieux, reproduite dans les textes de fiction. On assiste en l'occurrence à une adaptation, sur le versant littéraire, des schémas de paysages olfactifs (*smellscapes*), sonores (*soundscapes*), etc., qu'ont élaborés plusieurs géographes culturels anglo-saxons (John Douglas Porteous, Paul Rodaway...). L'Afrique est plus ou moins verte selon qu'on soit Africain ou non, les odeurs que l'on perçoit dans un marché sont agréables pour les uns et nauséabondes pour les autres, les bruits que l'on entend sont plus ou moins familiers : le paysage est appréhendé à travers une grille polysensorielle, pour le géographe comme pour le théoricien de la littérature (... intégrationniste). La géocritique accorde enfin la plus grande attention à la dimension temporelle de l'espace, car un lieu est nécessairement un agrégat d'espace-temps : il participe d'une construction stratigraphique. Le paysage, comme l'écrit Claudio Magris, dont les travaux sont hautement stimulants, « est stratification de terre et d'histoire »[30].

En un mot, la géocritique propose une démarche à la fois multifocale, polysensorielle et stratigraphique. La géocritique pointe aussi les constructions textuelles du lieu. Si le référent est généralement situé dans le réel 'objectif', il peut aussi apparaître dans un texte antérieur. Si j'évoque Paris ou Trieste, je peux certes me référer au spectacle urbain qui se déploie sous mes yeux, mais je suis aussi autorisé à mentionner un référent textuel : par exemple Marcel Proust ou Italo Svevo. A propos de Trieste et de l'impact durable de *La Conscience de Zeno*[31] et d'autres romans de Svevo sur la représentation de la capitale de la Vénétie Julienne, C. Magris a jadis parlé d'une littérature au carré, qui ancre le lieu dans du texte. Ici, ce n'est plus la fiction qui imite le

---

30 « [...] il paesaggio – come nella poesia di Andrea Zanzotto – è stratificazione di terra e di storia », ds. : Magris, Claudio : *L'infinito viaggiare*, Milano : A. Mondadori, 2005, p. XVII.
31 Svevo, Italo : *La Conscience de Zeno,* traduit de l'italien par Paul-Henri Michel, Paris : Gallimard, 1954. (Original : *La coscienza di Zeno*, Bologna : Cappelli, 1923.)

réel (réalisme classique), mais c'est le réel et ses représentations qui se nourrissent de ce qu'on aurait tort de cantonner dans le fictionnel (nouvelle forme de réalisme paradoxal). L'approche géocritique se fonde sur le postulat que le texte est digne d'apporter sa contribution au réel et que la *mimêsis* artistique possède des propriétés compatibles avec celles d'autres modes, considérés comme plus objectifs, plus 'sérieux', de la représentation de l'espace-temps. La littérature, de même que le cinéma, la photographie, etc., ne sont pas – ne sont *plus* – nécessairement sécables de la réalité, repliés dans une tour d'ivoire superbe mais fragile et trompeuse. Si on veut bien les prendre en considération, si on veut bien les percevoir comme riches de sens, on admettra qu'ils sont susceptibles de délivrer une représentation du monde, une de ces multiples représentations qui, au soir de l'ère postmoderne, rendent la lecture du monde plus complexe, mais aussi plus exaltante.

4 Rouvrir l'espace : au-delà de l'Europe

Après *La Géocritique. Réel, fiction, espace*[32], je pensais en avoir fini avec l'espace et ses représentations esthétiques. Ce que j'avais à dire, je croyais l'avoir dit. La douce illusion ! J'aurais été bien inspiré de prendre l'avis de Michel Serres, toujours si sage : « On n'en finit jamais avec l'espace. On ne parle jamais que de lui et en lui. Jamais on ne le quitte. Pour aller où, je vous demande »[33]. L'évidence est telle que le point d'interrogation est omis. Le questionnement est large et viscéral. J'ai tenté d'y répondre dans un nouveau livre, *Le Monde plausible. Espace, lieu, carte*[34].

Pour ce faire, j'ai accepté de courir un risque – celui de sortir des limites si étroites de la péninsule européenne, dont Paul Valéry mieux que quiconque avait mesuré la géographie étriquée. Il s'agissait d'explorer le vaste monde. A vrai dire, après la sortie de *La Géocritique*, une amie québécoise m'avait fait part d'un doute sincère : et si le livre était par trop *eurocentrique* ? Cette remarque m'avait quelque peu déconcerté, car, pour tout dire, je pensais que mon point de vue était plus ouvert que cela. Certes, je ne suis pas dupe ; on sait bien que les Européens essuient régulièrement ce genre de critique sur l'autre rive de l'Atlantique (cf. René Wellek *vs* Marius-François Guyard), qu'elle soit fondée ou non, qu'elle soit *fair* ou non. Ici, elle était *fair*. Mais, quelle que soit la terminologie, et même si on remplace eurocentrisme par 'occidentalocentrisme', mot barbare qui a le mérite cependant d'associer dans un même nombrilisme les riverains des *deux* bords de l'océan, le défi était lancé. Car, en effet, pour parler de l'Europe et de l'Occident, il convient

---

32 Westphal, Bertrand : *La Géocritique. Réel, fiction, espace*, Paris : Ed. de Minuit, 2007.
33 Serres, Michel : *Esthétiques sur Carpaccio* [1975], Paris : Le Livre de Poche, 2005, p. 90.
34 Westphal, Bertrand : *Le Monde plausible. Espace, lieu, carte*, Paris : Ed. de Minuit, 2011.

d'avoir une idée précise de ce qui se passe dans le monde. Qu'on soit européen ou américain au sens large, australien même (étrange Occident qui franchit les océans pour se faire océanien), on tend à poser une équivalence coupable entre l'Occident et le monde. Et cette équivalence est d'autant plus suspecte qu'elle passe pour innocente, lorsqu'elle n'est pas simplement éludée ou ignorée. C'est que toute l'histoire de l'Occident – et de l'Europe en particulier – a veillé à la 'naturaliser', à la transformer en une algèbre incontestable. Que l'on songe aux applications littéraires du principe. Que l'on songe aux nombreux cours universitaires qui proposent l'étude des grands textes de la littérature et dont le corpus se limite (par la force des choses ?) à des œuvres essentiellement issues de l'aire occidentale de l'Europe ou, au mieux, de l'Amérique du Nord et de la Russie. Quid des canons arabe, chinois, indien, pour ne mentionner que ceux-là ? Quid des chefs-d'œuvre de la littérature orale ? Combien d'Européens ont lu *Le Rêve dans le pavillon rouge* (*Hóng lóu mèng*)[35] et pris connaissance de l'épopée de Soundiata Keita ? Je ne l'ai pas encore fait. J'espère le faire bientôt, car c'est indispensable.

La discrète et retorse équivalence a investi tous les champs du savoir... occidental. Elle a notamment forgé la vision que les Européens ont de l'espace et aidé à transformer cet espace (que je perçois comme ouvert) en une série de lieux (que je perçois comme clos) par le truchement, entre autres, de la cartographie et du travail de toponymie sélective qu'elle a suscité. Les Européens n'ont pas été les seuls cartographes, ils n'ont pas même été les premiers. Mais eux seuls ont consacré tant de ressources à la mise en carte du territoire d'autrui – une mise en carte qui supposait en parallèle l'effacement de tous les repères d'autrui. Cette pratique et cette débauche d'énergie n'ont jamais été le propre de la Chine ou de la Corée, par exemple, bien que l'on eût des cartes depuis longtemps. Du reste, c'est la probable adaptation d'une carte coréenne, la carte Kangnido de 1402, par Fra Mauro, religieux vénitien, vers 1450, qui a ensuite contribué à faire en sorte que Christophe Colomb s'engage dans son aventure incertaine, dans sa découverte d'un Extrême-Orient inscrit dans la matière du rêve. L'Europe se définit pour une bonne part par sa propre définition de l'espace, car – et il est bon de le rappeler – l'espace est un phénomène culturel comme un autre. Pour s'en convaincre, il suffit de s'interroger sur les modalités de sa représentation dans d'autres cultures que celle que propage l'Occident. On tirera grand profit à étudier les projections centripètes de la tradition chinoise (si différentes des échappées centrifuges de la modernité occidentale) ou encore les lignes de chant que tracent les Aborigènes australiens et les cartes aztèques. Les alternatives sont nombreuses, leur prestige est souvent grand.

---

35 Xueqin, Cao : *Le Rêve dans le pavillon rouge (Hóng lóu mèng)* [1791], traduit du chinois par Li-Tche Houa/Jacqueline Alezais/André Hormon, Paris : Gallimard, 1981 (collection UNESCO d'œuvres représentatives), 2 vol.

L'entreprise à laquelle je m'étais astreint ne devait pas déboucher sur une errance sans but à travers les multiples déclinaisons du fait culturel planétaire, mais sur une résolution. Or, on le sait, toute *résolution* recouvre deux sens complémentaires. Elle s'attache à la fois au règlement pacifique d'un différend et place l'avenir sous un éclairage optimiste, même si l'on sait que les 'bonnes résolutions' finissent souvent par se désagréger. Mais il est du moins une certitude : toute réponse n'est que l'amorce d'un nouveau questionnement, comme le suggère Michel Serres dans son étude sur Vittore Carpaccio[36]. En l'occurrence, la quête portait sur les spécificités de la représentation spatiale en Europe, en Occident. Et dans ce projet était inscrit un début de résolution. C'est donc qu'il existe un mode de représentation de l'espace spécifique à cette sphère culturelle. C'est donc qu'il n'existe aucun absolu, aucun modèle unique de la spatialité. C'est donc qu'il existe des mondes possibles et que toute réduction de l'échelle ne conduit qu'à la représentation d'un monde plausible, tout au plus. Que d'efforts pour enfoncer une porte ouverte – celle que l'Europe croit fermée sur un monde qui pourtant communique avec elle, qui interagit avec elle, sans trêve et depuis longtemps ! Ce monde lui échappe et lui a toujours échappé ; elle ne s'est jamais superposée avec lui. Tel que se le représentent l'Europe et l'Occident avec elle, l'espace a toujours été le support d'un fantasme peu amène, agressif même. Pour l'une comme pour l'autre, l'espace est soumis à l'agencement évolutif de lieux à maîtriser et à intégrer dans une carte en perpétuelle expansion. Pour l'Europe, l'espace n'est en aucun cas destiné à rester libre. Le vertige du vide lui est insupportable. Les argonautiques et les odyssées de tout poil en témoignent. C'est que l'espace idéal de l'Europe est le 'territoire', qui est le nom qu'elle attribue à l'assemblage plus ou moins stable des lieux qu'elle 'possède' sous toutes les formes de ce prédicat polysémique.

J'avoue que c'est la cartographie paradoxale d'un monde fluide au sein duquel l'Europe ne cesse de se crisper qui suscite maintenant ma curiosité. Il faut redonner une marge de liberté, voire davantage, à la déesse Géa, devenue frileuse et acariâtre à force de tourner en rond au sommet de son Olympe insulaire.

Bibliographie sélective

Bader, Rudolf : Europabilder in der australischen Literatur, ds. : Harth, Dietrich (dir.) : *Fiktion des Fremden. Erkundung kultureller Grenzen in Literatur und Publizistik*, Franfurt/M. : Fischer, 1994, p. 263–288.
Bayard, Pierre : *L'Affaire du chien des Baskerville*, Paris : Ed. de Minuit, 2008.
Deleuze, Gilles/Guattari, Félix : *Capitalisme et schizophrénie 2. Mille plateaux*, Paris : Ed. de Minuit, 1980.

---

36 Serres, Michel : *Esthétiques sur Carpaccio* [1975], Paris : Le Livre de Poche, 2005.

Cacciari, Massimo : *Geo-filosofia dell'Europa*, Milano : Adelphi, 1994. (Traduction française : Cacciari, Massimo : *Déclinaisons de l'Europe*, traduit de l'italien par Michel Valensi, Combas : Ed. de l'Eclat, 1996.)
Chevrel, Yves : *La Littérature comparée*, Paris : PUF, 1989 (Que sais-je ?).
Cossio, Luciano : *Roma nella vita e nell'opera di scrittori tedeschi contemporanei*, Udine : Campanotto, 1985.
Duala-M'bedy, Bonny : *Xenologie. Die Wissenschaft vom Fremden und die Verdrängung der Humanität in der Anthropologie*, Freiburg, München : Alber, 1977.
Garrard, Greg : *Ecocriticism*, London, New York : Routledge, 2004.
Glotfelty, Cheryll : Introduction : Literary Studies in an Age of Environmental Crisis, ds. : idem/Fromm, Harold (dir.) : *The Ecocriticism Reader : Landmarks in Literary Ecology*, Athens, London : University of Georgia Press, 1996, p. xv–xxxvii.
Guyard, Marius-François : L'Etranger tel qu'on le voit, ds. : *La Littérature comparée*, Paris : PUF, 1951 (Que sais-je ?), p. 111.
Kort, Wesley A. : *Place and Space in Modern Fiction*, Gainesville : UP of Florida, 2004.
Kundera, Milan : *L'Immortalité*, traduit du tchèque par Eva Bloch, Paris : Gallimard, 1993. (Original : *Nesmrtelnost*, Brno : Atlantis, 1990.)
Magris, Claudio : *L'infinito viaggiare*, Milano : A. Mondadori, 2005.
Mitterand, Henri : L'effet d'espace dans le roman , ds. : Leroy, Claude/Schifano, Laurence (dir.) : *L'Empire du récit. Pour Francis Vanoye*, Paris : Non Lieu, 2007.
Moura, Jean-Marc : *L'Europe littéraire et l'ailleurs*, Paris : PUF, 1998.
Pageaux, Daniel-Henri : *Images du Portugal dans les lettres françaises (1700–1755)*, Paris : Fundação Calouste Gulbenkian, 1971.
Pageaux, Daniel-Henri : *La Littérature générale et comparée*, Paris : A. Colin, 1994.
Pavel, Thomas : *Univers de la fiction* [1986], Paris : Seuil, 1988.
Råberg, Per : *The Space of Man : New Concepts for Social and Humanistic Planning*, Stockholm : Almqvist & Wiksell, 1987.
Ropars-Wuilleumier, Marie-Claire : *Ecrire l'espace*, Saint-Denis : PU de Vincennes, 2002.
Serres, Michel : *Esthétiques sur Carpaccio* [1975], Paris : Le Livre de Poche, 2005.
Svevo, Italo : *La Conscience de Zeno*, traduit de l'italien par Paul-Henri Michel, Paris : Gallimard, 1954. (Original : *La coscienza di Zeno*, Bologna : Cappelli, 1923.)
Westphal, Bertrand : *La Géocritique. Réel, fiction, espace*, Paris : Ed. de Minuit, 2007.
Westphal, Bertrand : *Le Monde plausible. Espace, lieu, carte*, Paris : Ed. de Minuit, 2011.
White, Kenneth : Considérations premières. A propos de culture, http://www.geopoetique.net/archipel_fr/institut/introgeopoetique/textes_fond_geopoetiques1.html (07/08/2012).
White, Kenneth : Considérations premières. Développements scientifiques, http://www.geopoetique.net/archipel_fr/institut/introgeopoetique/textes_fond_geopoetiques4.html (07/08/2012).
White, Kenneth : Considérations premières. Ouvertures philosophiques, http://www.geopoetique.net/archipel_fr/institut/introgeopoetique/textes_fond_geopoetiques5.html (07/08/2012).
White, Kenneth : Considérations premières. Eléments d'une poétique d'envergure, http://www.geopoetique.net/archipel_fr/institut/introgeopoetique/textes_fond_geopoetiques6.html (07/08/2012).
White, Kenneth : Texte inaugural [pour l'Institut de géopoétique, le 26 avril 1989], http://www.geopoetique.net/archipel_fr/institut/texte_inaugural/index.html (07/08/2012).

White, Kenneth : Lettre au Centre International de Recherches et Etudes Transdisciplinaires (C.I.R.E.T.), *Bulletin Interactif du Centre International de Recherche et Etudes Transdisciplinaires (C. I. R. E. T.)* 2 (juin 1994), http://basarab.nicolescu.perso.sfr.fr/ciret/bulletin/b2c3.htm (05/10/2012).

White, Kenneth : *L'Esprit nomade,* Paris : Grasset, 1987.

White, Kenneth : *Le Plateau de l'Albatros. Introduction à la géopoétique,* Paris : Grasset, 1994.

Wierlacher, Alois (dir.) : *Kulturthema Fremdheit. Leitbegriffe und Problemfelder kulturwissenschaftlicher Fremdheitsforschung* [1993], München : Iudicium, 2000.

Xueqin, Cao : *Le rêve dans le pavillon rouge (Hóng lóu mèng)* [1791], traduit du chinois par Li-Tche Houa/Jacqueline Alezais/André Hormon, Paris : Gallimard, 1981 (collection UNESCO d'œuvres représentatives), 2 vol.

Anne Graczyk

Sens et fonctions de l'espace fictionnel européen dans *Education Européenne* (1945) de Romain Gary et *L'Europe buissonnière* (1949) d'Antoine Blondin : vers une approche géocentrée du texte littéraire[1]

Romain Gary und Antoine Blondin haben beide das Europa des Zweiten Weltkriegs in die Handlung ihrer jeweiligen Erstlingsromane integriert, doch eine geokritische Analyse der Texte zeigt erhebliche Differenzen zwischen diesen beiden Autoren auf: Während Blondin Europa lediglich ‚abpaust' (um einen Begriff von Gilles Deleuze und Félix Guattari zu gebrauchen), lotet Gary die Leistungsfähigkeit des Europa-Begriffs aus und überschreitet den gegebenen historischen Kontext durch die Konstruktion eines ‚dritten Raums'.

Literarische Texte bergen ein erhebliches Potenzial der Repräsentation und Erschaffung von Räumen, und die Geokritik als neue Möglichkeit, den Begriff des Raums in der Literatur zu erfassen, erlaubt eine Erhellung dieses Potenzials. In L'Europe buissonnière *ist der Kontinent Europa Held eines historischen Moments, ohne jemals zum Gegenstand eines direkt mit der Realität verzahnten Experimentierens zu werden, während* Education européenne *eine kulturelle und geistige Identität Europas erahnen lässt, die über die bloße Reproduktion eines Referenten im Raum der Fiktion hinausgeht. Angesichts des Repräsentationsdefizits, an dem Europa leidet, kann man sich daher fragen, ob die Literatur nicht vielleicht ein wesentlicher Schauplatz der Formierung einer mentalen Vorstellung von Europa ist, einer Vorstellung, die durch den Akt des Lesens zu einer erlebten Identität wird. Der vorliegende Beitrag zum Sinn und zu den Funktionen des fiktionalen Raums in* Education européenne *(1945) von Romain Gary und* L'Europe buissonière *(1949) von Antoine Blondin versucht, diese Frage, deren Bedeutung sich an den aktuellen Debatten über die europäische Identität bemessen lässt, zu beantworten.*

La question de l'identité européenne prend une importance croissante au sein des débats sur le processus d'intégration européenne et les « solidarités de fait »[2] encouragées par l'Union européenne dans les domaines économique,

---

1 La présente communication résulte d'une réflexion qui a été menée en 2009 par Anne Graczyk dans le cadre de son mémoire de Master 2 intitulé *L'Europe : espace réel, espace mental. L'invention de l'Europe dans* Education européenne *de Romain Gary (1945) et* L'Europe buissonnière *d'Antoine Blondin (1949)*, dir. Valérie Deshoulières et Frank Wilhelm.
2 L'expression « solidarités de fait » est tirée du célèbre discours de Robert Schuman prononcé le 9 mai 1950 en vue de la création de la CECA, voir La déclaration Schuman du 9 mai 1950, http://europa.eu/about-eu/basic-information/symbols/europe-day/schuman-declaration/index_fr.htm (08/08/2012).

juridique et politique ne semblent pas constituer un fondement suffisant à l'émergence de cette identité. La difficulté de construction d'une identité européenne ne découlerait-elle pas du « déficit de représentation »[3] auquel l'Europe est sujette ? Comme le souligne effectivement Marc Fumaroli, les différentes définitions de l'identité de l'Europe que « nous entendons et lisons tous les jours […] du point de vue géographique, ou politique, ou religieux, ou militaire, ou économique, ou scientifique, ou linguistique, ou culturel »[4] rendent difficile, par les contradictions et la cacophonie qu'elles génèrent, notre identification à l'Europe, « alors même que le fait européen est entré dans les mœurs »[5]. L'Europe se révélerait être « un ensemble flou, pluriel, volatile, poreux »[6] qui ne nous permet pas de fixer notre représentation de l'Europe. Au-delà de la réflexion sur les institutions de l'Union Européenne, au-delà des débats tenus sur les risques d'un élargissement pour l'approfondissement de ses structures institutionnelles, « ce qui fait le plus difficile dans la réflexion de l'Europe » selon Pierre Rosanvallon, « c'est plus encore le fait de penser le type de communauté qu'elle représente et qu'elle peut représenter »[7]. Dès lors, à côté de l'Europe réelle avec ses frontières, ses langues et ses cultures, il semble en fait qu'un espace mental de l'Europe a du mal à se former dans notre conscience, individuelle ou collective, et qu'à l'interrogation sur l'identité européenne et sur son devenir, la question de représentation de l'espace européen pourrait apporter des éléments de réponse.

Ces réflexions préliminaires nous conduisent à nous demander s'il existe un espace de représentation au sein duquel une image de l'Europe serait créée et dont la capacité de construction rendrait possible la mise en forme de cette image dans notre conscience. A cet égard, la littérature, « mode privilégié de la représentation de l'espace »[8], se présente comme un champ de recherche intéressant. La représentation d'un espace européen dans la littérature pourrait constituer un site significatif à la mise en forme d'une image mentale de l'Europe, image à laquelle il serait possible de s'identifier et qui favoriserait de fait l'émergence d'une identité européenne.

Les potentialités du texte littéraire telles que nous les appréhendons ici se révèlent dans la définition de l'espace littéraire donnée par Frederik Tygstrup[9]. Ce dernier explique que, contrairement à l'architecture et à la

---

3   Fumaroli, Marc : Aristée et Orphée : L'Europe de l'action et l'Europe de l'esprit, ds. : *idem* [*et al.*] (dir.) : *Identité littéraire de l'Europe*, Paris : PUF, 2000, p. 7–15, ici p. 7.
4   Fumaroli : Aristée et Orphée, p. 8.
5   Fumaroli : Aristée et Orphée, p. 7.
6   Fumaroli : Aristée et Orphée, p. 8.
7   Rosanvallon, Pierre : Les figures de la représentation, ds. : Fumaroli [*et al.*] (dir.) : *Identité littéraire de l'Europe*, p. 27–34, ici p. 27.
8   Grassin, Jean-Marie : Introduction. Pour une science des espaces littéraires, ds. : Westphal, Bertrand (dir.) : *La Géocritique mode d'emploi*, Limoges : PULIM, 2000, p. I–XIII, ici p. II.
9   Tygstrup, Frederik : Espace et récit, ds : Vion-Dury, Juliette/Grassin, Jean-Marie/Westphal,

sculpture, l'espace littéraire ne possède pas de « spatialité immédiate »[10] et qu'en ce sens la spatialité du texte littéraire lui-même ne va pas de soi. Si l'espace littéraire reste difficile à caractériser, il est néanmoins question d'"espace" en littérature. Cette spatialité se mesure à l'espace représenté, qui est esquissé dans la littérature « à partir des actions et des situations humaines » issues de « l'horizon de l'expérience immédiate de l'homme historique »[11]. La représentation de l'espace en littérature se fonde sur ces espaces vécus, qui ne représentent pas un lieu proprement dit et donc « ne peuvent être désignés », mais qui sont créés dans leur « équivalent textuel » par la construction d'une « image textuelle »[12]. Cette image textuelle correspond à l'ébauche d'« une image possible en indiquant un nombre de repères »[13], qui offre un « système [complexe] de relations spatialisant »[14] d'où découle l'image de l'espace représenté. Pour bien comprendre en quoi consiste ce réseau de relations spatialisant, Frederik Tygstrup propose « un étagement conceptuel »[15] de la représentation d'espaces en littérature. En premier lieu, une distribution d'éléments formels[16] dans le texte permet de concevoir « un espace formel » duquel résulte ensuite « un espace sémantique »[17]. Cet espace sémantique se définit comme « l'organisation d'un système de significations formant un réseau coordonné qui implique une image d'espace »[18], autrement dit « le sens de l'ensemble des éléments donnés comme repères d'un espace humain vécu »[19].

Dans l'« étagement conceptuel » de Frederik Tygstrup, un dernier élément attire tout particulièrement notre attention. Il concerne « l'actualisation de l'image dans la conscience imaginante »[20] : l'image d'espace, contrairement à l'image visuelle, est tronquée, c'est-à-dire qu'elle indique « un nombre limité de relations »[21]. Par conséquent, l'image d'espace ne devient complète qu'à travers la « conscience imaginante » qui a pour fonction de « 'finir' l'image à

Bertrand (dir.) : *Littérature et espaces. Actes du XXXe Congrès de la Société française de littérature générale et comparée, SFLGC, Limoges, 20–22 septembre 2001*, Limoges : Pulim, 2003, p. 57–63.
10 Tygstrup : Espace et récit, p. 57.
11 Tygstrup : Espace et récit, p. 58.
12 Tygstrup : Espace et récit, p. 59–60.
13 Tygstrup : Espace et récit, p. 60.
14 Tygstrup : Espace et récit, p. 60.
15 Tygstrup : Espace et récit, p. 61.
16 Frederik Tygstrup précise que ces éléments formels s'apparentent non seulement à des « éléments géométrisables comme une juxtaposition d'objets », mais aussi à des « éléments hétérogènes, distribuant des faits de l'ordre de la sensation, de la pensée, des affects etc... », Tygstrup : Espace et récit, p. 61.
17 Tygstrup : Espace et récit, p. 61.
18 Tygstrup : Espace et récit, p. 61.
19 Tygstrup : Espace et récit, p. 61.
20 Tygstrup : Espace et récit, p. 61.
21 Tygstrup : Espace et récit, p. 60.

partir des repères donnés »[22]. Si la finalisation de l'image d'espace s'opère par la conscience imaginante, on peut penser que les contours finaux de l'image d'espace renvoient alors à l'image mentale prenant forme dans la conscience du lecteur. Ainsi, le texte littéraire offrirait des potentialités inouïes pour la mise en forme d'une image mentale de l'Europe. D'autant plus que les potentialités du texte littéraire ne se limitent pas à la représentation d'espaces, il est aussi créateur d'espaces. Il a effectivement la capacité d'agir comme un « modèle » dans « l'articulation et l'élaboration des formations d'espace d'une culture »[23]. Cela signifie que, même si la spatialité imaginable du texte s'appuie sur des ressources historiques données[24], le texte littéraire est en mesure de transgresser en même temps le contexte historique à partir duquel il crée des images d'espaces. Dès lors, il a la capacité de produire continuellement des espaces, d'inventer des espaces humains, des « espaces possibles »[25]. Cet aspect constitue la deuxième raison pour laquelle la littérature est un champ de recherche intéressant, puisque le texte littéraire serait capable d'inventer une identité à cet « ensemble flou, pluriel, volatile, poreux »[26] que représente l'Europe dans notre culture. Cette identité deviendrait, par l'acte de lecture, « une identité vécue »[27], à laquelle, peut-être, nous pourrions nous identifier.

Afin d'évaluer les potentialités du texte littéraire que nous venons d'exposer, nous procéderons à l'analyse de deux ouvrages dans lesquels la représentation d'un espace européen est suggérée : *Education européenne* de Romain Gary (1945) et *L'Europe buissonnière* d'Antoine Blondin (1949). La dimension européenne de ces deux romans résulte d'un espace référentiel commun : l'Europe de la Seconde Guerre mondiale. Antoine Blondin et Romain Gary, marqués par leur expérience de la guerre, ont tous deux intégré ce continent ensanglanté par un conflit mondial dans la trame romanesque de leur premier roman.

Pour déterminer le sens et les fonctions de l'espace fictionnel européen dans ces deux romans, il convient de tenter une approche « géocentrée »[28] du texte littéraire. Nous mettrons en perspective l'espace fictionnel européen tel

---

22 Tygstrup : Espace et récit, p. 60.
23 Tygstrup : Espace et récit, p. 62.
24 Par « ressources historiques données », Frederik Tygstrup entend « des types de relations spatiales qu'une culture favorise ou rend possibles », Tygstrup : Espace et récit, p. 62.
25 Tygstrup : Espace et récit, p. 63.
26 Fumaroli : Aristée et Orphée, p. 8.
27 D'après Karlheinz Stierle, la lecture est particulièrement adaptée à « fournir des médiations entre l'imaginaire et la réalité vécue ». Il ne s'agit pas seulement d'un déplacement du lecteur « dans un monde situé au-delà des frontières du sien propre », mais aussi d'un déplacement par le lecteur de « l'imaginaire dont il fait un moment de *l'identité vécue* ». Stierle, Karlheinz : Le roman, une dimension de l'Europe littéraire, ds. : Fumaroli [*et al.*] (dir.) : *Identité littéraire de l'Europe*, p. 35–51, ici p. 46.
28 Dans le chapitre intitulé « Eléments de géocritique », Bertrand Westphal propose une approche « géocentrée » du texte qui, à la différence d'analyses « égocentrées », ne se centre

qu'il apparaît chez Blondin et Gary afin de savoir si celui-ci nous invite à repenser l'Europe, si la construction de l'espace européen au sein du texte présente également une fonction créatrice, c'est-à-dire si elle transgresse le contexte historique et produit une carte de l'Europe au sens deleuzien du terme. Nous voulons effectivement examiner si la représentation de l'Europe est « tournée vers une expérimentation en prise sur le réel »[29] ou bien s'il n'est question que d'une vision de l'Europe se déduisant de la reproduction d'un référent dans l'espace fictionnel.

1 *L'Europe buissonnière*[30]

Le récit de *L'Europe buissonnière* se construit sur la traversée de l'Europe en guerre de Muguet et Superniel. Ces derniers évoluent dans un monde où le sens de leur parcours initiatique se met à faire défaut. Muguet passera de l'« adolescent médiocre » au véritable picaro en apprenant tout simplement à s'adapter au milieu qui l'entoure, soit à la dégénérescence d'une civilisation. Superniel accomplira un apprentissage par la désillusion : sa conscience malheureuse sera dépassée au moment où le jeune homme renoncera à sa réalité idéelle face à une humanité défigurée par les horreurs de la guerre.

Dans ce roman, l'Europe est tout d'abord un espace géographique dont la fonction est d'authentifier la narration en l'inscrivant dans un espace européen réel, que les noms propres désignent et souvent suffisent à décrire. Les lieux littéraires correspondent à des « lieux propres », c'est-à-dire qu'« [ils] renvoi[ent] à un lieu connu et donné pour existant »[31]. Le village de Boutenville, seul 'lieu commun'[32] de l'espace fictionnel, constitue une exception. La description des 'lieux propres' atteint un degré d'adéquation élevé avec le

---

pas sur le sujet (auteur ou personnage fictionnel), mais sur les oscillations du référent spatial, et qui « place le lieu au centre des débats ». Westphal, Bertrand : *La Géocritique : réel, fiction, espace*, Paris : Minuit, 2007, p. 183–240, ici p. 185.
29 Deleuze, Gilles/Guattari, Félix : *Capitalisme et schizophrénie 2. Mille plateaux*, Paris : Minuit, 1980, p. 20.
30 Nous utiliserons ici l'abréviation EB pour nous référer à : Blondin, Antoine : L'Europe buissonnière [1949], ds. : *idem* : *Œuvres*, éd. établie par Jacques Bens, Paris : Laffont, 1991, p. 3–247.
31 « There is also proper place, that which is named and taken to exist. » Définition de Miner, Earl : Common, Proper and Improper Place, ds. : Bauer, Roger (dir.) : *Proceedings of the XIIth Congress of the International Comparative Literature Association (Munich 1988) : Space and Boundaries in Literature (continuation)*, vol. 3, München : Iudicium, 1990, p. 95–100, ici p. 96, cité par Westphal : *La Géocritique*, p. 168.
32 Selon la définition de Earl Miner, le 'lieu commun' ne renvoie à aucun référent : « [...] there is common place, an unnamed, unidentified location », Miner : Common, Proper and Improper Place, p. 96.

monde référentiel à travers la référence de villes telles que Bordeaux, Lyon, Luxembourg, Vienne ainsi que de toponymes s'y rapportant.

L'espace fictionnel européen a également une fonction cinétique. Alors que le cadre spatial d'*Education européenne* se concentre sur la forêt de Wilejka et de ses alentours, les intrigues de *L'Europe buissonnière* ne s'immobilisent pas dans un seul lieu. Le lecteur assiste effectivement à la mise en place d'une dynamique spatiale dans laquelle s'insèrent les personnages. L'espace européen qui prend forme au fil des pérégrinations des personnages se constitue de lieux de séjour et de lieux de traversée. L'odyssée de Muguet en est un exemple éclatant.

Le caractère cinétique de l'espace géographique révèle un autre aspect du rapport à l'espace dans le roman : « la difficulté d'avoir son lieu »[33]. Muguet n'est pas maître de son itinéraire géographique et il est toujours transporté d'un endroit à un autre au gré des événements de la guerre. Les personnages ne semblent pas être en mesure de lutter contre la force cinétique de l'espace, à un point tel que, même s'ils traversent un espace géographique étendu (notamment Muguet), ils apparaissent paradoxalement privés de toute liberté de mouvement. A cet égard, l'espace géographique a une fonction symbolique en illustrant le manque de liberté de l'individu pendant la Seconde Guerre mondiale.

L'Europe existe dans l'espace fictionnel avant tout comme lieu d'un conflit. Ce conflit correspond au cadre spatio-temporel des aventures de Muguet et Superniel, ce qui limite l'étendue de cet espace européen. Les deux personnages principaux du roman étant français, la configuration de l'Europe est réduite à une perspective historique française du conflit : seules des scènes types de la Seconde Guerre mondiale qu'un Français à cette époque aurait pu vivre ou dont il aurait pu être témoin sont reproduites dans l'espace fictionnel : Bordeaux, « rempli de ministres »[34], est le symbole de la débâcle française. Dax, occupé par les Allemands, illustre l'avancée victorieuse des troupes allemandes en France.[35] La Belgique, peuplée de prisonniers de guerre,[36] devient le théâtre de la défaite. La résistance contre le nazisme est symbolisée par la ville de Lyon.[37] L'exploitation de la jeunesse française par le national-socialisme est évoquée par le camp de travail de Pottschach. La représentation de ces scènes historiques se joue à plusieurs reprises du degré de conformité avec le référent et s'appuie souvent sur une écriture dérivée qui éloigne l'espace fictionnel de tout « réalisme documentaire »[38] et qui rend ce tableau historique proche de la caricature.

---

33   Cresciucci, Alain : *Antoine Blondin, écrivain*, Paris : Klincksieck, 1999, p. 113.
34   EB, p. 62.
35   Voir EB, p. 71.
36   Voir EB, p. 82.
37   Voir EB, p. 125.
38   Cresciucci : *Antoine Blondin*, p. 104.

La représentation de cet espace européen comme lieu d'un conflit est surdéterminée par le paradigme vainqueur-vaincu. Divisé entre l'Europe des vainqueurs et l'Europe des vaincus, l'espace fictionnel européen demeure marqué par cet antagonisme.

L'Europe des vainqueurs correspond à l'Europe Nouvelle de Hitler, qui, dans le roman, est traitée sur le mode de la dérision et de la satire. L'idée selon laquelle le national-socialisme permettrait de « faire l'Europe »[39] est délégitimée dans le roman par la représentation d'une Europe répressive : Baptiston ne veut pas « vivre avec toutes les polices d'Europe au cul »[40]. L'Europe en tant qu'espace sans frontières qui rend possible la libre circulation des personnes est tournée en dérision : « Ils franchirent [la frontière] sans difficulté [...] les douaniers étant par ailleurs allemands de part et d'autre, ce qui facilite diablement les rapports frontaliers »[41]. Ici, la perméabilité des frontières est l'indice d'une Europe sous domination nazie, fondée sur un modèle autoritaire, qui ne passe pas par le détour de l'altérité.

D'autre part, l''Europe nouvelle' est discréditée à travers l'illustration de l'Européen modèle du national-socialisme, incarné par des personnages qui instrumentalisent la conscience d'une appartenance européenne à des fins personnelles.[42] Le seul personnage (Superniel) qui soutenait moins le national-socialisme que les valeurs fédératrices que ce dernier prétendait incarner finit par ne plus croire aux vertus européennes de l'Europe nazie.[43]

---

39   « Nous faisons l'Europe, répondit le général, une chose que les vieux comme vous et moi ne verront peut-être pas et qui n'est sans doute pas faite pour eux. Une grande chose quand même. » (EB, p. 73).
40   Voir EB, p. 60.
41   Voir EB, p. 116.
42   « Mme de Trébizonde remonta vers Paris pour faire entrer Stephan à l'Opéra, avec l'appui d'un attaché culturel allemand qu'elle avait connu jadis au Quai d'Orsay. Totalement gagnée aux nouveaux slogans, elle pensait que, entre Européens, il faut s'entraider. » (EB, p. 72).
43   Superniel, qui, avant son départ pour le STO, contemplait la chute du drapeau à croix gammée dans un sentiment de communion avec « toutes les capitales d'Europe » (EB, p. 149), se retrouve confronté à la réalité objective des conséquences du national-socialisme. Il se rend compte que l'Europe Nouvelle défendue par Hitler repose sur une propagande habile destinée à vanter les valeurs fédératrices du nazisme pour mieux subjuguer et asservir les peuples européens aux intérêts du national-socialisme. C'est cette leçon qu'il tente d'inculquer aux jeunes adolescents de la Hitlerjugend qui ont pénétré brutalement dans le refuge où Mitzi et Superniel partageaient un moment de tendresse : « Ecoutez, dit-il. Dans mon pays, autrefois, vous aviez collé des affiches. On les retrouvait sur les bateaux en partance, aux murs des gares, dans les offices de tourisme. Elles étaient pour beaucoup de garçons de mon âge des affiches de mobilisation. Sur l'une, on voyait une fille blonde comme toi, Mitzi, qui nous ouvrait les bras ; sur l'autre, un jeune homme comme toi, Rudy, qui nous montrait la route... Dans votre pays, une fois, il y a eu les jeux Olympiques. Voilà huit ans de cela, vous étiez des enfants. Sur le fronton du stade, vos dirigeants, vos chefs avaient fait fondre une cloche. Et, sur cette cloche, ils avaient gravé : *J'appelle la jeunesse du monde...* Nous qui attendions dans les offices de tourisme, aux guichets de gares, sur les navires en

Quant à l'Europe des vaincus, elle rassemble les pays conquis par l'Allemagne national-socialiste, dont le dénominateur commun est le « nom[...] de jeune[...] fille[...] »⁴⁴ que les vainqueurs leur ont attribué, métaphore du genre féminin qui exprime l'idée que « le corps à conquérir et/ou à pénétrer est toujours celui de la femme »⁴⁵. Ils ont également en commun d'être vidés de leur population dans le but de répondre aux besoins en main-d'œuvre gratuite du Troisième Reich. « Tous les vaincus de l'univers » se retrouvent ainsi au camp de travail de Pottschach, « invoquant des patries disparues, des hommes d'Etat défunts, une politique de fantômes »⁴⁶ : Le statut de vaincu des populations du camp ne favorise pas leur rapprochement. Bien au contraire, les nationalités ont du mal à se mélanger et l'affirmation des spécificités nationales va jusqu'au stéréotype. A travers la représentation d'un espace où la proximité des nations, des cultures et des langues est source de tensions, c'est la question du rapport entre les nationalités européennes qui est posée dans *L'Europe buissonnière* : est-il possible de « faire l'Europe » autrement que Hitler la fit, c'est-à-dire, sans nier le principe des nationalités⁴⁷ ?

Face à l'Europe de Hitler, caractérisée par une uniformisation oppressive, c'est une Europe de l'amitié et de l'enthousiasme qui transforme l'énergie nationale, que les populations du camp symbolisaient, en action universelle. En effet, le personnage Muguet se métamorphose en mythe vivant dont l'existence permet de donner corps à cette Europe des vaincus, de les rassembler autour d'une action commune, « principe supérieur » devant lequel « les singularités » disparaissent.⁴⁸ Tout comme le partisan Nadejda dans *Education européenne*, le personnage de Muguet agit comme un mythe fédérateur entre les peuples européens présents dans le camp de travail. Or, cette conversion de l'espace fictionnel en Europe de l'amitié n'est qu'une création de l'instant, de l'éphémère, « une chance unique » d'avoir refait l'Europe, « une dernière fois, dans cette baraque »⁴⁹. La baraque du camp de travail s'apparente à une scène de théâtre sur laquelle l'Europe unie a existé le temps de l'illusion théâtrale.⁵⁰

---

partance, nous l'entendions par-dessus les rumeurs [...] Alors, je vous demande : qu'en faites-vous, aujourd'hui, de la jeunesse du monde ? Qu'en avez-vous fait ? Vous l'avez mise dans des camps et, lorsqu'elle essaie, malgré vous, de se rapprocher, vous lui criez : Etrangère ! et vous l'enfermez. » (EB, p. 199–200).

44 « Les pays conquis portaient maintenant des noms de jeunes filles. » (EB, p. 98).
45 Westphal : *La Géocritique*, p. 115.
46 EB, p. 169.
47 « Le principe des nationalités s'est formé au cours des âges. Il a déclaré légitimes les mouvements de groupements ethniques tendant à créer un Etat qui leur fut particulier ou à rejoindre une Etat existant qui répondait à leurs aspirations. » Redslob, Robert : *Le Principe des nationalités. Les origines, les fondements psychologiques, les forces adverses, les solutions possibles*, Paris : Recueil Sirey, 1930, p. 40.
48 EB, p. 211.
49 EB, p. 213–214.
50 « Le théâtre était sa chose et l'Europe aussi du même coup. Il [Superniel] avait d'ailleurs toujours eu un peu tendance à les confondre. » (EB, p. 214).

Une communauté économique à l'échelle européenne est également représentée dans l'espace fictionnel. Le marché clandestin « diablement lucratif »[51] des petits cercueils, qui sont envoyés par la Résistance « à ceux qui ne répugnent pas à collaborer »[52], s'étend de Belgrade jusqu'à Montceau-les-Mines.[53] Le local de Vienne, où « plusieurs centaines d'individus »[54] pratiquent le marché noir, évoque aussi cet espace économique européen, au sein duquel « [l]a loi de l'Offre et de la Demande [est] plus forte que le Principe des Nationalités […] »[55]. Cette économie souterraine invite à penser que l'Europe ne peut se faire que par la voie d'une union économique. Par ailleurs, cette perspective économique pour l'Europe deviendra l'idée-force de l'après-guerre, ce qu'Antoine Blondin n'était peut-être pas sans ignorer.

À ce stade de notre analyse, un constat s'impose : l'espace fictionnel européen dans *L'Europe buissonnière* est avant tout associé au conflit de la Seconde Guerre mondiale. L'antagonisme entre vainqueurs et vaincus est reproduit dans l'espace fictionnel et déduit de données historiques. D'autre part, les déclinaisons de l'Europe représentées dans le roman, c'est-à-dire l'Europe de l'amitié ou l'Europe économique, ne mettent pas en scène des territoires[56], mais des personnages dont les actions isolées et spontanées s'intègrent dans l'espace fictionnel. Il s'agit donc de savoir à présent si la structure narrative du roman se présente comme un système ouvert qui ferait l'expérience d'un réel au lieu de le reproduire. En d'autres termes, la structure narrative propose-t-elle une carte de l'Europe qui s'ouvrirait sur un ailleurs, qui construirait un inconscient[57] au sens deleuzien du terme ?

La rigueur de la composition symétrique du roman en parties, sous-parties et chapitres dissimule en réalité une facture fragmentée du récit. Alors que l'intrigue de la sous-partie « Les enfants d'abord » se concentre sur le personnage Muguet, la linéarité du récit est interrompue par les digressions de la

---

51   EB, p. 119.
52   EB, p. 119.
53   Voir EB, p. 120.
54   EB, p. 232.
55   EB, p. 232.
56   Ici, nous nous référons au territoire deleuzien qui correspond à un territoire « imprévisible dans son aspect et ses manifestations » et qui est « dépourvu de racine ». Il s'agit d'un territoire rhizomatique qui s'oppose à « la forme de système radicelle, où tout ordre finirait en dernier ressort […] par se diluer dans le désordre ». Le territoire « se présente comme un rhizome, comme un bulbe ou un tubercule qui n'a ni début ni fin » (Westphal : *La Géocritique*, p. 88). « N'importe quel point du rhizome peut être connecté avec n'importe quel autre, et doit l'être. C'est très différent de l'arbre ou de la racine qui fixent un point, un ordre. » (Deleuze/Guattari : *Mille Plateaux*, p. 13, cité par Westphal : *La Géocritique*, p. 88).
57   « Si la carte s'oppose au calque, c'est qu'elle est tout entière tournée vers une expérimentation du réel, prise sur le réel. La carte ne reproduit pas un inconscient fermé sur lui-même, elle le construit. » (Deleuze/Guattari : *Mille plateaux*, p. 20.)

deuxième sous-partie « La retraite des vieux » centrées sur le commandant Baptiston ainsi que sur l'histoire de la centenaire et des deux soldats SS, Hans et Helmuth. La suite du récit des aventures de Muguet ne reprend que dans la troisième sous-partie, « La retraite des vieux ». Dans la seconde partie, le récit consacré au personnage Superniel introduit un espace spatio-temporel qui ne se situe pas dans la continuité du récit de Muguet, si bien que, sans la rencontre tardive et hasardeuse des deux personnages dans la dernière sous-partie du roman, « Captifs de plein vent », nous aurions pu considérer la première et seconde partie comme deux romans bien distincts. Par conséquent, l'unité du récit n'est qu'apparente dans le roman et ne subsiste que grâce à la réapparition ou évocation de certains personnages dans les diverses sous-parties. Notons que le récit de la première partie est particulièrement fractionné, ce qui s'explique essentiellement par sa dimension picaresque[58].

Cette facture fragmentée se retrouve également dans l'espace matériel de la page du roman : les « blanc[s] typographique[s] »[59] présents à l'intérieur des chapitres marquent le passage d'un épisode à l'autre. Dès lors, on peut noter le recours à une « esthétique du fragment » dans le roman, celle-ci consistant à « mobilis[er] les espaces blancs entre les paragraphes et [à] procéd[er] à une exploitation véritable de l'espace matériel de la page »[60]. L'inscription sur la page d'un « Nota bene »[61] participe également de cette « esthétique fragmentée ».

Cette facture fragmentée et floue du roman est adaptée à la représentation du monde chaotique de la Seconde Guerre mondiale qui entraîna l'individu, auparavant bien intégré dans le monde, à emprunter des chemins de traverse.[62] Les personnages de *L'Europe buissonnière* évoluent dans un monde anomique où la cohésion sociale et politique éclate en un fatras de parcours

---

58   Il est d'usage dans le roman picaresque d'avoir recours à une forme « libre » à écriture digressive (récits à tiroirs). L'unité du récit n'est conservée que « grâce à la permanence du héros (ou anti-héros) comme référence constante ». Souiller, Didier : *Le Roman picaresque*, Paris : PUF, ²1989, p. 58.
59   Cresciucci : *Antoine Blondin*, p. 76.
60   Westphal : *La Géocritique*, p. 39.
61   EB, p. 31–32.
62   Patrick Buisson met en évidence cet aspect en analysant les conséquences de la débâcle française à la mi-juin 1940 sur les cadres de la société française. Un grand nombre de hauts fonctionnaires quittait leur poste et laissait le « pays en état d'apesanteur », ce qui favorisa l'apparition d'« un formidable et éphémère *no man's land*, espace de toutes les libertés mais aussi de toutes les incertitudes ». On était en présence d'« un monde sans attaches, d'une société sans surveillance, sans juge et sans sergent de ville » dans lequel l'anomie était la règle. Selon Patrick Buisson, c'est dans ce contexte que « la sphère privée [s'est ouverte] à des comportements marqués par l'émancipation, la désinhibition et la dépense physique ». Buisson, Patrick : *1940–1945, années érotiques*, vol. 1 : *Vichy ou les infortunes de la vertu*, Paris : Albin Michel, 2008, p. 68–69 et 73.

individuels.[63] L'apprentissage de Muguet et Superniel se décline en itinéraires tortueux, labyrinthiques, qui en aucun cas ne suivent une ligne droite. Cette remise en cause de la ligne droite doit être rattachée à un champ subjectif bien précis : l'auteur et le contexte d'élaboration de son premier roman.

Le contexte dans lequel Antoine Blondin compose son roman correspond à une époque où une nouvelle lecture du temps et, de fait, une perception différente de l'espace, s'imposèrent. Au moment où la carte de l'Europe dévoilait aux yeux du monde les camps d'extermination et les paysages bombardés,[64] on s'interrogea sur la possibilité de continuer à considérer la ligne du temps selon la métaphore du fleuve progressif et progressiste. La ligne droite laissait place à une perception spatio-temporelle fragmentée.[65] La structure narrative du roman *L'Europe buissonnière* serait donc marquée par cette nouvelle lecture du temps et de l'espace. Le postulat de la ligne droite est d'ailleurs parodié dans l'épisode du « bourreau des longitudes » du roman : Hans et Helmuth sont chargés par « l'Uhrführer Bauer » d'avancer « les pendules d'Europe » de deux heures afin « d'organiser le temps au moment précis où [le régime nazi] occupait l'espace ». « Dénoncé par l'horloge parlante », l'Uhrführer est condamné à la fin de la guerre à être fusillé pour avoir détourné « un temps considérable au détriment de l'humanité tout entière »[66].

Ce postulat de la ligne droite fut délégitimé en 1945 par les évolutions de l'Histoire et semble l'être également par Antoine Blondin, car c'est bien une vision de l'Histoire qui sous-tend tout le roman. Le passage de *L'Europe buissonnière* qui fait la part belle à la confusion des résistants sur les représentations du général de Gaulle et de Pétain,[67] ainsi que les conclusions de Muguet

---

63 Un exemple particulièrement éclatant en est le chemin parcouru par le commandant Baptiston. Considérant l'inutilité et le non-sens de la guerre, Baptiston décide de se retirer de la vie militaire, alors même que son statut de commandant ne l'autorise pas à échapper à ses devoirs dans un moment aussi délicat que la débâcle française. Baptiston prononce tout de même « son divorce avec l'armée » qu'il appréhende comme sa « résurrection ». C'est le début de ses pérégrinations, dignes d'un vrai picaro, dans une Europe en guerre. Il se déguise en femme centenaire pour échapper à l'ennemi ainsi qu'aux autorités françaises et se transforme en « premier clandestin de France ». Baptiston sait qu'il n'a aucune chance de réussite sans une véritable théâtralisation de la vie publique et donc se fait passer, dans un camp de prisonniers, pour un acteur du « Théâtre des Armées ». Son parcours picaresque le mènera à la Résistance dans le maquis d'Ibardia, mais « par la voie des concessions », c'est-à-dire qu'il saura, pour survivre, s'adapter à cette vie clandestine peuplée essentiellement de résistants. Voir EB, p. 35, 51, 52, 57.
64 Voir Westphal : *La Géocritique*, p. 23
65 Voir Westphal : *La Géocritique*, p. 24.
66 Voir EB, p. 48.
67 « Ces gens [les membres de la Résistance], de toute évidence, prenaient aujourd'hui le maréchal Pétain pour le général de Gaulle, comme ils prendraient demain le général de Gaulle pour le maréchal Pétain ». EB, p. 130.

selon lesquelles les vaincus d'aujourd'hui seront peut-être les vainqueurs de demain et inversement, proposent une vision de l'Histoire qui ne progresse pas dans une perspective axiologique mais cyclique, et où le « seul format temporel encore acceptable » est « la vision nietzschéenne de l'éternel retour »[68]. Selon Hans Meyerhoff, il est certain qu'au sein de la génération de l'après-guerre, « la foi dans le progrès a brusquement décliné […] »[69]. La structure narrative fragmentée de *L'Europe buissonnière* serait le reflet de cette conception de l'Histoire « rendue sujette à la fragmentation […] et à l'inintelligibilité »[70] qui émergea au sortir de la Seconde Guerre mondiale. Force est de constater cependant que la structure narrative ne propose aucune ligne de fuite qui renverserait le modèle de l'espace européen représenté dans la narration. Le roman est tourné vers une vision de l'Histoire, et non vers la définition d'une entité idéelle de l'espace européen. Dans *L'Europe buissonnière*, l'Europe est l'héroïne d'un moment de l'Histoire, mais elle ne constitue pas un projet référentiel, l'objet d'une exploration. On peut se demander s'il en va de même dans *Education européenne* ou si, au contraire, un avenir est à lire dans l'architecture du roman.

2 *Education européenne*[71]

Education européenne se compose de deux instances narratives : le récit premier relate l'apprentissage du jeune Janek dans les conditions périlleuses du maquis de Wilno en Pologne, dont il tirera un enseignement dénué de tout idéalisme. Le récit second quant à lui est fractionné en cinq contes ou fables intégrés dans le récit premier et également marqués par l'esprit de résistance. La linéarité du récit premier n'est à aucun moment brisée dans la mesure où le principe fondamental de composition du roman est la mise en abyme qui participe de son caractère réflexif.

De la structure narrative du roman, il ressort que la mise en abyme transforme le lien entre la Résistance référentielle (« celle qui a eu lieu dans le monde et dont Gary a fait partie tout en écrivant *Education européenne* »[72]) et la Résistance fictive en résistance de la fiction sur la réalité, idée-force du roman qui constitue le projet référentiel de l'auteur Romain Gary et qui se réfléchit à l'intérieur des cinq récits enchâssés racontés par le personnage

---

68 Westphal : *La Géocritique*, p. 25.
69 Meyerhoff, Hans : *Time in Literature*, Berkeley, Los Angles : University of California Press, 1955, p. 104, cité par Westphal : *La Géocritique*, p. 25.
70 Westphal : *La Géocritique*, p. 26.
71 Nous utiliserons ici l'abréviation EE pour nous référer à : Gary, Romain : *Education européenne* [1945], Paris : Gallimard, 2005.
72 Rosse, Dominique : *Romain Gary et la modernité*, Paris : A.-G. Nizet/Ottawa : Presses de l'Université d'Ottawa, 1995, p. 47.

Dobranski, l'écrivain mis en abyme. Par le recours à la mise en abyme, Gary veut démontrer qu'il est possible de combler l'inauthenticité de la réalité, en tant que manque, par l'authenticité de la fiction, seule capable de répondre aux désirs humains de fraternité[73], d'imagination[74], de vie[75], ainsi que de liberté et d'espoir[76].

A travers la structure spéculaire du roman, on ne peut contester que Gary élabore « une herméneutique du récit premier par l'intermédiaire des récits de Dobranski » dans le but « de verrouiller le sens du récit »[77] et d'en assurer toute l'évidence et la clarté auprès du lecteur. Par ailleurs, contrairement à l'assertion de Dominique Rosse selon laquelle « l'œuvre de Gary frôle constamment les lieux de la modernité contre laquelle elle se déploie en en prenant le contre-pied, en réaffirmant sans cesse et presque névrotiquement la clôture de son texte, sa monosémie, sa non-ambiguïté »[78], le discours narratif dans *Education européenne* ne s'enferme pas dans une fonction purement didactique, mais il fonde, par le recours à la mise en abyme, un « espace de résistance », révélateur justement de la modernité de l'écrivain Romain Gary.

Le projet référentiel de Romain Gary consiste à convaincre le lecteur que la fiction agit comme résistance à la réalité et qu'elle est en mesure de combler le vide du monde réel par son authenticité. Cela suppose donc qu'entre l'espace fictionnel et le monde réel (celui de l'Europe sous domination nazie) se dévoile un troisième espace qui est en quelque sorte en avance sur le monde réel, c'est-à-dire duquel émerge un monde possible dont le référent n'est plus la réalité, mais l'imaginaire de l'écrivain.

Selon Jean-François Pépin, Romain Gary esquisse dans ses romans « [l]a géographie de l'homme à venir [...] [qui] se réfugie dans les marges, seuls espaces vierges qui tiennent le texte et lui donnent forme »[79]. Cette référence à la « marge » nous renvoie à la notion de « tiers espace », lequel serait une

---

73 Zosia demande à Janek ce que Dobranski raconte dans son livre. Janek lui répond : « Que nous ne sommes pas seuls ». EE, p. 103.
74 L'imagination de l'écrivain permet de créer un idéal commun : le livre de Dobranski a pour but de faire croire en la perduration des valeurs essentielles, « la liberté, la dignité, l'honneur d'être un homme » (EE, p. 76) dans un monde où règne la barbarie.
75 « Rien d'important ne meurt... » (EE, p. 58).
76 Ces deux notions se retrouvent dans l'invention du chef mythique Nadejda, qui suscite la peur dans le cœur de l'ennemi, redonne courage et espoir aux résistants polonais et de fait incarne ce pouvoir de la fiction sur le réel.
77 Douzou, Catherine : Récit et récits dans *Education européenne*, ds. : *Roman 20–50. Revue d'étude du roman du XXe siècle* 32 (déc. 2001), Dossier : *Romain Gary – Emile Ajar,* Education européenne *et* La Vie devant soi, éd. par Paul Renard, p. 51–61, ici p. 56.
78 Rosse : *Romain Gary*, p. 14.
79 Pépin, Jean-François : Une géographie de l'homme à venir dans l'œuvre de Romain Gary, ds. : Sacotte, Mireille (dir.) : *Romain Gary et la pluralité des mondes*, Paris : PUF, 2002, p. 49–59, ici p. 58.

marge, « le site de tous les possibles », un « espace de résistance », « le lieu central de la production d'un discours contre-hégémonique »[80]. Dans *Education européenne*, un besoin de liberté s'esquisse dans les marges du code, contre la « police », l'« armée d'occupation », la « puissance matérielle »[81], c'est-à-dire contre l'ordre hégémonique du national-socialisme. Ainsi, le lecteur s'engage dans un voyage symbolique par lequel il accède à « ces chemins périphériques, loin de la Puissance[82] »[83]. Le « discours contre-hégémonique » du roman imprègne la forêt où se cache le maquis de Wilno, le lieu où « la liberté est née » et où « elle revient se cacher quand ça va mal »[84]. Par la mise en abyme, le récit premier ne correspond plus à la simple représentation du monde référentiel, il ne s'agit plus d'un territoire statique, mais d'une territorialité évolutive à l'intérieur de laquelle « le territoire cesse d'être univoque » et amorce une déterritorialisation à travers les lignes de fuite.[85] Ces lignes de fuite apparaissent dans la déconstruction de la ligne temporelle : alors que le passé simple est utilisé dans le récit premier, les récits seconds sont racontés au présent de l'indicatif (mis à part dans le « Simple conte des collines »[86]). Certes, l'opposition présent/passé simple « signale clairement le retour au récit premier »[87] et ainsi évite tout brouillage narratif. Cependant, cette conjugaison de temporalités différentes peut être interprétée comme « une alternative à la ligne droite du temps, aux figures trop géométriques de l'espace policé »[88]. La transgression qui résulte de cette déclinaison de l'espace-temps devient même une « transgression ontologique »[89], dans la mesure où la fiction de la seconde instance narrative semble plus réelle que le monde référentiel représenté dans le récit premier : par le recours au présent dans les récits enchâssés, « le texte indique que plus la fiction est fiction de la fiction et plus elle est réelle, plus

---

80 Westphal : *La Géocritique*, p. 119.
81 EE, p. 263.
82 La « Puissance » désigne chez Gary la réalité, celle contre laquelle il faut lutter. Cf. Rosse : *Romain Gary*, p. 18.
83 Abdeljaouad, Firyel : Cartographie de la bibliothèque imaginaire de Romain Gary dans *Pour Sganarelle*, ds. : Sacotte (dir.) : *Romain Gary et la pluralité des mondes*, p. 87–97, ici p. 96.
84 EE, p. 57.
85 Gilles Deleuze et Félix Guattari sont les inspirateurs de cette dialectique déterritorialisante, voir Westphal : *La Géocritique*, p. 89.
86 Parmi les cinq récits enchâssés, c'est le seul texte qui soit présenté par Dobranski comme « un conte pour les gosses européens… un conte de fées » (EE, p. 68). Le passé simple n'est pas utilisé ici pour maintenir une continuité temporelle avec le récit premier, mais pour respecter les modalités temporelles classiques du conte de fées.
87 Rosse : *Romain Gary*, p. 50.
88 Westphal : *La Géocritique*, p. 75.
89 Jørn Boisen parle de « désir de transgression ontologique » chez Gary, c'est-à-dire qu'il veut « incarner le rêve dans le cadre du réel » et « passer de la fiction à la réalité ». Boisen, Jørn : A l'assaut de la réalité. La dominante de l'œuvre de Romain Gary, ds. : Sacotte (dir.) : *Romain Gary et la pluralité des mondes*, p. 33–47, ici p. 38.

elle est authentique »⁹⁰. L'affaiblissement ontologique du réel du monde référentiel favorise l'émergence de cet « espace de résistance » qui se dessine en creux à partir du discours narratif des récits enchâssés, laissant apparaître une cartographie de l'homme européen à venir.

L'homme de demain, celui de l'après-guerre, se situe au carrefour de tous les peuples européens. Le premier récit enchâssé « Simple conte des collines » (p. 68 à 73), présenté par Dobranski comme « un conte pour les gosses européens »⁹¹, trace la carte d'une Europe au sein de laquelle résonnent les voix de tous les peuples européens. L'écho du conte est « un écho européen »⁹², la voix de toutes les nations de « la terre européenne »⁹³. Tout l'oppose à *La Colline inspirée* (1913) de Maurice Barrès dont l'exaltation du culte du moi et de la terre milite pour une énergie nationale. Dans le conte de Dobranski, « le 'royaume du Je'⁹⁴ éclate [...], s'exile, il entre dans l'espèce entière »⁹⁵. L'écho, qui « [lève] l'étendard de la révolte »⁹⁶, représente la voix de tous les peuples opprimés qui résistent contre l'Europe de Hitler, raciste et totalitaire. Cette Europe des « Mille Voix »⁹⁷ entoure les deux instances narratives du roman à travers « l'emploi de huit langues différentes dans la narration »⁹⁸ (le français, l'anglais, l'allemand, le russe, le polonais, l'hébreu, le yiddish et l'ukrainien). Le pluralisme culturel de cette communauté de souffrance en lutte contre l'oppression nazie, récréé par cette pluralité⁹⁹ des langues dans le roman, se forme également à partir des autres récits enchâssés. L'Europe de la résistance tisse sa toile au-delà des frontières nationales, le long de la Volga, le fleuve le plus long d'Europe, qui se déverse dans la mer Caspienne, reliée par le canal de Tikhvin à la mer Baltique. De fait, l'évocation de la Volga dans le cinquième conte « Les Environs de Stalingrad » (p. 230–245) fait apparaître en filigrane, sur la carte de cette communauté européenne à venir, la Suède, la Finlande, la Russie¹⁰⁰, les Etats baltes, la Pologne, l'Allemagne et le

---

90 Rosse : *Romain Gary*, p. 50.
91 EE, p. 68.
92 EE, p. 71.
93 EE, p. 71.
94 Le « royaume du je » est une expression de Gary : « Je ne raconte pas des histoires contre moi-même, mais contre le *je*, contre notre petit 'royaume du je'. » Gary, Romain/Bondy, François : *La Nuit sera calme*, Paris : Gallimard, 1974, p. 202.
95 Abdeljaouad : Cartographie de la bibliothèque imaginaire, p. 91.
96 EE, p. 72.
97 EE, p. 71.
98 Larat, Fabrice : *Romain Gary, un itinéraire européen. Essai biographique*, Chêne-Bourg : Georg, 1999, p. 25.
99 Voir Larat : *Romain Gary*, p. 25.
100 Dans ce contexte, il ne s'agit pas d'étendre la frontière de l'Europe jusqu'en Russie. Nous invoquons ici une communauté de l'esprit européen, auquel la Russie, dans l'éducation que Gary reçut de sa mère, fait partie. L'Europe géographique ne rentre pas en ligne de compte, car comme on le sait, délimiter la frontière de l'est de l'Europe suscite encore

Danemark, une carte qui s'étend, avec les deuxième et troisième récits enchâssés, jusqu'en France et en Angleterre.

Comme nous l'avons évoqué plus haut, cet « espace de la résistance » lutte contre le territoire univoque et statique de la « Puissance » en lui opposant une dialectique territoriale dynamique, qui résulte de la mise en abyme même. Le dynamisme de cet « espace de résistance » laisse apparaître une Europe en mouvement qui tend toujours vers une évolution, un progrès. Cette dernière peut être rattachée à la conception de Massimo Cacciari selon laquelle l'Europe « ne s'est jamais stabilisée ; elle a *été*, sans jamais *être* dans le *stare* [le statique] ». D'après Cacciari, « elle est [...] patrie fuyante de l'Athénien *áoikos* (sans domicile fixe) dont la demeure était l'esprit »[101]. L'homme européen à venir, esquissé dans *Education européenne*, a aussi pour demeure l'esprit. Il est amené à arpenter cette « bibliothèque imaginaire » qui est suggérée dans *Education européenne* par l'intertextualité : référence aux *Simples Contes des collines* de Rudyard Kipling, cité nommément par Pech dans le récit premier,[102] mais aussi à « la fameuse ballade de Pouchkine »[103], la ballade *Rouslan et Lioudmila* (1820)[104], ainsi qu'à la nouvelle *Le Manteau* de Nicolas Gogol[105], dans le récit enchâssé « Les Environs de Stalingrad »[106]. Cette bibliothèque imaginaire invite à la lecture, activité humaine par laquelle l'esprit de l'homme voyage chez l'autre et vit « une expérience d'exilé »[107]. Ce postulat s'illustre dans la représentation des partisans, devenus auditeurs-lecteurs des récits de Dobranski, dont les réactions à la fin de chaque récit témoignent de cette expérience de l'autre et de la fraternité par la lecture : Tadek Chmura, celui dont les pensées sont dénuées d'idéalisme, est malgré tout emporté par la lecture du « Simple conte des collines »[108] en proclamant « avec conviction » que « les enfants européens apprendront un jour ce conte par cœur dans les écoles »[109]. La fable intitulée « Les environs de Stalingrad » conduit Janek à

---

aujourd'hui bien des débats qui ne font pas l'objet de notre analyse. Pour plus d'informations au sujet de l'Europe géographique, se référer à : Lichtenberger, Elisabeth : *Europa : Geographie, Geschichte, Wirtschaft, Politik*, Darmstadt : WBG, 2005.

101 Westphal : *La Géocritique*, p. 93.
102 Voir EE, p. 68.
103 EE, p. 230.
104 Voir Amsellem, Guy : *Romain Gary. Les métamorphoses de l'identité*, Paris : L'Harmattan, 2008, p. 121.
105 Un des corbeaux du récit enchâssé « Les Environs de Stalingrad » est nommé « Akaki Akakivitch ». Dans la nouvelle *Le Manteau*, le nom du petit fonctionnaire dont on raconte les mésaventures est « Akaki Akakiévitch ». Voir Amsellem : *Romain Gary*, p. 121.
106 Cette intertextualité, mais surtout la composition du roman, révèlent également combien la poétique de Gary a été marquée par Nicolas Gogol et Alexandre Pouchkine, deux grands conteurs russes. Voir Amsellem : *Romain Gary*, p. 117.
107 Abdeljaouad : Cartographie de la bibliothèque imaginaire, p. 90.
108 EE, p. 68–73.
109 EE, p. 74.

demander à Dobranski s'il aime les Russes, et c'est donc grâce à elle que le jeune adolescent découvre la différence entre le nationalisme et le patriotisme. La lecture, fondée sur « le mouvement de l'exil »[110], constitue par conséquent un aspect essentiel de cette territorialité évolutive contenue dans l'« espace de résistance ». Il s'agit à présent d'expliquer en quoi elle contribue également à déployer toutes les potentialités de cet espace dans le monde réel.

Nous avons précédemment tracé les contours de ce troisième espace qui émerge en creux par la mise en abyme. Nous sommes partis du principe que cet espace était en avance sur la réalité. Bien entendu, il ne s'agit pas d'affirmer que le discours fictionnel du roman proposant une cartographie de l'homme européen à venir ne se réfère aucunement au monde réel. En effet, des mouvements européens de l'entre-deux-guerres tels que la *Paneurope* de Richard Coudenhove-Kalergi[111], et même l'expérience dans la résistance de Gary, ont pu servir de cadre à l'imaginaire de l'écrivain. Néanmoins, Gary ne se contente pas de copier ou de calquer la carte réelle de l'Europe de 1942–1945 : son roman est une exploration, un projet, une proposition d'un monde possible qui, par rapport au monde référentiel, est en avance sur la réalité. Cet aspect se révèle d'autant plus vrai que Romain Gary rédigea *Education européenne* alors qu'il était directement exposé aux événements de la Seconde Guerre mondiale. Par ailleurs, ce monde possible repose, selon les propres termes d'Umberto Eco, sur des « *attitudes propositionnelles* de quelqu'un qui l'affirme, le croit, le rêve, le désire, le prévoit, etc. »[112]. Ces conditions sont réunies dans *Education européenne* à travers l'intervention du personnage-écrivain Dobranski.

Il est intéressant de confronter par conséquent cet « espace de résistance »[113] à « la question de la référentialité »[114]. Dans l'introduction de son essai sur la géocritique, Bertrand Westphal se demande qui « du texte ou du lieu… fait l'autre » : « Se peut-il [que le texte fictionnel] s'engage dans la création du monde ? »[115] Certes, il est difficile d'évaluer l'importance du texte dans la construction du lieu, mais on est en mesure de démontrer que l'intention

---

110 Abdeljaouad : Cartographie de la bibliothèque imaginaire, p. 90.
111 Romain Gary connaissait le mouvement paneuropéen créé par Coudenhove-Kalergi puisqu'il s'y réfère dans *La Nuit sera calme* : « On était alors à la recherche d'une dynamique de parade et 'faire l'Europe' fut d'abord une nouvelle pièce dialectique sur l'échiquier de la guerre froide. C'était pensé, initié en fonction de la 'menace russe', et Coudenhove-Kalergi, encore un de ces nombreux 'pères' de l'Europe, n'avait jamais cessé de le proclamer, jusqu'à sa mort, il y a deux ans. » Gary/Bondy : *La Nuit sera calme*, p. 74.
112 Eco, Umberto : *Lector in fabula ou la coopération interprétative dans les textes narratifs* [1979], traduit de l'italien par Myriem Bouzaher, Paris : Librairie générale française, 1989 (Le Livre de poche, Biblio Essais), p. 165. Cité par Westphal : *La Géocritique*, p. 158.
113 Westphal : *La Géocritique*, p. 119.
114 Westphal : *La Géocritique*, p. 18.
115 Westphal : *La Géocritique*, p. 18.

du roman *Education européenne* est bien de s'engager dans la création du monde, et plus précisément dans l'émergence d'une autre Europe que celle imposée par Hitler. L'« espace de résistance » dans *Education européenne* tend effectivement vers un « processus d'actualisation qui est le propre du monde réel »[116]. Ce dernier traduit l'espoir de voir incarné dans la vie réelle l'idéal commun développé dans le roman. Ce processus d'actualisation suppose le franchissement du seuil qui sépare la fiction du réel. La mise en contact entre ces deux instances est rendue possible dans le roman par la mise en abyme. D'après Bertrand Westphal, la nature métonymique dont la mise en abyme est la réalisation extrême représente un de ces seuils[117] qui « instaurerait une contiguïté entre le réel et la fiction »[118]. Dans *Education européenne*, c'est la mise en abyme de la réception qui crée une contiguïté entre le réel et la fiction : le lecteur du monde réel parcourt le roman *Education européenne* de Gary dans lequel un héros-auditeur-lecteur, Janek, découvre les récits d'« Education européenne » de Dobranski. Elle joue un rôle d'autant plus décisif qu'elle sollicite l'interaction entre la lecture de l'espace et le comportement social. Tout comme pour Janek qui réceptionne en abyme le discours narratif des récits de Dobranski et dont l'expérience littéraire oriente et tend à modifier sa vision du monde, on attend du lecteur implicite qu'il rapproche le territoire fictionnel de son monde de référence, et que l'interaction entre ces deux instances ait un impact sur son comportement social. Cette attente est mise en évidence dans le roman : Dobranski, sur le point de mourir, demande à Janek de terminer son livre « Education européenne »[119]. Ainsi, il « transmet le récit au héros lecteur (et, partant, au lecteur potentiel) pour qu'il lui donne sa forme, schéma de tout roman actualisé dans la lecture et par elle »[120]. Ce processus d'actualisation paraît d'autant plus imminent qu'on passe du passé simple au présent de l'indicatif au moment où Janek dépose « le petit volume » « par terre »[121], une façon de poser le livre sur le seuil entre la fiction et le réel. Or, le franchissement du seuil symbolisé par les fourmis qui « grimpent sur l'obstacle et trottent […] sur les mots amers tracés sur le papier en grandes lettres noires : EDUCATION EUROPEENNE »[122] ne semble pas annoncer de modifications dans le comportement social des hommes : les fourmis sont « indifférentes et pressées »[123]. De fait, la responsabilité du lecteur dans la mise en œuvre de cet « espace de résistance » est invoquée dans cette méta-

---

116 Westphal : *La Géocritique*, p. 158.
117 La nature de l'autre seuil est métaphorique. Voir Westphal : *La Géocritique*, p. 165.
118 Westphal : *La Géocritique*, p. 163.
119 Dobranski à Janek : « Je n'ai pas eu le temps de finir mon livre […] Je te demande de le finir pour moi. » EE, p. 281.
120 Rosse : *Romain Gary*, p. 51.
121 EE, p. 281.
122 EE, p. 281–282.
123 EE, p. 281–282.

phore : la fiction a le pouvoir d'inventer, à l'infini (le livre de Dobranski reste inachevé), des espaces de tous les possibles, à partir desquels l'homme peut se créer lui-même, mais les possibilités de transformations politiques et sociales réelles dépendent du lecteur, et ici de l'homme européen à venir.

Alors que la spatialité imaginable surplombant le roman *L'Europe buissonnière* reste une vision de l'Histoire, *Education européenne* transgresse le contexte historique par l'invention d'un troisième espace. Ce dernier dévoile une Europe des patries[124] qui condamne le nationalisme et maintient le pluralisme culturel. Dans ce troisième espace, c'est une identité culturelle et spirituelle de l'Europe qui apparaît en creux et qui contribue à la mise en forme d'une image mentale de l'Europe, dont l'actualisation dans la conscience imaginante est d'autant plus intense grâce à la mise en abyme de la réception présente dans le roman. Ici, le texte littéraire invente une identité à l'Europe qui, par l'acte de lecture, devient « une identité vécue », à laquelle le lecteur peut s'identifier. Cependant, cette identité de l'Europe est ambivalente dans le roman et repose sur la contradiction suivante : la civilisation européenne, c'est « les plus vieilles cathédrales, les plus vieilles et les plus célèbres Universités, les plus grandes librairies »[125], mais c'est aussi la barbarie nazie. L'ambivalence de la civilisation européenne sera développée par Romain Gary dans *Europa* et se transformera à travers le personnage de Danthès en une véritable schizophrénie[126]. Romain Gary critiqua fortement l'Europe de l'après-guerre, celle qui mettait au jour les exactions[127] d'un nouveau totalitarisme incarné par Staline, et celle qui se transformait en « organisation politico-économique sans identité »[128], sans dimension spirituelle et culturelle. Alors que l'incarnation dans le réel de l'Europe culturelle et spirituelle était invoquée par une amorce de déterritorialisation dans le roman *Education européenne*, l'Europe dans *Europa* apparaîtra comme un phantasme qui ne peut intégrer le réel tout simplement parce que l'Europe « est irréelle en vertu de son essence

---

124 Ici, il ne s'agit pas de faire l'amalgame avec la conception de « l'Europe des patries » défendue par Charles de Gaulle. Il faut comprendre cette expression selon la conception personnelle de Gary du nationalisme et du patriotisme représentée à travers le personnage Dobranski dans *Education européenne*.
125 EE, p. 273.
126 « L'Europe est morte du privilège culturel. Le dédoublement de sa personnalité – la culture d'un côté, la vie des hommes de l'autre – cette schizophrénie, ne pouvait manquer de finir dans des crises meurtrières… » Gary, Romain : *Europa* [1972], [Paris] : Gallimard, 1999, p. 202.
127 En poste de 1946 à 1948 à Sofia en Bulgarie, l'écrivain-diplomate Gary se lia d'amitié avec Nicolas Petkov, chef du parti libéral agrarien et principal opposant à la normalisation. Sa condamnation à mort pour fait d'opposition au régime « hanta Romain Gary pendant de longues années ». Larat : *Romain Gary*, p. 73–74, et Hangouët, Jean-François : *Romain Gary. A la traversée des frontières*, [Paris] : Gallimard, 2007, p. 57.
128 Larat : *Romain Gary*, p. 144.

même »[129]. Devons-nous en déduire que l'Europe n'existe pas et que « peut-être [elle] n'aura été belle que dans l'utopie d'un auteur de roman ou dans le rêve de son héros »[130] ? Il apparaît clairement que la question de l'Europe n'apporte pas de réponse évidente, mais qu'elle constitue toujours une exaspération de la question initiale. Il en va de même pour la problématique que nous avons soulevée en introduction. Il est certain que le texte littéraire constitue un site significatif à la mise en forme d'une image mentale de l'Europe comme nous l'avons montré ici. Il se place soit sur le terrain de l'onirique (l'Europe de l'amitié de Superniel), soit du mythique (*Europa*), ou bien il donne sens et existence à la notion référentielle de l'Europe (l'Europe des patries et sa puissance spirituelle dans *Education européenne*). De fait, l'identité de l'Europe transmise par le texte littéraire est de nature variable et donc les chances qu'il puisse favoriser l'émergence d'une identité européenne le sont aussi. Même si l'interrogation sur l'identité européenne et sur son devenir reste ouverte à l'issue de notre travail d'analyse, nous pouvons considérer la recherche de l'identité européenne dans la littérature comme une démarche qui mériterait d'être davantage mise en valeur dans les moyens d'action de l'Union Européenne sur la question identitaire, dans la mesure où la littérature dévoile des potentialités inouïes, ne serait-ce parce qu'elle nous offre « une chance de nous [...] représenter [l'identité européenne] plus intérieurement d'une manière vraiment sentie »[131].

Bibliographie sélective

Abdeljaouad, Firyel : Cartographie de la bibliothèque imaginaire de Romain Gary dans *Pour Sganarelle*, ds. : Sacotte (dir.) : *Romain Gary et la pluralité des mondes*, p. 87–97.
Amsellem, Guy : *Romain Gary. Les métamorphoses de l'identité*, Paris : L'Harmattan, 2008.
Audi, Paul : Réflexions sur l'Europe d'*Europa*, ds. : Sacotte (dir.) : *Romain Gary et la pluralité des mondes*, p. 13–32.
Blondin, Antoine : L'Europe buissonnière [1949], ds. : *idem* : *Œuvres*, éd. établie par Jacques Bens, Paris : Laffont, 1991, p. 3–247.
Boisen, Jørn : A l'assaut de la réalité. La dominante de l'œuvre de Romain Gary, ds. : Sacotte (dir.) : *Romain Gary et la pluralité des mondes*, p. 33–47.

---

129 Audi, Paul : Réflexions sur l'Europe d'*Europa*, ds. : Sacotte (dir.) : *Romain Gary et la pluralité des mondes*, p. 13–32, ici p. 19. Voir aussi Gary : *Europa*, p. 482 : « L'Europe n'a jamais existé, et n'existera jamais en tant que dignité humaine, parce qu'elle ne pouvait s'accomplir que dans la fraternité d'un partage et dans cet amour dont ont longtemps parlé ceux qu'on appelait les chrétiens, et si une telle métamorphose était possible, il n'y aurait nul besoin d'Europe. »
130 Soulier, Gérard : Un fédéraliste européen dans *La Comédie humaine* : Michel Chrestien, ds. : Lévi-Valensi, Jacqueline/Fenet, Alain (dir.) : *Le Roman et l'Europe*, [Paris] : PUF, 1997, p. 81–95, ici p. 94.
131 Fumaroli : Aristée et Orphée, p. 9.

Buisson, Patrick : *1940–1945, années érotiques*, vol. 1 : *Vichy ou les infortunes de la vertu*, Paris : Albin Michel, 2008.
Cresciucci, Alain : *Antoine Blondin, écrivain*, Paris : Klincksieck, 1999.
La déclaration Schuman du 9 mai 1950, http://europa.eu/about-eu/basic-information/symbols/europe-day/schuman-declaration/index_fr.htm (08/08/2012).
Deleuze, Gilles/Guattari, Félix : *Capitalisme et schizophrénie 2. Mille plateaux*, Paris : Minuit, 1980.
Douzou, Catherine : Récit et récits dans *Education européenne*, ds. : *Roman 20–50. Revue d'étude du roman du XXe siècle* 32 (déc. 2001), Dossier : Romain Gary – Emile Ajar, Education européenne *et* La Vie devant soi, éd. par Paul Renard, p. 51–61.
Fumaroli, Marc : Aristée et Orphée : L'Europe de l'action et l'Europe de l'esprit, ds. : *idem [et al.]* (dir.) : *Identité littéraire de l'Europe*, Paris : PUF, 2000, p. 7–15.
Gary, Romain/Bondy, François : *La Nuit sera calme*, Paris : Gallimard, 1974.
Gary, Romain : *Europa* [1972], [Paris] : Gallimard, 1999.
Gary, Romain : *Education européenne* [1945], Paris : Gallimard, 2005.
Grassin, Jean-Marie : Introduction. Pour une science des espaces littéraires, ds. : Westphal, Bertrand (dir.) : *La Géocritique mode d'emploi*, Limoges : PULIM, 2000, p. I–XIII.
Larat, Fabrice : *Romain Gary, un itinéraire européen. Essai biographique*, Chêne-Bourg : Georg, 1999.
Lichtenberger, Elisabeth : *Europa : Geographie, Geschichte, Wirtschaft, Politik*, Darmstadt : WBG, 2005.
Miner, Earl : Common, Proper and Improper Place, ds. : Bauer, Roger (dir.) : *Proceedings of the XIIth Congress of the International Comparative Literature Association (Munich 1988) : Space and Boundaries in Literature (continuation)*, vol. 3, München : Iudicium, 1990, p. 95–100.
Pépin, Jean-François : Une géographie de l'homme à venir dans l'œuvre de Romain Gary, ds. : Sacotte (dir.) : *Romain Gary et la pluralité des mondes*, p. 49–59.
Redslob, Robert : *Le Principe des nationalités. Les origines, les fondements psychologiques, les forces adverses, les solutions possibles*, Paris : Recueil Sirey, 1930.
Rosanvallon, Pierre : Les figures de la représentation, ds. : Fumaroli *[et al.]* (dir.) : *Identité littéraire de l'Europe*, p. 27–34.
Rosse, Dominique : *Romain Gary et la modernité*, Paris : A.-G. Nizet/Ottawa : Presses de l'Université d'Ottawa, 1995.
Sacotte, Mireille (dir.) : *Romain Gary et la pluralité des mondes*, Paris : PUF, 2002.
Souiller, Didier : *Le Roman picaresque*, Paris : PUF, ²1989.
Soulier, Gérard : Un fédéraliste européen dans *La Comédie humaine* : Michel Chrestien, ds. : Lévi-Valensi, Jacqueline/Fenet, Alain (dir.) : *Le Roman et l'Europe*, [Paris] : PUF, 1997, p. 81–95.
Stierle, Karlheinz : Le roman, une dimension de l'Europe littéraire, ds. : Fumaroli *[et al.]* (dir.) : *Identité littéraire de l'Europe*, p. 35–51.
Tygstrup, Frederik : Espace et récit, ds : Vion-Dury, Juliette/Grassin, Jean-Marie/Westphal, Bertrand (dir.) : *Littérature et espaces. Actes du XXXe Congrès de la Société française de littérature générale et comparée, SFLGC, Limoges, 20–22 septembre 2001*, Limoges : Pulim, 2003, p. 57–63.
Westphal, Bertrand : *La Géocritique : réel, fiction, espace*, Paris : Minuit, 2007.

Thomas Vercruysse

Géocritique et cartographie poétique :
de la topographie mentale à la triade corps-esprit-monde

Der vorliegende Artikel möchte Interaktionszonen zwischen Bertrand Westphals Geokritik und dem aufzeigen, was wir als ‚poetische Kartografie' bezeichnen möchten. Die ‚poetische Kartografie' geht von Paul Valérys Versuch aus, eine Karte des Geistes zu erstellen, wobei er sich auf die analytische Geometrie von René Descartes stützt. Aus Gründen, die in diesem Artikel dargestellt werden, löst sich Valéry von der cartesianischen analytischen Topografie zugunsten einer dialektischeren Konzeption des Raums, die die Beziehung des Geistes zum Körper und zur Welt (Leib-Geist-Welt) miteinbezieht. Vorbild dieser Kartografie wäre der Tanz, der Sinnen wie dem Hör- und Tastsinn den Vorrang einräumt und sich von der Bevormundung der rein skopischen, am Schauen orientierten Intelligenz befreit.

A travers cette contribution, je ne prétends pas vouloir appliquer la géocritique de Bertrand Westphal à la poésie, mais présenter une approche, la cartographie poétique, qui entretient avec la géocritique des préoccupations et des références communes, je songe notamment à la géophilosophie de Gilles Deleuze et Félix Guattari.

La cartographie poétique puise ses racines dans la cartographie analytique, cartographie davantage « egocentrée » que « géocentrée », donc centrée sur le sujet plutôt que sur le lieu, alors que la géocritique de Bertrand Westphal est davantage « géocentrée » qu'« égocentrée », pour reprendre l'expression de Jean-Christophe Valtat.[1]

Il convient de présenter d'abord la cartographie analytique avant de montrer ses limites, limites légitimant le recours à la cartographie poétique, plus proche de celle de Bertrand Westphal. Cela constituera les deux temps de ma contribution. La cartographie analytique trouve son origine dans le projet de topographie mentale qui animait Paul Valéry et qui est inspiré de la géométrie analytique de René Descartes. Valéry se propose de lui donner un prolongement dans la sphère propre de l'esprit : « Il se propose de construire un espace mental qui ait des propriétés métriques analogues à celles de l'espace

---

[1] Valtat, Jean-Christophe : Le mouvement éternel de ces espaces infinis, 15/11/2007, http://www.nonfiction.fr/article-257-le_mouvement_eternel_de_ces_espaces_infinis.htm (11/07/2012).

cartésien »[2] et se donne pour objectif d'en établir la cartographie. Dans sa *Géométrie*, d'abord publiée en appendice au *Discours de la méthode* (en 1637), Descartes proposa une méthode pour désigner les points et les droites par des nombres ou, algébriquement, par des lettres. Sa méthode est semblable à celle utilisée pour donner des références cartographiques en chiffres comptés à partir d'une 'origine' et basée sur l'idée d'un quadrillage de la carte par des droites perpendiculaires. Le projet de cartographie mentale de Valéry postule l'unité du territoire et sa propension à être investi par une seule méthode, la méthode poétique. La méthode poétique valéryenne, poétique étant à entendre ici au sens large de production des formes de l'esprit, est en ce sens une 'translation' de la méthode cartésienne.[3] La cartographie analytique de Valéry[4] présente néanmoins une infidélité par rapport à la *mathesis universalis*, le projet de science universelle de Descartes, dans la mesure où il ne reconduit pas la distinction sur laquelle ce dernier s'appuie entre *res cogitans* et *res extensa*.[5] La méthode de Valéry ne les opposera pas, supposant que « les phénomènes de conscience soient exprimables sous forme spatiale, que la pensée soit convertible en étendue »[6]. A l'inverse, les choses doivent faire l'objet d'une véritable transsubstantiation et seront assimilées à la pensée :

> Le pensement le plus personnel. Tu n'épuiseras pas le Monde. Mais toi-même. Et c'est l'important car le Monde ici veut dire l'homme (c'est le contraire du cosmos). Mais tu es

---

2 Gaède, Edouard : Nietzsche et Valéry : Essai sur la comédie de l'esprit, Paris : Gallimard, 1962, p. 289.
3 Cette transposition appartient au destin de toute formalisation. Voir Daniel Andler ds. : Andler, Daniel/Fagot-Largeault, Anne/Saint-Sernin, Bertrand : *Philosophie des sciences*, t. II, Paris : Folio-essais, 2002, p. 1097–1098.
4 Abréviations utilisées pour les œuvres de Paul Valéry : Œ, I et II, pour Valéry, Paul : *Œuvres*, éd. établie et annot. par Jean Hytier, 2 vol., Paris : Gallimard (coll. La Pléiade), 1957–1961. C, I à XXIX, pour l'édition dite 'fac-similé' du CNRS, Valéry, Paul : *Cahiers*, 29 vol., Paris : Editions du CNRS (1957–1961) ; C1 et C2 pour Valéry, Paul : *Cahiers*, éd. établie, prés. et ann. par Judith Robinson, 2 vol., Paris : Gallimard (coll. La Pléiade), 1973–1974.
5 A cette séparation, Valéry préfère celle notée Φ/Ψ, l'opposition du mental au psychique entre la sensation et l'effet psychique qu'elle provoque. Il écrit ainsi : « La distinction cartésienne : pensée/étendue est une production de la réflexion/ Quant à moi, j'ai considéré (vers 92 !) qu'il y avait deux domaines que j'appelais Φ et Ψ et que leurs 'pressions' ou présences au Moi se faisaient concurrence. » (C, XXIII, p. 853). Ce refus de l'opposition cartésienne est un des parallèles que, selon Judith Robinson, on peut établir entre Valéry et les philosophes dits 'analytiques' de l'école anglaise (Bertrand Russell, Ludwig Wittgenstein, Gilbert Ryle et Alfred Jules Ayer) ainsi qu'avec les 'positivistes logiques' du Cercle de Vienne : Moritz Schlick, Rudolf Carnap, Otto Neurath et leurs disciples : « Ce que Ryle nomme le 'mythe cartésien' de la dualité du monde physique et du monde mental est pour eux, comme pour Valéry, le premier obstacle à une vraie connaissance de l'esprit et de ses mécanismes », ds. : Robinson, Judith : *L'Analyse de l'esprit dans les Cahiers de Valéry*, Paris : Corti, 1962, p. 25.
6 Gaède : *Nietzsche et Valéry*, p. 290.

ta forme et tu n'en sortiras pas [...] Tu pressens ta forme, tu ressens les forces de cette forme. Puisque tu es né, il faut changer en elle et en ta substance ce qui t'entoure.[7]

Regarder du côté de Descartes, comme du côté de Léonard de Vinci, pour importer sa méthode implique de la part de Valéry de postuler selon l'expression de Bruno Clément que « le monde est méthodique, et que le sous-tendent un certain nombre de principes, de lois, de *structures* qu'il s'agit seulement de mettre au jour, dans l'abstraction hypothétique d'un sujet quelconque »[8]. La dimension sous-jacente, immanente de la méthode au monde est ce qui autorise son appropriation, son importation d'un sujet à un autre. Cette dimension immanente de la méthode, et le sous-sol méthodique qu'elle suppose, nous inciterait à dire que la méthode valéryenne plaide pour un nouvel holisme.

Pour mettre au jour cette structure immanente, la méthode valéryenne adopte un positionnement précis : non pas surplombante, mais se surplombant elle-même, dans le vécu solidaire, dans le 'pli', de l'observation et de l'exécution, où, comme l'écrit Hans Robert Jauss au sujet de Léonard, « comprendre et produire ne sont plus qu'une même opération »[9]. Cette méthode, alliant compréhension et production, Descartes, que Valéry imite, ne l'a pas recherchée du côté de l'arithmétique, car la genèse du nombre n'apparaît pas dans le résultat, alors que l'algèbre possède l'avantage de conserver les stades du raisonnement à chaque fois.[10] Spéculer ici, cela va donc consister à regarder sa propre pensée, convoquant l'étymologie de *speculum*, miroir. Regarder sa propre pensée dont on conserve les stades afin de la voir se dérouler devant nos yeux. La *mathesis universalis* de Descartes est reprise pour ce qu'en tant que « Mathesis, [elle est] Science de la conscience de nos actes »[11].

Cette attitude, ce tropisme spéculaire, est significatif d'un geste stratégique qui consiste à ne pas orienter le regard derrière soi. Le recours à la mathématique permet en effet à Descartes de couper avec ses prédécesseurs

---

7   C, VII, p. 629–630.
8   Clément, Bruno : *Le Récit de la méthode*, Paris : Seuil, 2005, p. 10–11.
9   Jauss, Hans-Robert : *Pour une esthétique de la réception* [1972], traduit de l'allemand par Claude Maillard, Paris : Gallimard, 2005, p. 152.
10 Comme l'indique Jacqueline Courier-Brière, la danse présente, selon Valéry, les mêmes défauts que l'arithmétique qui ne conserve pas ses stades, ne permet pas de décomposer les mouvements : « Lorsqu'il dit : « La danse me plaît à penser, m'ennuie généralement à voir » (C, XXII, p. 513). Il va de soi que ce n'est la danse en tant qu'art qui l'ennuie mais plutôt sa réalisation, son mode d'exécution ou encore sa mise en scène qui ne lui laissent pas le temps de décortiquer les différents mouvements du corps », ds. : Courier-Brière, Jacqueline : Modulation et substitution (analyse du dossier de brouillons *JPmsIII*, ff. 3, 23, 24, 25, 25vo, 33), ds. : Haffner, Françoise/Hontebeyrie, Micheline/Pickering, Robert (dir.) : « *La Jeune Parque* », *des brouillons au poème. Nouvelles lectures génétiques*, Caen : Minard, 2006 (La Revue des lettres modernes. Paul Valéry 11), p. 131–148, ici p. 132.
11 C, VIII, p. 98.

et de loger dans un site du réel qu'il s'est donné lui-même.[12] L'entreprise de *tabula rasa*, « nettoyage impitoyable de la table du laboratoire de l'esprit »[13], est sous-tendue par une volonté d'appropriation. Rompant avec la chaîne chronologique des penseurs, où l'antériorité se fonde en héritage et somme d'accepter ses passifs, la mathématique cartésienne expulse la chronologie de la pensée, car la purification qu'elle opère a pour corollaire une acception métaphysique du monde qui oppose la perfection de l'être aux vicissitudes du devenir.[14] Ainsi, la topographie mentale visée par la cartographie analytique paraît contraire aux principes animant la géocritique qui plaide pour une approche dynamique et non statique des espaces. En renonçant au temps, tout du moins en considérant l'action de l'attente comme nulle, le disciple des mathématiques obtiendrait en contrepartie la promesse de maîtriser l'espace : son entreprise cartographique doit pouvoir arriver à terme, car le territoire est fini, borné. La pensée mathématique de Descartes, apriorique, appelle à se laisser conduire par des principes internes, car l'analytique est une pensée du *dedans*, par opposition à la dialectique qui doit son progrès à l'intégration du *dehors*. Par là, celle-ci révèle une analogie avec le monde du vivant, car sa démarche est celle d'une métabolisation ; l'analytique mathématique n'a, quant à elle, pas besoin de corps, répudie les sens, l'expérience et le devenir. Aux yeux de Valéry, l'univers de Descartes a le mérite de proscrire l'entropie du principe de Carnot, car ses conditions s'expriment par des équations, l'idée de conservation y règne, il ignore le « signe fatal de l'inégalité »[15]:

> [Descartes] le premier (je crois) a rêvé d'un univers mathématique mis en équations. […] Ce qui exigeait conservation, $A = 0$, et non inégalité (Carnot). Ce dernier principe a été la première atteinte à Descartes.[16]

---

12 Valéry définit ainsi la géométrie comme « science des formes en tant que n[ou]s les créons et non en tant qu'elles nous sont données », ds. : C, III, p. 434. La géométrie est donc décrite comme une 'poétique', comme une discipline de création des formes.
13 Œ, I, p. 813.
14 Dans les notes de 1937 du *Cartesius redivivus*, Valéry évoque avec nostalgie l'état de la science il y a cinquante ans qui était, comme c'était le cas pour Descartes, préservée de l'action du temps : « Qu'il nous souvienne de ce qui était raisonnablement espéré il y a un demi-siècle […] L'imagination et le calcul pénétraient sans trop de difficultés tous les ordres de grandeur, se développaient dans le temps, dans le passé et dans l'avenir, et ne connaissaient, du reste, que le temps indépendant de toutes circonstances, variable uniforme, inaltérable, et comme insensible… Le temps pur et imperturbable. », ds. : Valéry, Paul : *Cartesius redivivus*, texte établi, présenté et annoté par Michel Jarrety, Paris : Gallimard, 1986 (Cahiers Paul Valéry 4), p. 31.
15 Œ, I, p. 803.
16 Manuscrits du dossier Descartes. Cité par Celeyrette-Pietri, Nicole : *Valéry et le moi, des « Cahiers » à l'œuvre*, Paris : Klincksieck, 1979, p. 114.

Descartes est le modèle d'un Système conservatif et clos où règnerait la méthode déductive. Cela appelle plusieurs remarques. Ce modèle est précisément conservatif grâce à l'algèbre et c'est ce rôle de l'algèbre qui nous éclaire sur la solidarité du modèle spatial et du modèle logique dans cette méthode. Pour Valéry, les équations de l'algèbre et, de manière générale, tout ce qui fonctionne sur le mode des relations réversibles caractérise l'espace, or l'espace proscrirait l'entropie. L'entropie, cette formation de désordre, d'énergie dégradée au sein d'un système, formulée par le principe de Carnot (repris par Rudolf Clausius en 1865), n'affecte pas, selon Valéry, l'espace, que Valéry donc va jusqu'à définir par la réversibilité, plaçant les deux notions en situation d'équivalence :

> L'ensemble des substitutions qui peuvent s'inverser est dit Espace [...] si on ne peut retrouver un élément d'espace, il n'y a pas d'espace. Le principe de Carnot est absent de l'espace.[17]

L'un des intérêts de lier le modèle spatial au modèle logique serait d'échapper à l'entropie du deuxième principe de la thermodynamique qui indique, lui, un irréversible : la croissance du désordre, la déperdition de l'énergie. Ainsi, le monde de Descartes semble en mesure de réaliser le rêve de Valéry qui est un rêve de totalisation : à l'horizon de sa recherche, l'esprit doit pouvoir être appréhendé comme une sphère close, comme une machine, comme une combinatoire.

Le problème, et c'est pour cela que Valéry va délaisser la mathématique pure, c'est que pour lui les signes mathématiques ne sont pas incarnés, ils ne prennent pas en compte leur milieu ; le milieu, le caractère brut de l'espace ne peut pas se résumer à une variable de plus de l'équation algébrique. Valéry se tourne donc vers les mathématiques appliquées et la thermodynamique. Se tourner vers la thermodynamique suppose de renoncer, non au caractère clos du système, mais à sa formalisation sous forme d'équation. Valéry va ainsi, à partir de l'écriture du mythe de Narcisse, expérimenter poétiquement le fonctionnement d'un système isolé, fonctionnant en circuit fermé. L'intérêt de Narcisse et de son miroir, c'est qu'il constitue une image vivante de la relation réversible, qui entre en écho avec le Cogito de Descartes (formule Moi = Moi), réversibilité qui proscrit aussi l'entropie du principe de Carnot qui n'affecte pas, selon Valéry, l'espace, espace étant défini par Valéry par la réversibilité.

Le problème que pose le Narcisse de Valéry, c'est la « normopathie »[18], qu'on appelle la maladie de la forme en psychanalyse et qui désigne pour moi

---

17 C, XIX, p. 28.
18 Nous empruntons ce concept à Evelyne Grossman, qui l'expose de belle manière dans : *La Défiguration : Artaud, Beckett, Michaux*, Paris : Minuit, 2004.

la maladie du formalisme et de la combinatoire : tout fonctionne dans le meilleur des mondes formels possibles et la structure est sauve, sauf qu'elle tourne à vide. C'est contre ce risque du figement que j'ai convoqué dans ma thèse[19] la poétique d'Henri Michaux et l'opposition qu'il pratique entre « pensée » et « penser ». Selon Michaux, la combinatoire est « faite pour gagner contre vous, comme une roulette bien réglée/ qui ne vous laisse que quelques coups heureux »[20] vous dépossédant, le reste du temps, de la parole. Il oppose donc la « pensée » comme nom, substantif donc substance figée, et le « penser », verbe traduisant un dynamisme. La « mathématique mesure »[21] condamnée par Michaux lie la combinatoire au maintien de l'ordre, ordre des proportions, ordre des « dénominations » univoques rêvé par la langue parfaite, ordre où le pensable se réduit au mathématisable, érigeant une digue face à l'indéfini.

C'est cet indéfini que, dans un premier temps, Valéry souhaite proscrire. Tout le régime scopique de son écriture, fondé sur le regard, est caractérisé par une volonté d'omniscience, partagé également par Victor Segalen et le souci cadastral qui domine un pan de son écriture poétique. Chez Valéry, le regard est envisagé comme puissance de calcul, le modèle en est le démon de Laplace, cité par Bertrand Westphal[22], démon qui pourrait, à un instant donné, calculer les mouvements de toutes les particules de l'univers. Ce fantasme d'omniscience s'adosse ainsi à un pouvoir scopique fidèle à la tradition philosophique occidentale selon lequel le pouvoir analytique et spéculatif est d'essence visuelle et tend à distinguer les formes de manière discriminante. Encore une fois, la cartographie analytique s'oppose à la géocritique de Bertrand Westphal qui, quant à elle, prend appui sur la polysensorialité. Nous allons voir à présent quelles sont les limites de la cartographie analytique qui motivent le recours à la cartographie poétique, plus proche de la géocritique.

On peut invoquer deux raisons principales : le principe d'Heisenberg et le modèle réflexe.

Le principe d'Heisenberg confronte Valéry à l'indétermination car, comme il l'écrit, « [o]n arrive au point où le fait d'observer le phén[omène] est du même ordre de grandeur que le phénomène et où l'observation ne peut s'exercer sans modifier le phén[omène]. »[23] Dans le cadre du projet valéryen de construire un Système expliquant le fonctionnement de l'esprit humain, le

---

19 Vercruysse, Thomas : *La Cartographie poétique : Tracés, diagrammes, formes (Valéry, Artaud, Mallarmé, Michaux, Segalen, Bataille)*, Genève : Droz (à paraître).
20 Michaux, Henri : Mouvements, ds. : *idem* : *Œuvres complètes* II, éd. p. Raymond Bellour et Ysé Tran, Paris : Gallimard, Pléiade, 2001, p. 441.
21 Michaux, Henri : Chemins cherchés Chemins perdus Transgressions, ds. : *idem* : *Œuvres complètes* III, éd. p. Raymond Bellour et Ysé Tran, Paris : Gallimard, 2004 (Bibliothèque de la Pléiade), p. 1184.
22 Westphal, Bertrand : *La Géocritique. Réel, fiction, espace*, Paris : Minuit, 2007, p. 19.
23 C, XIII, p. 781–782.

principe d'Heisenberg, que Valéry transpose en psychologie, est un problème de taille, car l'introspection altère les faits qu'elle vise. Cette transposition de Valéry, de l'observation du monde à l'observation de soi, est caractéristique de l'influence d'Edgar Allan Poe sur lui, Poe pour qui la structure de l'univers était symétrique de celle de notre esprit, ce qu'il appelait la *consistency*. L'indétermination apportée par Werner Heisenberg modifierait donc le Système valéryen au niveau du microcosme comme du macrocosme.

Un autre modèle va bouleverser le Système de Valéry et condamner sa cartographie analytique, c'est le modèle réflexe, donc tiré de la réflexologie, qui étudie les réactions du système nerveux face à tout type de stimulus externe. La relation Acte-Réflexe, qu'il nomme aussi Demande-Réponse, est non réciproque, elle réintroduit la diachronie dont Valéry voulait se préserver par le recours à la mathématique pure, qui ne connaissait pas le problème du temps, et les mathématiques appliquées de la thermodynamique, où le problème du temps était rattaché à des cycles. Chez Valéry, le modèle Acte-Réflexe, ou Demande-Réponse, montre les limites du rattachement du Système au paradigme mathématique. Le vivant ne peut se mouler dans le patron, symétrique, de l'équation, car la structure Demande-Réponse est à la fois non symétrique et irréversible, « à sens unique »[24]: « Entre demande et réponse il n'y a pas égalité et le temps – l'avant/après – est nécessairement introduit. Si le Moi est le 'réflexe central qui repousse quoi que ce soit'[25], ce qui '*répond* à la pluralité et diversité des constituants'[26], son fonctionnement se calque sur celui de la sensibilité qui est dissymétrique c'est-à-dire sur le mode douleur → cri : 'Le Type Réflexe – est anti-mathématique. Au seuil de la vie expire le signe *égale*'[27] »[28].

A la symétrie héritée de la *consistency* de Poe, qui posait l'équivalence du *cosmos* et du moi, répond la conversion du moi en substance nerveuse, caractérisée par l'asymétrie du modèle réflexe. Cette asymétrie se manifeste notamment dans un rapport de causalité qui fait lui-même l'objet d'un retournement critique, caractéristique de la découverte de l'action réflexe. Ce retournement s'accompagne d'un décentrement radical dans la conception du moi que Valéry reprend à son compte. Bertrand Westphal évoque lui-même la crise du centre due à la mobilité de l'espace,[29] constat analogique chez Valéry sur le plan cognitif :

---

24   C, XV, p. 844.
25   C, XXII, p. 881.
26   C, XXII, p. 594.
27   C, XXIV, p. 176.
28   Celeyrette-Pietri : *Valéry et le moi*, p. 51.
29   Westphal : *La Géocritique*, p. 110. Cette crise du centre est aussi examinée dans une perspective diachronique et géographique plus large par le même auteur dans « La multiplication des centres », ds. : idem : *Le Monde plausible. Espace, lieu, carte*, Paris : Minuit, 2011, p. 19–67.

> Il faut se représenter une immense machinerie et nous plaçons naïvement notre moi, notre pensée à la Direction, au Centre.
> Mais ce n'est pas vrai. Ce moi, cette pensée ne sont que l'un des produits.[30]

Si le moi, la pensée, ne sont que des produits, le Système ne peut être gouverné par la déduction. Il est contraint à passer par l'induction en tirant les conséquences du modèle-réflexe et de la philosophie critique de Kant, qui montre que le moi est une coquille vide. Le principe d'Heisenberg contraint à intégrer l'imprévisibilité, le modèle réflexe contraint à accueillir le dehors, condamne l'analytique du dedans du formalisme mathématique, tandis que le cogito de Kant, Moi = O, remplace le cogito de Descartes, Moi = Moi. La méthode poétique va permettre de réaliser une collecte d'expériences qui vont mettre au jour le travail de la pensée en acte et à partir desquelles on va établir des règles de fonctionnement de l'esprit. L'esprit n'est néanmoins plus seul en sa demeure, la méthode réflexe ayant disséminé l'ego dans l'organisme et ayant restitué les droits de l'extériorité. De la topographie mentale analytique, on est donc passé à la triade que Valéry appelle le C. E. M, le Corps-Esprit-Monde, où c'est davantage le Monde qui va cartographier le Moi que le Moi ne va cartographier le monde.

La méthode poétique familiarise ainsi avec une dépossession, même si ce n'est pas l'image que l'on a traditionnellement de Valéry. Mais le poétique le conduit à assouplir son pôle apollinien, son pôle Gladiator. 'Gladiator' décrivant cet athlétisme de l'esprit dont le rapport à l'objet était un rapport de domination et de préhension, non de fusion. Athlétisme de l'esprit et du corps mais d'un corps, d'une main, soumise à l'œil : c'est le moi 'chirophtalme', littéralement 'main-œil' de Valéry. Le fonctionnement de l'esprit ainsi étudié a pour but la mise au jour de la fonction. Valéry observe de la sorte les œuvres humaines en cherchant à en décomposer les unités de production par une appropriation technicienne et kinesthésique qu'on retrouve aussi chez Michaux. Chez l'un comme chez l'autre, comprendre suppose d'avoir identifié les gestes et de pouvoir les refaire, d'où le recours, chez les deux auteurs, au dessin. Il est possible ici, avec le dessin, d'esquisser le changement de paradigme de la cartographie analytique à ce que je propose d'appeler la 'cartographie poétique', la cartographie analytique convoitant, chez Valéry, Stéphane Mallarmé et Segalen, la maîtrise d'espaces, principalement mentaux, cadastrés. En effet, de la géométrie analytique de Descartes au dessin de Valéry et de Michaux le statut de la figure, du tracé, n'est pas le même. La figure du géomètre cartésien n'est qu'une simple illustration, support concret d'un raisonnement se déroulant ailleurs, dans le calcul abstrait et algébrique. La figure géométrique cartésienne ressortit au tracé graphique, tracé qui suit une trajectoire programmée à l'avance, programmation déductive, apriorique. Le tracé

---

30 C, VIII, p. 180.

du dessin valéryen et michaldien est diagrammatique, c'est une modélisation, la figure stylisée d'un état de choses, qui permet, selon la philosophe Christiane Chauviré, d'expliquer la pensée mathématique dans son aspect fécond comme d'ailleurs la création artistique. Pour ce faire, il faut abandonner l'idée que les mathématiques sont seulement la science de la quantité et que c'est autour de la notion de quantité qu'elles trouvent leur unité. La cartographie poétique pourrait ainsi revendiquer comme origines théoriques la géométrie projective et surtout la topologie qui donneront toute sa place à une approche plus qualitative des problèmes mathématiques : l'équivalence topologique entre deux figures, qui a lieu lorsqu'on peut passer par une déformation continue de l'une à l'autre, n'est pas une égalité déterminée quantitativement. C'est dans ses mouvements diagrammatiques de formation et de déformation qu'on peut déceler un pan créateur de la pensée mathématique, comme dans la géométrie qualitative d'Henri Poincaré, grande influence de Valéry, et dans la création artistique, picturale et poétique. Poincaré lui-même avait montré l'importance de l'induction en mathématique et il me semble que l'induction décrit une part capitale de l'attitude de l'esprit dans la création.

Ce positionnement inductif de la poétique m'était apparu lors de la réalisation, avec l'équipe de Diwali productions, d'un portrait d'Henri Meschonnic pour lequel la poétique est une conséquence de son expérience de poète. Ce constat de Meschonnic que c'est le poème qui fait le poète et non l'inverse se retrouve en peinture dans l'œuvre de Pierre Soulages, auteur d'un livre avec Meschonnic, qui déclare : « C'est ce que je fais qui m'apprend ce que je cherche »[31]. Par ma thèse, j'ai essayé d'explorer les fondements et quelques conséquences de ce constat qui raisonne avec la philosophie des sciences, particulièrement avec ce texte essentiel de Jean Cavaillès énonçant que l'axiomatisation est postérieure à la constitution de la théorie, à l'expérience mathématique.[32] La conscience est portée et transformée par le mouvement de la théorie, en excès sur elle, on ne peut assigner à ce mouvement un terme, initial ou final, le seul fondement qui tienne est le déploiement souvent imprévisible de la théorie mathématique. Je pense qu'il en est de même pour la poétique et j'entends le terme de 'poétique' au sens que lui donne Valéry, dans son cours du Collège de France, de morphogenèse. La création,

---

31   Cette phrase était nettement mise en valeur lors de l'exposition qui fut consacrée au peintre du 14 octobre 2009 au 8 mars 2010 à Beaubourg. La peinture de Soulages cherche d'ailleurs à revenir aux repères d'avant la Renaissance, avant la convention de la perspective, comme l'espace-temps que décrit Bertrand Westphal dans *La Géocritique*, p. 11.

32   Voir Cavaillès, Jean : *Méthode axiomatique et formalisme : essai sur le problème du fondement des mathématiques* [1938], Paris : Hermann, 1981, p. 91–92. Nous empruntons l'expression « expérience mathématique » à l'ouvrage du même nom de Pierre Cassou-Noguès, auquel nous ne pouvons que renvoyer le lecteur : *De l'expérience mathématique : essai sur la philosophie des sciences de Jean Cavaillès*, Paris : Vrin, 2001.

de l'esprit ou des formes naturelles, la *natura naturans* est dominée par l'imprévisibilité, comme le montrent les travaux de Benoît Mandelbrot sur les fractales ou la théorie des catastrophes de René Thom, qui a lui-même écrit sur Valéry. Mandelbrot considérait qu'on ne pouvait déchiffrer la Nature à partir de l'alphabet des formes euclidiennes, Euclide qui, comme l'écrit Bertrand Westphal « depuis l'aube du XXe siècle, [...] n'est plus *ce* qu'il était. »[33] La cartographie poétique, régie ou plutôt non régie par l'imprévisibilité, est donc un *work in progress*, sans cesse à refaire, fonctionnant sur le principe de l'hyperbate, figure que Bertrand Westphal associe à la géocritique. L'hyperbate montre cette dimension infatigable et spontanée, difficilement mathématisable, de la création des formes, qui, pour reprendre la formule de Bertrand Westphal, « relève d'un n+1 qui ne prévoit aucun n+2 »[34].

Sans parvenir moi-même, au sein de cette thèse, à établir la 'morphologie généralisée' que Valéry projetait de décrire au Collège, j'ai pris comme nœud de cette étude le signe, dont Cavaillès considérait qu'il devait dominer en mathématique et en logique, plus particulièrement le diagramme, qui me permettait de faire le lien avec la théorie du rythme de Meschonnic[35], la notion d'empiètement chez Maurice Merleau-Ponty et Cavaillès qui ouvre un nouvel espace combinatoire, le Saussure des anagrammes étudié par Michel Pierssens[36], la matière de Louis Hjelmslev et la peinture de Francis Bacon que Deleuze[37] commente dans les mêmes termes que l'œuvre d'Antonin Artaud. Le diagramme est une figure stylisée, ouvrant sur un réel à venir, qui indique le rapport entre le tout et les parties, rapport entre le tout et les parties qu'on retrouve dans le *ruthmos* grec, dont va partir la poétique du rythme de Meschonnic. Le *ruthmos* est caractérisé par son amorphisme et son imprévisibilité, contrairement au *metron*. Platon aurait ainsi opéré une spécialisation du *ruthmos* en s'appuyant sur la proximité phonique, « consonance à valeur de mythe »[38], avec *arithmos*, nombre, pesée évoquant immédiatement l'invariance. Le geste de Platon, pythagoricien ici, fixerait le destin du rythme qui devrait être subordonné au nombre, à l'ordre, à la métrique et à la déduction. La poétique du rythme de Meschonnic comme la pensée du diagramme revêtent donc une valeur libératoire, restituant les droits de l'imprévisible dans la création, imprévisibilité garantie aussi par la pensée du *clinamen* chez

---

33 Westphal : *La Géocritique*, p. 9.
34 Westphal : *La Géocritique*, p. 37.
35 Chez Henri Meschonnic, à consulter en priorité *Critique du rythme. Anthropologie historique du langage*, Lagrasse : Verdier, 1982.
36 Voir sur ce point : Pierssens, Michel : La dissymétrie : Saussure et Karcevsky, ds. : *idem* : *Savoirs à l'œuvre. Essais d'épistémocritique*, Lille : PU de Lille, 1990, p. 89–108.
37 Voir Deleuze, Gilles : *Francis Bacon. Logique de la sensation*, Paris : La Différence, 1981.
38 Meschonnic : *Critique du rythme*, p. 568.

Michaux et Michel Serres, comme par l'« antipode boréen »[39] de Segalen, pour reprendre l'expression de Christian Doumet, montrant la dimension mobile de l'espace.

Dans la dernière partie de mon étude, j'ai voulu explorer le rapprochement initié par Valéry entre danse et poésie, rapprochement qui m'a permis de réfléchir, d'un point de vue phénoménologique, au rapport entre *poiesis* et espace, à partir d'une comparaison entre Valéry et Erwin Straus, psychiatre ayant réfuté la psychologie moderne et particulièrement pavlovienne, car elles resteraient trop tributaires d'un mécanisme légué par... Descartes. Straus et le Valéry de *La Jeune Parque* comme des écrits sur la danse affirment, dans la création, le primat de l'acoustique sur le scopique, le 'Moi Bouche-oreille' faisant pendant au 'Moi chirophtalme'. Dans cet espace que Deleuze qualifie d'« haptique »[40], la conscience vigile est court-circuitée par l'esthésique, la perception est éclipsée par la sensation, car la perception est toujours filtrée par la raison raisonnante, ce qui n'est pas le cas du geste créateur. La dimension kinesthésique de la pensée de la création de Valéry, mais aussi de Cavaillès, m'a encouragé à réfléchir à ce que je voudrais continuer à explorer, à savoir le lyrisme du mouvement, la main qui écrit pouvant ainsi être comparée au geste du danseur, l'un comme l'autre se démarquant de l'espace strié, espace directionnel soumis à l'optique, pour tendre vers l'espace lisse, vectoriel, où se manifestent avec plus d'insistance l'acoustique et le tactile. Le mouvement créateur étant caractérisé, chez Valéry, Straus et la danseuse de Mallarmé, comme « l'induction d'un sujet impersonnel »[41], expression d'Alain Badiou nous invitant à ne pas négliger le rôle de l'inconscient, inconscient décrit dans la deuxième topique freudienne dont la reprise par Jacques Lacan est avant tout une topologie qu'il élabore grâce aux mathématiques, notamment celles de Bentham (1932)[42], et où l'espace n'est plus l'ancillaire du temps. Le plaidoyer essentiel que voudrait entonner la cartographie poétique serait le plaidoyer pour un espace qui ne soit plus l'ancillaire du temps de la déduction et de l'apriorique[43] et dont les tracés seraient diagrammatiques, les

---

39 Voir Doumet, Christian : *Stèles, de Segalen : le rituel du livre,* Paris : Hachette, 1999, p. 58.
40 L'espace haptique est défini par Deleuze, dans le cadre de la peinture de Bacon, « comme une véritable insubordination de la main [par rapport à l'œil] : le tableau reste une réalité visuelle, mais ce qui s'impose à la vue, c'est un espace sans forme et un mouvement sans repos qu'elle a peine à suivre et qui défont l'optique. » Voir Deleuze : *Francis Bacon,* p. 99, et aussi « La traversée de Bacon », p. 87–92.
41 Badiou, Alain : La danse comme métaphore de la pensée, ds. : idem : *Petit manuel d'inesthétique,* Paris : Seuil, 1998, p. 101.
42 Voir Cléro, Jean-Pierre : *Les Raisons de la fiction. Les philosophes et les mathématiques,* Paris : Armand Colin, 2004, p. 20 et p. 24.
43 Notre approche n'est donc pas sans nourrir certaines affinités avec le *thirdspace* et la 'trialectique' d'Edward Soja, mentionnée par Bertrand Westphal : *La Géocritique,* (p. 121), la trialectique se défiant des épistémologies aprioriques et des constructions permanentes, dans le but de promouvoir l'imprévisible.

formes échappant à l'enkystement. La mise en forme de l'intensité de la création donne elle-même lieu à des arabesques, arabesques de la danse, arabesques des formes naturelles que parvenait à décrypter le Léonard de Valéry, surnommé « l'ange de la morphologie »[44], car il parvenait à lire les « forces formatives »[45].

Conclusion : pour une cartographie 'orientée'

L'un des nombreux mérites du recueil *Stèles* de Segalen est de nous rappeler, grâce à sa section « Stèles orientées » à laquelle répond « Stèles occidentées », que le terme 'orienté' signifie, étymologiquement, tourné vers l'Orient. C'est une telle 'orientation' que revendique la 'cartographie poétique' et qu'il convient d'expliquer pour mieux poser notre rapport à l'intitulé « L'Europe *plausible* : entre Texte et Lieu ». L'orientation' est une opération qui suppose un refus, celui du *cogito* de Descartes, que Valéry sera contraint d'assouplir voire de nier : « Je pense, donc je ne suis pas »[46]. Pour accomplir cette 'orientation', nous prendrons appui sur les travaux d'Anne-Marie Christin. Dans l'« empire du *je* »[47], la critique rappelle que Descartes définit le *je* comme « [u]ne substance dont toute l'essence ou la nature n'est que de penser, et qui, pour être, n'a besoin d'aucun lieu, ni ne dépend d'aucune chose matérielle. »[48] Descartes expulse donc hors de la substance du sujet deux aspects : son incarnation charnelle et sa localisation dans l'espace. En définissant son sujet ainsi, Descartes distingue, de manière implicite, « deux modes linguistiques d'énonciation, selon le temps (du discours) et le lieu (du *point de vue*) qui correspondent aux deux modèles de sujet relevant l'un d'une civilisation de la parole (l'Occident) et l'autre de celles de l'écrit (l'Extrême-Orient sinisé). »[49]

Descartes fixe ainsi, à bien des égards, le destin du sujet européen, qui serait un sujet « *atopos* »[50], sans lieu ni chair. Anne-Marie Christin a donc bien raison de rappeler que le grec *ego* serait issu d'un substantif neutre de l'indo-européen, *eg(h)om*, que le linguiste Jesper Svenbro traduit par « icité » et qu'il affirme avoir trouvé sur les plus anciens objets grecs porteurs d'inscriptions,

---

44   C, XI, p. 199.
45   C, XI, p. 199.
46   C2, p. 1398.
47   Christin, Anne-Marie : L'empire du *je*, ds. : *idem* : *L'Image écrite ou La déraison graphique*, Paris : Flammarion, ³2009, p. 123–144.
48   Descartes, René : Discours de la méthode, ds. : *Œuvres et lettres*, textes présentés par André Bridoux, [Paris] : Gallimard, 1958 (Bibliothèque de la Pléiade 40), p. 148. Cité par Christin, Anne-Marie : L'empire du *je*, p. 124.
49   Christin : L'empire du *je*, p. 125.
50   Christin : L'empire du *je*, p. 129.

« où l'objet même est désigné (se désigne lui-même) par *je* »[51]. A ce titre, s'intéresser au rapport du texte et du lieu, comme ce dossier nous y invite sous la férule de la géocritique de Westphal et de la 'pédagogie du vertige' de Camille de Toledo, et mettre en évidence la polysensorialité dans l'espace fictionnel (Westphal) et au sein de la création elle-même, comme j'ai tenté de le faire, c'est déjà 'orienter' l'Europe, en ouvrant ses sujets à leurs racines indo-européennes, pour mettre en évidence, en dehors de tout nationalisme et fétichisme des terroirs, que le sujet est habité par ce qu'il habite. La géocritique et la cartographie poétique mettent ainsi en relief que, si les langues européennes peuvent apparaître 'logocentriques', leurs textes peuvent être 'lococentriques' en ravivant les tendances enfouies de ces langues à tracer le rapport au lieu, à cartographier le Corps-Esprit-Monde.

Bibliographie sélective

Andler, Daniel/Fagot-Largeault, Anne/Saint-Sernin, Bertrand : *Philosophie des sciences*, t. II, Paris : Folio-essais, 2002.
Badiou, Alain : *Petit manuel d'inesthétique*, Paris : Seuil, 1998.
Cassou-Noguès, Pierre : *De l'expérience mathématique : essai sur la philosophie des sciences de Jean Cavaillès*, Paris : Vrin, 2001.
Cavaillès, Jean : *Méthode axiomatique et formalisme. Essai sur le problème du fondement des mathématiques* [1938], Paris : Hermann, 1981.
Celeyrette-Pietri : *Valéry et le moi, des « Cahiers » à l'œuvre*, Paris : Klincksieck, 1979.
Christin, Anne-Marie : L'empire du *je*, ds. : *idem* : *L'Image écrite ou La déraison graphique*, Paris : Flammarion, ³2009, p. 123–144.
Clément, Bruno : *Le Récit de la méthode*, Paris : Seuil, 2005.
Cléro, Jean-Pierre : *Les Raisons de la fiction. Les philosophes et les mathématiques*, Paris : Armand Colin, 2004.
Courier-Brière, Jacqueline : Modulation et substitution (analyse du dossier de brouillons *JP*msIII, ff. 3, 23, 24, 25, 25v°, 33), ds. : Haffner, Françoise/Hontebeyrie, Micheline/Pickering, Robert (dir.) : « *La Jeune Parque* », *des brouillons au poème. Nouvelles lectures génétiques*, Caen : Minard, 2006 (La Revue des lettres modernes. Paul Valéry 11), p. 131–148.
Deleuze, Gilles : *Francis Bacon. Logique de la sensation*, Paris : La Différence, 1981.
Doumet, Christian : *Stèles, de Segalen : le rituel du livre*, Paris : Hachette, 1999.
Gaède, Edouard : *Nietzsche et Valéry : Essai sur la comédie de l'esprit*, Paris : Gallimard, 1962.
Grossman, Evelyne : *La Défiguration. Artaud, Beckett, Michaux*, Paris : Minuit, 2004.
Jauss, Hans-Robert : *Pour une esthétique de la réception* [1972], traduit de l'allemand par Claude Maillard, Paris : Gallimard, 2005.
Meschonnic, Henri : *Critique du rythme. Anthropologie historique du langage*, Lagrasse : Verdier, 1982.
Michaux, Henri : Chemins cherchés Chemins perdus Transgressions, ds. : *idem* : *Œuvres complètes* III, éd. p. Raymond Bellour et Ysé Tran, Paris : Gallimard, Pléiade, 2004.

---

51 Svenbro, Jesper : J'écris, donc je m'efface, l'énonciation dans les premières inscriptions grecques, ds. : Detienne, Marcel (dir.) : *Les Savoirs de l'écriture. En Grèce ancienne*, Lille : PU de Lille, 1988, p. 478. Cité par Christin, Anne-Marie : L'empire du *je*, p. 165–166.

Pierssens, Michel : La dissymétrie : Saussure et Karcevsky, ds. : *idem* : *Savoirs à l'œuvre. Essais d'épistémocritique*, Lille : PU de Lille, 1990, p. 89–108.

Svenbro, Jesper : J'écris, donc je m'efface, l'énonciation dans les premières inscriptions grecques, ds. : Detienne, Marcel (dir.) : *Les Savoirs de l'écriture. En Grèce ancienne*, Lille : PU de Lille, 1988, p. 459–479.

Valéry, Paul : *Cahiers*, 29 vol., Paris : Editions du CNRS (1957–1961) [édition dite « fac-similé »].

Valéry, Paul : *Cahiers*, éd. établie, prés. et ann. par Judith Robinson, 2 vol., Paris : Gallimard (coll. La Pléiade), 1973–1974.

Valéry, Paul : *Œuvres*, éd. établie et annot. par Jean Hytier, 2 vol., Paris : Gallimard (coll. La Pléiade), 1957–1960.

Valtat, Jean-Christophe : Le mouvement éternel de ces espaces infinis, 15/11/2007, http://www.nonfiction.fr/article-257-le_mouvement_eternel_de_ces_espaces_infinis.htm (11/07/2012).

Westphal, Bertrand : *La Géocritique. Réel, fiction, espace*, Paris : Minuit, 2007.

Westphal, Bertrand : *Le Monde plausible : Espace, lieu, carte*, Paris : Minuit, 2011.

Camille de Toledo

Une écriture du vertige
Fragments sur l'u-topos européen, de Robert Musil à Bruce Lee

Une écriture du vertige *(Das Schreiben des Schwindels) ist eine Serie von Fragmenten, die mit dem geokritischen Paradigma von Bertrand Westphal in Dialog treten möchten. Die Geokritik, wie ich sie verstehe, ist Aufmerksamkeit gegenüber der Instabilität des Zeichens, gegenüber der Loslösung der Sprache von der Erde, gegenüber der gegenseitigen Durchdringung von Fiktion und Realität. Wie dieser Text darstellt, integriert der zeitgenössische Schriftsteller die Erkenntnisse der Geokritik in erster Linie im Material des Textes, in der Erfindung einer neuen literarischen Sprache für das 21. Jahrhundert und in einer Neulektüre der Geschichte des Romans und der Tradition als ‚Geschichte des Schwindels'. In dieser dreifachen Bewegung – Instabilität des Zeichens, Loslösung der Sprache von der Erde, Durchdringung von Realität und Fiktion – entsteht die Figur des zeitgenössischen Dichters als Produzent einer sedimentierten Realität.*

Ein Porträt des Schriftstellers als Sedimentierer und Ausgräber.

Dieser Text ist darum genauso sehr eine Reflexion über meine Praxis – über das, was ich mit meinem Schreiben erreichen möchte und was ich inzwischen als ‚Schreibweise des Schwindels' bezeichne – wie ein Umherwandern im Innern meiner verschiedenen Bücher, das dazu dient, zu definieren, worin der gegenwärtige Ort Europas besteht und wie ich ihn wahrnehme, an der Kreuzung zwischen globalisierten Pop-Fiktionen und Erinnerungsnarrativen: der Ort einer Besessenheit, die erodiert wird durch den Zusammenprall zwischen der Realität und einem Text, die beide in Richtung Spiel gedrängt werden: a haunted play-ground, *eine fiktionale Spielwiese, auf der es spukt, wo der Sockel des Beweises umschlägt in die Ära einer vollständigen Mythologie.*

Une écriture du vertige est une série de fragments – les cinq premiers sont présentés ici – qui dialoguent avec l'approche géocritique de Bertrand Westphal : géocritique dont je retiens qu'elle est une attention au 'flottement du signe', au décrochage langue/terre, à une imbrication de 'fiction' et de 'réel'. Ce texte dira en prolongeant les observations géocritiques que c'est, d'abord, dans la matière du texte, dans l'invention d'une langue littéraire pour dire le XXIe siècle, mais aussi dans une relecture de l'histoire du roman et de la tradition comme 'histoire du vertige' que l'écrivain contemporain intègre ce que la géocritique observe. Il naît de ce triple mouvement – flottement du signe, décrochage langue/terre, imbrication réel/fiction – une figure de l'écrivain comme producteur d'un réel sédimenté et suspendu en états intermédiaires : *real*-fiction, fictions-vraies, fictions-documentaires. Un portrait de l'écrivain comme 'sédimentateur' et 'excavateur'.

Ce texte sera autant une réflexion sur ma pratique d'écrivain – ce que je tente d'atteindre en écrivant et que j'ai fini par nommer 'une écriture du vertige' – qu'une circulation à l'intérieur de mes différents livres afin de définir ce qu'est ce lieu contemporain de l'Europe, la façon dont je le perçois, à la croisée des *pop*-fictions globalisées et des récits mémoriels : lieu d'une hantise érodée par la collision du réel et d'un texte poussé vers le jeu : *a haunted playground,* un terrain de jeu fictionnel hanté, où le socle de la preuve bascule dans l'ère d'une mythologie intégrale.

Fragment 1 : Trouble, instabilité, vertige

La question est donc celle-ci : quelle forme littéraire et poétique pour dire le XXIe siècle ?

Et ce début de réponse. Je crois pouvoir dire, désormais – ce que j'entrevois comme un point de perspective –, que je travaille, de façon obstinée, à une forme d'écriture du vertige. Un vertige qui appartient à une tradition littéraire, de Miguel de Cervantes à Jorge Luis Borges. Cette tradition est telle qu'il m'arrive de penser que le 'vertige' est le propre de la littérature – son secret bien gardé – là où s'éprouve comme nulle part ailleurs le vertige des identités, le flottement de ce que nous prenons, à tort, pour l'*être* : les peaux de mille personnages, le vertige des focalisations, le vertige de l'auteur renvoyant au traducteur, du texte renvoyant à d'autres textes. Dans *Une histoire du vertige,* livre *sui generis* que j'écris au fil des livres, je consacrerai un commentaire au chapitre IX du *Don Quichotte,* lorsque Cervantes entrouvre la première brèche dans la 'statue' de l'Auteur, en confessant qu'il n'est pas le 'père' du *Quichotte,* mais son 'rapporteur', celui qui a mis en forme une traduction qu'il a sollicitée : l'auteur du *Quichotte* devenant, de ce fait, le simple 'commanditaire' d'une traduction.

Ce vertige inaugural dans un texte considéré comme fondateur de la modernité littéraire, je le disséquerai, je l'annoterai. Je le prolongerai par cet événement, déjà bien commenté, où le Quichotte se met à lire l'histoire de ses propres aventures, en s'accordant ou non avec le manuscrit qu'il lit. Je conçois cette entreprise comme une 'relecture de la tradition', l'ébauche d'une histoire subjective de la lecture qui coïncide toujours, pour moi, je m'en rends compte aujourd'hui, avec une expérience du vertige. Après ce travail sur le chapitre IX du *Quichotte,* suivront d'autres 'études' : étude sur le *Vertigo* d'Alfred Hitchcock, par exemple, sur les escaliers de Maurits Cornelis Escher, sur les liens de ces escaliers avec la bibliothèque de J. L. Borges. Je consacrerai aussi une étude aux focalisations multiples. Le *Tandis que j'agonise (As I Lay Dying)* de William Faulkner y occupera une place centrale : je parlerai de cette 'obsession focale' qui suit de si près l'invention du cinéma. 'Obsession' qui s'ajoute aux fragmentations picturales, au début du XXᵉ siècle, comme s'il y avait, pardelà les genres et les champs du savoir ou de l'art – peinture, littérature, cinéma... – une même raison à cette fragmentation. William Faulkner, donc, qui est-ce ? je me demanderai. Un scénariste, un écrivain *et* un scénariste, comme beaucoup d'auteurs américains. Un 'employé' du premier Hollywood, ouvrier de la chaîne dramatique, pris dans une division du travail scénaristique qui n'a fait, depuis lors, que se perfectionner, s'affiner. Je m'intéresserai donc à la 'cassure' du regard dans la peinture européenne – cassure picturale qui renvoie, dans mes termes, à 'la fission du noyau de l'être' – en même temps qu'à cette influence du cinéma, de la question 'focale'. Je reviendrai aussi dans cette 'histoire du vertige' – laquelle s'écrit, sans même que je cherche à l'écrire – aux 'exégèses' déjà commentées qui jalonnent *Les Disparus* de Daniel Mendelsohn[1], à ce que j'ai pu en dire dans *Le Hêtre et le Bouleau*[2] : âge du commentaire qui nous fait éprouver le sens d'une vérité à jamais fuyante ou disparue. Et je reprendrai aussi, comme je l'ai fait à de nombreuses reprises, le chemin de ce vertige mitteleuropéen de Claudio Magris : centre creux de *L'Anneau de Clarisse*[3], quête vertigineuse aux sources introuvables du Danube. Vertige toujours, qui est à la fois, à mes yeux, le dos de Dieu (métaphysique) et un vertige de l'identité (un trouble sur l'identité du personnage, du lieu, et finalement de l'auteur – qui écrit ?). Cette 'histoire du vertige' que je veux écrire et dont ce texte, *Une écriture du vertige*, présente les premiers fragments, les intuitions brutes, s'étoffera avec le temps pour devenir un livre en train de s'écrire, à jamais repoussé. Je cite, ici, un extrait pris à Claudio Magris, *Danube* : définition du vertige européen que je ne cesse de vouloir prolonger dans le temps fictionnel du XXIᵉ siècle, pour faire le lien entre la tradition – l'histoire du roman européen – et le contemporain, pour donner, en quelque sorte, une 'généalogie vertigineuse' à notre temps et ainsi contrer son 'inculture présumée'.

> Nous voilà déjà en pleine civilisation danubienne dans le monde de l'Action parallèle dont parle Musil et qui pour fêter le soixante-dixième anniversaire de règne de François-Joseph veut célébrer le principe fondateur de la civilisation austro-hongroise – et de la civilisation européenne tout court – mais ne parvient à le découvrir et s'aperçoit ainsi que la réalité toute [sic] entière ne se rattache à rien, que tout son édifice complexe repose sur le vide.[4]

---

1   Mendelsohn, Daniel : *Les Disparus*, traduit de l'anglais par Pierre Guglielmina, photographies de Matt Mendelsohn, [Paris] : Flammarion, 2007. (Original : *The Lost. A Search for Six of Six Million*, New York : HarperCollins, 2006.)
2   Toledo, Camille de : *Le Hêtre et le bouleau. Essai sur la tristesse européenne* suivi de *L'Utopie linguistique ou la pédagogie du vertige*, Paris : Seuil, 2009 (La Librairie du XXIᵉ siècle).
3   Magris, Claudio : *L'Anneau de Clarisse. Grand style et nihilisme dans la littérature moderne*, traduit de l'italien par Marie-Noëlle et Jean Pastureau, Paris : L'Esprit des Péninsules, 2003. (Original : *L'Anello di Clarisse. Grande stile e nichilismo nella letteratura moderna*, Torino : Einaudi, 1984.)
4   Magris, Claudio : *Danube*, traduit de l'italien par Jean et Marie-Noëlle Pastureau, [Paris] : Gallimard, 1988 (L'Arpenteur), p. 34. (Original : *Danubio*, Milano : Garzanti, 1986.)

Ill. 1 : Sources présumées du Danube, Donaueschingen (© Clemensfranz)

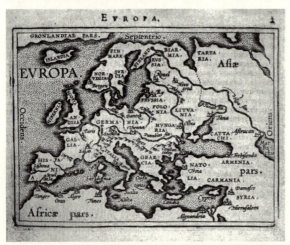

Ill. 2 : Carte de 'Europa', 1598 (©Musée national du château de Pau/phot. Jean-Yves Chermeux)

Fragment 2 : Occurrence du mot 'vertige', entre des langues et lieux sans qualités

C'est à la fin du *Hêtre et le Bouleau* que j'emploie, pour la première fois, ce terme de 'vertige', dans un conte que j'aimerais voir comme un mythe-pour-l'Europe-à-naître et qui a pour titre : *L'Utopie linguistique ou la pédagogie du vertige*. J'avais jusque-là travaillé sur le projet romanesque des *Strates* – en espagnol, *Estratos* – strates de fictions par lesquelles je désigne l'entreprise d'écriture qui comprend *L'Inversion de Hieronymus Bosch*[5] (devenu dans la version espagnole, la seule version que je reconnais désormais comme originale, *En Epoca de monstruos y catástrofes*) et *Vies et mort d'un terroriste américain*[6], ainsi que deux autres livres encore à écrire. Le propre de cette écriture des strates, dont on peut saisir la raison d'être en se référant à un essai, fruit d'un combat littéraire sur le rapport au réel et qui a pour titre *Visiter le Flurkistan ou les illusions de la littérature-monde*[7], relève de la sédimentation et de l'archéologie. Qu'est-ce qu'une 'écriture des strates' ? Ni plus ni moins qu'une tentative, pour moi, d'écrire le réel tel qu'il est, comme trame de fictions : une épaisseur de langue s'ajoute à une épaisseur d'images. Un système de renvois fictionnels – une 'rami-fiction' – se tisse entre les strates... Pour la construction de mon 'Pari's' – ou 'Paris-Texas', le simulacre de ville où commence la série des *Strates* – j'ai le sentiment rétrospectif d'avoir produit un lieu *pour l'observation géocritique* : la théorie happée par la fiction, ou, pour le dire autrement, la fiction ayant déjà atteint le point 'géo-critique'. Le réel-fictionnel qu'il faut désormais écrire en un seul mot, relié, est désormais pétri de théorie.

Dans *L'Inversion de Hieronymus Bosch,* 'Paris-Texas' est la ville où débarque le pionnier-entrepreneur, LWK. C'est un 'Pari's' recréé sur un bout de désert, à l'image des constructions-décors de Las Vegas ou de Dubaï. Dans le roman – particulièrement dans la nouvelle version qui paraît en Espagne, en cette année 2012, version qui a pour titre *Au temps des monstres et des catastrophes* – les villes de Paris et de Vienne sont 'atteintes' – comme on le dirait d'une personne – par un virus, une maladie. Ce virus, c'est celui qui instille, dans la matière stable des mots, un flottement sémantique : une instabilité des lieux qui s'insinue dans le décor-du-réel. Ce que je nomme aussi 'l'envir-ornement' : une instabilité sémantique, phonique, visuelle, poétique, qui déplace ce qui semblait établi. Dans la tétralogie des *Strates*, Vienne n'est plus Vienne, mais 'Vienna-Europa'. Paris est devenu 'Pari's', avec cette marque américaine de l'apostrophe – *his cousin's dream*/'le rêve de son cousin' – qui dit habituellement la possession et qui raconte ici le contraire : la dépossession de Paris,

---

5   Toledo, Camille de : *L'Inversion d'Hieronymus Bosch*. Roman, [Paris] : Phase Deux, 2005.
6   Toledo, Camille de : *Vies et mort d'un terroriste américain*. Roman, [Paris] : Verticales-Phase Deux, 2007.
7   Toledo, Camille de : *Visiter le Flurkistan ou les illusions de la littérature monde*, Paris : PUF, 2008 (Travaux pratiques).

l'exportation de son image, puis des rues elles-mêmes, l'exportation du lieu de l'Europe et sa mise en vente dans un commerce globalisé de l'ersatz. Ici, on retrouve le monde musilien de l'Action Parallèle, prolongé par la lecture de Magris qui en fait le noyau de vide sur lequel repose la *Mitteleuropa* et qui se poursuit dans le *nowhere land* d'une Europe exportée, métamorphosée par la fiction et la reproductibilité technique du monde. C'est une rupture irrémédiable – une instabilité géo-poétique – que j'observe et qui s'appuie, dans le roman, sur le fait que les Etats-Unis ont nommé leurs villes d'après les noms des villes européennes : Vienna, Paris, Toledo... Je cite ici un extrait de l'introduction au roman des *Strates*, parue, à ce jour, seulement en Espagne, sous le titre *En época de monstruos y catástrofes*[8]. Dans cet extrait, quelque chose s'ajoute au vide magrissien. Une fabrique. Une usine. Une industrie de l'ersatz. Une forme démente de la reproduction de l'Europe. Ce qui s'ajoute et m'oblige, 'nous' oblige à nous confronter à ce monde copié... c'est l'œuvre de Walter Benjamin ici convoquée :

> Pour accueillir ce psychédélisme du réel où les villes entières s'importent, s'exportent, où la terre elle-même vole pour se dépayser, nous devrions écrire une invocation à Walter Benjamin. Qu'il revienne ! Qu'il surgisse en magicien d'un halo de fumée et qu'il nous dise, le sorcier, comment ne pas sombrer dans la nostalgie. *Soft-feelings* mondialisés, Pouahh ! Comment ne pas déplorer les temps de l'authentique ? Et lui, Benjamin, seul à avoir espéré qu'une libération naîtrait du dédoublement de nos vies, nous lui adressons cette prière :
>
>> Notre Copiste, qui es aux cieux,
>> Que ton règne vienne,
>> Que ta reproductibilité soit faite sur la Terre comme au Ciel.
>> Donne-nous aujourd'hui le dessein quotidien
>> Et pardonne-nous notre nostalgie comme nous pardonnons aussi...
>
> Car, en vérité, nous plongeons. Nous nous enfouissons. Le faux n'est plus un instant du vrai, il en est la conquête. Et où sommes-nous désormais ? Where are we ? ¿Dónde ? Wo sind wir ? In welcher lengua ? Lecteurs, auteurs, exilés, déportés, apatrides et brassés, entre des strates, précisément, des strates d'histoires, de vies, de gestes, d'émotions que nous croyons incarner : des strates de fictions, finalement, ouvrant sur le vide.[9]

Prolongement du vide magrissien dans ce que nous nommons, à tort, la postmodernité. Etat d'un réel-fictionnel auquel j'ai voulu donner un corps, en 'déterritorialisant' l'Europe, en la traitant à la façon d'un sac à main globalisé, revendu, réimporté.

---

8   Toledo, Camille de : *En época de monstruos y catástrofes*, traduit par Juan Asís, Barcelona : Alpha Decay, 2012 (Héroes modernos 22).
9   Toledo : *En época de monstruos y catástrofes*.

Ill. 3 : Tour Eiffel de Paris-Texas (© B. J. Bumgarner)   Ill. 4 : Station de ski à Dubaï (© Frank Seiplax)

Mais je reviens au mot 'vertige'. Dans *Le Hêtre et le Bouleau, essai sur la tristesse européenne*, il se rapporte à *l'u-topos* européen des langues : qu'est-ce qu'un espace géopoétique où le commun linguistique est la 'traduction' ? La matérialisation de cet *u-topos*, de ce 'non-lieu', ce sont les annonces dans le métro ou dans les bus, en plusieurs langues. Ce 'On' générique de la machine qui 'nous' parle en allemand, en italien… alors que nous croyions être à Paris, à Lyon, dans un espace *a priori* francophone. L'observation vaut de la même manière pour des villes allemandes, italiennes… Il naît de cette polyphonie quotidienne, de cet entrelacs des langues – qui sont une réponse à un horizon touristique où le lieu parle dans la langue du visiteur – il naît de cette polyphonie un décrochage ou, pour reprendre le titre de Jean-Christophe Bailly, un 'dépaysement'[10]. L'identité est 'tordue', 'diffractée', 'déportée' par la traduction quotidienne, mais aussi par la subjectivation technologique – écouteurs, 'audioguides' – laquelle soumet le lieu à la langue du visiteur. Dans ce cadre, le lieu est sans cesse travesti et hybridé. Il est médiatiquement déplacé.

C'est aussi en ce sens que, dans l'introduction à *L'Utopie linguistique ou la pédagogie du vertige*, je disais que l''utopie' avait cessé d'être un futur à bâtir, un hors-monde, un idéal lointain possiblement totalitaire. Au XXIe siècle, le lieu 'utopie' échappe à la dialectique de l'espoir et de la désillusion : je renvoie, ici, à la transformation de l'utopie – Thomas More – avant le XXe siècle, en dystopie – George Orwell et Aldous Huxley – pendant le XXe siècle. L'utopie n'est plus en rupture avec le présent. Elle est le temps présent. Elle n'est plus diachronique. Elle est synchronique. Je dirais même qu'elle est chronique. Son sans-lieu est devenu le lieu même du réel. La médiation technologique, par exemple, qui permet de *switcher* la langue du réel – via les 'audioguides' –, la fictionnalisation des espaces urbains et naturels, leurs mises en récit, tout cela

---

10   Bailly, Jean-Christophe : *Le Dépaysement. Voyages en France*, Paris : Seuil, 2011.

contribue à créer un *u-topos* au présent : une utopie, donc, de l'impermanence, où nous devons apprendre à 'habiter'.

Rattachée à l'espace européen, cette 'urgence à habiter le non-lieu, le centre creux de l'Europe' devient une profonde urgence : 'habiter le non-lieu des identités flottantes'. 'Habiter le non-lieu d'une terre désarrimée de la langue', qui flotte dans l'inter-règne du réel et de la fiction, dans l'interstice. C'est à cette urgence poétique – faire du non-lieu européen le territoire même de la langue, de la fiction, de la mémoire – que je réponds.

Ill. 5–6 : Photographies extraites de la série : Nowhere Lands (© Camille de Toledo)

Je cite ici un extrait d'un texte paru dans la revue *Pylône* – n°8, *Qu'est-ce que le contemporain ?* C'est un texte qui présente une série photographique à laquelle je travaille, d'année en année, et qui a pour titre *Nowhere Lands*. Dans le texte de présentation de cette série – *C'est donc ici que nous vivons, in the Nowhere Lands* – il est écrit :

> Une collection de Nulle-s part accumulée au fil des ans, un fonds d'archives sans date, sans lieu, où sont consignées des centaines de photographies… Images de 'l'entre' des lieux, des terres sans qualités, ces Nowhere Lands forment, à bien des égards, la toile de fond de mon travail d'écrivain…[11]

Je cherche, dans ces photographies, à saisir, cerner un lieu-sans-lieu, une terre pétrie de fictions, sédimentée, dans le double mouvement de la perte – l'accumulation des strates – et de l'impossible archéologie – l'exégèse vertigineuse et la dissipation du vrai. Dans mes photographies, mais aussi dans mon travail d'écrivain – *Le Hêtre et le Bouleau* –, dans les fictions des *Strates* – archéologie fictionnelle ouvrant sur le vide –, dans l'arborescence talmudique des *Vies potentielles*[12]… C'est une seule et même histoire que je m'obstine à écrire : 'histoire du vertige' procédant d'une 'écriture du vertige' qui vise à saisir le temps et le lieu de l'Europe, à l'orée du XXIe siècle, tout en infondant et

---

[11] Ds. : *Pylône* 8 (2012), Dossier : *Qu'est-ce que le contemporain ?*, p. 139–148.
[12] Toledo, Camille de : *Vies potentielles*. Roman, Paris : Seuil, 2011 (Librairie du XXIe siècle).

contrant la tentation des origines, des récits identitaires. Cette 'histoire du vertige', je la poursuis autant en me laissant gagner par la mélancolie mémorielle de l'Europe qu'en explorant l'inculture du temps présent. Elle vibre avec la même intensité, pour moi, dans la hantise, le souvenir du 'h' du XXe siècle que dans l'enchevêtrement des *pop-fictions* de mon enfance. C'est là, pour moi, le point exact où se rejoignent la tradition et la mémoire – vertige, gouffre – et la folie, la démence du présent. Cette rencontre faisant de l'Europe, non plus la machine réactionnaire qu'elle est devenue, mais, pour moi, un lieu ouvert à l'expérimentation…

Fragment 3 : la Note 22, Illiers-Combray, sur la route des vacances

Je fais ici un lien direct – mais il y en a tant d'autres plus secrets, plus silencieux – avec un article de Bertrand Westphal dans *Vox Poetica* : *Pour une approche géocritique des textes*. A la fin de la note 22 de cet article, Bertrand Westphal écrit :

> […] parfois c'est le monde 'imaginaire' qui marque de son empreinte le monde 'réel'. Le petit village d'Illiers vivait une existence paisble [sic] à l'ombre de la cathédrale de Chartres jusqu'au jour où on apprit qu'une tante de Proust l'habitait, et que dans la *Recherche* il était devenu Combray. Le bourgeon éclipsa la souche, et Illiers devint Illiers-Combray.[13]

Je fais cette note sur la note – scholie de la scholie – pour vous dire de cette pancarte, de ce lieu d'Illiers-Combray, que *je passe devant* plusieurs fois par an en roulant de Paris jusqu'en Bretagne. Chaque fois que je me retrouve devant le panneau Illiers-Combray avec mes enfants dans la voiture qui, eux, sont à l'arrière en train de regarder un film, je pense à cet 'épanchement de la fiction dans le réel' – en reprenant la tournure de Nerval, qui parlait, lui, d'« épanchement du songe dans la vie réelle »[14]. Ce passage d'une réalité-du-songe – à la fin du XIXe siècle – à une réalité-de-la-fiction – au début du XXIe siècle – mérite d'être souligné. Dans le premier cas – la phrase de Nerval – l'écrivain participe, par sa subjectivité, à fragiliser l'édifice du réel. Nerval dit : 'les choses ne sont, n'existent, que parce que je les vois, que parce que je m'y projette'. Le songe, la rêverie s'y mêlent. L'écrivain est le principe de cette instabilité. Il oppose le savoir flottant du songe aux bords tranchants de la taxinomie. Il participe à l'insurrection d'un 'sentiment' contre les choses. Dans le deuxième cas, plus d'un siècle après – ce que je désigne comme 'l'épanchement de la fiction dans le réel' – le régime d'instabilité a changé. Ce sont les

---

13 Westphal, Bertrand : Pour une approche géocritique des textes. Esquisse, ds. : *Vox Poetica*, 30/09/2005, http://www.vox-poetica.org/sflgc/biblio/gcr.htm (23/03/2012).
14 Nerval, Gérard de : Aurélia, ds. : *idem* : *Œuvres complètes*, éd. p. Jean Guillaume et Claude Pichois, vol. III, Paris : Gallimard, 1993, p. 699.

choses elles-mêmes – paysages, villes, villages, objets – qui ont acquis le pouvoir de se raconter, de se ré-inventer... C'est le triomphe du 'On' parlant, du 'On' narrateur. En anglais, on dirait : 'It talks' en insistant sur ce 'it' qui cesse d'être neutre pour animer et fictionnaliser la vie des choses. Si 'Illiers' est rebaptisé 'Combray', ce n'est pas seulement par le miracle proustien du génie pénétrant la matière du monde et gravant sur la pancarte que l'on voit de l'autoroute le nom de 'Combray'. Si 'Illiers' devient 'Illiers-Combray', c'est, paradoxalement, par le truchement d'une langue sans auteur, fruit d'une rencontre entre un décret de Mairie et une communication municipale où 'On' a senti l'intérêt touristique qu'il y a à relier le nom fictionnel au nom administratif. Le lieu s'énonce dès lors comme 'Illiers-Combray'. Il se raconte, et peut-être plus, il 'se la raconte'. Je souligne – c'est un signe important de l'hybridation des lieux en lieux-intermédiaires – la présence de ce trait d'union : 'Illiers-Combray'. Et je me permets de renvoyer à un passage de *L'Inquiétude d'être au monde* – p. 28 – où je tisse, à partir de ce 'trait d'union', une ré-union entre les êtres et les choses, les choses et les idées, les idées et les êtres. Trait d'union qui inaugure des 'entre-genres' : *real-fiction*, 'fiction-documentaire', 'fiction-vraie'...

Cette modification du régime du réel – du 'songe' de Nerval, XIXe siècle, à la 'fiction', au XXIe siècle – révèle une production fictionnelle *sui generis* des choses.

Dans le régime contemporain, l'écrivain n'est plus le seul 'insurgé de la sensation'.

Chaque élément, pour exister, se 'sensationnalise', se met à raconter une histoire. Tout ce qui est – récits du désert, récits de villes, récits de monuments, récits d'œuvres d'art – se dote d'une capacité narrative. Je pense, ici, à une expression du philosophe Peter Sloterdijk – qui parle du « psychédélisme du réel » – que j'ai reprise pour mon introduction des *Strates*.

Si nous tirons le fil de la subjectivité chez Nerval, si nous en suivons la trace tout au long du XXe siècle, via le 'dérèglement des sens' qui permet de défigurer le réel, de le reconfigurer, nous voyons que quelque chose change. L'histoire du dérèglement, à l'issue du XXe siècle, est renversée. La subjectivité du poète n'est plus en opposition contre les choses et contre le réel morne et froid. Ce sont les choses elles-mêmes qui accèdent au dérèglement. On peut dire que, par la sophistication des moyens de mise en récit des choses, c'est le réel qui se drogue, se 'pique'. La réflexivité géo-critique est, de fait, précédée par une forme de toxicomanie fictionnelle du réel : au moment de la fabrication, à l'instant même où les choses se présentent, elles se 'morphent'. C'est en ce sens que je parle d'un temps ovidien, un temps métamorphique.

Fragment 4 : Vacillement du lieu, potentiel du roman, virtualité de l'Histoire

Dans ma pratique, j'observe que cette triple instabilité – 1. Instabilité de la matière – 'êtres nucléaires' dans *Vies potentielles* – 2. Instabilité des lieux – 'Paris-Texas', 'Vienna-Europa' dans *L'Inversion de Hieronymus Bosch* – 3. Instabilité des noms – 'Eugène Green', 'Cheyenne', 'Le Moine' dans *Vies et mort d'un terroriste américain* – prend la forme d'une extension de l'hypothèse fictionnelle par l'emploi du conditionnel : 'ce qui pourrait être, ce que je voudrais être, ce qu'elle aimerait être...'

Cette extension du champ du conditionnel suit notre réel métamorphique ou ovidien. A la suite des observations géo-critiques, je dirais donc que le lieu, dans l'Europe du XXIe siècle, est atteint par un discret et constant transport : (a) le recouvrement fictionnel qui le 'déporte', (b) le récit mémoriel qui cherche à le figer, mais qui, par l'usage touristique, rejoint le récit fictionnel – *memo-sto-ry* – dans une forme de *past-ertainment*, régime hybride entre le souci du passé – *the past* – et l'enjeu touristique – *entertainment*. Enfin, (c) sa traduction, par la médiation technologico-linguistique qui soumet le lieu à la langue du visiteur et donc le dé-payse. Cette attention à la métamorphose, au déplacement, au vacillement du lieu, des êtres et des choses, je la note, par exemple, dans ce passage de *Vies et mort d'un terroriste américain*, livre où un scénariste parisien payé par un réalisateur new-yorkais ne cesse de modifier la fiction du film qu'il a la charge d'écrire. Dans ce roman – deuxième volet de la tétralogie des *Strates* – tandis que le 'film-à-l'intérieur-du-livre' se poursuit, le scénariste ouvre des possibilités fictionnelles infinies, change, bifurque. Il finit même, après la mort de sa mère, par abandonner l'écriture du scénario sans que cela change quoi que ce soit au cours du film. Je remarque que, dans mon travail, *Vies et mort d'un terroriste américain* est le livre où j'ai été le plus loin dans cette 'écriture du vertige' : je ne savais plus qui écrivait. J'avais trouvé un engrenage pour signifier les ruptures de focalisation : des phrases centrées dans la page étaient signées par des personnages du roman et posées là, comme ces critiques de journaux dont on arrache une seule phrase percutante. Ces phrases indiquent une rupture, un changement d'axe dans le récit. Au fil de la lecture, des strates de fictions s'ajoutaient les unes aux autres. Ce fut un véritable casse-tête, jusqu'au jour où je compris que c'était justement ça que je cherchais : ne plus savoir où l'on en est, ne plus pouvoir dire : ici nous sommes dans le vrai et là dans le faux. Dans *Vies et mort d'un terroriste américain*, je suis retourné 'piocher' une phrase qui me semble avoir un profond écho avec les observations de Bertrand Westphal :

> Oui, hier encore, pour un flash-back, un rêve, un fantasme, on avait la délicatesse de prévenir, la digue tenait bon, il y avait des limites, un passé, un futur, mais il faut accepter le progrès, la digue a explosé, le conditionnel avance : vous suivez un pick-up Chevrolet, soudainement, vous entendez une sirène, vous voyez une voiture de police, vous pensez à

juste titre que Ted est un homme traqué, qu'il va y avoir du suspense, une intrigue, des destins qui se croisent, vous pensez aussi qu'il y aura des morts et peut-être des Indiens descendront des montagnes...

Vous avez raison, les spectateurs sont des rois déchus, aucun signe ne peut plus les aider, le réel et l'irréel s'enlacent, se disputent, ils ont un corps à quatre bras, on ne sait plus lequel engendre l'autre ; et vous, vous les voyez batifoler, leur accouplement vous excite, le conditionnel vous fait espérer des jours meilleurs ; volant dans la mêlée, ajoutant votre aigreur, votre courage à toute cette confusion, vous imaginez que votre vie en sortira grandie. Vous avez sans doute raison, aucune illusion ne saurait être fausse quand même les routes ont la capacité de mentir.[15]

Fragment 5 : Hannah Arendt_Bruce Lee_Euröpshku_ Nowhere_Nulle part

Pour écrire *Une histoire du vertige*, il me faudra sans doute écrire bien d'autres fragments. Je devrais, pour qu'elle avance, cette histoire, ouvrir d'autres pistes, écrire d'autres chapitres. Dire comment la langue elle-même, dans mes différents livres, cherche à atteindre le nulle part, le vide magrissien, pour le porter dans l'avenir. Dire aussi comment d'autres écrivains, mes contemporains, donnent forme, roman après roman, à cet espace géopoétique, à cet *u-topos* du présent, et m'aident à me sentir moins seul : géographies imaginaires de Pierre Senges, abstractions-pop d'Arno Bertina, conditionnels des premiers romans de Régis Jauffret, démesure baroque et strates fictionnelles de Juan Francisco Ferré, jeux sur le vertige de Robert Juan Cantavella, épopées de l'absence de Mathias Enard... Je pourrais multiplier les lectures et analyses d'écrivains contemporains qui, séparément, labourent la terre fictionnelle et hybridée de l'Europe contemporaine, inventant, ce faisant, l'espace poétique à venir.

Mais, ici, dans ce texte inachevé, fragments d'une 'écriture du vertige', il est encore trop tôt.

Il s'agit simplement de lancer quelques pistes.

Murmurer, pour l'heure, que quelque chose s'écrit.

Se réjouir de voir que ce qu'il y a de poétiquement dissident – le décrochage langue/terre, l'enchevêtrement réel et fiction – n'a pas encore été entendu ni aperçu.

A rebours, donc, de l'ordre politique, économique, de l'Europe.

A rebours du *zeitgeist* de la déploration.

Quelque chose s'écrit.

L'instabilité, la métamorphose, les strates, le vertige, la sédimention fictionnelle...

Tout ce chambardement, donc... eh bien...

---

15 Toledo : *Vies et mort d'un terroriste américain*.

Une écriture du vertige

Discrètement, des écrivains y travaillent. Ils sapent les lieux certains des refrains nationaux. Ils déroulent, chacun à leur manière, une écriture de l'hybridation, en prise avec un âge métamorphique. Loin du chant populaire de l'Apocalypse. Loin de la peur du 'déclin', peur d'une hybridation inculte et baroque, post-nationale, qui inspire aux vieilles élites culturelles la crainte que 'l'âge classique' – défini comme le moment d'une souveraineté du texte littéraire sur les autres arts – et 'l'âge de la mémoire' – vu comme le temps où l'Europe a confondu sa raison d'être culturelle avec la monumentalisation de sa honte au XXe siècle – soient oubliés et totalement remplacés par un 'âge d'une barbarie inculte des images, des sons, des langues et des cultures brassées', loin, donc, de cette peur, quelque chose s'écrit.

Ill. 7 : Hannah Arendt
(© Amy Widdowson)

Ill. 8 : Hannah-Arendt-Straße, Berlin (© luiginter)

Ill. 9 : Holocaust-Denkmal, Hannah-Arendt-Straße, Berlin (© Guido Parlato)

Ill. 10 : Bruce Lee, sculpture, Mostar (© AP Photo/ Amel Emric)

Ill. 11 : Pont de Mostar, Bosnie (© Louis-F. Stahl)

C'est ici, dans ce fragment 5, que je voudrais encore parler de deux lieux géographiques qui sont, au sens de la géo-critique, des enchevêtrements de réel et de fiction. Deux lieux qui m'inspirent et à partir desquels se configure, pour moi, l'espace européen. 1. L'un est solennel, intimidant, quasiment sacré et pourtant touristique, c'est le *Holocaust-Denkmal* de Berlin et la rue qui le borde. Rue Hannah Arendt. Ce lieu, je l'ai exploré dans *Le Hêtre et le Bouleau*. 2. L'autre 'lieu' est pathétique, grotesque, inculte, comme la haine qu'il cherche à conjurer. C'est une sculpture de Bruce Lee sur le pont de Mostar. Un Bruce Lee, en bronze... Sur le pont de Mostar ! En pleine *Mitteleuropa* magrissienne. Cette sculpture, je l'ai vite évoquée, au détour d'une des exégèses des *Vies potentielles*, mais elle est pour moi le signe le plus certain du 'vertige ramifictionnel' sur lequel repose l'Europe au XXIe siècle. Une Europe fictionnelle et hybridée, expérimentale et hantée.

Hannah Arendt & Bruce Lee. Ensemble.

Nous nous éloignons, ici, d''Illiers-Combray'. Ou plus exactement, nous nous y enfouissons. Nous ne sommes plus très loin d'une Euro-Vegas – ce 'Pari's' ou cette 'Vienna-Europa' qui sont l'une et l'autre au cœur de cette grande déportation touristique de l'Europe au XXIe siècle. Europe où des fictions et des mémoires d'Asie ou d'Amérique s'ancrent dans le réel. *Vide idiot – Bruce Lee – ou métaphysique – le* Denkmal. Mais il faudrait justement écrire, 'idiot parce que métaphysique' et 'métaphysique parce qu'idiot' : ici, se rejoignent non seulement Hannah Arendt et Bruce Lee, à égalité de valeurs, mais aussi : les touristes et les enfants, jouant et pique-niquant entre et sur les fausses tombes du *Holocaust-Denkmal*, les habitants des deux communautés ennemies de Mostar : Serbes et Bosniaques, applaudissant lorsque la sculpture de leur seul héros commun fut scellée, comme signe de leur réconciliation.

Récemment baptisée, la rue Hannah Arendt longe le *Denkmal*, le monument construit à la mémoire des juifs exterminés d'Europe, à Berlin. Cet ensemble – memorial + rue – forme l'une des plus extraordinaires marques du non-lieu – *u-topos* – de l'Europe au XXIe siècle : un ancien terrain vague, fruit de la division entre Est et Ouest, *nowhere land*, transformé en lieu de mémoire. Un monument, le *Denkmal*, qui se présente sous la forme d'un simulacre de cimetière : alignement de stèles anonymes. Un carrefour où des touristes se promènent, parlant entre eux les nombreuses langues du monde. Une rue qui longe ce *play-ground* des 'horreurs du siècle', où des enfants jouent à cache-cache. Un nom, Arendt, qui résume le XXe siècle. Une pensée, enfin, qui a su relier les deux régimes de la modernité autoritaire sous le mot de 'totalitarismes'. Comblement. Trou et comblement. Dans ce cœur de Berlin que je traverse, dans *Le Hêtre et le Bouleau*, comme le cœur même de l'Europe, là où se joue, sous une forme architecturale, le lien possible ou impossible entre les deux siècles. A partir de ce terrain vague, comment quitter le XXe siècle ?

Sommes-nous autorisés, nous autres, enfants du XXIe siècle, à jouer entre les tombes ?

Et cette langue qui se parle, mélange de toutes les langues du monde, en quoi nous pointe-t-elle une *po-éthique* de l'hybridation et des métamorphoses ?

Sur ce simulacre de cimetière du *Denkmal*, j'ai fait commencer une nouvelle : *Un trou dédié à Dieu*. J'ai poursuivi ma visite par un voyage à travers la Pologne, puis, quelques années plus tard, par la lecture du livre de Georges Didi-Huberman, *Ecorces*[16] : livre qui m'a semblé être le compagnon inattendu, inespéré du *Hêtre et le Bouleau*.

Aujourd'hui, si je poursuis la promenade, c'est pour pousser plus loin le vide magrissien.

Si nous désignons l'édifice – ce que l'architecte Peter Eisenman a dessiné – *Denkmal* : *denken*, penser – lieu où l'on pense à ce qui *s'*est passé et/ou à ce qui *est* passé... si donc nous désignons ce lieu comme œuvre, autrement dit comme 'fiction architecturale' mettant en scène la preuve, si nous ajoutons à cette configuration la structure de l'ancien terrain vague composée en 'strates', où une couverture est posée sur un dédale labyrinthique de salles – figure du labyrinthe qui renvoie à l'histoire de 'Thésée et le Minotaure', jeune homme parti loin de son père pour triompher du monstre, jeunes enfants visitant les gouffres du XXe siècle pour triompher du poids de la mémoire – nous retrouvons les caractères de notre 'géopoétique' : strates, enchevêtrements, 'audioguides' distordant l'espace et métamorphose de 'l'Histoire' en *mythe fondateur d'une expérimentation nouvelle : l'ère d'un jeu hanté.*

---

16   Didi-Huberman, Georges : *Ecorces*, Paris : Minuit, 2011.

Ici, Dédale, Thésée, le labyrinthe et le monstre…
Mais cette première configuration ne suffit pas.
Je dois ajouter à ce dessin culturel de l'Europe – tourisme + mémoire = amnémoire – un autre lieu. Le Pont de Mostar. La sculpture de Bruce Lee, à Mostar ! Cela pourrait prendre, dans les années à venir, la forme d'un court récit. Mettons, donc, que nous y sommes déjà. Dans le livre que j'aimerais écrire. Je prends le train pour traverser l'Europe. Je longe le Danube, non pour suivre seulement les travaux de Magris, mais surtout pour rejoindre ce qu'il reste comme traces, en ex-Yougoslavie, du vide magrissien et comment ce vide persiste dans le temps métamorphique, ovidien, des fictions enchevêtrées.

Je me promène, donc, je prends quelques notes. Je sais d'ores et déjà où est mon terminus. C'est un voyage où je suis comme le héros de Musil. Je pars en quête, non de ce qui fait l'unité de l'Empire austro-hongrois, mais de ce qui pourrait être, désormais, au XXIe siècle, le point de convergence d'une 'Europe de l'entre', de tous les 'entre-mondes'. Je sais que je vais achever mon voyage à Mostar. A quelques pas du pont de Mostar. Dans cette ville où Serbes, Bosniaques et Croates ont signifié, à la fin du XXe siècle, le retour des démons européens. La fixation. Le triage. L'identité. La frontière. La langue. Le meurtre. Je veux voir, là-bas, le pont, et sur le pont, une sculpture. C'est une œuvre – le bronze de Bruce Lee – dont j'ai entendu parler pour la première fois en Allemagne. Pourquoi ? Comment ? Peut-on accepter ce Bruce Lee, ici ?

C'est dans sa présence que tout bascule.

C'est dans cette figure de Bruce Lee, en bronze, symbole choisi par les habitants en signe de réconciliation, que je m'efforce d'accueillir l'hybridation du lieu. C'est en me confrontant à elle, en l'accueillant comme un élément de ma mémoire intime – l'import des icônes et fictions globalisées dans ma mémoire d'enfant – que je retrouve le chemin *hors* de la mélancolie, hors du labyrinthe. La sculpture m'aide à triompher du monstrueux XXe siècle. Je suis Thésée, retrouvant la voie, hors du dédale de Peter Eisenman, sortant du *Denkmal*, de ce point névralgique de la pensée – *denken.*

Je retrouve l'énergie de Bruce Lee, le rire de ma propre acculturation. Bruce Lee, le baroque étrange de ce trait d'union : Bruce Lee, sur le pont de Mostar, en Bosnie ! J'écris depuis ce lieu-là : lieu de l'amnémoire, terrain vague de l'entre des siècles, hanté, qui, pour se détourner, se divertir, s'est mis à consommer les images, les sons de la *world culture*. Bruce Lee ! A Mostar. 'Post-exotisme' dirait Antoine Volodine. Thésée post-exotique, je suis assis à côté de Bruce Lee, je m'apprête à franchir le pont du temps. Je sais que c'est là, dans ce lieu d' 'amnémoire' idiot et meurtrier que commence, pour moi, le XXIe siècle. Je reprendrai alors, en marchant, le vide de Magris en le réécrivant, le modifiant, pour le faire entrer, *I hope, yo espero,* dans l'avenir.

Nous voilà déjà en pleine réalité vertigineuse, dans le monde des strates dont parlent les écrivains, qui célèbrent le principe fictionnel de la réalité – et de l'Europe entière – mais ne parviennent, pas hélas, à agir assez sur le temps...
Not yet.

Bibliographie sélective

Bailly, Jean-Christophe : *Le Dépaysement. Voyages en France*, Paris : Seuil, 2011.
Didi-Huberman, Georges : *Ecorces*, Paris : Minuit, 2011.
Magris, Claudio : *Danube*, traduit de l'italien par Jean et Marie-Noëlle Pastureau, [Paris] : Gallimard, 1988 (L'Arpenteur). (Original : *Danubio*, Milano : Garzanti, 1986.)
Magris, Claudio : *L'Anneau de Clarisse. Grand style et nihilisme dans la littérature moderne*, traduit de l'italien par Marie-Noëlle et Jean Pastureau, Paris : L'Esprit des Péninsules, 2003. (Original : *L'Anello di Clarisse. Grande stile e nichilismo nella letteratura moderna*, Torino : Einaudi, 1984.)
Mendelsohn, Daniel : *Les Disparus*, traduit de l'anglais par Pierre Guglielmina, photographies de Matt Mendelsohn, [Paris] : Flammarion, 2007. (Original : *The Lost. A Search for Six of Six Million*, New York : HarperCollins, 2006.)
Nerval, Gérard de : Aurélia, ds. : idem : *Œuvres complètes*, éd. p. Jean Guillaume et Claude Pichois, vol. III, Paris : Gallimard, 1993.
Toledo, Camille de : *L'Inversion d'Hieronymus Bosch*. Roman, [Paris] : Phase Deux, 2005.
Toledo, Camille de : *Vies et mort d'un terroriste américain*. Roman, [Paris] : Verticales-Phase Deux, 2007.
Toledo, Camille de : *Visiter le Flurkistan ou les illusions de la littérature monde*, Paris : PUF, 2008 (Travaux pratiques).
Toledo, Camille de : *Le Hêtre et le bouleau. Essai sur la tristesse européenne* suivi de *L'Utopie linguistique ou la pédagogie du vertige*, Paris : Seuil, 2009 (La Librairie du XXIe siècle).
Toledo, Camille de : *Vies potentielles*. Roman, Paris : Seuil, 2011 (Librairie du XXIe siècle).
Toledo, Camille de : *En época de monstruos y catástrofes*, traduit par Juan Asís, Barcelona : Alpha Decay, 2012 (Héroes modernos 22).
Westphal, Bertrand : Pour une approche géocritique des textes. Esquisse, ds. : *Vox Poetica*, 30/09/2005, http://www.vox-poetica.org/sflgc/biblio/gcr.htm (23/03/2012).
Westphal, Bertrand : *La Géocritique. Réel, fiction, espace*, Paris : Ed. de Minuit, 2007.
Westphal, Bertrand : *Le Monde plausible. Espace, lieu, carte*, Paris : Ed. de Minuit, 2011.

2 Themenschwerpunkt:
Interkulturalität in Zeiten des Krieges (1914–1954)/
Interculturalités en temps de guerre (1914–1954)

Hans-Jürgen Lüsebrink und Christoph Vatter

Vorwort

Der vorliegende Themenschwerpunkt *Interkulturalität in Zeiten des Krieges (1914–1954)/Interculturalités en temps de guerre (1914–1954)* ist aus einer Idee und zugleich aus einem internationalen Kooperationsprojekt hervorgegangen. Die zugrundeliegende Idee haben die Herausgeber gemeinsam mit Robert Dion (Université du Québec à Montréal) entwickelt und verfolgt. Sie betrifft die Fragestellung, wie in Zeiten gewalttätiger militärischer Auseinandersetzungen interkulturelle Kommunikation möglich ist und wie sie verläuft, welche Dynamik stereotype und vorurteilsbeladene Wahrnehmungsmuster entwickeln und wie in unterschiedlichen Konfigurationen aus kriegerischen Konfliktsituationen heraus auch unerwartete, paradoxerweise gelegentlich auch nachhaltige Formen der interkulturellen Verständigung und des Interesses am ‚Anderen' und seiner Kultur erwachsen sind. In zwei vom Deutschen Akademischen Austauschdienst (DAAD) geförderten Workshops am Centre Canadien d'Etudes Allemandes et Européennes (CCEAE) der Université de Montréal im Dezember 2010 und an der Universität des Saarlandes im November 2011 wurden diese Fragestellungen in verschiedenen Fallstudien und theoretisch ausgerichteten Diskussionen ‚getestet'. Die nachfolgend publizierten Beiträge umfassen im Wesentlichen die ausgearbeiteten Vorträge, die bei dem in Saarbrücken veranstalteten Workshop präsentiert wurden und in die die Ergebnisse der geführten intensiven Diskussionen eingeflossen sind.

Die acht Beiträge des vorliegenden Dossiers weisen sowohl eine theoretische Dimension als auch eine auf verschiedene historische und interkulturelle Konfigurationen der Problematik zielende Orientierung auf. In einem Einleitungsaufsatz verknüpft Hans-Jürgen Lüsebrink (Saarbrücken) theoretische Begriffe und Fragestellungen, u. a. im Anschluss an die Studien des britischen Historikers Richard Cobb, mit verschiedenen historischen Fallbeispielen. Die weiteren Beiträge betreffen verschiedene Konfigurationen mit sehr unterschiedlichen geopolitischen Schwerpunktsetzungen, die sich vor allem auf die Konflikte der ersten Hälfte des 20. Jahrhunderts, von den beiden Weltkriegen bis zu den Kolonialkriegen, beziehen. Dabei werden die außereuropäische Sicht auf europäische Kriege sowie die interkulturellen Dimensionen der französischen Kolonialkriege (am Beispiel Indochinas) und deren literarische und filmische Bearbeitungsformen gezielt berücksichtigt.

Der belgische Germanist Hubert Roland (Louvain-la-Neuve) befasst sich mit zwei Beispielen für Kulturtransfers zwischen Belgien und Deutschland im Kontext der sogenannten ‚Flamenpolitik' der deutschen Besatzer im Ersten Weltkrieg. Seine Ausführungen zur literarischen Zeitschrift *Résurrection*, die beispielsweise die Verbreitung der deutschen Autoren des Expressionismus durch Übersetzungen unterstützte, sowie zur ‚flämischen Serie' des Insel-Verlags, die sich – in umgekehrter Richtung – der Bekanntmachung flämischer Literatur in Deutschland widmete, zeigen auf, dass diese Beispiele kulturellen Austauschs in Kriegszeiten und die damit verbundenen strategischen und politischen Zielsetzungen auch langfristige Auswirkungen auf die Legitimierung der Flämischen Bewegung sowie die Rezeption flämischer Literatur in Deutschland hatten.

Die interkulturellen Beziehungen zwischen der russischen Zivilbevölkerung und den deutschen Besatzern während des Zweiten Weltkriegs stehen im Zentrum des Beitrags des Historikers Gueorgui Chepelev (Paris). Anhand der Memoiren französischer Freiwilliger in der deutschen Wehrmacht untersucht er, wie ‚Sauberkeit', ‚Schmutz' oder ‚Elend' im Kontext der Fremd- und Selbstwahrnehmung den interkulturellen Kontakt prägten. Seine Analyse zeigt auf, wie Soldaten und Offiziere und auch die russischen Zivilisten das Konzept der Hygiene sowohl im wörtlichen wie auch im moralisch-übertragenen Sinne dazu benutzten, interkulturelle Grenzziehungen vorzunehmen.

Die senegalesischen Literaturwissenschaftler und Komparatisten Papa Samba Diop (Paris) und Ibrahima Diagne (Dakar) beleuchten aus unterschiedlicher Perspektive, anhand literarischer und autobiografischer Texte, die Verarbeitung traumatischer Kriegserlebnisse afrikanischer Soldaten in Frankreich während des Zweiten Weltkriegs und in Indochina. Diop zeigt in seiner Analyse der Gedichte des Zyklus *Hosties noires* von Léopold Sédar Senghor, der in den Jahren 1939–47 entstand, auf, wie die Erfahrungen des Kriegseinsatzes und der Gefangenschaft in deutschen Lagern eine radikale Kritik an der europäischen Zivilisation und zugleich die Rückwendung zu den Werten der eigenen afrikanischen Kultur nach sich zogen, die sich bei Senghor vor allem im Medium der Poesie artikulierte. Dagegen belegt die von Ibrahima Diagne untersuchte Autobiografie von Marc Guèye grundlegend widersprüchliche interkulturelle Sichtweisen. Seine „subjektive[...] Erfahrungsgeschichte des Indochina-Kriegs" verweist auf Formen der Kritik am Krieg, steht aber zugleich auch für eine gewisse Verteidigung des militärischen Engagements Frankreichs und präsentiert vor allem die Kolonialkriegserfahrung als einen „Ort sozialer Neuformierung und Bewusstseinsbildung".

Céline Mérat (Saarbrücken) weist in ihrer Analyse französischer Spielfilme zum Indochinakrieg nach, dass auch kolonial- und kriegskritische Filme wie *Mort en fraude* (1957) von Marcel Camus hinsichtlich der Darstellung interkultureller Beziehungen (wie zwischen Vietnamesinnen und Franzosen) in starkem Maße und bis in die Gegenwart hinein tradierten, stereotypen

Wahrnehmungsschemata und Erzähllogiken der Kolonialliteratur und des Kolonialfilms verhaftet geblieben sind, indem sie diese interkulturellen Beziehungen durchgehend mit einem tragischen Scheitern verknüpfen.

Der Beitrag von Louise-Hélène Filion (Montréal/Saarbrücken) lenkt seinerseits den Blick auf die frankokanadische Sicht interkultureller Erfahrungen im Zweiten Weltkrieg. Durch den Ersten Weltkrieg und in noch prononcierterem Maße durch den Zweiten Weltkrieg trat Deutschland erstmals in das öffentliche Blick- und Bewusstseinsfeld Kanadas. Während die rasch zunehmende Medienberichterstattung im frankophonen Kanada von dem grundlegenden Bedürfnis nach Information und der Notwendigkeit, den Kriegsgegner besser zu verstehen, getragen wurde, belegen die von Louise-Hélène Filion untersuchten autobiografischen Texte eine zum Teil sehr differenzierte Auseinandersetzung mit Kriegs- und Besatzungserfahrungen. Diese münden hier bei den untersuchten Autoren/-innen – paradoxerweise, aber auch durchaus zeittypisch – in ebenso einschneidende wie nachhaltige interkulturelle Lernerfahrungen, die aus der erstmaligen, und zugleich sehr konfliktuellen, Begegnung mit deutschen Soldaten sowie den Bewohnern vom ‚Dritten Reich' besetzter europäischer Länder (wie Norwegen und Frankreich) resultieren.

Abschließend untersucht Christoph Vatter (Saarbrücken) anhand von populären Kriegsfilmen der Nachkriegszeit die Darstellung des afrikanischen Kriegsschauplatzes im Zweiten Weltkrieg als Ort der interkulturellen Begegnung zwischen Deutschen und Franzosen, aber auch zwischen Europäern und Afrikanern. Unter Bezugnahme auf das Konzept des ‚dritten Raums' zeigt sein Beitrag am Beispiel der Spielfilme *Der Stern von Afrika* (Alfred Weidenmann) und *Un taxi pour Tobrouk* (Denys de la Patellière) die ambivalente Rolle der nordafrikanischen Wüste auf – als Ort der Ermöglichung und Erprobung interkultureller Verständigung zwischen Deutschland und Frankreich einerseits und als Projektionsfläche für Kriegsheldentum und rassistische Vorurteile andererseits.

Hans-Jürgen Lüsebrink

Interculturalités en temps de guerre – approches d'une problématique paradoxale

Ausgehend von Hypothesen und Konzepten, die in den letzten beiden Jahrzehnten vor allem Historiker wie Richard Cobb, Michael Jeismann und Steffen Bruendel entwickelt haben, führt der Beitrag in grundlegende Konfigurationen interkultureller Kommunikation in Kriegs- und Konfliktzeiten ein. Im Zusammenhang mit zwei skizzenartig entworfenen Fallstudien – zu den interkulturellen Beziehungen zwischen Deutschen und Franzosen während der deutschen Besatzungszeit in Frankreich 1940–44 und zu den interkulturellen Auswirkungen des Zweiten Weltkrieges auf mediale Perzeptionsmuster und kulturelle Strukturen in Québec – werden vor allem die auf den ersten Blick paradox anmutenden ,produktiven' Aus- und Nachwirkungen interkultureller Kommunikationsprozesse in Kriegszeiten herausgearbeitet. Ein etwas ausführlicher behandeltes, kennzeichnendes Beispiel für die Neuperspektivierung dieser Problematik im Literatur- und Medienbereich stellt die Neuinterpretation von Vercors' Résistance-Novelle Le Silence de la mer *(1942) in der Literaturkritik und in zwei verschiedenen Verfilmungen aus den Jahren 1949 und 2004 dar.*

La guerre est vue, en général, et avec une certaine raison, comme un événement non seulement violent, mais également destructeur sur le plan humain, économique et culturel. Elle a longtemps été considérée comme l'envers même de l'interculturalité et des échanges, transferts (inter)culturels[1] et interactions que la notion d'interculturalité implique. La guerre, vue dans cette perspective traditionnellement très largement partagée, serait ainsi essentiellement destructrice de contacts et de transferts. Elle produirait des barrières qui empêchent la juste perception et la connaissance de l'Autre et qui conduisent à la construction de stéréotypes ainsi qu'à l'élaboration et la diffusion de préjugés et à l'émergence de la haine. Des livres emblématiques comme le pamphlet virulemment anti-français de Ernst Moritz Arndt, *Über Volkshaß und den Gebrauch einer fremden Sprache* (1813), paru au paroxysme des guerres

---

1 Voir sur le concept de transfert (inter)culturel : Espagne, Michel/Werner, Michael (dir.) : *Transferts. Les relations interculturelles dans l'espace franco-allemand (XVIIIe et XIXe siècle)*, Paris : Editions Recherche sur les Civilisations, 1988 ; Espagne, Michel : *Les Transferts franco-allemands*, Paris : PUF, 1999.

napoléoniennes et au moment de la Bataille de Leipzig,[2] en témoignent tout autant que les caricatures anti-allemandes de Jean-Jacques Waltz, alias Hansi, parues et diffusées en Alsace et en France pendant l'annexion de l'Alsace-Lorraine avant 1918 et pendant sa nouvelle occupation par le Troisième Reich entre 1940 et 1944.[3] Les guerres franco-allemandes ont également produit, comme l'a montré Michael Jeismann dans un travail comparatiste pionnier, l'émergence et la mise en place de paradigmes de perception culturels et mentaux structurellement comparables en France et en Allemagne depuis la fin du XVIIIe siècle et la Révolution. Ces paradigmes ont généré, des deux côtés du Rhin mais aussi dans d'autres nations et sous d'autres formes de nationalisme, des images comparables de l'Autre, issues de situations de guerre et de conflit et marquées par la haine, le dénigrement de l'ennemi et la sur-valorisation de soi-même et des valeurs de sa propre nation.[4] Comme M. Jeismann l'a montré, les structures fondamentales de ces registres de perception ont été, dans une certaine mesure, *comparables* en France et en Allemagne au XIXe et pendant la première moitié du XXe siècle, même si leurs contextes historiques, politiques et intellectuels, ainsi que leurs contenus (au fondement démocratique et révolutionnaire ou au contraire racial et ethnique) s'avèrent, en définitive, très différents.

Pourtant, à y regarder de plus près, les choses s'avèrent plus compliquées, surtout en ce qui concerne les deux figures de proue évoquées du nationalisme allemand, et respectivement francais, que représentent au XIXe et pendant la première moitié du XXe siècle Ernst Moritz Arndt et Jean-Jacques Waltz. Des historiens, notamment Richard Cobb, dans son remarquable ouvrage *French and Germans. Germans and French. A Personal Interpretation of France under Two Occupations, 1914–1918/1940–1944* (1983), ont défendu la position, à première vue très provocatrice, que les situations de guerre et d'occupation pouvaient aussi intensifier les échanges interculturels et produire, au

---

2 Voir Lüsebrink, Hans-Jürgen : Ein Nationalist aus französischer Inspiration : Ernst Moritz Arndt (1769–1860), ds. : Espagne, Michel/Greiling, Werner (dir.) : *Frankreichfreunde. Mittler des französisch-deutschen Kulturtransfers (1750–1850)*, Leipzig : Leipziger Universitätsverlag, 1997 (Deutsch-Französische Kulturbibliothek 7), p. 221–242.

3 Voir sous cet angle Lüsebrink, Hans-Jürgen : Publizistische Grenzgänger im Zeitalter des Nationalismus – der Fall des Jean-Jacques Waltz, « patriote Alsacien », ds. : Schneider, Reinhard (dir.) : *« Grenzgänger »*, Saarbrücken : SDV Saarbrücker Druckerei und Verlag, 1998 (Veröffentlichungen der Kommission für Saarländische Landesgeschichte und Volksforschung 33), p. 111–123.

4 Jeismann, Michael : *Das Vaterland der Feinde. Studien zum nationalen Feindbegriff und Selbstverständnis in Deutschland und Frankreich 1792 bis 1918*, Stuttgart : Klett-Cotta, 1992 (Sprache und Geschichte 19). Trad. française : *La Patrie de l'ennemi : la notion d'ennemi national et la représentation de la nation en Allemagne et en France de 1792 à 1918*, trad. coordonnée par Dominique Lassaigne, Paris : CNRS, 1997.

moins dans certaines configurations comme celles des deux périodes de
guerre et d'occupation entre la France et l'Allemagne au XXe siècle, des effets
à la fois inattendus et paradoxalement créateurs de contacts.[5] Le présent dossier vise à 'tester' cette (hypo)thèse et à démontrer sa productivité heuristique,
à travers différentes contributions concernant des situations historiques très
variées, en grande partie liées toutefois au monde francophone et germanophone du XXe siècle : c'est-à-dire les relations conflictuelles entre la France
et l'Allemagne, les guerres coloniales impliquant l'Afrique subsaharienne et
l'Indochine ainsi que les deux guerres mondiales auxquelles participèrent également, outre les puissances européennes et les Etats-Unis, le Canada et les
colonies françaises de l'époque.

Choisissons, afin de prendre la mesure de la problématique esquissée,
deux exemples et deux périodes à la fois caractéristiques et très différents auxquels vont aussi se référer plusieurs des contributions du présent dossier : les
guerres franco-allemandes et les périodes d'occupation qui y étaient liées,
d'une part, et l'impact de la Deuxième Guerre mondiale au Québec, province
canadienne pourvue d'un statut particulier qui participa activement à la lutte
alliée contre le Troisième Reich.

Les relations franco-allemandes pendant la Seconde Guerre mondiale
ont longtemps été pensées à travers les paradigmes à la fois conceptuels et
politiques de la 'Résistance' et de la 'Collaboration', opposant les forces, les
valeurs et les figures de la 'France libre' à celles de la France pétainiste et collaboratrice. Ce paradigme de perception et de représentation politique et
mentale a été mis en cause et s'est effrité en deux étapes pendant ces quarante
dernières années. D'abord dans les années 1970 et 1980 des procès à grand
retentissement public comme celui de l'ancien chef de la Gestapo de Lyon,
Klaus Barbie, en 1987, et des films comme *Lacombe Lucien* (1974) de Louis
Malle et surtout le documentaire *Le Chagrin et la pitié* (1971) de Marcel Ophüls
ont commencé à mettre en cause cette dichotomie rigide du discours républicain français de l'après-guerre. Ils ont en particulier mis en lumière l'existence
d'une France collaboratrice ayant entretenu de multiples relations – politiques, sociales, économiques, culturelles – avec l'ennemi occupant pendant
les années 1940 à 1944.

La seconde période de la réinterprétation collective des années 1940 à
1945 est marquée en France depuis la fin des années 1990 par la 'découverte',
à la fois à travers la recherche historique et les médias ainsi que de nombreux
documentaires et témoignages, des relations nombreuses entre la société
civile française, en particulier de très nombreuses jeunes Françaises, et les soldats

---

5   Cobb, Richard : *French and Germans. Germans and French. A Personal Interpretation of France under Two Occupations, 1914–1918/1940–1944*, Hanover : UP of New England, 1983 (Tauber Institute Series 2).

allemands.[6] Plusieurs facteurs ont contribué à remettre en cause les paradigmes de perception de l'après-guerre : la découverte, d'abord, de l'existence d'environ 200 000 enfants illégitimes issus de relations entre des Françaises et des soldats allemands ;[7] puis la thématisation, dans des expositions comme notamment *Les Parisiens sous l'Occupation* montrant plus de 250 photos prises par André Zucca,[8] d'une vie quotidienne plutôt conviviale, au moins pendant les années 1940 à 1942 ; et, enfin, les multiples transferts culturels et artistiques des années d'occupation, mis en lumière par des expositions comme *L'Art en guerre, France 1938–1947* au Musée d'Art Moderne de la Ville de Paris en 2012/13.[9] Ce retour du refoulé, largement accompagné de la redécouverte et de la diffusion publique de documents et de matériaux visuels et audiovisuels, suscita de vives controverses dans l'opinion publique française des dernières années, comme le montre une des nombreuses critiques de l'exposition *Les Parisiens sous l'Occupation* en 2008 :

> 1942, sous un ciel bleu, des femmes en lunettes de soleil, tout sourire, bouquinent au Jardin du Luxembourg. Des scènes de joie autour de terrasses de café ou de vitrines bien garnies. Ces images inédites, prises par un 24/36 Leica, montrent des scènes de vie idylliques de la vie parisienne entre 1941 et 1945, en plein pendant la Seconde guerre mondiale. Le manque de commentaires pour expliquer leur connotation propagandiste est criant. La plupart des photos contrastent avec les livres d'Histoire qui rappellent la rafle du Vel d'Hiv de juillet 1942. Où sont les files d'attente devant les magasins d'alimentation ? Où sont les témoins de l'Occupation ? De rares clichés dévoilent des étoiles jaunes cousues sur les vestes des passants. Ce regard inattendu de la « France allemande » ne laisse pas indifférent.[10]

---

6   Voir sur ce sujet le livre au titre provocateur et à orientation sensationnaliste, mais en même temps révélateur et s'appuyant sur de nombreux documents de Buisson, Patrick : *1940–1945, années érotiques*, tome 1 : *Vichy ou les infortunes de la vertu*, Paris : Albin Michel, 2008, ³2011, qui se présente comme suit : « Couvrant aussi bien l'histoire politique, littéraire et cinématographique que la chanson, la mode ou les faits divers, le journaliste et politologue Patrick Buisson, directeur de la chaîne de télévision Histoire, révèle la face cachée de l'Occupation dans une enquête sans précédent, qui justifie une relecture vertigineuse de cette période. » (Texte sur la page de couverture de dos).
7   Voir notamment Picaper, Jean-Paul/Norz, Ludwig : *Enfants maudits. Ils sont 200.000. On les appelait les « enfants de Boches »*, Paris : Editions des Syrtes, 2004.
8   Cette exposition montrée à la Bibliothèque historique de la Ville de Paris en 2008 suscita une vive polémique dans les médias et incita le maire de Paris, Delanoé, à obliger les organisateurs à accompagner les photos de textes explicatifs. Le photographe, André Zucca, fut pendant les années de l'Occupation photographe du journal de propagande nazie *Signal*.
9   Bertrand Dorléac, Laurence/Munck, Jacqueline (dir.) : *L'Art en guerre, France 1938–1947*. Musée d'Art Moderne de la Ville de Paris, 12 octobre 2012–17 février 2013 [Catalogue d'exposition], Paris : Paris-Musée, 2012.
10   André, J. : Polémique sur les photos de Paris sous l'Occupation, ds. : *France 24. L'Actualité Internationale*, 24/04/2008, http://www.france24.com/fr/20080421-polemique-photos-paris-sous-loccupation-culture-reportage (22/02/2013).

Au-delà de ces controverses qui sont loin d'être terminées, l'Occupation est apparue, paradoxalement, comme un foyer de genèse important, et peut-être capital, du rapprochement franco-allemand de l'après-guerre. Beaucoup de soldats et officiers allemands et de membres français du STO (Service de Travail Obligatoire) envoyés en Allemagne avaient, en effet, développé, malgré la situation extrêmement difficile et conflictuelle des années 1940 à 1944 qu'ils connurent, des formes de curiosité et d'intérêt, voire de fascination et d'identification pour le pays voisin. Une part importante de la 'francophilie' et de la 'germanophilie' de l'après-guerre, en France et en Allemagne, et le rapprochement spectaculaire des deux sociétés depuis 1950, eut ainsi son origine et ses bases sociales et mentales dans l'expérience vécue du pays voisin, de sa culture et de ses habitants, pendant la période de la guerre et de l'occupation.

L'évolution des paradigmes de perception et de représentation de 'l'interculturalité en temps de guerre' peut, enfin, être saisie à travers les mises à l'écran et les interprétations successives d'un texte emblématique de la Résistance, *Le Silence de la mer* (1942), nouvelle de Vercors (pseudonyme pour Jean Bruller). Racontant les relations entre un officier allemand francophile et musicien et ses hôtes, un vieux monsieur et sa nièce Jeanne, âgée de 23 ans et orpheline dont le père est décédé à Verdun en 1918 et dont la mère est morte assez jeune, cette nouvelle incarna pour les générations de l'après-guerre l'esprit même de la Résistance anti-allemande : une volonté de résister à l'Occupant à la fois par le silence, la non-communication, et par des actes, le vieil homme et à la fin aussi sa nièce s'engageant activement dans le mouvement de la Résistance. Pour la critique littéraire de l'après-guerre, *Le Silence de la mer* fut en premier lieu un « tableau simple et admirable [...] du refus muet et obstiné du peuple français face aux avances de l'ennemi »[11], même si de rares critiques comme Friedrich Sieburg soulignèrent dès 1949 que la nouvelle laissait transpercer, au-delà du silence et de la posture de résistance, d'évidentes « Schwingungen der Sympathie » (« ondes de sympathie »), et par conséquent des systèmes de valeur profondément comparables chez les protagonistes.[12] Tandis que la première mise à l'écran de la nouvelle en 1949 par Jean-Pierre Melville focalisait l'attention du spectateur sur la non-communication, les gestes de refus et l'incitation à la Résistance, le télé-film de Pierre

---

11 [Anonyme] : Compte-rendu dans *Les Lettres françaises*, octobre 1942, cité d'après Beigbeder, Yves : Postface, ds. : Vercors : *Le Silence de la mer et autres récits*, Paris : Albin Michel, 1994 (Livre de poche), p. 163–188, ici p. 175.
12 Sieburg, Friedrich : Das Schweigen des Meeres, ds. : *Gegenwart,* 1er mai 1949, réédité dans : Sieburg, Friedrich : *Zur Literatur, 1924–1956*, éd. par Fritz J. Raddatz, Stuttgart : Deutsche Verlagsanstalt, 1981 (Werkausgabe vol. 1), p. 213–216, ici p. 215 : « Ja, in diesen Schwingungen der Sympathie liegt der eigentliche Reiz der Erzählung, weil sie drei gute Menschen im Ozean der Zerstörung isolieren, als ob sie für kurze Augenblicke auf einer schuldlosen Insel lebten. [...]. Eine blasse, nicht unschöne Melancholie waltet da, wo die politische Rolle des Verfassers einen eindeutigen Angriffsgeist vermuten ließ, und was als Kundgebung des Widerstands angekündigt wurde, erweist sich als ein Dokument des menschlichen Herzens. »

Boutron (*Le Silence de la mer,* 2004) met en avant une autre dimension des relations, notamment entre la jeune protagoniste et l'officier allemand, un noble d'origine huguenotte du nom de Werner von Ebrennac. Partageant tous les deux une fascination pour la musique (celle de Bach en particulier), ils communiquent, en effet, seulement à travers la musique et c'est par un morceau de piano joué avec fougue que la protagoniste parviendra à sauver l'officier d'un attentat à la bombe dont elle avait observé la préparation. S'y ajoutent, dans la nouvelle mise à l'écran, un jeu de regards subtil et des petits gestes de coquetterie qui trahissent, sur le plan non-verbal, l'attirance mutuelle – et verbalement inavouée – entre l'officier allemand (qui représente le contraire même du cliché du soldat brutal et inculte) et la jeune Française. Le remake télévisuel de la nouvelle change également de perspective narrative et raconte les événements non pas à partir de la vision du vieil homme, mais de celle de la nièce (devenue ici sa petite-fille). Les différentes versions de l'histoire montrent, à la fin, l'entrée de la protagoniste dans « la phase agissante de la Résistance »[13], mais de manière beaucoup moins pathétique qu'en 1942 et en 1949. A la place de l'arme que l'oncle sort dans le dernier tableau de la nouvelle et qu'il pose de manière ostentatoire sur la table, le téléfilm de 2004 fait très discrètement allusion à l'engagement de Jeanne dans la résistance à travers le symbolique pot de géraniums posé sur le bord de la fenêtre. La scène d'adieu entre l'officier allemand et Jeanne se transforme en scène sentimentale montrant la jeune Française, incapable de cacher son émotion, le visage couvert de larmes, en prononçant le seul mot qu'elle aura adressé à Werner von Ebrennac pendant toute leur rencontre : « Adieu ».[14]

L'autre paradigme qui peut servir à prendre la mesure de la problématique d'une interculturalité en temps de guerre est celui du Québec et concerne les implications de cette province canadienne – qui se considère elle-même comme une nation – dans les conflits guerriers du XXe siècle. Dans l'histoire politique, sociale et culturelle du Québec, qui n'a jamais connu directement la guerre sur son territoire depuis 1760, la Deuxième Guerre mondiale constitue à la fois une période de rupture et de profonds refoulements : d'abord, les années 1939 à 1945 représentent certes une période de bouleversements, encore relativement peu explorée, notamment sur le plan culturel. L'interruption des relations culturelles directes avec la France a donné un essor considérable aux éditeurs sur place, comme l'ont montré les travaux en particulier de Jacques Michon et de son équipe de recherche à l'Université de Sherbrooke[15], favorisant ainsi l'ancrage du Québec dans l'espace culturel

---

13 Beigbeder : Postface, p. 176.
14 Voir Vercors : *Le Silence de la mer,* p. 51 ; Boutron, Pierre : *Le Silence de la mer,* téléfilm, 2004, avant-dernière séquence.
15 Michon, Jacques (dir.) : *Editeurs transatlantiques. Etudes sur les Editions de l'Arbre, Lucien Parizeau, Fernand Pilon, Serge Brosseau, Mangin, B. D. Simpson,* Sherbrooke : Editions Ex Libris/Montréal : Editions Tryptique, 1991 (Etudes sur l'édition). Voir ci-après aussi l'article de Louise-Hélène Filion.

nord-américain. Dans une « Lettre aux Ecrivains », la revue québécoise *La Nouvelle Relève* souligna en 1947 que « depuis 1939, parallèlement au développement de l'édition, la littérature a pris un essor considérable au Canada »[16]. A cause de la guerre et de ses conséquences, les auteurs canadiens-français étaient obligés de se tourner vers d'autres éditeurs que ceux de France[17] et de choisir des éditeurs sur place, ainsi que des éditeurs US-américains.[18] L'écrivain et journaliste Robert Charbonneau, auteur en 1947 du livre *La France et nous. Journal d'une querelle*, souligne, avec la rupture des années 1939–45, l'émergence d'une nouvelle configuration culturelle, remplaçant l'ancienne dépendance intellectuelle du Canada francophone par rapport à la France et du Canada anglophone par rapport à l'Angleterre. Il écrit ainsi dans la revue *La Nouvelle Relève* en juin 1946 :

> En 1940, commencent à apparaître les premières maisons d'édition canadiennes. Dès la première année, les manuscrits affluent. [...]. Ainsi se prépare entre la France et le Canada, entre l'Angleterre et les Canadiens anglais, une collaboration féconde, sur un pied d'égalité, une entente culturelle à base d'échange et d'émulation, une litterature dépassant les territoires politiques et se rejoignant sur les sommets humains, universels.[19]

Ensuite, ces années de guerre symbolisent une période contradictoire et traumatisante, marquée par un patriotisme qui considérait la lutte contre le Troisième Reich et ses alliés comme un devoir démocratique indispensable, mais qui fut en même temps marquée par le refus de la conscription au Québec où 71,2 % des habitants ont voté contre l'engagement dans la guerre, contrairement au reste du Canada qui avait voté à 80 % pour, montrant ainsi un profond clivage au sein du pays.

Enfin, ces années de conflit violent ont laissé au Québec des souvenirs, généralement refoulés, mais émergeant aussi dès les années de la guerre

---

16   [Anonyme] : Lettre aux écrivains, ds. : *La Nouvelle Relève*, janvier 1947, cité d'après : Charbonneau, Robert : *La France et nous* [Journal d'une querelle]. *Réponses à Jean Cassou, René Garneau, Louis Aragon, Stanislas Fumet, André Billy, Jérôme et Jean Tharaud, François Mauriac et autres*, présentation d'Elisabeth Nardout-Lafarge, [Montréal] : Bibliothèque Nationale du Québec, 1993, p. 54–55, ici p. 54.
17   [Anonyme] : Lettre aux écrivains, p. 55 : « Nombre de Canadiens, avant la guerre adressaient des manuscrits à des maisons parisiennes et ces manuscrits n'étaient souvent pas lus. »
18   Luce, Jean : Robert Charbonneau croit en l'influence mondiale du Canada, ds. : *La Presse*, 17 mai 1947, ici cité d'après Charbonneau : *La France et nous*, p. 90–92, ici p. 92 : « deux débouchés s'offrent à nous : la France et les Etats-Unis. Mais tandis que la première, par nature, ne s'occupe toujours que d'elle et à l'occasion des autres, le plus souvent par opportunité, les seconds, plus désintéressés, sont ouverts à l'étranger et particulièrement curieux du Canada français. A nous d'en profiter. »
19   Charbonneau, Robert : Culture canadienne française, ds. : *La Nouvelle Relève* 5/2 (juin 1946), p. 97–101, ici p. 99.

notamment dans des périodiques de l'époque, d'une guerre qui avait vu l'engagement de plus d'un million de soldats canadiens en Europe et en Asie, dont près de 45 000 furent tués, 53 000 blessés et près de 9 000 faits prisonniers par les troupes allemandes, subissant pendant la guerre aux côtés de la population allemande les bombardements alliés et de mauvaises conditions d'emprisonnement.[20] La dimension existentielle du conflit se reflète également, comme le livre de Jean-Marie Fallu sur *Le Québec et la guerre, 1860–1954* le documente clairement, dans des liaisons entre soldats canadiens et femmes européennes : 44 886 soldats canadiens ont épousé pendant et après la guerre des femmes européennes, surtout des Anglaises, mais aussi 1 886 Hollandaises, 649 Belges, 100 Françaises, 26 Italiennes, 7 Danoises et, « malgré l'interdit officiel, 6 Allemandes. »[21] S'y ajoute la présence de plus de 40 000 prisonniers allemands sur le sol canadien, répartis en 25 camps différents dont dix se trouvaient au Québec, qui favorisèrent également de nombreuses relations personnelles et interculturelles, ne serait-ce que par le fait que de nombreux prisonniers allemands décidèrent de rester au Canada au lieu de rentrer dans leur patrie en ruines, dévastée par la guerre et divisée en plusieurs zones d'occupation par les vainqueurs alliés.[22]

Le cataclysme de la guerre et les nouvelles relations interculturelles qu'il fit naître remirent ainsi non seulement en question les relations culturelles entre la France et le Québec en les inscrivant dans le paysage culturel américain, mais aussi une conception régionaliste de la littérature qui avait dominé dans l'entre-deux-guerres et dont on trouve, avec l'Abbé Tessier, aussi certains défenseurs dans les colonnes des revues canadiennes-françaises des années 1939–46. La rupture de la guerre semble néanmoins avoir changé la donne, même si certaines conséquences n'allaient apparaître au grand jour que vingt ou trente ans plus tard.

Les deux exemples évoqués des relations franco-allemandes pendant l'Occupation des années 1940 à 1944 et du Québec pendant la Deuxième Guerre mondiale permettent ainsi de préciser, en guise d'introduction aux contributions du dossier qui vont suivre, l'hypothèse d'une paradoxale intensification des relations et des formes de communication en temps de guerre. Ces deux exemples ne représentent certes pas des paradigmes généralisables, puisque dans les deux cas, les nations 'ennemies' s'affrontant avaient nourri, dans le passé, des relations culturelles réciproques. De plus, la constellation de guerre ne fut pas caractérisée par une volonté de haine raciale, voire de déportation et d'extermination systématique d'une partie des populations occupées,

---

20 Fallu, Jean-Marc : *Le Québec et la guerre, 1860–1954*, Sainte-Foy : Les Publications du Québec, 2003 (Aux limites de la mémoire 10), p. XXVII–XXVIII.
21 Fallu : *Le Québec et la guerre*, p. XXIX.
22 Voir Bernard, Yves/Bergeron, Caroline : *Trop loin de Berlin. Des prisonniers allemands au Canada, 1939–46*, Silléry : Septentrion, 1995.

comme ce fut le cas pendant l'invasion hitlérienne de l'Union soviétique à partir de 1941 ou de l'invasion japonaise en Chine à partir de 1937, mais au contraire par une vision d'une nouvelle convivialité à établir sous les conditions du vainqueur. Dans les configurations esquissées et dans celles qui seront traitées par la suite dans le présent dossier thématique, les relations *pendant* les périodes de guerre et d'occupation furent précédées de relations et de transferts interculturels *antérieurs*, certes moins conflictuels, mais aussi dans l'ensemble moins intenses. La guerre a ainsi eu pour effet de bousculer totalement la donne des relations interculturelles, de les intensifier, de créer de nouvelles formes et de nouveaux réseaux de relations, le plus souvent caractérisés par des formes de domination et de collaboration. La politique d'occupation allemande pendant les années 1940 à 1944 était, idéologiquement et dans ses formes d'expression, très différente de celle de la France en Allemagne après la Première et la Seconde Guerre mondiale. Mais elle visait aussi, comme l'a souligné l'historien franco-allemand Wolfgang Freund[23], à promouvoir les échanges culturels afin de faciliter l'acceptation de la situation d'occupation auprès des occupés. Dans des situations d'occupation, les transferts de savoir sont, certes, a priori asymétriques et subordonnés aux intérêts de domination de l'occupateur,[24] mais ils peuvent susciter à moyen et à long terme des dynamiques productives. L'occupation de la Corée par le Japon, qui a jeté les bases des transferts de connaissances culturelles et scientifiques qui permettront l'essor économique du pays, constitue un bon exemple pour cette dynamique, de même que la prise de parole des premiers intellectuels et écrivains africains, que Papa Samba Diop analyse dans sa contribution au présent volume, qui retournèrent, dans le contexte de la Seconde Guerre mondiale, le discours républicain français contre la France colonisatrice. Richard Cobb a souligné avec raison à cet égard que le terme de 'collaboration', connoté très négativement depuis la fin de la Seconde Guerre mondiale, recouvre, en définitive, des réalités socio-politiques et culturelles très complexes qu'il serait tentant, mais en même temps trop facile et inadéquat, de qualifier d'emblée par l'opposition entre 'exploiteurs' et 'exploités'. Notamment pendant les années 1940 à 1942, les relations interculturelles dans la France occupée auraient été marquées, selon Cobb, par un « two way-relationship […] often more complicated, more sophisticated, and, indeed, politer than that. There existed, on both sides, ties of friendship that had

---

23 Freund, Wolfgang : Besetzte Kultur. Interkulturelle Kommunikation in der militärischen Besetzung Frankreichs im Zweiten Weltkrieg, ds. : *idem*/Guinand, Cédric/Seidel, Ralph S. (dir.) : *Begegnungen. Perspektiven Interkultureller Kommunikation*, Frankfurt/M., London : IKO-Verlag, 2002, p. 42–63.

24 Voir Freund : Interkulturelle Kommunikation, p. 42 : « Von gleichberechtigtem Austausch kann hier keine Rede sein. Folglich können wir keine Theorie der interkulturellen Kommunikation ohne Herrschaftstheorie verwenden. »

been created in the interwar years [...] ; the Germans sought out in the first place those Frenchmen and Frenchwomen whom they already knew. »[25]

Les deux configurations évoquées à titres d'exemples montrent également comment les niveaux sociaux et culturels et des relations interculturelles sont étroitement imbriqués. La Seconde Guerre mondiale a occasionné, paradoxalement, avant l'avènement de la mondialisation moderne et de ses nouvelles formes de mobilité – notamment le tourisme de masse et des formes d'échanges scolaires et estudiantines multiples – la première rencontre massive entre des membres des sociétés française, allemande et québécoise. Cette rencontre embrassait toutes les couches de la population et dépassait, pour la première fois, très largement les élites sociales et intellectuelles qui avaient été jusque-là les porteuses des relations et des transferts entre les sociétés et cultures respectives.

Les deux conflits mondiaux, de même que les guerres coloniales, ont en même temps, sur le plan médiatique et culturel, créé des formes de focalisation neuves et intenses sur les sociétés et cultures des 'adversaires' : des formes de focalisation portées par la crainte, mais aussi la curiosité et une volonté d'en savoir plus sur l'ennemi et de mieux le comprendre afin de pouvoir mieux le maîtriser et le vaincre. Cette 'volonté de savoir'[26] interculturelle en temps de guerre fut génératrice de stéréotypes, de clichés et de préjugés ; mais elle produisit aussi, surtout dans le moyen et dans le long terme, des connaissances plus différenciées, des jugements plus pondérés à l'égard des Allemands, aussi bien au Québec qu'en France, comme la vision des 'deux Allemagnes' différentes qui revint avec force pendant les années d'occupation et de guerre entre 1939 et 1947.

La créativité interculturelle paradoxale de périodes de guerre et d'occupation fut certes ancrée dans une volonté de résistance qui incita à l'inventivité, à l'astuce innovatrice, à la recherche de nouvelles formes d'expression qui n'auraient pas vu le jour sans la confrontation violente avec l'adversaire. Nombre d'œuvres artistiques montrées dans l'exposition *L'Art en guerre, France 1938–1947* témoignent de cette créativité : tel l'impact décisif de l'expérience de la guerre sur l'œuvre de Georges Bataille, en particulier *Expérience intérieure* (1943) et *La Part maudite* (1949)[27] ; tel le « retour de l'engagement à caractère politique et religieux »[28] caractérisant les œuvres de Marc Chagall des années de guerre et de l'immédiat après-guerre, comme le triptyque *Résistance – Résurrection – Libération* ; ou telles encore les postures d'artistes comme Picasso[29], Duchamp et André Breton pendant les années de guerre

---

25 Cobb : *Germans and French*, p. 57–58.
26 Foucault, Michel : *Histoire de la sexualité*, vol. 1 : *La volonté de savoir*, Paris : Gallimard, 1976.
27 Bertrand Dorléac/Munck (dir.) : *L'Art en guerre*, p. 296–297.
28 Bertrand Dorléac/Munck (dir.) : *L'Art en guerre*, p. 314.
29 Voir sur ce point : Bernadac, Marie-Laure : Pablo Picasso. L'œuvre en guerre, ds. : Bertrand Dorléac/Munck (dir.) : *L'Art en guerre*, p. 408–409.

caractérisées par la volonté de « s'ouvrir à l'altérité » et de se démarquer par « le refus d'adhérer au modèle dominant », représenté à l'époque par le grand succès de l'exposition des sculptures d'Arno Breker, artiste officiel du Troisième Reich, au Musée de l'Orangerie à Paris en 1942 qui « marque le triomphe du modèle de l'homme nouveau fasciste, au cœur de la culture visuelle de l'époque. »[30]

Enfin, les périodes d'occupation et de guerre sont susceptibles de produire des formes de transferts culturels que l'on pourrait qualifier de 'transferts négatifs' – certains domaines de l'activité artistique, mais aussi des formes littéraires et journalistiques de résistance le montrent à l'évidence. Le terme de 'transfert négatif' désigne un processus où des artefacts – ou des éléments d'artefacts – d'une autre culture sont transférés, mais changent totalement, à travers des formes d'appropriation et de réception, de contenu et de signification.[31] Le discours nationaliste de Ernst Moritz Arndt, développé essentiellement pendant les *Befreiungskriege* (guerres de libération) anti-napoléoniennes, fut ainsi ancré profondément dans des grilles de pensée relatives à la nation que les Révolutionnaires de 1789 avaient conçues en France ; mais Arndt les a pourvu de significations idéologiques totalement différentes, remplaçant l'idéologie démocratique et républicaine des années 1789 à 1792 – celle de l'Abbé Sieyès par exemple – par une idéologie ethnique et raciale et substituant à une vision *politique* de l'ennemi celle d'une vision foncièrement *ethnique*.

Bibliographie sélective

André, J. : Polémique sur les photos de Paris sous l'Occupation, ds. : *France 24. L'Actualité Internationale*, 24/04/2008, http://www.france24.com/fr/20080421-polemique-photos-paris-sous-loccupation-culture-reportage (22/02/2013).

Beigbeder, Yves : Postface, ds. : Vercors : *Le Silence de la mer et autres récits*, Paris : Albin Michel, 1994 (Livre de poche), p. 163–188.

Bernard, Yves/Bergeron, Caroline : *Trop loin de Berlin. Des prisonniers allemands au Canada, 1939–46*, Sillery : Septentrion, 1995.

Bertrand Dorléac, Laurence/Munck, Jacqueline (dir.) : *L'Art en guerre, France 1938–1947*. Musée d'Art Moderne de la Ville de Paris, 12 octobre 2012–17 février 2013 [Catalogue d'exposition], Paris : Paris-Musée, 2012.

Boutron, Pierre : *Le Silence de la mer*, téléfilm, 2004.

---

30   Bertrand Dorléac/Munck (dir.) : *L'Art en guerre*, p. 382.
31   Voir sur ce terme Bruendel, Steffen : Negativer Kulturtransfer : Die 'Ideen von 1914' als Aufhebung der 'Ideen von 1789', ds. : Schalenberg, Marc (dir.) : *Kulturtransfer im 19. Jahrhundert*, Berlin : Centre Marc Bloch, 1998 (Les Travaux du Centre Marc Bloch 12), p. 153–171 ; Lüsebrink, Hans-Jürgen : *Interkulturelle Kommunikation. Interaktion – Kulturtransfer – Fremdwahrnehmung*, Stuttgart, Weimar : Metzler, 2005, p. 137.

Bruendel, Steffen : Negativer Kulturtransfer : Die 'Ideen von 1914' als Aufhebung der 'Ideen von 1789', ds. : Schalenberg, Marc (dir.) : *Kulturtransfer im 19. Jahrhundert*, Berlin : Centre Marc Bloch, 1998 (Les Travaux du Centre Marc Bloch 12), p. 153–171.

Buisson, Patrick : *1940–1945, années érotiques*, tome 1 : *Vichy ou les infortunes de la vertu*, Paris : Albin Michel, 2008, ³2011.

Charbonneau, Robert : Culture canadienne française, ds. : *La Nouvelle Relève* 5/2 (juin 1946), p. 97–101.

Charbonneau, Robert : *La France et nous* [Journal d'une querelle]. *Réponses à Jean Cassou, René Garneau, Louis Aragon, Stanislas Fumet, André Billy, Jérôme et Jean Tharaud, François Mauriac et autres*, présentation d'Elisabeth Nardout-Lafarge, [Montréal] : Bibliothèque Nationale du Québec, 1993.

Cobb, Richard : *French and Germans. Germans and French. A Personal Interpretation of France under Two Occupations, 1914–1918/1940–1944*, Hanover : UP of New England, 1983 (Tauber Institute Series 2).

Espagne, Michel : *Les Transferts franco-allemands*, Paris : PUF, 1999.

Espagne, Michel/Werner, Michael (dir.) : *Transferts. Les relations interculturelles dans l'espace franco-allemand (XVIIIe et XIXe siècle)*, Paris : Editions Recherche sur les Civilisations, 1988.

Fallu, Jean-Marc : *Le Québec et la guerre, 1860–1954*, Sainte-Foy : Les Publications du Québec, 2003 (Aux limites de la mémoire 10).

Foucault, Michel : *Histoire de la sexualité*, vol. 1 : *La volonté de savoir*, Paris : Gallimard, 1976.

Freund, Wolfgang : Besetzte Kultur. Interkulturelle Kommunikation in der militärischen Besetzung Frankreichs im Zweiten Weltkrieg, ds. : idem/Guinand, Cédric/Seidel, Ralph S. (dir.) : *Begegnungen. Perspektiven Interkultureller Kommunikation*, Frankfurt/M., London : IKO-Verlag, 2002, p. 42–63.

Jeismann, Michael : *Das Vaterland der Feinde. Studien zum nationalen Feindbegriff und Selbstverständnis in Deutschland und Frankreich 1792 bis 1918*, Stuttgart : Klett-Cotta, 1992 (Sprache und Geschichte 19). Trad. française : *La Patrie de l'ennemi : la notion d'ennemi national et la représentation de la nation en Allemagne et en France de 1792 à 1918*, trad. coordonnée par Dominique Lassaigne, Paris : CNRS, 1997.

Lüsebrink, Hans-Jürgen : Ein Nationalist aus französischer Inspiration : Ernst Moritz Arndt (1769–1860), ds. : Espagne, Michel/Greiling, Werner (dir.) : *Frankreichfreunde. Mittler des französisch-deutschen Kulturtransfers (1750–1850)*, Leipzig : Leipziger Universitätsverlag, 1997 (Deutsch-Französische Kulturbibliothek 7), p. 221–242.

Lüsebrink, Hans-Jürgen : Publizistische Grenzgänger im Zeitalter des Nationalismus – der Fall des Jean-Jacques Waltz, « patriote Alsacien », ds. : Schneider, Reinhard (dir.) : *« Grenzgänger »*, Saarbrücken : SDV Saarbrücker Druckerei und Verlag, 1998 (Veröffentlichungen der Kommission für Saarländische Landesgeschichte und Volksforschung 33), p. 111–123.

Lüsebrink, Hans-Jürgen : *Interkulturelle Kommunikation. Interaktion – Kulturtransfer – Fremdwahrnehmung*, Stuttgart, Weimar : Metzler, 2005.

Michon, Jacques (dir.) : *Editeurs transatlantiques. Etudes sur les Editions de l'Arbre, Lucien Parizeau, Fernand Pilon, Serge Brosseau, Mangin, B. D. Simpson*, Sherbrooke : Editions Ex Libris/Montréal : Editions Tryptique, 1991 (Etudes sur l'édition).

Picaper, Jean-Paul/Norz, Ludwig : *Enfants maudits. Ils sont 200.000. On les appelait les « enfants de Boches »*, Paris : Editions des Syrtes, 2004.

Sieburg, Friedrich : Das Schweigen des Meeres, ds. : *Gegenwart*, 1er mai 1949 ; réédité dans : Sieburg, Friedrich : *Zur Literatur, 1924–1956*, éd. par Fritz J. Raddatz, Stuttgart : Deutsche Verlagsanstalt, 1981 (Werkausgabe vol. 1), p. 213–216.

Vercors : *Le Silence de la mer et autres récits*, Paris : Albin Michel, 1994 (Livre de poche).

Hubert Roland

La *Flamenpolitik* de l'occupant allemand en 1914–1918
Un tournant dans l'histoire des relations interculturelles en Belgique et une question franco-allemande

Der vorliegende Artikel befasst sich mit zwei exemplarischen deutsch-belgischen Kulturtransfers im besetzten Belgien während des Ersten Weltkriegs, die sich in den Rahmen der sog. ‚Flamenpolitik' der deutschen Besatzung einordnen lassen: zum einen die literarische Zeitschrift Résurrection *des dadaistischen Schriftstellers Clément Pansaers, zum anderen die vom Leiter des Insel-Verlags, Anton Kippenberg, und von seinem Netz von Übersetzern und Vermittlern geprägte ‚flämische Serie'. Das Interesse des intellektuellen Deutschland an Belgien und insbesondere an Flandern wird von der Gründung des belgischen Staates 1830 an über den gesamten Verlauf des 19. Jahrhunderts hinweg untersucht. In der Tat wurde die belgische Revolution sehr oft als entscheidendes Ereignis der deutsch-französischen ‚Erbfeindschaft' nach dem Wiener Kongress wahrgenommen und interpretiert. Zahlreiche deutschsprachige Schriftsteller und Publizisten sahen darin eine Ausweitung des französischen Einflusses und stützten sich dabei auf die Vorherrschaft der französischen Sprache und Kultur und auf die Vernachlässigung der flämisch-germanischen Kultur innerhalb Belgiens. Schließlich werden die langfristigen Auswirkungen dieser ‚Interkulturalität in Kriegszeiten' und die zusätzliche Legitimität, die die ‚Flamenpolitik' indirekt der flämischen Bewegung und der Föderalisierung Belgiens verlieh, abgeschätzt.*

Quiconque s'est intéressé à l'histoire culturelle de la Belgique connaît l'importance de l'argument du syncrétisme culturel dans le discours de construction d'une Belgique intellectuelle. Les motifs du 'carrefour de l'Occident', du microcosme et autre 'laboratoire' des nations ont longtemps alimenté une rhétorique qui culmina au tournant du XIXe et du XXe siècle dans les essais sur 'l'âme belge' de l'intellectuel Edmond Picard.[1] Valorisant la carte de 'l'entre-deux', Picard s'attelait à démontrer que 'l'âme belge' s'inspirait à la fois de la 'clarté linéaire française' et de la 'vague sentimentalité allemande', de 'l'élégance latine' et de la 'rusticité germaine', concluant à une forme de déterminisme, qui aurait dicté la forme et le contenu de toute production culturelle en Belgique : « il faut être aveugle pour ne pas apercevoir l'influence du génie

---

1 Cf. à ce propos la mise au point que j'ai effectuée avec Hans-Joachim Lope sous le titre : « Ame belge, 'entre-deux' et microcosme : d'une fin de siècle à l'autre », en guise d'introduction au numéro thématique *Une Europe en miniature ?*, que nous avons édité pour *Textyles. Revue des lettres belges de langue française* 24 (2004), p. 7–15.

des deux langues et des deux variétés ethniques, la latine et la germaine, dans les œuvres de tous les artistes belges... »².

La question 'interculturelle' a donc occupé une place centrale quand il s'est agi de légitimer l'existence d'une nation belge, en même temps qu'elle était dans les faits mal assise à l'intérieur de celle-ci. Car, tandis que le monde culturel et artistique belge mettait en avant les influences 'germaniques' comme dimension constitutive de son identité, il peina longtemps – à l'image d'un Etat largement francophone et francophile – à reconnaître pleinement la langue et la culture flamandes en son propre sein.³

A plus d'un égard, le déclenchement de la Première Guerre mondiale et le traumatisme de l'occupation allemande en Belgique dès le 4 août 1914 devaient constituer un moment de rupture dans l'histoire politique et culturelle du pays, ainsi que la chute du modèle identitaire de la 'synthèse belge'. Du jour au lendemain, la 'trahison' allemande, d'autant plus inattendue que l'Allemagne s'était portée garante de la neutralité belge, mit pour longtemps un terme à toutes sortes de tendances germanophiles dans la société belge. Grâce au symbolisme européen, qui avait favorisé de telles convergences par le biais de l'internationalisation de l'art et de la poésie, la Fin de Siècle avait auparavant constitué une sorte 'd'âge d'or' des échanges culturels belgo-allemands. On assista ainsi à un tragique renversement. L'intense réception allemande d'Emile Verhaeren et de Maurice Maeterlinck, pour se limiter aux deux exemples les plus représentatifs, fut interrompue au moment même où les deux poètes se mobilisèrent pour la propagande anti-allemande du gouvernement belge.⁴

---

2   Picard, Edmond : L'âme belge, ds. : *Revue Encyclopédique*, 24 juillet 1897, p. 595–599 (ici p. 597). Au niveau de l'historiographie, les thèses de l'historien Henri Pirenne fondent un tel langage métaphorique dans une perspective diachronique qui allie l'histoire socio-économique et la permanence d'une identité culturelle 'belge' depuis la fin du Moyen-Age. On renverra pour le détail à l'avant-propos à *L'Histoire de Belgique* de Henri Pirenne (Bruxelles : Lamertin, 1900, t. 1, p. VII–XII) ou à son texte *La Nation belge. Discours prononcé à la distribution des prix aux lauréats du concours universitaire et du concours général de l'enseignement moyen le 1er octobre 1899*, Bruxelles : Lamertin, 1900.

3   L'historienne Els Witte parle d'« assimilation du français à l'Etat-nation » qui naît en 1830 : « Le français est dès à présent la langue des vainqueurs et de l'idéologie de la liberté, de la culture, des statuts élevés, une langue qui s'est aussi imposée dans l'élite flamande. Il est devenu le symbole de la lutte d'indépendance nationale. » (Witte, Els : La construction de la Belgique (1828–1847), ds. : Dumoulin, Michel/Dujardin, Vincent (dir.) : *Nouvelle Histoire de Belgique*, vol. 1 : 1830–1905, Bruxelles : Complexe, 2005, p. 7–216, ici p. 166–167).

4   La matière de la réception de ces deux auteurs dans les pays de langue allemande est très abondante. Elle a fait l'objet d'un traitement fouillé dans la dissertation doctorale de Dirk Strohmann (*Die Rezeption Maurice Maeterlincks in den deutschsprachigen Ländern (1891–1914)*, Bern [etc.] : Lang, 2006) et dans la remarquable introduction de Fabrice van de Kerckhove à l'édition de la correspondance entre Verhaeren et Stefan Zweig (*Emile et Marthe Verhaeren – Stefan Zweig. Correspondance*. Edition établie, présentée et annotée par Fabrice van de Kerckhove, Bruxelles : Labor, 1996, p. 7–91). L'aura de Verhaeren auprès des auteurs

Cet article ne vise pas à analyser les très nombreuses retombées de la guerre et de l'occupation sur le dialogue belgo-allemand, qui ne retrouvera plus jamais l'intensité des années d'avant-guerre. Il se focalisera plutôt sur l'intervention allemande dans la question interculturelle belge et dans le dialogue politique difficile entre la Belgique francophone et la Belgique flamande, par le biais de la *Flamenpolitik* du Gouvernement Général allemand. Ce terme désigna la volonté systématique de l'occupant d'encourager les revendications du mouvement flamand, conséquence du manque de reconnaissance de la langue et de la culture flamande au sein de l'Etat belge. La *Flamenpolitik* se distingua ainsi par une série de mesures comme la réouverture de l'Université de Gand en néerlandais – l'enseignement s'y poursuivait jusque là en français – ou la séparation administrative de la Flandre et de la Wallonie, accomplie en mars 1917.[5] Mais elle comprit également un très important volet culturel qui devait contribuer à rebattre les cartes entre les communautés linguistiques et culturelles francophones et flamandes en Belgique.

Cet exemple d'une politique 'd'interculturalité en temps de guerre' sera resitué dans la continuité de la question belge (et flamande) à l'intérieur du dialogue franco-allemand depuis la création de l'Etat belge en 1830, autrement dit dans le sillage de la recomposition de l'Europe du Congrès de Vienne. Pour finir, nous examinerons également comment une telle forme d'ingérence, favorisée par la situation d'occupation, joua également un rôle dans l'évolution ultérieure des différents mouvements de construction identitaire en Belgique, et ce peut-être jusqu'à aujourd'hui.

1. Flamenpolitik et transferts culturels en Belgique occupée

« Eh bien, débrouillons-nous. Erigeons sur l'ancienne Belgique une fédération flamando-wallonne où les vieilles discordes font place à une simple concurrence cordiale de développement intellectuel »[6].

---

de l'expressionnisme allemand était particulièrement forte. Au moment du déclenchement de la guerre, la traduction de son volume *Les Blés mouvants* (1912) par le poète Paul Zech était prête pour l'éditeur Anton Kippenberg du *Insel-Verlag*. Ce dernier la fit finalement paraître en 1917, en complément de la *flämische Reihe* dont il va être question dans cet article (Verhaeren, Emile : *Die wogende Saat*, deutsche Nachdichtung von Paul Zech, Leipzig : Insel, 1917).

5   Cf. l'ouvrage historique de Winfried Dolderer, qui fait référence quant aux relations d'ensemble de l'impérialisme allemand et du mouvement flamand : Dolderer, Winfried : *Deutscher Imperialismus und belgischer Nationalitätenkonflikt. Die Rezeption der Flamenfrage in der deutschen Öffentlichkeit und deutsch-flämische Kontakte 1890–1920*, Melsungen : Kasseler Forschungen zur Zeitgeschichte, 1989, p. 36 sv. pour la *Flamenpolitik*.

6   Pansaers, Clément : Bulletin politique, ds. : *Résurrection. Cahiers mensuels littéraires illustrés* 1 (décembre 1917) ; cité d'après le reprint édité chez Jacques Antoine : Bruxelles, 1973, p. 39.

Ce credo résonne comme un plaidoyer en faveur d'une Belgique fédérale avant la lettre. Mais il émane en réalité d'une revue littéraire belge d'avant-garde, *Résurrection*, dont les six numéros parurent de décembre 1917 à mai 1918. Son éditeur, l'écrivain dadaïste Clément Pansaers, orna chacun de ceux-ci d'un 'Bulletin politique', aux accents fédéralistes, voire séparatistes :

> Camarades... il y a de l'ouvrage. Il y a une démolition à parachever et – il y a à rebâtir ! [...] Déblayons l'emplacement. [...] Divorçons, puisque nous ne nous sommes jamais entendus. On n'a qu'une vie à vivre, Vivons-la intensément, mais pas banalement. Que chaque fraction s'organise chez elle à sa façon.[7]

Pourtant, l'objet principal de *Résurrection. Cahiers mensuels littéraires illustrés* était de nature esthétique et littéraire. La revue participa à la dynamique des transferts culturels sous les avant-gardes, en tant que première revue d'expression française à diffuser des auteurs expressionnistes allemands (Carl Einstein, Yvan Goll, Ernst Stadler, Herwarth Walden, Franz Werfel, etc.) en traduction, et ce au cœur du premier conflit mondial. Elle servit également de tremplin à de jeunes poètes belges de langue française comme Michel de Ghelderode.[8]

J'ai démontré dans ma thèse de doctorat que la revue fut secrètement patronnée par l'écrivain expressionniste Carl Sternheim. Installé depuis 1916 à La Hulpe (près de Bruxelles) dans le domaine de Clairecolline avec son épouse Thea, il avait embauché Pansaers comme précepteur de leurs deux enfants. Ainsi naquit l'idée de cette coopération. Pansaers traduisit de l'allemand, qu'il maîtrisait imparfaitement. Il fut fortement tributaire de Sternheim, pour qui il convenait manifestement d'assurer une tribune à la 'nouvelle jeune littérature allemande', dans laquelle lui-même s'inscrivait.[9] Mais c'est aussi Sternheim, esprit 'au-dessus de la mêlée', qui, plus que probablement, procura à Pansaers un accès auprès des milieux de l'administration allemande de Wallonie, après la séparation administrative de 1917 inscrite dans la *Flamenpolitik*. Tout donne ainsi à penser que les plaidoyers de Pansaers en faveur de la séparation de la Flandre et de la Wallonie furent proclamés avec une certaine complaisance pour la politique de l'occupant ; ceci dans le

---

7 Pansaers : Bulletin politique, p. 76–77.
8 Cf. les articles de Marx, Jacques : *Résurrection* et les courants modernistes, et de Bier, Jean-Paul : Dada en Belgique, dans le volume édité par Weisgerber, Jean (dir.) : *Les Avant-gardes littéraires en Belgique. Au confluent des arts et des langues (1850–1950)*, Bruxelles : Labor, 1991, p. 213–232 et 289–312.
9 Pour le détail sur l'aventure de *Résurrection* et les relations avec le couple Sternheim, je renvoie donc à Roland, Hubert : *La 'Colonie' littéraire allemande en Belgique 1914–1918*, Bruxelles : Labor, 2003, p. 172–192 ; cet ouvrage est la version en langue française, revue et augmentée, de ma thèse *Die deutsche literarische 'Kriegskolonie' in Belgien 1914–1918. Ein Beitrag zur Geschichte der deutsch-belgischen Literaturbeziehungen 1900–1920*, Bern [etc.] : Lang, 1999.

but de recevoir un financement qui lui fut effectivement attribué par l'administration allemande de Wallonie.[10] Que Pansaers ait par ailleurs été résolument et sincèrement pacifiste et internationaliste ne dérangea manifestement pas outre mesure l'occupant allemand.[11]

La revue *Résurrection* représente donc un singulier transfert culturel en temps de guerre, s'inscrivant dans des logiques multiples et à des niveaux politiques divers. Suivant l'intention première de son animateur, elle génère de l'internationalité et contribue au dialogue des avant-gardes ; elle s'emploie d'une certaine manière à combattre les frontières nationales et les contingences immédiates de la guerre. Mais sur le plan interne de l'occupation en Belgique, elle participe à un objectif stratégico-politique de l'Allemagne en guerre, alimentant une rhétorique fédéraliste du *divide et impera*, rendue d'autant plus crédible qu'elle se voit relayée par un acteur culturel francophone. Peu importe sur ce plan que Pansaers se soit inscrit dans cette logique par pur opportunisme ou bien à son insu. L'objet *Résurrection* contribua sur le long terme à renforcer la légitimité de thèses fédéralistes. Lorsque la revue fut tirée de l'oubli par quelques pionniers au début des années 1970, on ne savait d'ailleurs pas encore qu'elle avait été instrumentalisée par l'occupant. La réception se concentra dès lors sur son esprit frondeur, révolutionnaire et innovant, conférant indirectement une aura sympathique aux thèses fédéralistes qu'elle défendait.[12]

En raison de ses contacts avec des Allemands, Pansaers fut exposé à l'opprobre de ses compatriotes. Craignant le retour du gouvernement belge fin octobre 1918, il quitta brusquement le pays pour Berlin – avec l'assentiment des autorités d'occupation – avant de devoir revenir très rapidement par manque de moyens financiers.[13] Très clairement, on lui fit le reproche de la 'collaboration culturelle', là où il fut sans doute sincèrement convaincu d'avoir œuvré pour l'amitié entre les peuples.

Un sentiment semblable de 'malentendu' anima les auteurs flamands qui, à partir de 1915, participèrent à une autre entreprise de traduction belgo-allemande, la *flämische Serie* de la maison d'édition Insel. Celle-ci fut portée par le réseau de traducteurs et médiateurs du *Insel-Verlag* autour de son directeur Anton Kippenberg, conscrit en Belgique occupée. Il s'agit là d'un projet qui fut élaboré dans la durée et de manière bien plus systématique que le soutien ponctuel à *Résurrection*. La mutation de Kippenberg en Belgique occupée (comme responsable d'un journal de guerre) et de Rudolf Alexander Schröder, poète patriote et amateur de littérature flamande, fut en effet organisée

---

10 Cf. Roland : *La 'Colonie' littéraire allemande en Belgique,* p. 184.
11 A ce moment avancé de la guerre, toute 'propagande de paix' stimule un climat de lassitude qui n'est pas nécessairement contraire aux intérêts allemands.
12 Cf. Quaghebeur, Marc : *Balises pour l'histoire des lettres belges de langue française,* Bruxelles : Labor, 1998, p. 117–130.
13 Cf. Roland : *La 'Colonie' littéraire allemande en Belgique,* p. 186–187.

dès le début de l'année 1915 avec le soutien d'une personnalité de l'industrie allemande, Eberhard von Bodenhausen, directeur des ateliers Krupp à Essen.[14] La lettre du 31 mai 1915 de Kippenberg à Bodenhausen est claire quant à la nature du projet en gestation :

> Mögen wir nun Belgien ‚behalten', ‚protegieren' oder was es sei: nöthig ist unbedingt, dass wir dorthin – wie übrigens nach anderen Ländern – ganz anders wie bisher und zwar sobald als möglich geistige Beziehungen spinnen und ihnen, vor allem durch den Buchhandel, der in dieser Beziehung viel politischer werden muss, eine reale Grundlage geben. So schwebt mir ein deutsch-belgischer (oder deutsch-flämischer??) Verlag vor, politisch-künstlerisch-literarisch gerichtet, mit einer Art Insel-Bücherei […] Was wissen die so nahe verwandten Flamen von uns, was wir von ihnen?…[15]

Il s'agissait donc de 'tisser des relations intellectuelles' avec la Belgique afin de favoriser une influence allemande au-delà de la solution politico-militaire qui prévaudrait immédiatement. Le secteur de l'édition du livre, alliant les intérêts économiques et le dialogue culturel, s'avérait pour ce faire tout indiqué. Le concept d'une collection de poche accessible comme la *Insel-Bücherei* montrait le souci de popularisation, de même que l'intention de diffuser l'idée d'une entité culturelle flamande, plutôt que belge, auprès d'un large public.

L'entreprise déboucha donc sur une ambitieuse 'série flamande' (*flämische Serie*), qui parut en temps de guerre. Celle-ci rassembla un ensemble de traductions d'œuvres flamandes, essentiellement de langue néerlandaise, de la mystique moyenâgeuse de Jan van Ruysbroeck et Hadewijch à des auteurs contemporains comme Stijn Streuvels et Felix Timmermans, sans oublier le grand classique du XIXe siècle, *De leeuw van Vlaanderen/Der Löwe von Flandern* d'Henri Conscience. Des 'Flamands de langue française' comme Charles De Coster et Georges Eekhoud furent aussi intégrés, et Kippenberg en profita pour faire paraître en marge la traduction de Verhaeren par Paul Zech, prête dès avant la guerre.[16]

Kippenberg était tellement motivé par ce projet que fin 1916, il fit passer au second plan la demande de Hugo von Hofmannsthal de relancer une nouvelle série de la Bibliothèque autrichienne pour la *Insel-Bücherei*. Invoquant la pénurie de papier à venir, l'éditeur se déclarait contraint d'établir des priorités dans son programme, et l'occasion de « faire progresser sur place mes vieux

---

14 Concernant tous les détails de 'l'entreprise flamande' du *Insel-Verlag*, cf. Roland : *La 'Colonie' littéraire allemande en Belgique 1914–1918*, p. 130 sv.
15 Cité d'après Zeller, Bernhard : *Die Insel. Eine Ausstellung zur Geschichte des Verlags unter Anton und Katharina Kippenberg*, Marbach a. N. : Schiller-Nationalmuseum, Deutsches Literaturarchiv, 1965, p. 175.
16 Cf. note 4. Ce dernier ouvrage ne fut pas mis en avant – sans doute parce que Verhaeren avait déchaîné sa colère contre l'Allemagne avant de mourir accidentellement en 1916 – mais il put néanmoins paraître en 1917.

intérêts flamands, ravivés par la guerre » l'emportait à ce moment sur la littérature autrichienne.[17]

En filigrane de cette affirmation, on constate donc que l'intérêt allemand pour la question flamande n'a pas surgi subitement en 1914. Le travail de Kippenberg s'inscrivait en réalité dans une continuité dont l'origine remonte à la création même de l'Etat belge en 1830 et dans la recomposition des rapports culturels au sein de l'espace franco-allemand.

2. La question belge dans le contexte de l'antagonisme franco-allemand au XIXe siècle

Un bref détour par les conditions politiques de la constitution de l'Etat belge en 1830 et de son ancrage dans le contexte européen s'impose pour comprendre pleinement les relations interculturelles dont il est question ici.

Si l'idée de 'provinces belges', sous forte influence catholique, émergea de l'intérieur à l'époque où les actuels territoires belges faisaient partie de l'Empire des Habsbourg et de la lignée autrichienne de cette dynastie au XVIIIe siècle, son accomplissement fut ensuite semé de soubresauts liés à la politique européenne. Annexé par la France révolutionnaire en 1795, le futur espace belge fut ainsi pleinement intégré dans les structures politiques et administratives de la République, puis de l'Empire français. Mais une des mesures prises lors du Congrès de Vienne dans le but d'endiguer l'influence française en Europe consista à reconstituer un Royaume des Pays-Bas, que l'on confia à Guillaume 1er de la Maison d'Orange. Si la politique de développement social et économique de ce dernier porta ses fruits, il échoua à faire fusionner dans une seule entité politique les Pays-Bas 'du Nord' et 'du Sud' qui, s'ils avaient partagé un passé commun au XVIe siècle, s'étaient depuis lors éloigné sur les plans politique, confessionnel et culturel. C'est ainsi que la révolution belge de 1830 mit un terme à l'expérience et consacra l'idée d'une Belgique unie qui s'inscrivit pleinement dans le double élan national et libéral qui caractérisa l'émergence des Etats-Nations du XIXe siècle.[18]

Si ces facteurs internes furent déterminants dans l'avènement et la construction du nouvel Etat, il était sans doute inévitable que, dans la constellation de l'Europe post-napoléonienne, on fît de l'extérieur une lecture géopolitique globale de la situation de cet espace franco-germanique. Du côté allemand, certains milieux nationalistes ont ainsi interprété la révolution belge

---

17 Cf. Schuster, Gerhard (dir.) : *Hugo von Hofmannsthal. Briefwechsel mit dem Insel-Verlag*, Frankfurt/M. : Buchhändlervereinigung, 1985 (Archiv für Geschichte des Buchwesens XXV, 1/2), col. 590–592 et 658.

18 Cf. Koll, Johannes : Geschichtlicher Überblick, ds. : *idem* (éd.) : *Belgien : Geschichte–Politik–Kultur–Wirtschaft*, Münster : Aschendorff, 2007, p. 5–44 (ici p. 7–8).

comme une extension de la zone d'influence française dans les territoires frontaliers que se disputeront encore les deux grands voisins à plus d'une reprise.

On retrouve dans ce contexte la figure d'Ernst Moritz Arndt (1769–1860), connu pour son activisme nationaliste prussien à partir des guerres napoléoniennes – en particulier après la défaite allemande à Jena en 1806 – dans la préparation et le soutien aux *Befreiungskriege*, mouvement dont il devint « le publiciste politique et le poète le plus populaire »[19]. Une fois la chute de Napoléon consacrée par le Congrès de Vienne, il continua d'agiter le spectre français. S'opposant à la thèse de milieux nationalistes français d'une 'frontière naturelle' délimitée par la rive gauche du Rhin, il argumenta que la seule 'frontière naturelle' d'un peuple était celle de la langue. Dans cette perspective, les territoires germanophones et néerlandophones – parlant tous sans autre distinction 'l'Allemand' – de la rive gauche devaient selon lui faire partie du noyau de l'unité allemande à venir. La révolution belge se présentait donc nécessairement, vu sous cet angle, comme un symbole de l'expansionnisme français, en raison de la prédominance de l'élément francophone dans le jeune Etat.[20]

Arndt considéra donc que, dans le cadre de sa 'mission' d'intellectuel et de publiciste pour la cause nationale allemande, il se devait de consacrer une brochure à la question belge. En 1834, il ne pouvait reconnaître la légitimité d'un Etat belge, intimement lié à la 'question néerlandaise', qui aurait dû demeurer une question allemande en première instance. Or, certaines manœuvres orchestrées notamment par Talleyrand auraient fait du jeune Etat belge une 'créature' de la France :

> Nun haben sich die Dinge aber durch Verhältnisse, Verhandlungen und Zettelungen der mannigfaltigen Art, worin Talleyrand wieder als die Hauptfigur gespielt hat, so seltsam gedreht, daß die französische Regierung ein junggeschaffenes Königreich Belgien als ihre Schöpfung, ja fast als ihre Landschaft, und den König Leopold, sonst Prinzen von Koburg, als ihren Schützling ansieht.[21]

Arndt invoque notamment l'épouse française du Roi Léopold Ier, les allers-retours incessants des princes français vers le château de Laeken, la présence d'officiers français dans l'armée belge, etc. En réalité, il évoque peu la Belgique pour elle-même, car il ne conçoit son existence que dans le cadre de l'échiquier de la *Realpolitik* internationale.

---

19   Cf. la notice de Frevel, Stefan : Arndt, Ernst Moritz, ds. : Killy, Walther [et al.] (dir.) : *Deutsche Biographische Enzyklopädie*, vol. 1, München [etc.] : J. G. Saur, 1995, p. 173.
20   Dolderer, Winfried : Ernst M. Arndt, ds. : De Schryver, Reginald/De Wever, Bruno (dir.) : *Nieuwe encyclopedie van de Vlaamse beweging*, vol. 1, Tielt : Lannoo, 1998, p. 358.
21   Arndt, Ernst Moritz : *Belgien und was daran hängt*, Leipzig : Weidmann'sche Buchhandlung, 1834, p. 28–29.

La vision d'Arndt sur les événements belges posa les bases et détermina pendant plus d'un siècle celle des milieux nationalistes allemands plus ou moins radicaux, fort bien représentés dans la philologie, comme en atteste l'intérêt bien connu de Hoffmann von Fallersleben (1798–1874) pour la Flandre.[22] Le journaliste autrichien pangermaniste Ignaz Kuranda (1811–1884) dirigea pour sa part la revue *Die Grenzboten* à Bruxelles et plaida pour l'intégration de la Belgique dans une fédération germano-allemande, ceci contre le mouvement flamingant lui-même, qui lui reprochait de ne pas croire à l'existence d'une culture flamande autonome.[23]

Mais indépendamment du militantisme politique et idéologique ouvert d'acteurs comme Arndt et Kuranda, la question belge suscita l'intérêt et la curiosité d'intellectuels qui, eux aussi, ne purent s'empêcher de la détacher de celle de l'influence française. Heinrich Heine lui-même évalua mal la teneur de ce qu'il appela la 'rébellion belge', en la méprenant pour une manipulation de forces conservatrices françaises (clergé et noblesse) et en sous-estimant le côté objectivement unioniste des événements de 1830 – l'alliance effective de forces libérales laïques et catholiques en Belgique contre la politique de Guillaume Ier.[24]

La méfiance de Heine est également dictée par la très bonne réputation dont jouissait Guillaume dans la presse allemande de l'époque comme modèle de 'prince éclairé'. On trouve en effet également trace de cette conviction dans le récit que fit Johanna Schopenhauer (1766–1838), la mère du philosophe, de son voyage en Belgique, *Ausflug an den Niederrhein und nach Belgien im Jahre 1828*. Suivant un schéma de voyage usuel, Johanna Schopenhauer entreprit une excursion de plusieurs mois le long du Rhin avant de poursuivre l'aventure par Aix-la-Chapelle, puis par la Belgique. Elle visita Liège, puis la vallée de la Meuse (qu'elle se plaît à comparer au Rhin),

---

22 Ada Deprez avait déjà édité la correspondance entre Hoffmann et Jan Frans Willems : *Briefwisseling van Jan Frans Willems en Hoffmann von Fallersleben : 1836–1843*, Gent : Seminarie voor Nederlandse Literatuurstudie van de Rijksuniversiteit, 1963. Hoffmann séjourna plusieurs fois en Belgique et rédigea plusieurs volumes de *Horae Belgicae*. Cf. également les pages que lui consacre Ulrike Kloos dans *Niederlandbild und deutsche Germanistik 1800–1933*, Amsterdam : Rodopi, 1992.

23 Pour davantage de détails, je renvoie à l'article « Construction identitaire et regard de l'autre. Récits de voyage allemands et français en Belgique 1830–1850 », que j'ai donné pour Vanasten, Stéphanie/Sergier, Matthieu (dir.) : *Literaire belgitude littéraire. Bruggen en beelden. Vues du Nord. Hommage aan Sonja Vanderlinden*, Louvain-la-Neuve : PU de Louvain, 2011, p. 133–152.

24 Ceci a été analysé en détails par Pauls, Georg : « Das de Pottersche Viehstück ». Heine, Börne und die belgische Revolution von 1830, ds. : *Revue Belge de Philologie et d'Histoire* 65/3–4 (1987), p. 785–811. Pauls étudie en contre-point l'enthousiasme de Ludwig Börne pour la révolution belge et le modèle de Constitution particulièrement libéral que tout le monde prêta au jeune Etat.

avant de s'attarder à l'indispensable visite du champ de bataille de Waterloo[25] – lieu d'une excursion dirigée sur place par un guide local – puis de séjourner à Bruxelles, Gand, Bruges, Anvers et Louvain.

Si Johanna Schopenhauer utilise les termes *Belgien* et *Belgier* malgré le fait qu'elle ait voyagé en 1828, avant la naissance du nouvel Etat, c'est que le récit ne fut publié qu'en 1831. Son regard rétrospectif est influencé par les événements de la révolution. Tout comme Heine, elle tient donc Guillaume d'Orange pour un prince bienveillant, qui a notamment fait prospérer à nouveau la belle ville de Gand, sur les plans du commerce, de l'art et de la science, a pris en charge les nécessiteux et rénové l'enseignement.[26] Elle craint donc que l'agitation révolutionnaire n'ait mis tous ces acquis à mal et dresse le portrait d'un pays idyllique et prospère, risquant de mettre à feu sa propre maison, suite à une haine incompréhensible du voisin néerlandais :

> Wer, wie ich, in den jüngst verflossenen glücklichen Tagen die Wohlhabenheit, das ruhige aber ernste Streben der Belgier nach allem Nützlichen und Schönen, im Reiche der Kunst wie der Wissenschaft sah, den regen Fleiß ihrer Fabriken, in denen jeder arbeitsfähige fleißige Arme sein hinlängliches Auskommen fand, während für die wirklich Hülfsbedürftigen, die nicht mehr arbeiten konnten, kräftig gesorgt wurde, die einfach bescheidene, gleichweit von übertriebenem Luxus und kärglicher Sparsamkeit entfernte Lebensweise der Reichen und Wohlhabenden, die sichtbare Behaglichkeit des Mittelstandes, wer Alles dieses sah, wie ich es gesehen, dem muß ihr letztes Beginnen ewig räthselhaft, ja unbegreiflich erscheinen. Sei es auch, daß wüthender Haß gegen die gezwungen ihnen verbrüderten Nachbarn sie zu diesem alle Schranken niederreißenden Beginnen getrieben, es bleibt dennoch unerklärlich; denn nur ein Wahnsinniger kann mit eigener Hand die Brandfackel in sein Haus, in welchem es ihm wohlgeht, hineinwerfen, um nur nicht länger neben einem widerwärtigen verhaßten Nachbarn, Wand an Wand mit demselben, wohnen zu müssen.[27]

Le point de vue exposé ici diffère donc tout à fait de celui d'un Arndt ou d'un Kuranda. Dénué de tout militantisme, il n'en demeure pas moins tributaire d'une représentation des événements, d'une perception de la réalité qui n'a pas été mise à l'épreuve, au moment où l'auteure écrit son récit.

Comme on le constate dans toutes les études de nature imagologique, chaque image de l'autre ou du voisin est ainsi fondamentalement ancrée dans un moment et un point de vue particuliers. D'autres intellectuels allemands défendirent avec conviction le modèle belge, comme le philosophe Adolph Helfferich, enthousiasmé par la constitution particulièrement libérale du

---

25   Cf. Schopenhauer, Johanna : *Ausflug an den Niederrhein und nach Belgien. Zweiter Theil*, Leipzig : F. A. Brockhaus, 1831, p. 95–108.
26   Cf. Schopenhauer : *Ausflug an den Niederrhein und nach Belgien*, p. 163.
27   Schopenhauer : *Ausflug an den Niederrhein und nach Belgien*, p. 215–216.

jeune Etat[28], ou le professeur d'histoire Wilhelm A. Arendt, dont la belgophilie le fit nommer à l'Université de Louvain. On lui commanda d'ailleurs une étude pour démontrer les intérêts économiques communs entre l'Allemagne et le nouvel Etat.[29]

Au début du XXe siècle, le discours centripète de synthèse sur 'l'âme belge' fut d'ailleurs également relayé par des écrivains de langue allemande comme le jeune Stefan Zweig qui, dans sa monographie sur Verhaeren, se fit l'apologue de la fusion des 'contraires' belges au sein d'un nouveau corps social, reflétant le principe de l'unité dans la diversité :

> Klein ist die Fläche des Landes und spiegelt so unübersichtlich in charakteristischer Verkürzung unendliche Vielfalt. Alle Gegensätze stehen sich knapp und scharf konturiert Stirn an Stirn gegenüber. [...] Unverkennbar vermischt sind die einstigen Gegensätze in ein Werdendes und Neues. Germanen sprechen französisch, Romanen fühlen flandrisch.[30]

D'une certaine manière, et prenant encore en considération d'autres sources disponibles comme le très instructif récit de voyage en Belgique de Luise von Ploennies[31], on constate que différents discours contradictoires circulèrent en Allemagne et en Autriche sur la Belgique et sur sa place dans la constellation franco-allemande. Aucun ne prit véritablement le pas sur l'autre, mais celui qui articula un intérêt pour la culture et le mouvement flamands comme 'petit frère germanique' à protéger contre l'influence française fit montre d'une grande continuité. Ce discours s'exacerba donc au moment du conflit de 1914–1918, par le biais de la *Flamenpolitik*, dont le présupposé de base consista à renverser le discours centripète sur 'l'harmonie des cultures' dans l'espace belge en son contraire, celui d'une impossibilité à résoudre la nécessaire 'fracture' (*Zwiespalt*) entre des communautés flamande et francophone.

L'entreprise de la *flämische Serie* d'Anton Kippenberg se situa à un autre niveau et ne véhicula pas explicitement ce discours, mais elle se positionna toutefois clairement dans cette continuité. Le *Insel-Verlag* édita d'ailleurs également en pleine guerre la revue *Der Belfried : eine Monatsschrift für Geschichte und Gegenwart der Belgischen Lande*, dont le simple titre aidait à prendre conscience de l'existence de la pluralité de 'pays belges'. Son éditeur, le critique d'art

---

28   Cf. Helfferich, Adolph : *Belgien in politischer, kirchlicher, pädagogischer und artistischer Beziehung*, Pforzheim : Flammer und Hoffmann/Bruxelles : C. Muquardt, 1848.
29   Arendt a même fait son entrée dans la *Biographie Nationale* sous la plume de Joseph Ruwet (publiée par l'Académie Royale des Sciences, des Lettres et des Beaux-Arts de Belgique, Bruxelles : Bruylant, 1976, col. 40–48).
30   Zweig, Stefan : Das neue Belgien, ds. : *idem* : *Emile Verhaeren*, Leipzig : Insel, 1910, p. 12–13.
31   Cf. Roland, Hubert : Construction identitaire et regard de l'autre. Récits de voyage allemands et français en Belgique 1830–1850, ds. : Vanasten/Sergier (dir.) : *Literaire belgitude littéraire*, p. 133–150.

Wilhelm Hausenstein, publia encore en parallèle une brochure de popularisation sur la Belgique, qui, parmi beaucoup d'autres, épinglait le caractère 'artificiel' d'une communauté belge unie :

> Ist es schließlich nicht ein bloßer Anschein von Gemeinschaft, wenn in Brüssel Wallonen und Flamen auf einer und derselben Linie gehen? Ist dies nicht ein Kunststück von Gemeinschaft? [...] Der Zustand dieser Menschheit muss der Zwiespalt sein: vielleicht nicht immer ein gefühlter Zwiespalt, aber immer ein vorhandener.[32]

3. Légitimité et subversion

Sur le plan politique, la *Flamenpolitik* fut un échec, non seulement à cause de la défaite allemande, mais parce qu'elle ne parvint pas pendant les années de guerre à mobiliser le mouvement flamand, qui, dans sa large majorité, demeura fidèle à la Belgique. Les années d'après-guerre constituèrent d'ailleurs le point d'orgue du patriotisme belge dans toute l'histoire de Belgique. Celui-ci se cimenta dans le souvenir de l'opposition et de l'oppression du pays, contre laquelle le monde entier s'était mobilisé.

Il est toutefois permis de penser que, sur le long terme et à des niveaux très différents, cette ingérence de l'occupant dans les relations entre communautés belges par le biais de la propagande culturelle contribua à redéfinir la donne à l'intérieur de la nation et dans l'image qu'elle diffusa à l'extérieur. Suivant la logique de certains transferts culturels décrits par Michel Espagne comme « des entreprises de subversion face à des situations acquises »[33], examinons pour finir les facteurs suivants.

Tout d'abord, l'intérêt allemand pour la question sociale flamande, même s'il s'avéra un instrument de la politique d'occupation et que personne ne s'y trompa, représenta un gain de légitimité pour le mouvement flamand. La revendication de néerlandisation de l'Université de Gand, par exemple, continua de progresser et fut réellement accomplie en 1930. Si on ne peut établir un lien de cause à effet avec une des mesures les plus spectaculaires de la *Flamenpolitik,* il est toutefois clair que celle-ci rendit visible une situation par rapport à laquelle l'Etat belge dut se justifier *intra-* et *extra-muros.* Quant à la diffusion de thèses régionalistes, d'une Belgique composée de deux entités culturelles et linguistiques fortes, elle fut favorisée jusque dans une revue littéraire francophone comme *Résurrection.*

Ensuite – et ceci vaut en particulier pour le volet culturel – la *Flamenpolitik* se distingua par son aspect modéré, voire 'raisonnable', et fut menée par des acteurs intelligents. Si le patriotisme d'Anton Kippenberg, de Rudolf-Alexander Schröder et de leur réseau de médiateurs et traducteurs ne fait

---

32 Hausenstein, Wilhelm : *Belgien*, München, Berlin : G. Müller, 1915, p. 11.
33 Espagne, Michel : *Les Transferts culturels franco-allemands*, Paris : PUF, 1999, p. 24.

aucun doute, le propos de la 'série flamande' n'est pas immédiatement politique. Il se situe bien dans une logique de dialogue des cultures sur le long terme et se poursuivra après 1918. Des auteurs comme Stijn Streuvels et surtout Felix Timmermans, reconnus et diffusés aujourd'hui dans l'espace allemand, furent en quelque sorte 'lancés' dans ce contexte de guerre. Le gain de notoriété pour la littérature flamande se laisse apprécier sur le long terme, notamment quand on constate que la Foire du Livre de Francfort accueillit la littérature néerlandaise, explicitement des Pays-Bas et de Flandre, en 1993, sous la devise *weltoffen*.[34]

Enfin, la 'série flamande' connut des répercussions jusque tard dans les années 1930, voire pendant la Seconde Guerre mondiale. Car *Insel* ne suspendit pas son intérêt pour la littérature flamande avec la fin de la guerre, même si ce ne fut plus jamais avec la même intensité. En décembre 1937, Kippenberg et Schröder furent invités à ce titre en Belgique, au Festival des Lettres flamandes. Leur présence à cet endroit fut dénoncée par des opposants au nazisme, comme le journaliste néerlandais Nico Rost, ami des exilés allemands en Belgique et très vigilant face à tout phénomène d'instrumentalisation de la littérature par le régime nazi :

> Schröder et Kippenberg ont séjourné longtemps en Belgique pendant la guerre et ont tâché de faire connaître en Allemagne la littérature flamande moderne. [...] Voulaient-ils par ces traductions effacer toutes les cruautés des Allemands pendant la guerre en Belgique et créer l'illusion d'une Allemagne qui était toujours le pays 'der Dichter und Denker' ? Maintenant, sous Hitler, le même phénomène se présente. N'avez-vous pas remarqué combien de romans flamands modernes, soit de Streuvels, de Teirlinck, de Roelants, de Pillecyn et de Walschap, ont été traduits en allemand au cours des dernières années ? [...] Toutes ces œuvres peuvent paraître en Allemagne parce que leur caractère n'est pas en contradiction avec l'idéologie du fascisme et beaucoup d'entre elles correspondent aux postulats de la Blubo de Hitler.[35]

Le point de vue de Rost est à la fois exagéré et clairvoyant. Exagéré, car les acteurs de la *flämische Serie* ne se mobilisèrent jamais pour le pouvoir nazi comme ils jouèrent consciemment le jeu du pouvoir occupant en 1914–1918 ; en outre, les auteurs traduits comme Stijn Streuvels, s'ils furent bien des chantres régionalistes de leur *Heimat*, ne propagèrent pas l'idéologie raciste du *Blut und Boden*. En revanche, il est exact que leur présence officielle dans le champ interculturel n'est pas neutre en 1937. La fonction de représentation qu'ils occupent à ce moment précis fait le jeu d'un pouvoir politique heureux de pouvoir montrer qu'il est ouvert sur l'étranger et la culture d'un pays voisin. Dans ce sens, on peut parler d'une forme de remobilisation de l'entreprise culturelle du *Insel-Verlag*, cette fois à son insu, d'un conflit à l'autre.

---

34 La Flandre fut ainsi, avec les 'pays catalans' en 2007, la seule entité non-étatique reconnue par la *Buchmesse* ces vingt dernières années.
35 Rost, Nico : A propos du festival des Lettres flamandes, ds. : *Combat*, 4 décembre 1937.

4. Conclusion

Le présent article a notamment pris pour objet un transfert culturel particulier – la traduction d'œuvres représentatives de la littérature flamande vers l'allemand – conçu et réalisé dans le contexte d'une politique 'interculturelle' en temps de guerre. L'objectif de cette politique était d'agir sur la légitimité d'une culture 'mineure', en défaut de reconnaissance. Il fut question, selon moi, d'une convergence qui exista entre un projet éditorial autonome et la volonté politique de l'occupant allemand en Belgique de valoriser ce projet pour des raisons stratégiques. Au-delà du contexte de guerre, un tel projet contribua, sur le long terme, à redéfinir la question interculturelle des rapports entre communautés linguistiques et culturelles, aussi bien en Belgique que dans la perception étrangère.

Il pourrait être très intéressant d'inscrire ce transfert bilatéral dans la perspective d'une histoire plus exhaustive des transferts culturels triangulaires entre l'Allemagne, la Belgique et la France au XIXe et au XXe siècle. La relation bilatérale fait nécessairement partie « d'un réseau plus complexe de relations »[36], comme on le constate notamment dans l'asymétrie d'un transfert unissant en 1914–1918 un espace culturel national (l'Allemagne) à un autre non-national (la Flandre), tout en s'inscrivant dans une constellation triangulaire et même multilatérale (via les Pays-Bas), au cœur de l'espace franco-allemand.

Bibliographie sélective

Arndt, Ernst Moritz : *Belgien und was daran hängt*, Leipzig : Weidmann'sche Buchhandlung, 1834.
Bier, Jean-Paul : Dada en Belgique, ds. : Weisgerber, Jean (dir.) : *Les Avant-gardes littéraires en Belgique. Au confluent des arts et des langues (1850–1950)*, Bruxelles : Labor, 1991, p. 289–312.
Briefwisseling van Jan Frans Willems en Hoffmann von Fallersleben : 1836–1843, Gent : Seminarie voor Nederlandse Literatuurstudie van de Rijksuniversiteit, 1963.
Dolderer, Winfried : *Deutscher Imperialismus und belgischer Nationalitätenkonflikt. Die Rezeption der Flamenfrage in der deutschen Öffentlichkeit und deutsch-flämische Kontakte 1890–1920*, Melsungen : Kasseler Forschungen zur Zeitgeschichte, 1989.
Dolderer, Winfried : Ernst M. Arndt, ds. : De Schryver, Reginald/De Wever, Bruno (dir.) : *Nieuwe encyclopedie van de Vlaamse beweging*, vol. 1, Tielt : Lannoo, 1998, p. 358.
Emile et Marthe Verhaeren – Stefan Zweig. Correspondance. Edition établie, présentée et annotée par Fabrice van de Kerckhove, Bruxelles : Labor et Archives et Musée de la Littérature, 1996.
Espagne, Michel : *Les Transferts culturels franco-allemands*, Paris : PUF, 1999.
Frevel, Stefan : Arndt, Ernst Moritz, ds. : Killy, Walther [et al.] (dir.) : *Deutsche Biographische Enzyklopädie*, vol. 1, München [etc.] : J. G. Saur, 1995, p. 173.

---

36 Espagne, Michel : Les transferts culturels triangulaires, ds. : *idem* : *Les Transferts culturels franco-allemands*, p. 152.

Hausenstein, Wilhelm : *Belgien*, München, Berlin : G. Müller, 1915.
Helfferich, Adolph : *Belgien in politischer, kirchlicher, pädagogischer und artistischer Beziehung*, Pforzheim : Flammer und Hoffmann/Bruxelles : C. Muquardt, 1848.
Kloos, Ulrike : *Niederlandbild und deutsche Germanistik 1800–1933*, Amsterdam : Rodopi, 1992.
Koll, Johannes : Geschichtlicher Überblick, ds. : *idem* (dir.) : *Belgien : Geschichte–Politik–Kultur–Wirtschaft*, Münster : Aschendorff, 2007, p. 5–44.
Marx, Jacques : *Résurrection* et les courants modernistes, ds. : Weisgerber, Jean (dir.) : *Les Avantgardes littéraires en Belgique. Au confluent des arts et des langues (1850–1950)*, Bruxelles : Labor, 1991, p. 213–232.
Pansaers, Clément : Bulletin politique, dans : *Résurrection. Cahiers mensuels littéraires illustrés* 1 (décembre 1917), p. 37–39 et *Résurrection. Cahiers mensuels littéraires illustrés* 2 (janvier 1918), p. 76–80; cité d'après le reprint édité chez Jacques Antoine, Bruxelles, 1973.
Pauls, Georg : « Das de Pottersche Viehstück ». Heine, Börne und die belgische Revolution von 1830, ds. : *Revue Belge de Philologie et d'Histoire*, 65, 3–4 (1987), p. 785–811.
Picard, Edmond : L'âme belge, ds. : *Revue Encyclopédique*, 24 juillet 1897, p. 595–599.
Pirenne, Henri : *L'Histoire de Belgique*, Bruxelles : Lamertin, 1900, t. 1.
Pirenne, Henri : *La Nation belge. Discours prononcé à la distribution des prix aux lauréats du concours universitaire et du concours général de l'enseignement moyen le 1er octobre 1899*, Bruxelles : Lamertin, 1900.
Quaghebeur, Marc : *Balises pour l'histoire des lettres belges de langue française*, Bruxelles : Labor, 1998.
Roland, Hubert : *Die deutsche literarische 'Kriegskolonie' in Belgien 1914–1918. Ein Beitrag zur Geschichte der deutsch-belgischen Literaturbeziehungen 1900–1920*, Bern [etc.] : Lang, 1999.
Roland, Hubert : *La 'Colonie' littéraire allemande en Belgique 1914–1918*, Bruxelles : Labor et Archives et Musée de la Littérature, 2003.
Roland, Hubert : Construction identitaire et regard de l'autre. Récits de voyage allemands et français en Belgique 1830–1850, ds. : Vanasten, Stéphanie/Sergier, Matthieu (dir.) : *Literaire belgitude littéraire. Bruggen en beelden. Vues du Nord. Hommage aan Sonja Vanderlinden*, Louvain-la-Neuve : PU de Louvain, 2011, p. 133–152.
Roland, Hubert/Lope, Hans-Joachim : Ame belge, 'entre-deux' et microcosme : d'une fin de siècle à l'autre, introduction au numéro thématique Une Europe en miniature ?, ds. : *Textyles. Revue des lettres belges de langue française* 24 (2004), p. 7–15.
Rost, Nico : A propos du festival des Lettres flamandes, ds. : *Combat*, 4 décembre 1937.
Ruwet, Joseph : Wilhelm A. Arendt, ds. : *Biographie Nationale*, publiée par l'Académie Royale des Sciences, des Lettres et des Beaux-Arts de Belgique, Bruxelles : Bruylant, 1976, col. 40–48.
Schopenhauer, Johanna : *Ausflug an den Niederrhein und nach Belgien. Zweiter Theil*, Leipzig : F. A. Brockhaus, 1831.
Schuster, Gerhard (dir.) : *Hugo von Hofmannsthal. Briefwechsel mit dem Insel-Verlag*, Frankfurt/M. : Buchhändler-Vereinigung, 1985 (Sonderdruck aus dem Archiv für Geschichte des Buchwesens XXV, 1/2).
Strohmann, Dirk : *Die Rezeption Maurice Maeterlincks in den deutschsprachigen Ländern (1891–1914)*, Bern [etc.] : Lang, 2006.
Verhaeren, Emile : *Die wogende Saat*. Deutsche Nachdichtung von Paul Zech, Leipzig : Insel Verlag, 1917.
Witte, Els : La construction de la Belgique (1828–1847), ds. : Dumoulin, Michel/Dujardin, Vincent (dir.) : *Nouvelle Histoire de Belgique*, vol. 1 : 1830–1905, Bruxelles : Complexe, 2005, p. 7–216.
Zeller, Bernhard : *Die Insel. Eine Ausstellung zur Geschichte des Verlags unter Anton und Katharina Kippenberg*, Marbach a. N. : Schiller-Nationalmuseum, Deutsches Literaturarchiv, 1965.
Zweig, Stefan : Das neue Belgien, ds. : *idem* : *Emile Verhaeren*, Leipzig : Insel, 1910, p. 12–13.

Gueorgui Chepelev

La guerre et la saleté. Les volontaires français de la Wehrmacht sur le territoire occupé de l'URSS (1941–1944)

Der Autor untersucht das Motiv der Unsauberkeit in den Memoiren der Soldaten und Offiziere der Légion des Volontaires français contre le bolchevisme (LVF), die an der Besetzung der UdSSR 1941–1944 beteiligt waren. Die Behandlung dieses Themas geht weit über eine rein dokumentarische und ‚ethnografische' Funktion hinaus, sie dient vor allem der Konstruktion von Feindbildern, die sowohl die bewaffneten Gegner (Partisanen, Rote Armee) als auch die sowjetischen Zivilisten betreffen. Der Schmutz ‚vor Ort' wird teilweise als Konsequenz der gescheiterten ‚bolschewistischen' Hygienepolitik dargestellt, teilweise als kulturelle Eigenart der Sowjets. Externe, außergewöhnliche Faktoren (Krieg, Zerstörung der Infrastruktur, Verhalten der Besatzer) werden dagegen von den Autoren der Memoiren kaschiert. Ihren eigenen Schmutz ignorieren sie nicht, sondern stellen ihn als charakteristisch für einen ‚echten Soldaten', einen ‚Märtyrer' dar, als temporär, bedingt durch den Krieg oder durch den Kontakt mit der lokalen Bevölkerung. Diese Unterscheidung zwischen der Unsauberkeit der Besatzer und der der Bevölkerung der besetzten Gebiete erlaubt es ihnen, (erneut) eine Grenze zwischen beiden Parteien zu ziehen, die durch viele Formen des Kontakts und des Austauschs längst unscharf geworden ist. Die Unsauberkeits-Narrative befreien daher die Soldaten (und allgemeiner den Krieg) von ihrer eigenen Verantwortung bezüglich der mangelhaften Hygiene und sind Teil eines Diskurses, der die Beherrschung, ja sogar die Ausrottung des ‚Feindes' rechtfertigen soll.

La Légion des Volontaires Français contre le Bolchevisme (LVF), créée après le début de l'invasion de l'URSS par le IIIe Reich et ses alliés, fut assignée essentiellement à la sécurité de la zone arrière du groupe d'armées « Centre », en Biélorussie et en Russie occidentale. L'historiographie très restreinte de cette unité française au sein de la *Wehrmacht*, dont elle constitue le 638e régiment d'infanterie, s'appuie dans une grande mesure sur les mémoires écrits par ses soldats et officiers.[1] Souvent utilisés comme sources documentaires,[2] ces textes suscitent actuellement des questions quant à leurs stratégies discursives, enjeux, véracité et dimension idéologique.[3]

Nous allons aborder ces mémoires du point de vue historico-anthropologique et tenter de comprendre le mécanisme de la création de l'image de l'ennemi, de la population civile et du pays occupé, à travers le thème de la saleté, motif important tant dans la propagande du IIIe Reich que dans les écrits de ses soldats.[4]

Les remarques sur la 'saleté' et la 'misère'[5] de l'URSS et de ses habitants peuvent être prises pour documentaires par le chercheur. Il peut alors être tenté de les expliquer par les conséquences de la guerre civile, de l'industrialisation forcée des années 1930, ou par des « standards de vie plus bas » qu'en Europe.[6] Mais depuis le travail de Mary Douglas[7], les anthropologues sont

---

1 Pour une présentation de ces sources et des éléments biographiques de leurs auteurs cf. Carrard, Philippe : *« Nous avons combattu pour Hitler »*, Paris : Armand Colin, 2011 (Original : *The French who Fought for Hitler. Memories from the Outcasts*, Cambridge, New York : Cambridge UP, 2010). Ce corpus représente à ce jour une quinzaine de livres de mémoires, souvent publiés chez de petits éditeurs ou à compte d'auteur et de ce fait parfois inaccessibles. Ainsi Carrard n'a pas inclus dans son corpus les mémoires de Jean-Claude Gomot : Gomot, Sandrine/Gomot, Jean-Claude : *L'Enfant de l'autre qu'elle envoya faire la guerre. Aventures de guerre*, Paris : Société des écrivains, 2006, et [Anonyme] : *Souvenirs d'un volontaire de la Légion anti-Bolchévique*, New Delhi : Bureau d'Information de la France Combattante, s. d. [1943 ?], et nous n'avons pas pu consulter les mémoires d'Alfred Leverrier : *« C'était pendant l'horreur d'une profonde nuit »*, Paris : Arctic, 2007. Souvent la seule source disponible sur les auteurs est leur propre texte ; la plupart cache leur identité et celle des camarades sous des noms d'emprunt (nous citerons les auteurs sous leurs pseudonymes comme ils figurent sur leurs livres).
2 Cette approche caractérise le travail de Giolitto, Pierre : *Volontaires français sous l'uniforme allemand*, Paris : Perrin, [1999] 2007.
3 Cf. Carrard : *« Nous avons combattu pour Hitler »*.
4 Cf. Baechler, Christian : *Guerre et extermination à l'Est. Hitler et la conquête de l'espace vital. 1939–1945*, Paris : Tallandier, 2012, p. 240–241, 460 ; Latzel, Klaus : Tourisme et violence. La perception de la guerre dans les lettres de la Poste aux armées, ds. : Duménil, Anne/Beaupré, Nicolas/Ingrao, Christian (dir) : *1914–1945. L'Ere de la guerre*, t. 2 : *1939–1945 : Nazisme, occupations, pratiques génocides*, Paris : Agnès Viénot, 2004, p. 201–215, ici p. 204–211.
5 A ce couple récurrent s'ajoutent la 'laideur', la 'dégradation', la 'négligence'… Cf. Diewerge, Wolfgang (dir.) : *Deutsche Soldaten sehen die Sowjet-Union. Feldpostbriefe aus dem Osten*, Berlin : Wilhelm Limpert, 1941, p. 12, 15 et al. ; Larfoux, Charles : *Carnets de campagne d'un agent de liaison. Russie, hiver 1941–1942*, [s. l.] : Editions du Lore, 2008, p. 141.
6 Cf. Baranowski, Shelley : *Strength through Joy : Consumerism and Mass Tourism in the Third Reich*, Cambridge, New York : Cambridge UP, 2004, p. 227–228. Sur les problèmes hygiéniques courants liés à la pénurie, à l'insalubrité et à la précarité du logement des villes soviétiques dans les années 1920–1930 cf. par exemple Fitzpatrick, Sheila : *Le Stalinisme au quotidien. La*

habitués à considérer les rapports à la saleté comme fondamentalement symboliques. Sa perception par les hommes n'est pas déterminée uniquement par les règles d'hygiène, mais révèle les valeurs morales de la société (tant celles des observés que celles de l'observateur), sa perception de l'ordre et du désordre, de la norme et de sa transgression, du 'sien' et de l'"étranger".[8] On peut s'attendre à ce que la catégorisation de l'Autre comme sale, courante dans les interactions interculturelles conflictuelles, prenne une dimension importante dans le contexte de la guerre où les stéréotypes, l'incompréhension, l'interprétation tendancieuse de la culture de l'adversaire sont de mise. Les histoires de la saleté relèveraient donc aussi du domaine des représentations collectives, des images construites et peuvent être étudiées en tant que telles.

Russie soviétique dans les années 30, trad. de l'américain et du russe par Jean-Pierre Ricard et François-Xavier Nérard, Paris : Flammarion, 2002, p. 72–83 (Original : *Everyday Stalinism. Ordinary Life in Extraordinary Times : Soviet Russia in the 1930s*, New York : Oxford UP, 1999). La même auteure mentionne cependant des améliorations constantes ; la politique sanitaire est forte et omniprésente, la saleté est combattue et dénoncée sous toutes ses formes. Quelques motifs de nos mémorialistes trouvent des parallèles dans le discours hygiéniste soviétique : on y retrouve par exemple l'image négative d'une maison paysanne 'sale' avec des animaux de ferme se promenant à l'intérieur (cf. par ex. Bernstein, Frances Lee : *The Dictatorship of Sex. Lifestyle Advice for the Soviet Masses*, DeKalb : Northern Illinois UP, 2007, p. 125–126, ill. 4.14). Ce discours est dans une grande mesure déterminé par la nécessité politique de mettre la 'campagne' archaïque et politiquement 'arriérée' sous le contrôle de la 'ville', point d'appui du pouvoir soviétique. Dans quelle mesure correspond-t-il à la réalité du terrain ? Les défaillances hygiéniques observées par les volontaires de la LVF sont-elles réelles, et si c'est le cas, sont-elles héritées de l'avant-guerre ou générées par la guerre même (la majorité des mémorialistes arrivent sur le territoire soviétique après une année de guerre) ? L'étude des habitudes hygiéniques et de la notion du propre et du sale chez la population de la région occupée par la LVF reste à faire (la campagne soviétique reste en règle générale en dehors des études sur l'hygiène publique dans l'URSS). Les témoignages des paysans que nous y avons collectés (district de Borissov, Biélorussie), contiennent quelques motifs de la 'saleté' décrite par les volontaires français. C'est le cas, par exemple, des animaux de ferme admis dans la maison (surtout des nouveau-nés en hiver, précisent les témoins), ou bien encore l'état précaire, voire l'absence de toilettes dans certaines maisons villageoises. Or, dans son ensemble les sources soviétiques dont nous disposons présentent une situation hygiénique d'avant-guerre loin de l'image catastrophique peinte par les mémorialistes français ; les généralisations des occupants, étendant les observations faites, dans des maisons particulières ou dans des villages perdus, à tous les 'Russes' semblent grossièrement exagérées.

7 Cf. Douglas, Mary : *De la souillure : essais sur les notions de pollution et de tabou*, trad. de l'anglais par Anne Guérin, Paris : François Maspero, 1971. (Original : *Purity and Danger. An Analysis of Concepts of Pollution and Taboo*, London : Routledge & Kegan Paul, 1966.)
8 Cf., par exemple, Masquelier, Adeline : Dirt, Undress, and Difference : An Introduction, ds. : *idem* (dir.) : *Dirt, Undress, and Difference. Critical Perspectives on the Body's Surface*, Bloomington (IND) : Indiana UP, 2005, p. 1–33, ici p. 6–15.

1. La guerre et l'occupation comme sources de la saleté : regard des civils soviétiques

Le discours sur la saleté de l'autre implique un positionnement du narrateur sur l'échelle de saleté/propreté et la comparaison, souvent implicite, des regards, des pratiques et des normes des différentes cultures. Pour mieux comprendre le regard des légionnaires, on doit en premier lieu le confronter à celui des civils soviétiques ayant vécu l'occupation.

Pour les civils, la guerre est une période où la saleté fait un saut quantitatif et qualitatif. Son intrusion dans leur vie est favorisée par la destruction des infrastructures, y compris sanitaires, les déportations, la famine, la promiscuité dans la cohabitation entre les civils locaux et les occupants. Les rapports des occupants avec la saleté sont ambigus : ils critiquent celle des civils (sans remarquer que la guerre et la présence de l'armée d'occupation sont un facteur la suscitant) et sont souvent malpropres et salissants eux-mêmes. La production de la saleté est fréquemment décrite comme faisant partie du comportement de 'nouveaux maîtres', affranchis des normes de la société et transgressant les limites des espaces propres/purs/sacrés. Tels sont, par exemple, les récits sur l'installation de casernes dans les écoles et les musées (la maison de Léon Tolstoï à Iasnaïa Poliana en deviendra l'un des exemples les plus connus)[9] ou des étables dans les églises.[10] Des exemples du comportement 'barbare' et sale des occupants sont nombreux dans les récits des civils. Ils mangent beaucoup et salement, des choses 'impures', salissent de leurs déchets la maison et les espaces autour, font leurs besoins au vu de tous etc.[11] Ils sont infestés de parasites et les répandent, la 'chasse' aux poux est une de leurs occupations régulières et répugnantes.[12] Le contact avec la saleté pro-

---

9   Cf. Werth, Alexander : *La Russie en guerre*, t. 1 : *1941–1942, la patrie en danger*, trad. de Michel Zéraffa, Paris : Tallandier, 2010, p. 448–449. (Original : *Russia at War, 1941–1945*, London : Barrie & Rockliff, 1964.)

10 Cf. Kulagina, Alla V./Mironihina, Lûbov'/Šepelev, Georgij (Chepelev, Gueorgui) : *Iz pervyh ust : Velikaja Otečestvennaja vojna glazami očevidcev*, Moskva : Gosudarstvennyj Respublikanskij Centr Russkogo Fol'klora, 2010, p. 187. Ces témoignages des paysans russes, collectés par Lûbov' Mironihina (Université de Moscou) et son équipe dans les régions de Smolensk et de Kalouga présentent plusieurs motifs liés à la vision de la saleté sous l'occupation, typiques pour le territoire occupé de la Russie et de la Biélorussie.

11 Cf. Kulagina/Mironihina/Šepelev : *Iz pervyh ust*, p. 223, 233, 305.

12 Elle se déroule souvent à l'intérieur de la maison, les insectes tués sont jetés dans le four où l'on prépare à manger, cf. Kulagina/Mironihina/Šepelev : *Iz pervyh ust*, p. 187 ; pratique attestée chez les occupants par un de nos mémorialistes, Larfoux : *Carnets de campagne*, p. 61. Voir illustration 1. Une rumeur circule, selon laquelle les soldats de la *Wehrmacht* envoient dans leurs lettres à la maison les spécimens les plus impressionnants (Kulagina/ Mironihina/Šepelev : *Iz pervyh ust*, p. 297, 305). Les témoignages des civils sur la saleté physique et morale de l'ennemi corroborent sur plusieurs points les écrits des journalistes de

duite par les intrus est direct et quotidien : non seulement leur comportement se déroule devant les civils, mais ces derniers sont régulièrement réquisitionnés pour faire le ménage dans les maisons où les occupants logent, laver leurs affaires, faire la vaisselle, nettoyer les routes abîmées par le passage des colonnes de la technique militaire.[13]

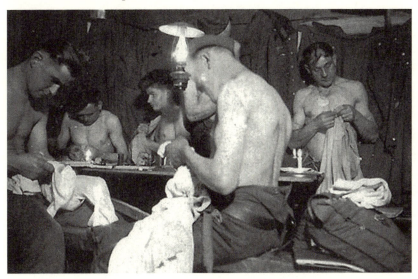

Ill. 1[14]

Face à cette intrusion de la saleté, les civils développent différentes stratégies. Plusieurs d'entre eux cherchent à ne pas entrer en conflit avec les occupants, abandonnant leurs tentatives d'entretenir l'ordre et la propreté dans les espaces qu'ils doivent partager avec eux. Cette pratique peut être poussée encore plus loin et devenir un moyen de défense : les maisons 'sales' attirent moins les occupants qui cherchent à s'installer dans une localité ; les femmes s'habillent mal et se salissent le visage pour ne pas être violées ou pillées par

---

guerre soviétiques (cf. par ex. Grossman, Vasili Semenovitch : *Carnets de guerre. De Moscou à Berlin. 1941–1945,* textes choisis et présentés par Anthony Beevor et Luba Vinogradova, traduit de l'anglais et du russe par Catherine Astroff et Jacques Guiod, Paris : Calmann-Lévy, 2007, p. 279 ; Simonov, Konstantin Mihajlovič/Ėrenburg, Il'ja Grigor'evič: *V odnoj gazete : Reportaži i stat'i 1941–1945,* Moskva : Izd. Agentstva Pečati Novosti, 1979, p. 161).

13 Cf. Werth : *La Russie en guerre,* p. 618–619, Kulagina/Mironihina/Šepelev : *Iz pervyh ust,* p. 201.
14 Les illustrations 1–3 proviennent de la collection G. Chepelev. Ces clichés sont pris sur le front de l'Est par les soldats de la *Wehrmacht,* lieux et dates exactes sont inconnues.

les occupants ; on annonce la présence d'une maladie contagieuse aux soldats qui viennent s'installer dans la maison etc.[15] Dans plusieurs endroits, le nettoyage général aura lieu à la libération, parfois sous forme d'actions collectives et presque ritualisées : on répare et on nettoie les maisons, on jette les déchets et les choses laissées par les occupants ; les services sanitaires se réinstallent et luttent contre les épidémies et l'insalubrité.[16]

D'autres civils cherchent à négocier avec les occupants pour limiter leur comportement salissant, pour se défendre de l'accusation de saleté, parfois même pour renvoyer l'accusation aux soldats ou pour démontrer l'absurdité de leur souci de propreté combiné à leurs activités destructrices.[17]

2. La saleté 'locale' : regard des occupants

Les mémorialistes de la LVF ne mentionnent pratiquement pas les négociations ou les discussions avec les civils locaux au sujet de la propreté/saleté,[18] s'arrogeant le monopole du discours le concernant. Les civils semblent ainsi ne pas réaliser la saleté qui les entoure et qu'ils portent – faute de contacts avec le monde extérieur[19] et avec d'autres normes de propreté que les leurs.

La vision de la saleté entourant les soldats a une dimension spatiale bien soulignée. Le monde d'où ils viennent est soi-disant civilisé et propre.[20] L'Allemagne l'est à leurs yeux souvent plus que la France, entre autre grâce au degré supérieur de la militarisation et de la 'cohésion' nationale (et donc de l'ordre).[21] La situation marginale des volontaires français dans leur propre

---

15 Cf. Kulagina/Mironihina/Šepelev : *Iz pervyh ust*, p. 206, 219, 275.
16 Cf. Repina, Tat'âna : *Devičij batal'on,* Moscou : Moskovskie Učebniki-SiDi Press, 2009, p. 149–150 ; Kulagina/Mironihina/Šepelev : *Iz pervyh ust*, p. 233.
17 Cf. par ex. Kulagina/Mironihina/Šepelev : *Iz pervyh ust*, p. 231 ; Knappe, Siegfried : *Soldat. Reflections of a German soldier. 1936–1949*, New York : Dell, 1992, p. 223. Ce dialogue est possible dans des conditions de contacts proches et de tolérance de la part des occupants, ce qui est loin d'être l'attitude majoritaire.
18 Quelques remarques des collaborateurs locaux sont censées confirmer le point de vue des occupants (cf. par ex. Larfoux : *Carnets de campagne*, p. 149–150).
19 Cf. Larfoux : *Carnets de campagne*, p. 160.
20 Sur la mission de protéger la 'civilisation européenne' dans la propagande de la LVF : Shields, James G. : Charlemagne's Crusaders. French Collaboration in Arms, 1941–1945, ds. : *French Cultural Studies* 18/1 (2007), p. 83–105, ici p. 95. On trouve des clichés des discours officiels de leurs chefs politiques et militaires dans les mémoires des volontaires : « porteurs du flambeau de la civilisation », « croisade du monde civilisé », « croisade de la civilisation contre la barbarie », cf. [Anonyme] : *Vae Victis ou deux ans dans la L. V. F.,* Paris : La Jeune Parque, 1948, [Chevaigné] : Ed. du Lore, 2009, p. 16, 158 ; Rostaing, Pierre : *Le Prix d'un serment. 1941–1945, des plaines de Russie à l'enfer de Berlin,* souvenirs recueillis par Pierre Demaret [1975], Nice : Editions du Papillon, [2008], p. 101.
21 Cf. Dupont, Pierre Henri : *Au temps des choix héroïques,* Paris : L'Homme Libre, 2002, p. 83.

pays contribue probablement à cette accentuation de la 'propreté allemande'. De plus, pour certains, le retour en France après la guerre passera par des prisons françaises dont la saleté sera évoquée dans leurs mémoires.[22]

En se déplaçant vers l'Est (ou en revenant), les légionnaires croient apercevoir la frontière entre le monde 'propre' et 'civilisé' et le monde sale, 'bolchevisé' ou simplement russe ou slave.[23] Le fait même que cette frontière soit située dans leurs mémoires tantôt entre l'Allemagne et la Pologne, tantôt entre la Pologne et l'URSS, et que la saleté soit tantôt visible dès la traversée de cette 'frontière' en train, tantôt découverte seulement à l'arrivée à l'intérieur du pays[24], suggère le caractère construit de cette image.

Le discours sur la saleté du territoire occupé sert à pointer le caractère 'arriéré' du pays et à dénigrer les efforts de construction et de modernisation du pouvoir soviétique, souligne ses défaillances : les routes sont en mauvais état et boueuses car « les Ponts et Chaussées ne s'[en] occupent nullement » ; Labat suppose même que la « seule voie pavée » qu'il aurait vue sur le territoire occupé a été construite par l'armée de Napoléon (!). Il donne aussi une explication plus réaliste de la situation : la *Wehrmacht* emprunte des routes de campagne non goudronnées. Elles ne sont pas destinées au passage de colonnes de blindés et de camions et deviennent de ce fait vite impraticables.[25]

Ill. 2

---

22 Cf. Gomot/Gomot : *L'Enfant de l'autre*, p. 201–202 ; Labat, Eric : *Les Places étaient chères* [1951], [Chevaigné] : Editions du Lore, 2006, p. 441.
23 Cf. Rusco, Pierre : *Stoï !*, avec la collaboration de Philippe Randa [1988], Paris : Dualpha, 2006, p. 38, p. 376 ; Dupont : *Au temps des choix héroïques*, p. 84.
24 Cf. Labat : *Les Places étaient chères*, p. 54–56.
25 Cf. Labat : *Les Places étaient chères*, p. 103. La boue des routes est un sujet récurrent, cf. par ex. Rusco : *Stoï !*, p. 43–44 ; Larfoux : *Carnets de campagne*, p. 16 ; cf. l'illustration 2.

La saleté urbaine témoignerait de la défaillance de la politique d'hygiène soviétique[26] : les normes les plus évidentes ne seraient pas prévues dans de nouveaux bâtiments, les défauts de leur construction les font se désagréger rapidement.[27] L'architecture est parfois décrite comme sale. Ce terme peut s'appliquer à la 'saleté' des façades, mais également à la 'pauvreté' des immeubles, au caractère hétérogène du tissu urbain, à la 'laideur' du décor, enfin au caractère 'bolchevique' des bâtiments.[28]

La description de la malpropreté de l'habitat individuel (que les légionnaires observent surtout à la campagne) leur permet de souligner le rôle des habitants dans sa 'création' : leurs maisons sont mal ordonnées, 'puantes', 'malodorantes', pleines de parasites, leurs vêtements, que les soldats 'empruntent', sont 'pouilleux' ; l'eau des puits est 'nauséabonde'.[29] Des accessoires classiques liés à la propreté sont décrits comme absents, voire 'inconnus' des villages occupés : les lits, les produits d'hygiène de base et même les toilettes.[30] A l'intérieur de la maison, la saleté marque le dessus du poêle, car moins visible et moins accessible, suspect – un adversaire peut s'y cacher –,[31] mais sur-

---

26 Sur la politique hygiénique soviétique avant la guerre, voir Starks, Tricia : *The Body Soviet : Propaganda, Hygiene, and the Revolutionary State*, Madison : The University of Wisconsin Press, 2008, qui remarque sa proximité avec celles mises en œuvre dans les pays occidentaux (p. 10, 17, 40–41, 51, 99, 104, 124–125 etc.). Les villages sont une des cibles privilégiées de cette politique, mais ses résultats y sont moins satisfaisants que dans les villes (*ibidem*, p. 14, 30, 129).

27 Cf. par ex. la description des immeubles à Gomel par E. Labat : *Les Places étaient chères*, p. 55–56 : « L'eau courante en appartement semblait dépasser leur pouvoir d'invention, de même que le tout à l'égout. Il y avait un robinet et des fosses d'aisance dans la cour dont devaient se contenter même les locataires du sixième ». Cf. Larfoux : *Carnets de campagne*, p. 15.

28 [Anonyme] : *Vae Victis*, p. 78–79 ; « bâtisses en pierre... grises et sales, sans doutes [sic] d'anciens édifices Bolcheviques » (Gomot/Gomot : *L'Enfant de l'autre*, p. 86) ; Rusco : *Stoï !*, p. 90–91.

29 Cf. Gomot/Gomot : *L'Enfant de l'autre*, p. 98, [Anonyme] : *Vae Victis*, p. 30, 43 ; Rostaing : *Le Prix d'un serment*, p. 39 ; Bassompierre, Jean : Frères ennemis, ds. : Colin, Charles Ambroise : *Le Sacrifice de Bassompierre* [1948], Paris : L'Homme Libre, 2006, p. 138–139.

30 Cf. [Anonyme] : *Vae Victis*, p. 47 ; Gomot/Gomot : *L'Enfant de l'autre*, p. 97. De telles généralisations courantes chez les mémorialistes peuvent être invalidées par la comparaison entre leurs écrits : ainsi par exemple Gomot mentionne et fait des dessins de lits dans les maisons paysannes (Gomot/Gomot : *L'Enfant de l'autre*, p. 98, 147), tandis que Rusco affirme leur absence (Rusco : *Stoï !*, p. 46).

31 Cf. Labat : *Les Places étaient chères*, p. 67–68 ; Rusco : *Stoï !*, p. 230. Dans les témoignages des civils nous rencontrons des réfugiés, des fuyards (y compris des Juifs) cachés sur le poêle, cf. par ex. le récit d'Anna Schuka (née en 1922), village Bešenkoviči (Biélorussie) : http://shtetle.co.il/Shtetls/beshenkovichi/voronkova.html (12/02/2013) ; les femmes s'y cachent pour se protéger contre le viol. Kulagina/Mironihina/Šepelev : *Iz pervyh ust*, p. 167.

tout car c'est ici que dans une 'effrayante promiscuité' 'vit' toute la famille.[32] En réalité, le regroupement de la famille sur le poêle est souvent une conséquence du partage de l'espace des maisons où les occupants s'installent : les soldats dorment en bas, la famille – en haut, sur le poêle.[33]

Des personnages locaux sont répartis sur une échelle de saleté, et leur appartenance politique, sociale, culturelle, ethnique conditionne souvent leur placement. Les 'alliés' ou ceux qui sont 'proches' des Français sont décrits comme plus propres : Saint-Loup inclut une description positive des pratiques traditionnelles d'hygiène des civils locaux dans son récit sur un village 'ami'.[34] La propreté de certaines maisons peut être expliquée par les origines sociales élevées dans le passé, par le contact avec la 'civilisation' (le monde pré-bolchevique,[35] l'Europe, la France[36]), ou par les origines européennes de leurs propriétaires,[37] ce qui implique par conséquent le caractère 'bolchevique' ou 'non européen' de la saleté. A l'autre bout de l'échelle, les Juifs (cible par excellence des idéologues de la LVF)[38] sont stigmatisés par Larfoux comme particulièrement crasseux et incapables de rester propres sans exploiter les autres.[39]

Les orphelins sans domicile fixe (*besprizornye*) sont un autre groupe 'sale'. Larfoux les présente non pas comme une conséquence directe de la guerre, mais comme un vieux problème social russe que les occupants chercheraient à régler.[40] Saint-Loup propose une autre approche : ils seraient sales mais pas malheureux[41] (ce qui évite la question des mesures prises – ou pas – par l'administration d'occupation à leur égard). Des enfants vivant dans la saleté au sein de leurs familles sont également pointés.[42] Ces descriptions contribuent

---

32 Cf. Larfoux : *Carnets de campagne*, p. 20, 42 ; Rusco : *Stoï !*, p. 46 (« le domaine des mères et des enfants qui s'y trouvent en permanence, passant leur temps à tuer les poux dont ils sont couverts ») ; Bassompierre : *Frères ennemis*, p. 138.
33 Cf. [Anonyme] : *Vae Victis*, p. 33.
34 Cf. Saint-Loup : *Les Partisans. Choses vues en Russie. 1941–1942* [1943], Paris : Art et histoire d'Europe, 1986, p. 129.
35 Cf. [Anonyme] : *Vae Victis*, p. 33–34.
36 Dans un village, Larfoux choisit pour se loger la maison de « deux vieux pas trop sales. Ils parlent français ». Ces « exceptions dans ce désert de blancheur malpropre […] ont quelque chose de plus que les autres. Ce 'quelque chose', c'est de France qu'ils l'ont rapporté » (le vieux, ancien prêtre, a passé la Grande guerre en France). Larfoux : *Carnets de campagne*, p. 35 ; voir aussi [Anonyme] : *Vae Victis*, p. 53–55, Labat : *Les Places étaient chères*, p. 84–85.
37 Comme le directeur d'usine à Liozno, un Russe francophone d'origine polonaise (cf. Larfoux : *Carnets de campagne*, p. 148–149).
38 Cf. Shields : Charlemagne's Crusaders, p. 96–97.
39 Cf. Larfoux : *Carnets de campagne*, p. 152–153.
40 Cf. Larfoux : *Carnets de campagne*, p. 142–144 ; Saint-Loup : *Les Partisans*, p. 157.
41 Cf. Saint-Loup : *Les Partisans*, p. 157–158 ;
42 Cf. Larfoux : *Carnets de campagne*, p. 140. Cf. l'illustration 3.

à l'image d'une société qui néglige l'une de ses fonctions 'humaines' de base : elle s'occupe mal de ses enfants.

Ill. 3

Les mémorialistes s'attardent peu sur la saleté de leurs adversaires armés – les partisans.[43] Serait-ce dû au même degré de saleté/propreté des combattants des deux côtés ?[44] On peut supposer également que la saleté des partisans soit difficilement exploitable sur le plan idéologique – ils évoluent dans un contexte anormal : comment ne pas être sale en vivant dans la forêt ? Elle peut apparaître pour atténuer celle des légionnaires : dans un récit sur une opération où les Français se trouvent spécialement crasseux, les partisans seront décrits comme plongés dans la boue jusque par-dessus la tête, puisqu'ils se cachent dans les marais en respirant avec des tiges de roseaux.[45]

La saleté des femmes locales, interlocutrices des occupants au quotidien, est par contre fréquemment détaillée. Elles sont « aussi sales que les hommes » – la remarque de Gomot reflète une attente traditionnelle (la femme

---

43 On remarque quelques expressions sans détails, comme « 'partoches' pourris » (Rostaing : *Le Prix d'un serment*, p. 89), « pouilleux » (Rusco : *Stoï !*, p. 267), ou bien une formule les rapprochant des parasites : les partisans 'infestent' les forêts (Rusco : *Stoï !*, p. 175 ; Rostaing : *Le Prix d'un serment*, p. 113).
44 Cf. Labat : *Les Places étaient chères*, p. 273.
45 Cf. Rostaing : *Le Prix d'un serment*, p. 128.

La guerre et la saleté 137

devrait être plus propre que l'homme), ce qui ne serait pas le cas dans la société qu'il observe.[46] Sur fond de femmes locales 'juste sales', l'ennemie idéologique affiche aussi l'impureté morale et peut être décrite comme contagieuse au sens propre et au sens figuré. Ainsi, la belle institutrice cherchant à convertir des Français à la cause 'marxiste' leur transmettrait des maladies vénériennes.[47] Son métier n'est pas précisé par hasard : l'enseignante est censée être propre et pure, elle transmet les connaissances et les valeurs de la société aux enfants. La manière d'aborder les maladies vénériennes est significative : c'est la femme civile qui serait source de contagion, et non pas les occupants au comportement sexuel débridé, auteurs de viols multiples.[48] En même temps, seul un petit groupe serait touché – des officiers envoyés en poste dans ce village – auquel l'auteur n'appartient pas, ce qui lui permet de rester 'propre'.

Les femmes médecins et infirmières chez l'adversaire, censées représenter le corps le plus civil et dont le métier exige la propreté, se voient également attribuer des marques d'impureté morale. C'est le cas de deux infirmières faites prisonnières lors de l'opération contre les partisans à la mi-mai 1944, qui se déroule dans la boue des marais.[49] Incorporées à l'unité française comme infirmières, elles se révéleraient être des espionnes cachant dans leurs sacs de médicaments des émetteurs radio, afin de guider les avions de reconnaissance soviétiques survolant l'unité qui les 'accueille'.[50] Dans le camp soviétique pour prisonniers de guerre, où Rostaing est interné après la capitulation, les femmes-médecins soviétiques choisiraient « de beaux mâles »

---

46 Gomot/Gomot : *L'Enfant de l'autre*, p. 93.
47 Cf. Labat : *Les Places étaient chères*, p. 118. Sur le statut d'ennemi idéologique des instituteurs cf. Bassompierre : Frères ennemis, p. 140. Ce même cliché de l'ennemie politique, séduisante et dépravée n'est pas confiné au territoire occupé soviétique : telles sont les descriptions qu'un légionnaire fait d'une gaulliste, « artiste lyrique », métier déchiffré comme « putain » par l'auteur, et d'une communiste, entraîneuse dans une boîte de nuit, les deux Françaises étant 'localisées' à Montmartre, pour parfaire le cliché. [Anonyme] : *Vae Victis*, p. 21, 80.
48 C'est un motif courant dans les témoignages des civils de la région où est stationnée la Légion ; on trouve des mentions de viols dans les mémoires des légionnaires (cf. par ex. [Anonyme] : *Vae Victis*, p. 99, 151 ; Labat : *Les Places étaient chères*, p. 65 (camouflé en rapport consenti) ; Gomot/Gomot : *L'Enfant de l'autre*, p. 147).
49 Cf. Rostaing : *Le Prix d'un serment*, p. 126.
50 Plusieurs détails rapprochent ce récit d'une rumeur, si ce n'est une construction de l'auteur. On peut difficilement imaginer les partisans, encerclés et chassés par la *Wehrmacht* dans les marais, organiser une telle opération, en plus en y employant à la fois deux opératrices radio avec deux émetteurs. La crédulité des légionnaires (qui n'auraient même pas fouillé les sacs des femmes) est difficilement imaginable. Enfin, Rusco, participant dans la même opération, mentionne apparemment les mêmes deux femmes faites prisonnières sans raconter l'histoire des émetteurs : elles auraient été juste renvoyées « à l'arrière » (Rusco : *Stoï !*, p. 303).

pour travailler à l'infirmerie : « Mieux vaut un bel Allemand blond et propre qu'un camarade russe repoussant de crasse ».[51] La malpropreté de l'adversaire est 'confirmée' ainsi de la bouche de 'ses' femmes – qui en même temps se comportent 'salement' du point de vue de la morale.

Nous retrouvons ainsi chez les légionnaires un cliché déjà connu des combattants du IIIe Reich : la femme adversaire, sale, impure, polluante, opposée à la femme de 'notre' camp, propre physiquement et moralement, incarnée par l'infirmière allemande.[52] Du côté de la *Wehrmacht*, les femmes restent en dehors du combat, assurant des tâches humanitaires : elles distribuent la nourriture, pansent les blessures. La propreté et la pureté d'une femme impliquée dans les activités de guerre s'expliqueraient donc par son engagement du 'bon' côté (celui du IIIe Reich), mais également par le fait qu'elle soutient 'son' homme dans le combat sans prétendre à ses prérogatives de guerrier.[53]

Des contacts proches avec les femmes locales peuvent susciter une remarque sur leur propreté. L'auteur de *Vae victis* dit à propos de la jeune fille qui lui plaît : son « isba est propre et Xenia est jolie ».[54] On trouve une attitude contraire chez Rusco : en décrivant deux filles locales, que lui et son ami fréquentent, il souligne en même temps leur saleté : « elles pourraient être belles, si elles étaient propres », elles vivent « dans une isba moins crasseuse que les autres, mais tout aussi envahie de poux et de punaises »[55]. Signe d'une relation superficielle ? Tribut aux schémas idéologiques (la femme locale 'doit' être sale) ?

Un schéma de la propagation de la saleté lors de tels contacts semble se dégager des écrits des légionnaires. La relation entre un occupant et une femme locale est 'normale' et non salissante ni contagieuse pour lui (le cas exceptionnel de l'ennemie 'idéologique' semble confirmer la règle). Un tel contact peut être bénéfique pour les femmes locales qui deviendraient « mieux habillées, à l'européenne » au contact des occupants.[56] La descendance de telles relations porterait des traces 'positives' : chez Dupont, les légionnaires pensent identifier une jeune fille locale, jolie, élégante et dont la maison est propre comme descendante d'un des grognards de Napoléon.[57]

---

51   Rostaing : *Le Prix d'un serment*, p. 207–208.
52   Cf. par ex. Littell, Jonathan : *Le Sec et l'humide. Une brève incursion en territoire fasciste*, [Paris] : Gallimard, 2008, p. 26–29, qui s'appuie sur Klaus Theweleit ; Gomot/Gomot : *L'Enfant de l'autre*, p. 172, Dupont : *Au Temps des choix héroïques*, p. 141, 164.
53   « La guerre est un privilège des mâles », précise Saint-Loup : *Les Partisans*, p. 37.
54   [Anonyme] : *Vae Victis*, p. 150.
55   Rusco : *Stoï !*, p. 96–97. Une remarque du même genre chez Saint-Loup : *Les Partisans*, p. 131.
56   Gomot/Gomot : *L'Enfant de l'autre*, p. 93.
57   Cf. Dupont : *Au temps des choix héroïques*, p. 133–134. La LVF est stationnée dans la région par laquelle l'armée de Napoléon était passée en 1812. On retrouve cette histoire reliant la propreté à l'origine 'ethnique' avec d'autres détails dans le récit romancé chez Saint-Loup : *Les Volontaires*, Paris : Presses de la Cité, 1963, p. 71–74.

C'est la relation inverse, celle entre une femme 'européenne' et un homme local, qui est catastrophique du point de vue de la culture et de la propreté. Une Française qui a épousé un soldat russe pendant la Première guerre mondiale aurait oublié sa langue maternelle, perdu tous les traits 'français' et est décrite comme une « souillon ».[58] L'auteur de *Vae victis* parle d'« un autocar d'infirmières » allemandes qui aurait été capturé par les partisans ; deux d'entre elles auraient été retrouvées un an plus tard, déguenillées, souillées, ayant enduré les travaux les plus répugnants.[59] Ainsi, la saleté ne signale pas le danger d'un mélange de 'races' ou 'métissage' en tant que tel (bien que ce sujet ne soit pas inconnu aux légionnaires)[60], mais une certaine approche des genres dans le couple : la liaison mixte est dégradante pour les femmes de 'son' camp, dominant et colonisateur, mais elle est ouverte aux hommes occupants et peut être alors civilisatrice pour la femme du camp dominé et colonisé.

Enfin, l'un des moyens courants des mémorialistes pour souligner la saleté et le désordre régnant chez les civils locaux est d'évoquer leur promiscuité avec les animaux. Les maisons villageoises se composeraient de deux pièces, l'une destinée à la famille, l'autre au bétail[61] (il s'agit probablement d'une grange attenante)[62]. Les conditions de vie des paysans sont pointées comme « inhumaines », « pires que celles des animaux »[63] : des enfants « à même le sol, y sont couchés, plus mal que des bêtes », une femme accouche sur un poêle, « dans un état de saleté repoussante... Pour la libération d'une vache, on nettoierait mieux une étable ! ».[64] Des appellations animalières sont utilisées pour désigner les civils (dont « cochon », animal sale par excellence)[65]. Leur lien avec les parasites est souligné : l'auteur de *Vae victis* affirme que les poux – transmetteurs du typhus – ne sont pas dangereux pour un Russe. Signe de leur cohabitation pacifique, de l'immunité élaborée dans un contact prolongé ?[66]

---

58 [Anonyme] : *Vae Victis*, p. 113.
59 Cf. [Anonyme] : *Vae Victis*, p. 90. L'absence de détails ne permet pas de trancher en faveur d'une rumeur ou d'un fait réel.
60 Cf. par ex. [Anonyme] : *Vae Victis*, p. 151.
61 Cf. Rusco : *Stoï !*, p. 46. Cf. Bassompierre : Frères ennemis, p. 139.
62 Cf. Gomot/Gomot : *L'Enfant de l'autre*, p. 97, qui l'identifie comme telle. Sur de telles granges traditionnelles répandues en Biélorussie cf. Čistov, Kirill V. (dir.) : *Ètnografija vostočnych slavjan. Očerki tradicionnoj kul'tury*, Moskva : Nauka, 1987, p. 243, 245.
63 Rusco : *Stoï !*, p. 39.
64 Larfoux : *Carnets de campagne*, p. 17, 42.
65 Rusco : *Stoï !*, p. 299, Labat : *Les Places étaient chères*, p. 257.
66 Cf. [Anonyme] : *Vae Victis*, p. 33, voir aussi Larfoux : *Carnets de campagne*, p. 101.

3. La saleté des guerriers : le regard des légionnaires sur eux-mêmes

Le regard négatif sur les 'autres' va de pair avec la construction d'une image positive de soi.[67] Dans cette image, les légionnaires ne se présentent pas comme toujours propres, mais la description de leur saleté suit un schéma différent.

Au sein de l'unité, les légionnaires 'naturellement' et 'toujours ' malpropres sont décrits comme rares et marginaux.[68] Détails réalistes ou règlement de comptes personnels, ces notices servent aussi à pointer implicitement la propreté de l'auteur et de la majorité des soldats. Ces 'tares' humaines de la Légion disparaissent progressivement, tandis que le corps des combattants se « cristallise » au fil des batailles qui « purifient »[69]. Les plus 'purs' d'esprit rejoindront à la fin les SS et iront jusqu'à défendre le IIIe Reich et le Führer à Berlin lors des derniers jours de la guerre. Cet événement prend sous la plume de Labat les traits d'une pureté presque religieuse : un geste « pur », « beau », « une grande chose », « une communion émouvante »[70].

Les soldats entrent en contact avec la saleté bien avant leur arrivée en Russie. Leur départ pour le camp d'entraînement se fait dans des wagons à bestiaux, où les recrues font connaissance avec les morpions.[71] La dysenterie touche pratiquement tous les effectifs de la LVF dans le camp, sans doute parce que les soldats pillent des légumes dans les champs voisins et les dévorent « à demi cuits avec leur pelure » ; ils déracinent les carottes avec les dents lors d'une manœuvre dans un champ (« mon meilleur souvenir », précise l'auteur anonyme de *Vae victis*).[72] Lors du voyage vers le front, Gomot découvrira les toilettes collectives des soldats et leur puanteur ; dans le wagon un caporal ivre lui vomit dessus.[73]

Dans le camp d'entraînement de la *Wehrmacht*, on apprend aux soldats à se salir, mais également à se nettoyer. Les normes de propreté physique leur

---

67   Cf. par ex. Paddock, Troy R. E. : *Creating the Russian Peril. Education, the Public Sphere, and National Identity in Imperial Germany, 1890–1914*, Rochester (NY) : Camden House, 2010, p. 227.
68   Cf. Labat : *Les Places étaient chères*, p. 61 ; [Anonyme] : *Vae Victis*, p. 15.
69   Saint-Loup : *Les Partisans*, p. 190.
70   Labat : *Les Places étaient chères*, p. 422. Les combattants 'purs' sont soulignés par les auteurs des mémoires tout au long de l'histoire de la LVF (cf. par ex. Labat : *Les Places étaient chères*, p. 301).
71   Cf. [Anonyme] : *Vae Victis*, p. 15–16.
72   [Anonyme] : *Vae Victis*, p. 21. Nous trouvons des mentions de telles pratiques des soldats de la *Wehrmacht* sur le territoire occupé dans les témoignages des civils soviétiques (cf. par ex. Kulagina/Mironihina/Šepeliv : *Iz pervyh ust*, p. 172).
73   Cf. Gomot/Gomot : *L'Enfant de l'autre*, p. 87.

sont inculquées, parfois par des moyens violents. Certains y résistent.[74] Un bon soldat doit pourtant chercher à être propre, et Rostaing, en charge de leur formation, expliquera leur résistance par l'esprit de fronde anti-allemande :[75] les bottes pas assez propres sont affichées comme un trait de l'identité française d'un soldat, un « concours de pets » est présenté comme un moyen de protester contre le pain de seigle allemand difficile à digérer.[76] Nous trouvons chez Dupont des descriptions de l'attitude 'correcte' des légionnaires veillant à leur propreté et des pratiques d'hygiène appliquées lors de leur déplacement vers le front.[77] Sur le territoire occupé, la *Wehrmacht* continue à veiller sur la propreté de ses soldats : tous les mois, la *Marketenderei* vend aux légionnaires de nombreuses fournitures, dont des lames de rasoir, des brosses à dents et du dentifrice.[78] La saleté d'un soldat est signe de la chute de son moral, de sa défaite, ce qui explique la mise en valeur des moments où elle est combattue.[79]

La guerre plongera les légionnaires dans la 'grande' saleté, qui ne pourra pas être ignorée dans leurs écrits – par souci de réalisme, mais également parce que ses images auront une fonction idéologique importante. Celles évoquant la boue des routes, dans laquelle ils pataugent régulièrement, expliquent le piétinement des forces du IIIe Reich et introduisent une nouvelle dimension au combat : les soldats sont confrontés à un ennemi plus grand que l'Armée rouge, « un sol » « qui se défend presque seul sans le secours des combattants », comme le formule Jacques Doriot – la Nature, les Eléments qui dans la mythologie de la *Wehrmacht* deviendront la cause principale de la défaite à l'Est, mettant hors de cause la combativité de ses soldats et le génie de leurs chefs militaires.[80]

---

74   Cf. Rostaing : *Le Prix d'un serment*, p. 29–30.
75   Cf. Rostaing : *Le Prix d'un serment*, p. 30 : « mauvais esprit, ou … une certaine indépendance à l'égard de ses supérieurs ».
76   Rostaing : *Le Prix d'un serment*, p. 21. De tels « concours» font partie des divertissements des soldats de la *Wehrmacht* sur le territoire occupé et figurent dans les témoignages des civils (Kulagina/Mironihina/Šepelev : *Iz pervyh ust*, p. 305). La saleté prend une allure transgressive et ludique et est exposée également à d'autres occasions : telle est par exemple la description chez Labat du troc des poux transmettant potentiellement le typhus pour les présenter au médecin et obtenir ainsi un séjour à l'hôpital (Labat : *Les Places étaient chères*, p. 62–63).
77   Cf. Dupont : *Au temps des choix héroïques*, p. 84.
78   Cf. [Anonyme] : *Vae Victis*, p. 47.
79   Labat : *Les Places étaient chères*, p. 302, 331.
80   Cf. Doriot, Jacques : *Réalités*, Paris : Les Editions de France, 1942, p. 128 ; Larfoux : *Carnets de campagne*, p. 102 ; cf. p. 76, 168 ; Rusco trouve « sans doute significatif que le premier tué de notre bataillon soit […] mort écrasé dans la boue par un fourgon » (Rusco : *Stoï !*, p. 49).

Difficile à éviter, à éliminer et à ignorer, la saleté des guerriers peut être alors présentée sous un angle épique, comme le fait Saint-Loup.[81] L'idée de l'auteur est de démontrer que la nature déchaînée prend le dessus sur le corps, mais pas sur l'esprit d'un soldat :[82] son nez coule dans la gamelle, mais, stoïque, il mangera sa soupe jusqu'au bout. Un autre légionnaire salit l'intérieur de la maison, mais pour une bonne cause : en urinant sur le feu il éteint l'incendie qui commence. Le troisième récit 'moralisant' montre un volontaire braver sa blessure, et de cette façon l'ennemi qui l'a causée – « ce n'est pas la blessure qui le fait souffrir, ce sont les poux »[83]. Une remarque de Rusco avoisine les récits 'épiques' sur la saleté : lors d'une opération particulièrement éprouvante, près du lac Palik, les légionnaires boivent l'eau des marais dans laquelle baignent des cadavres.[84]

Avec ces récits, nous sommes en face de la saleté 'héroïque', valorisée, trait distinctif du 'vrai' combattant, de la 'vraie' guerre, opposée aux images de propagande et aux représentations proprettes de l'arrière.[85] Son essence peut être 'noble' – de retour du combat, une des composantes de la crasse des légionnaires est le sang des camarades blessés.[86] Elle permet de souligner les souffrances des soldats, mais aussi de réaffirmer la pureté de leur engagement qui ne peut être que 'désintéressé' dans de telles conditions.[87] Elle permet de distinguer de 'vrais' soldats de la troupe de fuyards en débandade.[88] Elle peut même faire songer au glorieux passé national : lors du dégel, les légionnaires se trouvent dans leurs tranchées, plongés dans la boue « jusqu'aux genoux,

---

81 Sa petite série de récits édifiants porte en particulier sur des sécrétions produites d'une façon incontrôlée par leurs corps, probablement en réponse à la propagande soviétique qui, dès le premier hiver de la guerre, crée une image de l'ennemi 'hivernal', gelé et sale, au nez qui coule, 'Fritz gelé'. Cf. Ortenberg, David Iosifovič : *Iûn'-dekabr' sorok pervogo. Rasskaz-hronika*, Moskva : Sovetskij pisatel', 1984, p. 262–263. Le même motif se trouve dans les témoignages des civils soviétiques, cf. par ex. Kulagina/Mironihina/Šepelev : *Iz pervyh ust*, p. 219, 284.
82 On retrouve ce motif chez des autres auteurs de la Légion, cf. par ex. Labat : *Les Places étaient chères*, p. 102, 327.
83 Saint-Loup : *Les Partisans*, p. 48–49.
84 Cf. Rusco : *Stoï !*, p. 302.
85 Cf. par ex. Rostaing : *Le Prix d'un serment*, p. 140.
86 Cf. Rusco : *Stoï !*, p. 84.
87 Les soldats sortant d'une opération éprouvante ont « l'air plus de martyrs que de vainqueurs » (Labat : *Les Places étaient chères*, p. 301) ; cf. Saint-Loup : *Les Partisans*, p. 44–48 ; [Anonyme] : *Vae Victis*, p. 47–48. Démarche d'autant plus nécessaire que des motivations financières et la volonté d'éviter des poursuites judiciaires engagées en France sont des facteurs d'engagement répandus parmi les volontaires (Carrard : *« Nous avons combattu pour Hitler »*, p. 168–169). La 'pureté' de leurs motivations est mise en doute par la propagande de la France libre (cf. par ex. [Anonyme] : *Souvenirs d'un volontaire de la Légion anti-Bolchévique*, p. 1–6).
88 Cf. Labat : *Les Places étaient chères*, p. 327.

parfois même jusqu'au ventre », ceci leur fait dire, selon Rusco : « Les tranchées de l'Argonne en 1916 ressemblaient sûrement aux nôtres [...] que le souvenir de nos pères nous soutienne »[89].

4. Deux saletés bien différentes

Le binôme sale/propre est un corollaire classique de l'opposition non civilisé/civilisé, dominé/dominant.[90] Or, son utilisation par nos mémorialistes n'est pas simple, car le degré différent de saleté des soldats est justement difficile à entrevoir.[91] Ils évoluent dans une région qui a lourdement souffert de la guerre, à travers les forêts, ils s'installent provisoirement dans les villages, dans des conditions précaires et de promiscuité. La politique sanitaire et hygiénique de la *Wehrmacht* est loin d'être efficace.[92] Les pratiques hygiéniques des légionnaires sont souvent sommaires : un des auteurs mentionne sa méthode pour « se laver entièrement... y compris les dents » avec un verre d'eau, « technique familière à tous les gens de guerre »[93]. Il n'a pas enlevé ses chaussures et vêtements depuis plusieurs jours et ne trouve pas moins de mille poux sur son corps.[94] Les contacts quotidiens avec les civils créent un niveau de saleté commun aux deux parties.

L'effort des mémorialistes pour se démarquer de la population locale passe alors par la distinction de l'essence de la saleté. Celle des soldats peut être honteuse (signe de défaite ou de négligence), à éliminer – ou héroïque, 'de combat', 'de métier', faisant partie d'un comportement transgressif rejetant les normes de la société civile, digne d'être exposée, au moins provisoirement. Dans ses descriptions, on trouve un point commun : si la saleté n'est pas toujours choisie, les légionnaires en sont conscients, y réfléchissent, peuvent s'en débarrasser. Ils viennent du monde 'propre' et sont 'propres' au départ, se souillent au contact du monde de la guerre, du pays occupé et de ses habitants,

---

89 Rusco : *Stoï !*, p. 56. Sur l'utilisation de la tradition militaire 'héroïque' par les idéologues de la LVF, cf. Shields : Charlemagne's Crusaders, p. 95–100.
90 Cf. Latzel : Tourisme et violence, p. 211.
91 Nous sommes devant une construction plus complexe que celle décrite par Klaus Latzel à la base de son analyse des lettres des soldats allemands (l'opposition entre la 'propreté', signe de leur culture moderne exemplaire, et la 'saleté', trait de la culture locale primitive).
92 C'est le cas par exemple des « kilos de dentifrice » proposés par la *Marketenderei* aux soldats (en décalage avec le fait qu'ils sont envahis par les parasites) ([Anonyme] : *Vae Victis*, p. 47), ou bien des pastilles contre la dysenterie qui ne semblent pas guérir Larfoux, malade pendant presque tout son séjour dans la *Wehrmacht* (Larfoux : *Carnets de campagne*, p. 23, 25, 28, 34 etc.).
93 [Anonyme] : *Vae Victis*, p. 22.
94 Cf. [Anonyme] : *Vae Victis*, p. 63–64.

mais cette saleté acquise est provisoire et 'lavable' – et ce lavage s'accomplit sous une forme presque ritualisée lorsque le soldat quitte le pays occupé.[95]

La saleté des civils témoigne du regard essentialiste des légionnaires : elle est 'civilisationnelle',[96] innée, éternelle. Les habitants locaux y sont habitués, ne la voient pas, ne peuvent pas et/ou ne veulent pas s'en défaire. Elle ne disparaît pas, malgré leurs efforts lorsqu'ils en font – que ce soit au niveau personnel ou à celui de l'Etat. Des images fortes illustrent cette thèse. Rusco met en scène deux filles s'épouillant sans jamais arriver à l'extermination totale de la vermine.[97] Lors de sa première rencontre proche avec les civiles russes, Larfoux se lave après une longue route dans la boue, tandis qu'elles restent sales : seules leurs larmes (elles pleurent de peur devant le soldat ennemi) laissent des traces « dans la crasse de [leurs] joues »[98]. Le même auteur décrit des Français s'épouillant tandis que les Russes « sont pourris de vermine mais la laissent vivre ».[99] Il illustrera ce caractère 'inné' de la saleté des civils (ici les Juifs) dans une description édifiante : regroupés par les autorités d'occupation dans un quartier, dans des conditions 'correctes' (« les maisons remises à neuf et désinfectées ») mais séparés de leurs 'subordonnés' locaux (qu'ils auraient exploités avant la guerre), les Juifs plongent dans la saleté et le désordre.[100]

L'évocation de la malpropreté 'essentialiste' va de pair avec l'effort des mémorialistes de mettre hors de cause la guerre, eux-mêmes ainsi que d'autres facteurs objectifs favorisant le désordre et la saleté et susceptibles de contredire son caractère 'local'. Bien qu'on devine derrière leurs récits le déplacement d'un observateur urbain vers la campagne et la périphérie d'un pays occupé et à moitié détruit, la circulation de masses de soldats qui ne se soucient pas de la propreté des lieux occupés souvent pour une nuit, l'inadaptation des structures campagnardes à l'accueil de telles masses, la destruction des services sanitaires et des infrastructures, ces facteurs sont rarement présentés comme favorisant la saleté 'locale'. Saint-Loup avoue avec ironie ne pas comprendre pourquoi les Russes sont si sales, tandis que les Finlandais sont propres, étant donné que leurs techniques d'hygiène sont « les mêmes ». L'explication par la guerre et l'occupation n'est pas évoquée, l'auteur suggère ainsi au lecteur le caractère 'naturel' de la saleté chez les Russes.[101] Rusco

---

95 Cf. Labat : *Les Places étaient chères*, p. 276.
96 Cf. les appellations de la saleté ou de la boue 'russe' ou 'polonaise', Saint-Loup : *Les Partisans*, p. 132, [Anonyme] : *Vae Victis*, p. 16–17.
97 Cf. Rusco : *Stoï !*, p. 97.
98 Larfoux : *Carnets de campagne*, p. 18.
99 Larfoux : *Carnets de campagne*, p. 101, 116.
100 Cf. Larfoux : *Carnets de campagne*, p. 152–153. Le personnage-clé du point de vue de l'hygiène, le médecin juif, est 'cité' par l'auteur pour confirmer sa thèse. Il refuse de nettoyer ses instruments et d'aller chercher de l'eau au puits à cent mètres : une représentation classique nazie du Juif 'sale' qui 'ne veut pas travailler', en décalage avec son métier qui implique la propreté.
101 Cf. Saint-Loup : *Les Partisans*, p. 132.

La guerre et la saleté 145

décrit un village biélorusse dont la population meurt du typhus. Il est « plus sale » que les autres – et il n'a pas encore été occupé par la *Wehrmacht*. La vue de la situation « révolte » les légionnaires, qui accusent les services sanitaires locaux d'inaction. Or, la description date de juillet 1942 : les services en question, basés dans les villes, sont sous le contrôle de l'administration allemande depuis un an.[102]

On peut remarquer un effort des légionnaires de dégager la guerre des accusations d'être 'sale' même au sens figuré : la guerre « c'est autre chose qu'un sale jeu mené par des enfants dégueulasses », répond Rostaing aux accusations des « lâches », des « minables et des « pacifistes »[103]. Chez Labat, l'exclamation « la sale guerre » cache en fait l'accusation contre les adversaires – ce sont leurs pratiques qui feraient des victimes parmi les civils.[104]

Ill. 4

---

102 Cf. Rusco : *Stoï !*, p. 98–99.
103 Rostaing : *Le Prix d'un serment*, p. 99.
104 Cf. Labat : *Les Places étaient chères*, p. 220. La guerre et la destruction sont souvent mis sur le compte des seuls Soviétiques : ainsi, c'est eux qui auraient brûlé Smolensk avant de l'abandonner (Larfoux : *Carnets de campagne*, p. 15). En réalité, la ville a été le théâtre de combats acharnés pendant plusieurs semaines.

5. Des idées aux actes

Au fil de ces récits, le message des auteurs devient clair : il s'agit de l'incapacité des Soviétiques à être 'propres'. Leur seule issue est de le devenir au contact avec les 'Européens' et les mesures prises par ceux-ci pour les 'nettoyer'. Or, si la propagande du IIIe Reich tend parfois à souligner l'effort de la nouvelle administration, apportant la propreté et la 'civilisation' dans un pays occupé,[105] les cas de 'nettoyage' des habitants locaux et de leurs espaces sont peu nombreux dans les mémoires des légionnaires. On peut citer deux récits de Larfoux aux accents de propagande évidents. En décrivant comment, avec ses camarades, ils lavent une fillette orpheline accueillie, il commente que c'est sans doute la première fois de sa vie (elle a 14 ans) qu'elle prend un bain et se lave au savon. Sa malpropreté – et peut-être son statut d'orpheline – dateraient donc de 'toujours' et ne sont pas le résultat de l'occupation. Le nettoyage la réintègre symboliquement à la bonne 'race' (l'auteur souligne qu'elle devient « blanche » à la sortie du « bain de décapage »), mais pas à part égale : le « costume primitif, formé de peaux de mouton grossièrement cousues entre elles » que les soldats lui confectionnent correspond très clairement à son statut de 'sauvage' subordonnée. Elle sera transférée à l'hôpital allemand et intégrée au personnel de la cuisine[106] (il n'est évidemment pas question de l'envoyer à l'école). Le même auteur raconte que les Allemands auraient installé un « établissement de douche » dans une usine à Liozno, mais « il faut ... beaucoup d'insistance pour que les ouvriers consentent à se laver. Ils ne l'ont jamais fait, et considèrent cette opération comme étrangère à leurs mœurs »[107].

La non-intervention et la ségrégation sont monnaie courante : quitter la maison infestée de parasites et s'installer dehors, s'éloigner du village 'sale',[108] ne pas boire l'eau du fleuve ou d'un puits de peur de dysenterie,[109] etc. Nous ne trouvons pratiquement pas de descriptions des tentatives d'entretien d'hygiène ou d'imposition de ses normes dans les localités occupées. L'attitude de Rusco et de ses camarades, qui, tombés sur un village 'sale' et ravagé par le typhus, s'en éloignent sans signaler l'épidémie à un quelconque service sanitaire local ou à l'administration allemande semble une pratique habituelle.

Le 'nettoyage' de soi-même est bien plus visible. Or, si les moyens et les pratiques d'hygiène de l'armée de l'occupation vont rarement vers les civils,

---

105 Cf. illustration 4 (*Signal*, édition française, No. 15 (1943), p. 28). Le premier cliché aurait été pris à l'arrivée de la *Wehrmacht* dans le village en 1942. Le deuxième, qui aurait été pris un an plus tard, illustre l'intérieur de la même maison qui « est devenu aujourd'hui [...] propre et riant », grâce à l'occupation et à « la libération du système des kolkhozes ».
106 Larfoux : *Carnets de campagne*, p. 143.
107 Larfoux : *Carnets de campagne*, p. 150.
108 Cf. Rusco : *Stoï !*, p. 97–99, 102.
109 Cf. Larfoux : *Carnets de campagne*, p. 26, 141.

au moins une institution locale profite-t-elle aux occupants et même de manière efficace – le sauna traditionnel.[110] Enfin, pratiquement tous les mémorialistes mentionnent le 'rite de passage' de l'espace infesté et sale vers l'espace propre : le nettoyage et le dépouillage avant le retour au pays. Sa description permet aux auteurs tant de souligner la frontière entre les deux mondes que de se présenter comme propres et ne présentant pas de danger de contagion après leur retour.[111]

Les images de la saleté creusent les frontières entre occupants et occupés, traduisent et accentuent les peurs et les dangers (réels ou imaginaires) qui découlent de leur promiscuité (se salir, contracter une maladie, être corrompu ou infiltré par les agents des adversaires, perdre l'esprit combatif et son identité…). L'accentuation de la saleté corporelle et de l'impureté morale (les deux étant liées, comme nous l'avons vu), d'une supposée menace (salissure, contagion) provenant des civils, leur animalisation sont une étape préliminaire classique avant divers massacres.[112] Le discours sur la saleté des habitants locaux contribue-t-il aux violences commises par les légionnaires contre eux ?

Si la participation de la LVF à des exactions contre les civils ne fait pas de doute,[113] le sujet est soigneusement évité ou masqué dans leurs écrits. Des remarques permettant de voir le lien entre la saleté des 'autres' et les idées et pratiques de leur extermination y sont pourtant bien présentes. Le 'projet' global de la Légion est décrit en termes de 'purification' chez Dupont (ses camarades rêvent d'une « Russie purifiée qu'ils auraient délivré du Bolchevisme »[114]) ; la saleté, la boue devient un symbole des adversaires (ici l'Armée rouge) chez Rostaing ;[115] son compagnon d'armes Rusco, faisant partie du même commando, 'nettoie' les maisons villageoises des partisans (ou supposés tels). Il utilise le même verbe 'nettoyer' pour décrire l'acte d'achever les soldats adversaires survivants le combat et parle de « l'élimination » des « pouilleux » lors d'un combat contre les partisans.[116] L'insistance des légionnaires sur la saleté physique et morale des femmes-ennemies peut être mise en rapport avec le fait que Rusco présente l'anéantissement d'un

---

110 Cf. Larfoux : *Carnets de campagne*, p. 21 ; [Anonyme] : *Vae Victis*, p. 32–33.
111 Un légionnaire que Lucien Rebatet rencontre à la gare de Berlin revient du front de l'Est. Il précise dès le début de leur conversation qu'il a été épouillé sur le chemin de retour. Cf. Rebatet, Lucien : *Les Mémoires d'un fasciste*, t. 2 : *1941–1947*, Paris : Jean-Jacques Pauvert, 1976, p. 87–88.
112 Cf. Sémelin, Jacques : *Purifier et détruire. Usages politiques des massacres et génocides*, Paris : Seuil, 2005, p. 296, 303 ; pour le front de l'Est en particulier cf. Baechler : *Guerre et extermination*, p. 241.
113 Cf. Giolitto : *Volontaires français*, p. 161–166. Les documents provenant de la LVF ne décrivent probablement qu'une petite partie de telles exactions.
114 Dupont : *Au temps des choix héroïques*, p. 135.
115 Cf. Rostaing : *Le Prix d'un serment*, p. 126, 129.
116 Rusco : *Stoï !*, p. 209, 267, 327.

groupe de femmes-partisanes comme un « beau fait d'armes des Français »[117]. Labat cite un sous-officier qui propose de fusiller toute femme atteinte de maladie vénérienne pour 'régler' ce problème chez les occupants (« Morte la bête, mort le venin »[118]). L'auteur de *Vae victis* mentionne froidement que tous les habitants du ghetto de Kruszyna mourront pendant la guerre, ayant fourni d'après lui « le terrain de culture du pou typhique » pour la production du sérum contre le typhus.[119] La destruction des villages et celle de leur population, soupçonnée de soutenir les partisans, que nous connaissons par les témoignages des civils et des documents des enquêtes d'après-guerre, pouvait être facilitée par cet état d'esprit 'nettoyeur' des occupants.

6. D'autres regards ?

Nous avons cerné le regard sur la saleté, caractéristique apparemment à la majorité de mémorialistes connus de la LVF. Si ce regard essentialiste et dominateur semble être partagé par la plupart de nos auteurs, des dépassements de ses limites sont à mentionner. L'adhésion aux lignes générales n'exclut pas des remarques plus nuancées ou réalistes sur le sujet.[120]

Un mémorialiste, Jean-Baptiste Emmanuelli, s'oppose sur plusieurs points au *mainstream* de la littérature de la LVF. Affichant son dégoût pour la guerre sur le front de l'Est, il dénonce les exactions contre les civils (la première partie de son livre est intitulée « Tue, baise, pille ») et expose en détail les atrocités commises, en prenant partie clairement pour les victimes. Il aurait cherché à déserter. Cet auteur 'déviant' démontre également un regard différent au sujet de la crasse, qui est pour lui liée à l'occupation. Il dénonce la saleté dans laquelle les occupants plongent les prisonniers de guerre soviétiques parqués à ciel ouvert, « entassés comme du mauvais bétail », et des pratiques des occupants réduisant le corps des ennemis à la saleté : « Un semblant de cimetière pour les vainqueurs, une fosse à purin pour les vaincus ».[121]

La Légion est étroitement liée à la saleté : le chapitre racontant son évolution dans son sein est intitulé « la vase L. V. F. » ; un des épisodes-clé est

---

117 Rusco : *Stoï!*, p. 304–305.
118 Labat : *Les Places étaient chères*, p. 118.
119 [Anonyme] : *Vae Victis*, p. 18.
120 Ainsi Gomot mentionne la guerre comme cause de la misère et de la pauvreté (Gomot/Gomot : *L'Enfant de l'autre*, p. 71), Saint-Loup affirme que malgré leur 'saleté' les paysans russes ne sont pas abrutis, mais vertueux et peuvent « se réaliser dans un grand destin sous la conduite de nouvelles élites » (Saint-Loup : *Les Partisans*, p. 133). Labat (*Les Places étaient chères*, p. 54–56) combine dans la description de son premier contact avec le pays occupé des traits 'fabuleux' et ceux de la 'saleté répugnante' etc.
121 Emmanuelli, Jean-Baptiste : *Et j'ai cassé mon fusil*, Paris : Robert Laffont, 1974, p. 34, 40–42.

consacré à sa survie et à celle de son camarade, pataugeant dans la boue du marais sous le feu des partisans, envoyés en patrouille par un « c...n de sergent » ignorant le terrain.[122] Les images réalistes montrant la saleté de la guerre abondent : la description de la mort de son camarade qui le couvre de sang et de cervelle ; l'hôpital militaire allemand à Orel (ici une *Schwester* allemande lui parle de sa répugnance pour la guerre) et son évacuation, dans un train de blessés, « conserve de charogne concentrée » pendant « cinq jours... de voyage atroce, dans les urinaux, le pus, les cahots du sabotage, les giclées d'hommes liquéfiés ». Enfin, quant à l'élimination-'nettoyage' des ennemis, il la résume sans équivoque par la bouche d'un SS : « Pas de quartier, millions de prisonniers = millions de morts ! [...] Place nette ! ».[123]

Or, si l'auteur refuse apparemment l'idéologie nazie et la guerre, il a un regard hautain sur la population locale, en produisant mot pour mot des clichés que nous avons déjà rencontrés chez la majorité des mémorialistes : la passivité et la 'barbarie' des paysans locaux (ici polonais), des objets d'hygiène élémentaires – savon et boutons (!) – 'inconnus' dans les villages, la 'crasse' de toute la population soviétique (sauf l'élite du Parti). Au moment où il réfléchit à la désertion, il conclut qu'il faut quitter « ce pays de m...de » et une fois arrivé en Allemagne, lui et ses camarades se sentiront « chez eux ».[124]

L'auteur anonyme des *Souvenirs*[125] s'écarte également du point de vue dominant : il présente la LVF comme un conglomérat de voyous, dont la malpropreté et les défaillances morales précèdent tout contact avec la guerre et l'ennemi. On peut pourtant voir dans l'absence de remarques sur la saleté des civils et des adversaires soviétiques tant la position de l'auteur que les exigences de la censure (ses mémoires sont publiés par l'édition appartenant à la France libre, avant la fin de la guerre (1943 ?).

Serait-il donc impossible pour un occupant de voir l'URSS et sa population autrement qu'à travers la grille 'salissant' les objets et les personnes observées ? Nous trouvons une preuve du contraire dans le livre autobiographique de Mario Rigoni Stern, sergent du corps expéditionnaire italien, qui semble suivre le schéma inverse. Ce sont les occupants qui sont sales et leur saleté ne provient pas des locaux. Si dans les blagues des soldats que l'auteur cite au début du livre, les poux qui accompagnent la saleté sont 'soviétiques' (et porteraient même un marteau et une faucille), les maisons et les familles locales qu'ils rencontrent lors de la retraite désastreuse de son unité sont décrites comme accueillantes et propres.[126] Le périple de l'auteur se termine dans une famille biélorusse où il passe plusieurs jours, et qu'il décrit comme

---

122 Emmanuelli : *Et j'ai cassé mon fusil*, p. 46–48
123 Emmanuelli : *Et j'ai cassé mon fusil*, p. 51, 57, 74, 76.
124 Emmanuelli : *Et j'ai cassé mon fusil*, p. 37, 45, 69, 82.
125 [Anonyme] : *Souvenirs d'un volontaire de la Légion anti-Bolchévique*.
126 Cf. Rigoni Stern, Mario : *Il sergente nella neve. Ricordi della ritirata di Russia*, Torino : Einaudi, 1953, p. 29–30, 119, 153.

un havre de paix.[127] Un tel regard humaniste et pacifiste,[128] minoritaire dans la littérature mémorielle occidentale sur le front de l'Est, n'est pas représenté dans notre corpus français.

7. Conclusion

Malgré leur place restreinte et le caractère d'apparence anecdotique ou réaliste, les remarques sur la saleté ont une dimension idéologique et jouent un rôle important dans les écrits des légionnaires, en contribuant à la construction de l'image de l'ennemi. La saleté marque ou évoque chez eux le régime bolchevique, adversaire proclamé de la LVF :[129] ses réalisations ou négligences sont la raison de la saleté ambiante. Le régime néglige l'hygiène publique, 'laisse' le 'peuple' dans l'insalubrité et la pauvreté, signes clairs de son caractère inhumain. L'impureté morale semble être un trait caractéristique de certains adversaires 'bolcheviques'.

Le thème de la saleté est dirigé également contre les habitants locaux en général, en permettant de les présenter comme arriérés, non civilisés et incapables de rester 'propres'. Ce discours vise les points-clé de leur société – famille, femme au foyer, enfants, maison. Si certaines personnes ou groupes sont marqués comme 'spécialement sales' ou 'plus propres', des généralisations concluant à la malpropreté 'des Russes' sont courantes. Cette image, reflétant la suprématie 'culturelle'[130] de l'observateur, a des conséquences politiques : la saleté va de pair avec la pauvreté, tant matérielle que celle « d'esprit », et la passivité de la population locale.[131] Elle est sujette ainsi naturellement à la domination et aux potentiels efforts civilisateurs des occupants – ou à l'élimination. En même temps, le caractère 'inné' de la saleté des occupés dégage leurs nouveaux 'maîtres' des doutes possibles quant à leur rôle civilisateur : le manque d'implication de l'administration d'occupation dans l'entretien de l'hygiène sur le territoire occupé est moins criant, quand on apprend que, de toute façon, la population locale 'ne demande pas' à être propre.

---

127 Cf. Rigoni Stern : *Il sergente nella neve*, p. 158–159.
128 Sans pouvoir analyser ici ce cas rare en détail, mentionnons que les expériences de guerre de Rigoni Stern diffèrent de celles des volontaires français : il est conscrit et a connu les camps de concentration allemands.
129 Sur la place de l'anticommunisme dans l'idéologie de la LVF cf. Davey, Owen : The Origins of the Légion des Volontaires Français contre le Bolchevisme, ds. : *Journal of Contemporary History* 6/4 (1971), p. 29–45, ici p. 35–36.
130 Cf. Shields : Charlemagne's Crusaders, p. 94.
131 Cf. Rusco : *Stoï !*, p. 91–92 ; Gomot/Gomot : *L'Enfant de l'autre*, p. 93 : « Population, arriérée et craintive, mais docile en général, nous considérant comme des libérateurs, mais qui malheureusement, se trouvait entre le marteau et l'enclume [des partisans et des forces de l'occupation] ».

Un aspect des remarques sur la saleté correspond probablement aux traits spécifiques de la Légion elle-même. En effet, les rangs des engagés 'politiques' de la LVF sont caractérisés par une incohérence idéologique (Shields) ; les motivations d'une grande partie de ses recrues ne sont pas politiques ; les arguments idéologiques nazis 'purs' ne sont pas d'une efficacité absolue, d'autant plus que plusieurs volontaires au sein de la *Wehrmacht* ont du mal à s'identifier à cette armée et à ses buts (ni, d'ailleurs, au régime vichyste).[132] La formulation du thème de la saleté renvoie aux idées de la suprématie 'culturelle' occidentale, européenne, française ou plus vaguement 'nôtre', et rarement aux idées ouvertement raciales et nazies. Ainsi cet argument devient fédérateur et acceptable aux légionnaires au-delà de leurs dissensions politiques, si on peut en juger par le fait qu'on le trouve dans des textes des auteurs si différents que Saint-Loup et Larfoux, proches de la propagande du IIIe Reich, et Emmanuelli qui se démarque de l'idéologie nazie.

Les images de la saleté peuvent être mises en lien avec un point faible du système d'occupation de la *Wehrmacht* – sa dépendance vis-à-vis des 'locaux', de leurs technologies et objets (maisons, vêtements, moyens de transport, nourriture…) adaptés aux conditions du front de l'Est – et des liens proches avec la population qui en découlent. Survivre grâce aux contacts avec les civils locaux et le reconnaître[133] risquerait d'ébranler l'opposition et la frontière entre les occupants 'civilisés' et les occupés 'barbares', pilier de la politique d'occupation du Reich. Est-ce une coïncidence alors si le discours sur la malpropreté des civils intervient précisément lorsque les relations deviennent 'trop proches'[134] et 'trop humaines' ? L'histoire de Rusco et de son camarade avec les filles locales ne pourrait ainsi se passer de remarques sur leur saleté ; Saint-Loup, après avoir dessiné un portrait des paysans russes portant plusieurs traits positifs, trouve nécessaire de le 'compenser' par leur saleté : « C'est sur le plan d'hygiène que nous nous séparons le plus de la vie russe »[135]. La présentation des habitants locaux comme foncièrement sales contribue à les remettre à leur place subordonnée. Elle aide les légionnaires à retrouver leur statut de représentant de la civilisation supérieure et compense ainsi symboliquement leur subordination aux officiers de la Légion et à la *Wehrmacht*, leurs conditions de vie sommaires – et leur propre saleté.

Dans quelle mesure ce discours est-il représentatif de la 'masse' de la LVF ? Etait-il partagé ou sommes-nous devant la réaction de 'petits écrivains' de la Légion au vu des contacts 'trop proches' et du dialogue engagé avec les habitants locaux par leurs camarades ? Pour répondre à ces questions, il faudra s'appuyer sur des sources autres que les mémoires – témoignages des

---

132 Shields : Charlemagne's Crusaders, p. 102.
133 Cf. par ex. Rusco : *Stoï !*, p. 95, Rostaing : *Le Prix d'un serment*, p. 61, 104.
134 Saint-Loup : *Les Partisans*, p. 162 : « L'aventure de la guerre brise les cadres des frontières et des races ».
135 Saint-Loup : *Les Partisans*, p. 121–131.

civils et des anciens légionnaires, documents internes de la Légion, etc. – mais ceci est le sujet d'un autre article.

Bibliographie sélective

[Anonyme] : *Souvenirs d'un volontaire de la Légion anti-Bolchévique*, New Delhi : Bureau d'Information de la France Combattante, s. d. [1943 ?].
[Anonyme] : *Vae Victis ou deux ans dans la L. V. F.,* Paris : La Jeune Parque, 1948, [Chevaigné] : Ed. du Lore, 2009.
Baechler, Christian : *Guerre et extermination à l'Est. Hitler et la conquête de l'espace vital. 1939–1945*, Paris : Tallandier, 2012.
Baranowski, Shelley : *Strength through Joy : Consumerism and Mass Tourism in the Third Reich*, Cambridge, New York : Cambridge UP, 2004.
Bassompierre, Jean : Frères ennemis, ds. : Colin, Charles Ambroise : *Le Sacrifice de Bassompierre* [1948], Paris : L'Homme Libre, 2006.
Bernstein, Frances Lee : *The Dictatorship of Sex. Lifestyle Advice for the Soviet Masses*, DeKalb : Northern Illinois UP, 2007.
Carrard, Philippe : *« Nous avons combattu pour Hitler »*, Paris : Armand Colin, 2011. (Original : *The French who Fought for Hitler. Memories from the Outcasts*, Cambridge, New York : Cambridge UP, 2010).
Čistov, Kirill V. (dir.) : *Ėtnografija vostočnych slavjan. Ocherki tradicionnoj kul'tury*, Moskva : Nauka, 1987.
Davey, Owen : The Origins of the Légion des Volontaires Français contre le Bolchevisme, ds. : *Journal of Contemporary History* 6/4 (1971), p. 29–45.
Diewerge, Wolfgang (dir.) : *Deutsche Soldaten sehen die Sowjet-Union. Feldpostbriefe aus dem Osten*, Berlin : Wilhelm Limpert, 1941.
Doriot, Jacques : *Réalités*, Paris : Les Editions de France, 1942.
Douglas, Mary : *De la souillure : essais sur les notions de pollution et de tabou*, trad. de l'anglais par Anne Guérin, Paris : François Maspero, 1971. (Original : *Purity and Danger. An Analysis of Concepts of Pollution and Taboo*, London : Routledge & Kegan Paul, 1966.)
Dupont, Pierre Henri : *Au temps des choix héroïques,* Paris : L'Homme Libre, 2002.
Emmanuelli, Jean-Baptiste : *Et j'ai cassé mon fusil*, Paris : Robert Laffont, 1974.
Fitzpatrick, Sheila : *Le Stalinisme au quotidien. La Russie soviétique dans les années 30*, trad. de l'américain et du russe par Jean-Pierre Ricard et François-Xavier Nérard, Paris : Flammarion, 2002. (Original : *Everyday Stalinism. Ordinary Life in Extraordinary Times : Soviet Russia in the 1930s*, New York : Oxford UP, 1999).
Giolitto, Pierre : *Volontaires français sous l'uniforme allemand,* Paris : Perrin, [1999] 2007.
Gomot, Sandrine/Gomot, Jean-Claude : *L'Enfant de l'autre qu'elle envoya faire la guerre. Aventures de guerre*, Paris : Société des écrivains, 2006.
Grossman, Vasili Semenovič : *Carnets de guerre. De Moscou à Berlin. 1941–1945*, textes choisis et présentés par Anthony Beevor et Luba Vinogradova, traduit de l'anglais et du russe par Catherine Astroff et Jacques Guiod, Paris : Calmann-Lévy, 2007.
http://shtetle.co.il/Shtetls/beshenkovichi/voronkova.html (12/02/2013).
Knappe, Siegfried : *Soldat. Reflections of a German soldier. 1936–1949*, New York : Dell, 1992.
Kulagina, Alla/Mironihina, Lûbov'/Šepelev, Georgij (Chepelev, Gueorgui) : *Iz pervyh ust : Velikaja Otečestvennaja vojna glazami očevidcev*, Moskva : Gosudarstvennyj Respublikanskij Centr Russkogo Fol'klora, 2010.

Labat, Eric : *Les Places étaient chères* [1951], [Chevaigné] : Editions du Lore, 2006.
Larfoux, Charles : *Carnets de campagne d'un agent de liaison. Russie, hiver 1941–1942*, [s. l.] : Editions du Lore, 2008.
Latzel, Klaus : Tourisme et violence. La perception de la guerre dans les lettres de la Poste aux armées, ds. : Duménil, Anne/Beaupré, Nicolas/Ingrao, Christian (dir) : *1914–1945. L'Ere de la guerre*, t. 2 : *1939–1945 : Nazisme, occupations, pratiques génocides*, Paris : Agnès Viénot, 2004, p. 201–215.
Littell, Jonathan : *Le Sec et l'humide. Une brève incursion en territoire fasciste*, [Paris] : Gallimard, 2008.
Masquelier, Adeline : Dirt, Undress, and Difference : An Introduction, ds. : *idem* (dir.) : *Dirt, Undress, and Difference. Critical Perspectives on the Body's Surface*, Bloomington (IND) : Indiana UP, 2005, p. 1–33.
Ortenberg, David Iosifovič : *Iún'-dekabr' sorok pervogo. Rasskaz-hronika*, Moskva : Sovetskij pisatel', 1984.
Paddock, Troy R. E. : *Creating the Russian Peril. Education, the Public Sphere, and National Identity in Imperial Germany, 1890–1914*, Rochester (NY) : Camden House, 2010.
Rebatet, Lucien : *Les Mémoires d'un fasciste*, t. 2 : *1941–1947*, Paris : Jean-Jacques Pauvert, 1976.
Repina, Tat'âna : *Devičij batal'on*, Moscou : Moskovskie Učebniki-SiDi Press, 2009.
Rigoni Stern, Mario : *Il sergente nella neve. Ricordi della ritirata di Russia*, Torino : Einaudi, 1953.
Rostaing, Pierre : *Le Prix d'un serment. 1941–1945, des plaines de Russie à l'enfer de Berlin*, souvenirs recueillis par Pierre Demaret [1975], Nice : Editions du Papillon, [2008].
Rusco, Pierre : *Stoï !*, avec la collaboration de Philippe Randa [1988], Paris : Dualpha, 2006.
Saint-Loup : *Les Partisans. Choses vues en Russie. 1941–1942* [1943], Paris : Art et histoire d'Europe, 1986.
Sémelin, Jacques : *Purifier et détruire. Usages politiques des massacres et génocides*, Paris : Seuil, 2005.
Shields, James G. : Charlemagne's Crusaders. French Collaboration in Arms, 1941–1945, ds. : *French Cultural Studies* 18/1 (2007), p. 83–105.
Simonov, Konstantin Mihajlovič/Èrenburg, Il'ja Grigor'evič : *V odnoj gazete : Reportaži i stat'i 1941–1945*, Moskva : Izd. Agentstva Pečati Novosti, 1979.
Starks, Tricia : *The Body Soviete Revolutionary State*, Madison : The University of Wisconsin Press, 2008.
Werth, Alexander : *La Russie en guerre*, t. 1 : *1941–1942, la patrie en danger*, trad. de Michel Zéraffa, Paris : Tallandier, 2010. (Original : *Russia at War, 1941–1945*, London : Barrie & Rockliff, 1964.)

Papa Samba Diop

La 'guerre', l'"honneur' et le 'déshonneur' dans l'œuvre littéraire de Léopold Sédar Senghor

Der Dichter und Politiker Léopold Sédar Senghor behandelt in seinem literarischen Werk oft Themen aus dem eigenen Leben, darunter auch das Thema des Krieges. Senghor war im Zweiten Weltkrieg Kriegsgefangener; das Gedicht „Ndessé" berichtet von einem der schmerzhaftesten Momente dieser dunklen Zeit. Der Dichter, der aus einer angesehenen afrikanischen Familie stammt und zum Zeitpunkt seiner Inhaftierung Gymnasiallehrer war, wird zum einfachen Soldaten degradiert, was er als tiefe Erniedrigung empfindet. Mit dem Gedicht „Ndessé" erinnert sich der Dichter an seine fürstliche Herkunft, es ist jedoch auch ein Schuldeingeständnis gegenüber seinem Land und seiner Mutter, die er mit all seiner Kraft und all seinem Wissen hätte verteidigen müssen.

Je voudrais dans le présent exposé montrer comment, en temps de guerre et dans une situation toute particulière, celle d'une incarcération dans une geôle européenne, Léopold Sédar Senghor se réfugie dans un imaginaire épique où la 'Sénégambie' (cet espace que l'on pourrait aujourd'hui désigner par les territoires du Sénégal, du Mali, de la Guinée Conakry, de la Guinée Bissau et de la Gambie) est invoquée comme un recours vital face à une Europe brutale et dégradante. La Sénégambie est ici évoquée en tant qu'espace où fleurirent des empires, dont celui du Mali, dont l'apogée se situe entre le XIIe et le XIIIe siècle, particulièrement sous Sun Jata Keyta (1190–1255), souverain auquel Senghor veut être affilié par le truchement des lieutenants de son armée, les Gelwaars, qui furent, jusqu'au début du XIXe siècle, les maîtres incontestés dans cette partie de l'Afrique subsaharienne.

1. Un rappel

En 1938, L. S. Senghor est professeur de lettres classiques au lycée Marcellin Berthelot à Saint-Maur-des-Fossés en région parisienne. En 1939, il est mobilisé comme soldat de 2e classe, car, n'étant pas né dans l'une des 'Quatre Communes' du Sénégal (dont les ressortissants étaient considérés comme des citoyens français), il ne pouvait être enrôlé comme Officier dans l'Armée française. Il est soldat de 2e classe donc, ou, autrement désigné, 'Tirailleur Sénégalais', et à ce titre intégré au contingent des 'indigènes', dans le 31e régiment d'infanterie coloniale. C'est dans ce corps d'armée qu'il défend en 1939, contre l'Armée allemande, La-Charité-sur-Loire, une commune située sur la rive droite de la Loire, dans le Département de la Nièvre et la région de Bourgogne. Les soldats allemands sont victorieux, et parmi leurs prisonniers figure L. S. Senghor. Celui-ci sera détenu pendant deux ans, et changera souvent de camp d'emprisonnement.

Le texte que j'ai retenu pour illustrer les thèmes de la guerre, de l'honneur et du déshonneur dans l'œuvre littéraire de L. S. Senghor a été précisément écrit dans l'un de ces camps d'emprisonnement, le Front-Stalag 230. Les avis divergent sur la localisation précise de ce camp. Mais la plupart des biographes de Senghor le situent près de la ville de Poitiers.

2. Occurrences du mot 'honneur'

Eminemment présent dans tous les recueils du poète, le vocable 'honneur', auquel se substitue par moments celui d'"orgueil', est constitutif de l'identité intrinsèque de Senghor, interprète de la culture sérère ou sénégambienne ; d'autre part, ces vocables sont indissociables de son identité narrative, dans la mesure où ils sont souvent liés à la structure même de certains poèmes.

Ndessé

Mère, on m'écrit que tu blanchis comme la brousse à l'extrême hivernage
Quand je devais être ta fête, la fête gymnique de tes moissons
Ta saison belle avec sept fois neuf ans sans nuages et les greniers pleins à craquer de fin mil
Ton champion *Kor-Sanou* ! Tel le palmier de Katamague
Il domine tous ses rivaux de sa tête au mouvant panache d'argent
Et les cheveux des femmes s'agitent sur leurs épaules, et les cœurs des vierges dans le tumulte de leurs poitrines.

Voici que je suis devant toi Mère, soldat aux manches nues
Et je suis vêtu de mots étrangers, où tes yeux ne voient qu'un assemblage de bâtons et de haillons.
Si je pouvais parler Mère ! Mais tu n'entendrais qu'un gazouillis précieux et tu n'entendrais pas
Comme lorsque, bonnes femmes de sérères, vous déridiez le dieu aux troupeaux de nuages
Pétaradant des coups de fusil par-dessus le cliquetis des mots *paragnessés*.
Mère, parle-moi. Ma langue glisse sur nos mots sonores et durs.
Tu les sais faire doux et moelleux comme à ton fils chéri autrefois.
Ah ! me pèse le fardeau pieux de mon mensonge
Je ne suis plus le fonctionnaire qui a autorité, le marabout aux disciples charmés
L'Europe m'a broyé comme le plat guerrier sous les pattes pachydermes des tanks
Mon cœur est plus meurtri que mon corps jadis, au retour des lointaines escapades aux bords enchantés des Esprits.

Je devais être, Mère, le palmier florissant de ta vieillesse, je te voudrais rendre l'ivresse de tes jeunes années.
Je ne suis plus que ton enfant endolori, et il se tourne et retourne sur ses flancs douloureux
Je ne suis plus qu'un enfant qui se souvient de ton sein maternel et qui pleure.
Reçois-moi dans la nuit qu'éclaire l'assurance de ton regard
Redis-moi les vieux contes des veillées noires, que je me perde par les routes sans mémoire.
Mère, je suis un soldat humilié qu'on nourrit de gros mil.

Dis-moi donc l'orgueil de mes pères !

Front-Stalag 230[1]

Révélation et témoignage, ce texte est une tentative de « tenir à distance les puissances hostiles du monde environnant »[2]. « Ndessé » est le quatorzième poème du recueil des *Hosties noires* qui au total en compte vingt, écrits entre 1939 et 1945 et publiés en 1948. Senghor a une trentaine d'années au moment où il les compose, il en a 42 l'année de leur parution – en 1948 – qui est aussi l'année où il livre l'*Anthologie de la nouvelle poésie nègre et malgache de langue française*. Le poème, « Ndessé », dont le décor est précis (« Front-Stalag 230 »), pathétique (« Je ne suis plus qu'un enfant qui se souvient de ton sein maternel et qui pleure ») et narratif, est un diptyque – au sens profane comme au sens religieux – composé par le cadre oppressant de l'Europe d'une part, d'autre part par celui réconfortant de l'Afrique. Le premier est celui de l'exil, de la séparation d'avec la mère – dont on sait l'âge, elle a « sept fois neuf ans », 63 ans – et des regrets : dont celui de ne pouvoir, à cause de l'enrôlement européen, être le « palmier florissant » de celle qui « blanchit comme la brousse à l'extrême hivernage ».

2.1 L'exil

L'absence a rendu le poète inapte à toute fonction sociale traditionnelle dans la communauté séeréer. Ici, à l'instar du monde wolof, la plénitude de l'être n'est attestée que lorsque celui-ci s'illustre, par sa bonne conduite comme par sa prospérité matérielle, parmi ses *mbokk* admiratifs. A défaut d'une si vitale osmose entre l'individu et sa terre, l'émoi du souvenir n'en est que plus grand.

---

1   Senghor, Léopold Sédar : Ndessé, ds. : *Hosties noires*, cité d'après Senghor, Léopold Sédar : *Œuvre poétique*, Paris : Seuil, 1990, p. 82.
2   Henri Michaux, cité par De Clercq, Jacqueline : L'œil du poète belge. Yourcenar, Michaux, Brel, ds. : Lysøe, Eric/Schnyder, Peter (dir.) : *Ombre et lumière dans la poésie belge et suisse de langue française*, Strasbourg : Presses universitaires de Strasbourg, 2007, S. 405–419, ici p. 412.

Le cœur du poète, pathétiquement nostalgique, donne son unité et sa palpitation à des expressions prosodiques où semblent confondues toutes les déchirures :

> Mère, on m'écrit que tu blanchis comme la brousse à l'extrême hivernage
> Quand je devais être ta fête, la fête gymnique de tes moissons.

L'éloignement est d'autant plus pesant que l'emprisonnement est vécu par le descendant des *Gelwaar* comme un outrage à son prestige de prince : « soldat aux manches nues », « soldat humilié ». Dans la nuit bleue de sa prison, voici qu'il s'imagine le royaume d'enfance et son univers étincelant, où sa silhouette « domine tous ses rivaux de sa tête au mouvant panache d'argent. »

Il se rappelle aussi les pratiques superstitieuses des femmes de son village qui, lorsque la sécheresse s'installait trop longuement, pour « faire rire Dieu et pleuvoir, s'habillaient – pantalon, casque, lunettes noires – et parlaient à la française »[3]. La langue magique qui lierait le fils à la mère serait de même nature transcendantale que le français tel qu'il peut, en pays séeréer, être entendu par les « bonnes femmes » : une langue qui, par son pittoresque comme par le prestige social et politique de ceux qui la pratiquent comme langue 'maternelle', a pouvoir de « faire rire Dieu », le sourire de Dieu métaphorisant la pluie, posée aux antipodes du courroux divin, la sécheresse. Les mots *paragnessés* (français), pour les femmes du pays séeréer, implorent le ciel pour l'intervention miraculeuse d'une instance supranaturelle. Parallèlement, « Ndessé » adjure la mère d'opérer un miracle.

Mais à ce rêve s'oppose une réalité dégradante : la mère *in absentia*, et toutes les figures féminines qui ont égayé la jeunesse du chantre séeréer. Senghor ne sépare pas la bravoure, l'honneur et la beauté de l'image féminine. Voilà pourquoi, à la condition difficile du présent – enfermement et brimade – il oppose des lendemains de liesse, se projetant ainsi parmi une foule féminine de laudatrices dont, dans d'autres poèmes, il ne désespère pas qu'elles lui feront un jour :

> Une voie de gloire avec leurs pagnes rares des Rivières du Sud […] un collier d'ivoire de leurs bouches qui parent plus que manteau royal […] elles berceront sa marche, leurs voix se mêleront aux vagues de la mer […] elles chanteront : « Tu as bravé plus que la mort, plus que les tanks et les avions qui sont rebelles aux sortilèges/ Tu as bravé la faim, tu as bravé le froid et l'humiliation du captif. Oh ! téméraire, tu as été le marchepied des griots des bouffons…

Au-delà du lieu clos où le poète végète (le *Stalag*) et gémit (« Je ne suis plus que ton enfant endolori, et il se tourne et retourne sur ses flancs douloureux/

---

3 Senghor, Léopold Sédar : Comme les lamantins vont boire à la source, postface aux *Ethiopiques*, ds. : *Œuvre poétique*, p. 158.

Je ne suis plus le fonctionnaire qui a autorité, le marabout aux disciples/ charmés »), vaste ossuaire où il est vain de bâtir, lieu évanescent que balaie le vent du crime et de la mort (« L'Europe m'a broyé comme le plat guerrier sous les pattes pachydermes des tanks »), il y a toujours, alchimie germée de l'esprit puissant du détenu, et conjurant tous les sorts, l'horizon splendide d'une éternité de gloire. La mère en détient les clés, elle seule sait en lever le rideau. Contre les puissances de la 'nuit', à l'image d'Isis, elle brille de toutes les lumières de l'amour et du pardon : « Reçois-moi dans la nuit qu'éclaire l'assurance de ton regard. »

Puis, sans qu'elle ne s'amplifie, la voix du poète saisit au cœur du réel le plus familial, dans un ordre éternel où sont pris les gestes et les sons, l'image éloquente et rassurante de la mère, dans un décor simple comme celui d'un paisible soir de Djilôr : « Redis-moi les vieux contes des veillées noires. »

Un fils renié par sa mère serait une âme déboussolée. Aussi, tout l'élan frénétique du poème vise-t-il à ramener le poète dans l'intimité close de la reconnaissance maternelle. D'où les six occurrences affectives du possessif : « *ton* champion », « *ta* saison », « *ta* fête », « *ton* fils chéri », « *ta* vieillesse », « *ton* enfant endolori »[4]. Le singulier vise ici à exclure du tête-à-tête rêvé d'avec la mère toute présence tierce inopportune.

Dans la solitude de sa résidence surveillée, résistant à la mélancolie et au découragement, l'« enfant endolori », par un texte d'amour pur, porte témoignage de sa foi en ce que les vainqueurs du moment périront bientôt.

Bien que tombé dans la nasse de l'Europe, le poète, à l'image d'Osiris, par un royal itinéraire, sous l'éclair de son verbe, avec le profil éternel du pilier debout parmi les ruines, se voit comme le symbole inexpugnable de la victoire de l'homme sur les mille visages de la mort. Puissance végétale et bel athlète, bon roi de la terre séerér, il apprendrait aux hommes du royaume d'enfance (Djilôr ou Joal) l'agriculture, et leur enseignerait les arts, parmi d'incessantes fêtes gymniques, près de la Mère, sous le regard toujours admiratif des filles nubiles :

> Ton champion *Kor-Sanou* ! Tel le palmier de Katamague
> Il domine tous ses rivaux de sa tête au mouvant panache d'argent
> Et les cheveux des femmes s'agitent sur leurs épaules, et les cœurs des vierges dans le tumulte de leur poitrine.

Mieux encore, le poète s'imagine être de cette race particulière de rois aptes à arrêter la marche du temps. Ainsi effacerait-il toute marque de souffrance sur le visage vénérable de sa sœur-mère : « Je te voudrais rendre l'ivresse de tes jeunes années. » A la condition de l'homme et à ses vicissitudes, il n'y a pas d'autre réponse que l'action, une énergie extrême, qui veut se révéler supérieure

---

4   Italiques ajoutées par P. S. D.

à la nostalgie et à la souffrance, en les effaçant. D'où le deuxième mouvement du poème.

2.2 Le Royaume

Le poète est en pays séeréer, face à sa mère. Dès lors, passant du lyrisme subjectif à une poésie métaphysique, il fait du poème une légende du monde sééréer à laquelle il confère des accents épiques accordés à l'expérience d'un itinéraire, celui initié depuis ce lointain univers où, très jeune, il a baigné dans la magie des « Esprits ». C'est alors que l'enfance et l'âge adulte se confondent en un seul et même lieu de mémoire où l'enchantement n'a d'égal que la sublime présence de la mère.

Dès lors, ce que le fils – âme spoliée, corps châtré – demande à sa mère, c'est d'être aussi puissante que les « Esprits » de son enfance, en le « lavant » de ce qu'il désigne à d'autres moments de sa poésie comme étant la « boue de la civilisation »[5], à savoir, outre son accoutrement européen, les « mots étrangers » dont il est « vêtu » et dans lesquels elle ne perçoit qu'un « assemblage de bâtons et de haillons ». Elle seule, avec la 'douceur' de ses mots, pourra faire sourdre du passé la lumière transfiguratrice qui dégagera les profils de sa noblesse.

Le poète rêve d'ablutions pour se dévêtir de tous ses mots étrangers. L'eau lustrale, seule la Mère en détient le secret. Aspergé par cette eau régénératrice, le fils pourra sortir de cette liturgie, neuf et restitué à l'orgueil de sa lignée.

A l'oppression caractéristique de l'exil succède la plénitude du souffle. Maintenant s'exaltent, à l'inverse de l'empire de la mélancolie, les breuvages de vie, l'épiphanie du corps et de l'âme : « Voici que je suis devant toi Mère. » Le chagrin n'est plus mortel, le deuil n'est plus lié au mutisme : « Ma langue glisse sur nos mots sonores et durs. » Entre le poète meurtri (« Mon cœur est plus meurtri que mon esprit jadis, au retour des lointaines escapades aux bords enchantés des Esprits »), désorienté parmi l'ombre européenne et sa mère, il ne peut y avoir de communion qu'en langue séeréer, médiation vitale à l'équilibre de celui que de longues années d'« errance »[6] ont aliéné de la douceur du parler quotidien en Siin-Saalum. La langue de la mère, douce et moelleuse, parle à la sensibilité du poète, à sa mémoire. Elle chante. Dans les heures sombres, elle retentit comme une parole de vie, symphonique à faire pâlir les *rüti*.

Les racines de ces réminiscences sont religieuses, et essentiellement sensorielles. Le poète a été élevé d'une manière à la fois rigoureusement catholique et profondément séeréer. Aussi, dans l'évocation de la figure maternelle,

---

5 Senghor, Léopold Sédar : Le retour de l'enfant prodigue, ds. : *Chants d'ombre*, cité d'après *Œuvre poétique*, p. 48.
6 Senghor : Le retour de l'enfant prodigue, p. 47.

comme s'il faisait allusion aux sommets de l'année liturgique catholique que sont Noël et Pâques, cite-t-il les « fêtes gymniques » et la saison des « moissons ». Le chant et la musique pour l'oreille, les objets précieux, les lumières des saisons et les mouvements des athlètes, les parfums pour l'odorat, tout concourt à séduire les sens et les conduire vers le sacré. La perméabilité de l'enfant Senghor trouve là une source d'inspiration inépuisable.

Au-delà de la confidence lyrique – l'amour de la mère, allié à celui de la patrie (« l'orgueil de mes pères ») –, il y a dans le poème de Senghor tous les éléments d'une mythologie générale, d'un sentiment profond de l'éternité cosmique (« Comme lorsque, bonnes femmes de sérères, vous déridiez le dieu aux troupeaux de nuages »), un face à face de l'homme et de son destin originel (« Je ne suis plus qu'un enfant qui se souvient de ton sein maternel et qui pleure »), que le poète, épique dans ses hautes visions (« que je me perde par les routes sans mémoire »), condense non pas en d'obscures coïncidences (« je suis un soldat humilié qu'on nourrit de gros mil »), mais en des images, des élans de l'âme s'enchaînant et se déployant dans une succession réglée.

Présage, la mère est Isis, protectrice de tous les enfants et gardienne de la lignée séeréer. C'est elle qui par son souffle – sa parole – rend la vie au « fils chéri », mué en Osiris dolent. Gardienne du répertoire des hautes images généalogiques, elle est encore le recueil des grands signes qui guident toute navigation vers l'avenir :

> Reçois-moi dans la nuit qu'éclaire l'assurance de ton regard
> Redis-moi les vieux contes des veillées noires, que je me perde par les routes sans mémoire.

Elle seule peut assurer le poète dans son propre mouvement. Ici, la mémoire, bien qu'elle signifie l'oubli du présent, n'est pas opposée à la vie. Magicienne à la voix enchanteresse, reine de la terre, des moissons et des morts, la Mère peut, aux yeux du poète, exhumer les civilisations séeréer enfouies dans le linceul, et leur insuffler un air d'éternité, évoqué dans d'autres textes comme celui qui fait de sa voix de poète une voix « jeune comme l'aube éternellement jeune du monde »[7] : « Comme lorsque, bonnes femmes de sérères, vous déridiez le dieu aux troupeaux de nuages. » Elle peut aussi découvrir ces cultures anciennes couchées dans leur lit d'apparat, embaumées parmi les joyaux et les bandelettes des ancêtres royaux, pour la réhabilitation et des lambeaux du corps et de la vitalité de l'esprit de l'enfant perdu (Osiris), présidant ainsi aux transformations des choses et des êtres, des éléments aussi : « Redis-moi donc l'orgueil de mes pères ! »

« Ndessé » renoue ici avec une thématique déjà présente dans *Hosties noires*, celle de la « Mère », adorée parce que gardienne intransigeante du temple des souvenirs ancestraux :

---

7   Senghor, Léopold Sédar : Que m'accompagnent koras et balafong, ds. : *Chants d'ombre*, cité d'après *Œuvre poétique*, p. 29.

Mère, sois bénie !

Je me rappelle les jours de mes pères, les soirs de Dylôr

....

Mais je n'efface les pas de mes pères ni des pères de mes pères dans ma tête ouverte à vents et pillards du Nord.[8]

Dans la poésie de Senghor, la mémoire vivifiée par la mère n'est point fuite face à la fébrilité du temps actuel. Lorsque le poème parle dans l'instant – l'instant de l'exil, de la séparation – aussitôt cet instant devient-il légendaire. Et le coup d'aile de la poésie qu'exalte l'écrivain est plutôt celui du repli, de l'oiseau blessé qui revient vers le nid, le décor inestimable de son enfance, son refuge.

La distance de l'anecdote à une authentique création va ainsi faire de personnes fort ordinaires (« bonnes femmes de sérères ») des êtres de légende, sans visages individuels, et affectés d'une taille surhumaine.

2.3 Mère pour l'Eternité

Les *léeb* (les vieux contes des veillées noires) de la mère, et le *tagg* (l'orgueil de mes pères) qui dans « Ndessé » font l'objet de la supplication du fils, sont autant de genres littéraires sééréer anciens, qui, réhabilités, devraient persuader que les ancêtres ne sont pas morts, et que, comme eux, le poète est mémorable. Vainqueur du temps présent, celui de la guerre et de ses humiliations, il est éternel dans le temps de la grandeur de sa lignée, confondu dans le rythme de cette grande ronde qui, venue du fond des âges, a enveloppé le monde sééréer de dignité et de mystères.

A la fois présence et voix vitales, Gnilane est l'être providentiel qui, dans une langue autre que le français, le sééréer vivifiant des origines et de l'authenticité, 'parle' au poète le langage de l'immortalité. Le retour à l'innocence originelle se double d'une supplique : que la mère reconnaisse l'enfant perdu.

Où trouver expression plus dépouillée d'un attachement filial ? Les vocables, sans jamais renoncer à leur gangue de pudeur, réclament goulûment une protection maternelle aussi sensuelle que spirituelle, dans l'usage des mots de tous les jours : « Tu les sais faire doux et moelleux comme à ton fils chéri autrefois. »

Dans « Ndessé », la poésie est itinéraire, démarche douloureuse vers la lumière perdue dans le temps de la guerre et retrouvée dans la paix de la présence maternelle. Elle est clarification progressive de l'obscur, allègement du

---

8   Senghor, Léopold Sédar : Ethiopie – A l'appel de la race de Saba, *Hosties noires*, cité d'après *Œuvre poétique*, p. 58.

fardeau de la culture étrangère, dénouement de l'angoisse par la grâce de la parole maternelle, bue comme un enfant tèterait le sein.

La grandeur du texte est obtenue par les moyens les plus discrets, où la simplicité n'altère en rien la pureté poétique. D'abord replié sur l'espace intérieur, captif de sa solitude, face à face avec ses rêves, dans une nuit que peuplent les battements du cœur, Senghor réussit à passer de cette réalité intime, nocturne et peuplée de pensées obscures, à une poésie solaire chantant les grâces de la mère, dans un monde qui semble être créé pour le bonheur. Ainsi accède-t-on avec le poète, de la solitude à la communion, du rêve secret à l'espoir commun : « La fête gymnique des moissons. »

Le poème s'ouvre sur le mot « Mère », six fois entonné dans l'ensemble du texte, et se clôt par celui de « pères », présent une seule fois et inscrit au terme du *ñaan*. Entre ces piliers d'un monde que la poésie de Senghor n'a cessé de célébrer, le poète a bâti une personnalité toujours soucieuse de maintenir un parfait équilibre dans la louange.

Poème de la culpabilité de l'adulte conscient d'avoir fait le mal, avec la troublante récurrence de « je devais être », expression de l'humiliation perceptible dans la répétition de « Je ne suis plus » ou de « Je ne suis plus que », mais encore célébration d'un profond enracinement en la terre et la culture séeréer, « Ndessé » aligne des versets habillés du plus strict langage et composés des images les plus sûres de l'affection et de la vénération.

Il reflète ainsi ce qu'est aux yeux du poète le monde, saisi dans la profonde signification de sa totalité, restituant les gestes successifs d'un cérémonial séeréer voué à pérenniser le sens secret et sacré d'un *aada*. Si l'ombre et la lumière sont plus près d'être une même chose, le poème tente de faire sourdre du passé la lumière transfiguratrice de la mère qui, bien loin d'annuler le présent, dégage les profils de son éternité.

Parmi les éclats des images brisées exprimant le désarroi du prisonnier, éclot parfois, d'abord exclamatif, puis roide et pur, un alexandrin tendu comme une corde : « Ah ! me pèse le fardeau pieux de mon mensonge. »

La profondeur de la contrition est marquée par la résonance des consonnes fortes que sont [p], [f] et [s]. Conçu comme un rite, le poème dessine des gestes symboliques de purification. Cette dernière s'obtient par la pratique de la confession :

> Ah ! me pèse le fardeau pieux de mon mensonge
> Je ne suis plus le fonctionnaire qui a autorité, le marabout aux disciples charmés.
> L'Europe m'a broyé comme le plat guerrier sous les pattes pachydermes des tanks

Laver son corps et son esprit de cette humiliation, c'est ce que le poète, livrant sa voix au flux et au reflux du pathétique intérieur, est venu quérir de sa mère, dans l'espoir d'une restauration de la pureté perdue.

3. Conclusion

Jusque dans le fond de sa réclusion et de sa peine, le poète reste maître d'une indignation retenue, guidée. La langue est dépouillée de toute rhétorique de pure éloquence. Les vers ou versets qui en surgissent laissent deviner tout l'art oratoire qui, discrètement, a présidé à leur venue.

Et si certaines poésies ne respirent, parlent ou brillent qu'à bonne distance de l'Histoire, celle de Senghor en revanche est familière avec l'angoisse de l'Histoire. « Ndessé » en est une parfaite illustration. Dans la « sale aventure » de la guerre, où le lecteur entend « de sales bouches annoncer la mort »[9] au « soldat aux manches nues », la simplicité solennelle du poème n'est parfois pas indigne du ton de la Bible :

> Voici que je suis devant toi Mère, soldat aux manches nues
> Et je suis vêtu de mots étrangers, où tes yeux ne voient qu'un assemblage de bâtons et de haillons.

Aucune griserie d'images gratuitement associées ne vient ici distraire du propos foncier : l'appel au secours lancé par un fils à sa mère, appel insistant, injonctif par moments : « parle-moi », « [r]eçois-moi », « [r]edis-moi », « que je me perde », « [d]is-moi donc ».
Cette poésie, qui n'est jamais une poésie de l'absence mystique, entrevoit ainsi un monde neuf, éclatant, réfractaire aux ombres intérieures, où Gnilane, la Mère, ne sera indigne d'aucune des vertus surnaturelles attribuées aux fondatrices de royaumes, aux pourvoyeuses d'âme.

En temps de guerre, le seul souvenir de cette figure tutélaire prémunit contre tous les désespoirs.

4. Vocabulaire du poème

Katamague : du sééréer « kata » (le plus) et « mague » (grand). « Le plus grand » : nom d'un village.

Kor-Sanou : du sééréer « kor » (homme, frère) et « Sanou » (nom propre de femme). « L'homme – le frère – de Sanou ». L' « homme » et « Sanou » sont des parangons de beauté plastique et de vertu sociale.

Marabout : d'origine arabe, il désigne, au Sénégal, un maître d'école coranique, un savant, un devin ou un juge.

Mes pères : Senghor nomme ainsi les **Gelwaar**, c'est-à-dire les descendants des guerriers *manding* de **Sun Jata Keyta** (entre 1240 et 1255), qui se sont

---

9 Cf. Camus, Albert : *La Peste*, cité d'après *idem* : *Théâtre, récits, nouvelles*, [Paris] : Gallimard, 1962, p. 1423 : « cette sale aventure où de sales bouches empestées annonçaient à un homme dans les chaînes qu'il allait mourir […] ».

installés en pays séeréer où ils sont devenus, comme **Diogoye**, le père du poète, des propriétaires terriens (**laman**), constituant ainsi l'aristocratie locale.

La société séeréer des origines (**Sira Badral**) est matrilinéaire, mais patrifocale, et parfois avunculocale.

Palmier : le nom local, en séeréer comme en wolof, est **garab**. Il signifie à la fois « arbre » et « médicament ». Etre le palmier de quelqu'un c'est le protéger, le nourrir et le soigner. La sentence wolof-séeréer à laquelle renvoie le vocable garab est : *Nit, nitay garabam* (l'homme est le *médicament* de l'homme).

Par ses racines, le garab connote aussi l'enracinement culturel.

Paragnessés : prononciation de **français**, par des Séeréer illettrés.

Sérères (Séeréer) : populations présentes dans le Siin-Saalum et la région du Cap-Vert, autour de la ville de Dakar.

Stalag : *Stammlager*, de l'allemand « stammen » (appartenir, être originaire de…) et « lagern » (déposer, entreposer, disposer). Pendant la Seconde Guerre mondiale, le Stalag désigne un camp de prisonniers de guerre. Le Front Stalag 230 se trouvait à Poitiers.

Bibliographie sélective

Camus, Albert : *Théâtre, récits, nouvelles*, [Paris] : Gallimard, 1962.
De Clercq, Jacqueline : L'œil du poète belge Yourcenar, Michaux, Brel, ds. : Lysøe, Eric/ Schnyder, Peter (dir.) : *Ombre et lumière dans la poésie belge et suisse de langue française*, Strasbourg : Presses universitaires de Strasbourg, 2007, S. 405–419.
Léopold Sédar Senghor : la pensée et l'action politique. Colloque du 26 juin 2006, Paris : Assemblée Nationale, 2006.
Riesz, János : *Léopold Sédar Senghor und der afrikanische Aufbruch im 20. Jahrhundert*, Wuppertal : Peter Hammer, 2006. Cf. surtout le chapitre « Die Erfahrungen des Krieges und der deutschen Kriegsgefangenschaft. *Schwarze Hostien* (1948) als autobiografisches Dokument » (p. 217–237) et le chapitre « Neuer Aufbruch nach dem Zweiten Weltkrieg. Léopold Senghors Weg in die Politik » (p. 239–259).
Senghor, Léopold Sédar : *Liberté I. Négritude et Humanisme*, Paris : Seuil, 1964.
Senghor, Léopold Sédar : *Liberté II. Nation et voie africaine du socialisme*, Paris : Seuil, 1971.
Senghor, Léopold Sédar : *Liberté III. Négritude et civilisation de l'Universel*, Paris : Seuil, 1977.
Senghor, Léopold Sédar : *Liberté IV. Socialisme et planification*, Paris : Seuil, 1983.
Senghor, Léopold Sédar : *Ce que je crois*, Paris : Grasset, 1988.
Senghor, Léopold Sédar : *Œuvre poétique*, Paris : Seuil, 1990.
Senghor, Léopold Sédar : *Liberté V. Le Dialogue des Cultures*, Paris : Seuil, 1993.

Ibrahima Diagne

Zwischen Selbstlobrede, Opferdiskurs und Anerkennungsansprüchen
Marc Guèyes *Un tirailleur sénégalais dans la guerre d'Indochine 1953–1955* (2007)

En s'appuyant sur le témoignage autobiographique du Sergent-chef Marc Guèye (Un tirailleur sénégalais dans la guerre d'Indochine 1953–1955), publié en 2007 aux éditions Presses Universitaires de Dakar, cet article analyse les formes et les processus de perception et de représentation interculturelle induits par le vécu quotidien de la guerre. Le thème de la guerre est pris en compte dans un double épistémè, aussi bien comme un état de violence et de terreur découlant des opérations militaires qu'un espace de rencontres de divers peuples et cultures. Cette approche permet de comprendre l'ordre implicite, les rapports sociaux et culturels entre les belligérants, mais aussi les transformations biographiques du sujet (colonial) manifestement difficiles à saisir dans la recherche macro-historique. Suivre les traces de Marc Guèye en Indochine implique de considérer la guerre non pas comme une histoire temporellement close, mais plutôt dans sa dimension sociale et existentielle comme ayant un effet sur le jeu d'échanges complexes et productifs entre métropole et colonie. Nous souhaiterions d'abord explorer la fonction de la socialisation militaire comme facteur d'identification et catalyseur de changement culturel, puis la perception et les modes de représentation de l'ennemi, et, enfin, la lecture à rebours et l'écriture subjective de la guerre qui se vivifient des souvenirs autobiographiques et de la mémoire collective.

1. Einleitung

Seit den 1990er Jahren wird die Frontverwendung kolonialer Truppen nicht mehr nur in ereignis- und ideengeschichtlicher Hinsicht untersucht, sondern interessiert in steigendem Maße auch Sozial- und Kulturwissenschaftler, die sie aus beziehungs- und verflechtungshistorischer Perspektive[1] in den Blick

---

1   Die kriegsbedingte Anwesenheit von afrikanischen Truppenkontingenten in europäischen Armeen während des Ersten und Zweiten Weltkriegs liefert umfangreiches Material für die Analyse von interkulturellen Selbst- und Fremdwahrnehmungen, Repräsentationen und Handlungsorientierungen zwischen Angehörigen unterschiedlicher Kulturen, Ethnien, Religionen und Sprachgemeinschaften. Interessant sind in diesem Zusammenhang folgende Beiträge: Höpp, Gerhard/Reinwald, Brigitte (Hg.): *Fremdeinsätze. Afrikaner und Asiaten in europäischen Kriegen, 1914–1945*, Berlin: Verlag Das Arabische Buch, 2000 (Zentrum Moderner Orient: Studien 13); Latzel, Klaus: Kriegsbriefe und Kriegserfahrung: Wie können Feldpostbriefe zur erfahrungsgeschichtlichen Quelle werden?, in: *Werkstatt Geschichte* 8/22 (1999), S. 7–23; ders.: Vom Kriegserlebnis zur Kriegserfahrung. Theoretische und methodische Überlegungen zur erfahrungsgeschichtlichen Untersuchung von Feldpostbriefen, in: *Militärgeschichtliche Mitteilungen* 56 (1997), S. 1–30.

nehmen. Bisher hatte die historische Literatur über den Einsatz von afrikanischen Kolonialsoldaten in den beiden Weltkriegen (1914–18/1939–45), im Indochina-Krieg (1945–1954) oder im Algerienkrieg (1954–1962) ein allgemeines Bild vermittelt, welches die Opfer derjenigen, die ihr Leben riskierten, sowie die Ungleichbehandlung zwischen afrikanischen und europäischen Soldaten bezüglich der Kriegsentschädigungen, Invaliditäts-, Witwen- und Waisenrenten besonders in den Mittelpunkt stellte. Die Forschungsbeiträge zu diesem Thema beruhen hauptsächlich auf Archivzeugnissen oder Zeitzeugen-Interviews und fokussieren auf spätkoloniale Konfliktkonstellationen und Dynamiken gesellschaftlicher Transformationen bzw. politischer Wirkungspotenziale, die den Dekolonisationsprozess in Afrika angebahnt hatten.[2] Die Geselligkeits- und Soziabilitätsformen bzw. die spezifischen menschlichen Beziehungen zwischen den beteiligten Akteuren wurden wenig beachtet. Der Indochina-Krieg ist in diesem Zusammenhang etwas Besonderes, weil die unterschiedlichsten Nationen, Religionen und Kulturen daran beteiligt waren. Bevor ich aber auf die einzelnen Punkte meines Beitrags eingehe, möchte ich einen kurzen Überblick über die historischen Umstände des Indochina-Kriegs geben.

2. Der historische Hintergrund des Indochina-Kriegs

Frankreich hatte sein Kolonialreich in Indochina im Zweiten Weltkrieg an Japan verloren. Nach der Niederlage und dem Zusammenbruch Japans entstand im Norden Vietnams die Demokratische Republik mit der Hauptstadt Hanoi unter Ho Chi Minh (1890–1969). Frankreich wollte seinen alten Kolonialbesitz aber wieder erlangen, was ab 1946 zum Indochina-Krieg führte, der schließlich Anfang der 1950er Jahre Teil des Kalten Krieges wurde. Die Vietnamesen wurden von der ehemaligen UdSSR und China unterstützt, Frankreich von den USA. Frankreichs Bestreben, an seinen überseeischen Besitzungen festzuhalten und diese mit Hilfe seiner kolonialen Truppen zu verteidigen, schuf den Rahmen für eine heterogene Zusammensetzung unterschiedlicher Streitkräfte, die unter dem Befehl französischer Offiziere

---

2   Die biografischen Erlebnisse afrikanischer Kolonialsoldaten wurden u. a. dank folgender Arbeiten erschlossen: Michel, Marc: *L'Appel à l'Afrique. Contributions et réactions à l'effort de guerre en A. O. F., 1914–1949*, Paris: Publications de la Sorbonne, 1982 (Série Afrique 6); Riesz, János/Schultz, Joachim (Hg.): *„Tirailleurs Sénégalais". Zur bildlichen und literarischen Darstellung afrikanischer Soldaten im Dienste Frankreichs*, Frankfurt/M. [u. a.]: Lang, 1989; Echenberg, Myron J.: *Colonial Conscripts. The Tirailleurs Sénégalais in French West Africa, 1857–1960*, Portsmouth (NH): Heinemann [u. a.], 1991; Grätz, Tilo: Die *Anciens Combattants*: von lokaler Elite zur Vereinigung der Bittsteller. Zur sozialen und politischen Situation von Kriegsveteranen in Nordbenin, in: Höpp/Reinwald (Hg.): *Fremdeinsätze*, S. 253–276.

standen. Laut Schätzungen und Zahlenangaben von Brigitte Reinwald nahmen zwischen 1946 und 1954 etwa 46 800 Soldaten westafrikanischer Truppenkontingente am Indochina-Krieg teil.[3] Diese Mobilisierung ermöglichte Formen wechselseitiger Kultur- und Alltagsbeziehungen[4] sowie Prozesse von Fremdwahrnehmungen, Sozialgestaltungen und -beziehungen zwischen Truppenangehörigen verschiedener Herkunft, wie sie sich in Marc Guèyes Autobiografie widerspiegeln.

3. Über den Autor und sein Werk

Guèye wurde 1930 in Mékhé (Senegal) geboren. Er besuchte zuerst die französische Kadettenschule („Prytanée militaire") in Saint-Louis (Senegal) und wurde dann am 5. November 1948 in das erste Bataillon des siebten Tirailleur-Regiments aufgenommen. Nach einer militärischen Instruktion zwischen dem 1. und 10. Oktober 1953 auf dem Truppenübungsplatz D. M. A. Nr. 1 („Détachement Motorisé Autonome") in Thiès wurde er zum Indochina-Krieg eingezogen. Er diente dort vom 10. Dezember 1953 bis zum 25. August 1955 als Soldat des fünften Infanteriebataillons der Kolonialtruppen. Die Aufgabe dieser Division bestand darin, die französischen Kampfeinheiten bei der Sicherung der eroberten Gebiete zu unterstützen, die Vormärsche vietnamesischer Bodentruppen zu stoppen, die Telefonlinien und Eisenbahnverbindungen sowie den Transport des Rüstungs- und Nachschubmaterials zu sichern. Nach dem Krieg wurde er als Buchhalter der französischen Armee in Podor und Saint-Louis (im Norden von Senegal) und dann in Mauretanien angestellt. Nachdem Senegal seine Unabhängigkeit erlangt hatte, trat er während des Katanga-Krieges (1960–64) in das Friedenskorps der UNO im Kongo ein und machte dann weiter Karriere. Nach seiner militärischen Pensionierung im November 1963 arbeitete er in der senegalesischen Ziviladministration.

---

3   Reinwald, Brigitte: *Reisen durch den Krieg. Erfahrungen und Lebensstrategien westafrikanischer Weltkriegsveteranen der französischen Kolonialarmee*, Berlin: Schwarz, 2005 (Zentrum Moderner Orient: Studien 18), S. 36–41. Die Zahlenangaben über afrikanische Kombattanten im Indochina-Krieg unterscheiden sich erheblich voneinander. Die Schätzungen schwanken zwischen 15 000 und 47 000 Menschen. Vgl. Bodin, Michel: *Soldats d'Indochine, 1945–1954*, Paris: L'Harmattan, 1997, S. 8.

4   Über die Bedeutung der Kriegserfahrung als Zugangsweg zu fremden Sinnwelten und Grundlage einer kulturanthropologischen Exegese siehe u. a. Lüdtke, Alf: Einleitung: Was ist und wer treibt Alltagsgeschichte?, in: ders. (Hg.): *Alltagsgeschichte. Zur Rekonstruktion historischer Erfahrungen und Lebensweisen*, Frankfurt/M., New York: Campus, 1989, S. 9–47; sowie Berliner Geschichtswerkstatt (Hg.): *Alltagskultur, Subjektivität und Geschichte. Zur Theorie und Praxis von Alltagsgeschichte*, Münster: Westfälisches Dampfboot, 1994, S. 94–109.

Marc Guèye ist einer der wenigen afrikanischen Frontkombattanten, die ihre unmittelbare Kriegsbeteiligung autobiografisch verarbeitet haben. Der Text wurde während des Indochina-Kriegs verfasst. Im Vorwort beginnt er mit einem Bekenntnis zur Authentizität, die sich von ästhetischen Überhöhungen der Kriegswirklichkeit unterscheidet:

> Sur les champs de bataille, dans les abris pendant les instants d'accalmie, je notais tous les détails importants sur de fins bouts de papier blanc, celui qui enveloppait les paquets de cigarettes Gauloises ou Chesterfield que nous trouvions dans nos boîtes de ration de combat. Chaque fois que je finissais d'écrire, je mettais le bout de papier dans ma cartouchière de pistolet-mitrailleur. Lorsque j'étais de retour à la base arrière, je résumai toutes mes péripéties sur un cahier d'écolier que je rangeais au fond de mon sac marin, ainsi de suite jusqu'à la fin de la guerre, les 20 juillet et 6 août 1954.[5]

Durch den anzunehmenden geringen zeitlichen Abstand zwischen den Erlebnissen und deren Niederschrift distanziert sich der Text ausdrücklich von jeglicher Erinnerungsschrift, in der zurückliegende Kriegserfahrungen literarisch verarbeitet werden. Er ist vielmehr als unmittelbare Kriegsberichterstattung eines Augenzeugen aufzufassen: „vrai recueil de faits de guerre en des circonstances présumées les plus dures"[6]. Guèye referiert seine Erlebnisse realistisch und chronologisch wie in einem Journal oder Verlaufsprotokoll der Kriegsoperationen, an denen er beteiligt war.[7] Gleichzeitig zeichnen sich aber auch seine Detailbetrachtungen durch gewisse Retrospektiven bzw. metanarrative Eingriffe und Sinndeutungen[8] aus, die eine

---

5 Guèye, Marc: *Un tirailleur sénégalais dans la guerre d'Indochine, 1953–1955. La conduite au feu du bataillon de marche du 5ème R. I. C. Témoignage*, Dakar: PU de Dakar, 2007, S. 7. Im Folgenden zitiert als TS.
6 TS, S. 8.
7 Guèye benennt die Herausgabe seiner autobiografischen Zeugnisse rückblickend als „bout du tunnel" (S. 8). Das handschriftliche Manuskript hatte er in den 1960er Jahren dem senegalesischen Schriftstellerverband unter der Führung von Birago Diop (1969–1989) zur Veröffentlichung übergeben. Mit dem Tod des Letzteren ging aber der Text zuerst verloren, wurde dann später im Besitz der Nationalarchive Senegals wiedergefunden. Erst nach verschiedenen Gesuchen an die Staatsanwaltschaft, um die Rückgabe des Manuskripts zu erwirken, und mit Unterstützung des senegalesischen Filmemachers Djibril Diop Mame Béty (1945–1998) gelang es ihm im Jahre 2007 (nach 37 Jahren), seine Indochina-Notizen als Kriegstagebuch eines Augenzeugen zu publizieren.
8 Die von Guèye aus der Mikro-Historie und mit subjektiver Aufmerksamkeit berichteten Kriegserlebnisse lassen Sinnbildungsprozesse zutage treten, in denen interkulturelle Erfahrungen und Wissenselemente interpretiert werden. Wie sich solche Sinnbildungsprozesse in autobiografischen Zeugnissen oder schriftlichen Erinnerungen von Kriegsbeteiligten niederschlagen, zeigt u. a. Schulze, Winfried: Einleitung, in ders. (Hg.): *Sozialgeschichte, Alltagsgeschichte, Mikro-Historie. Eine Diskussion*, Göttingen: Vandenhoeck & Ruprecht, 1994, S. 6–18.

Konstruktion der individuellen Kriegserfahrung anschaulich machen. Die Szenen, die in seiner Autobiografie dargestellt werden, geben Einblicke in die Lebensbedingungen und zwischenmenschlichen Beziehungen an der Front sowie die Phase der Eingliederung in den militärischen Alltag, sein Verhalten und seine Einstellungen. Um das Selbsterlebte in den faktischen Gehalt des Krieges einzubetten, greift er auch auf Archivdokumente, Fotografien, Karten, Briefe[9] aus dem Bestand des französischen Verteidigungsministeriums zurück. Die mehr als 35 Jahre nach den Geschehnissen veröffentlichten Selbstzeugnisse deuten darauf hin, dass der Krieg eine Kontaktzone zwischen Kolonisierten und Kolonisatoren geschaffen hatte und als solcher eine Wirkung auf die Mentalität und Verhaltenseinstellungen der Beteiligten ausübte.[10]

4. Kolonialmilitärische Sozialisation und Faszination

Die Erfahrung des Krieges im Sinne einer Entdeckung neuer Lebenswelten, Menschen und Kulturen markiert den Duktus von Guèye. Am Anfang des Textes inszeniert er in einem emphatischen Ton die 40-tägige Schiffsreise an Bord der „Cap-Saint-Jacques" als eine transatlantische Odyssee von Dakar (10. Oktober) nach Saigon (7. Dezember) über Marseille (17. Oktober), Djibouti (29. Oktober) und Addis Abeba. Diese Überfahrt wird romantisiert und heroisiert. An Bord der unterschiedlichen Transportschiffe genießt er die Vergnügungen und Privilegien der Mitgliedschaft in diesem Militärkontingent. Er ist von der Musik und den Tänzen (Tango, Java, Bolero, Paso usw.) beeindruckt, bewundert die grandiosen Feuerwerke („feux d'artifice féeriques"[11]), die Abendkinofilme und den Konsum von Spirituosen: „Il y a de l'ambiance et on se distrait bien"[12]. Die gepriesenen Annehmlichkeiten des Soldatenlebens regen beträchtlich die Fantasie und Abenteuerlust des jungen Kolonialsoldaten an. Die belustigenden Zwischenfälle in diesem gesellschaftlichen Zusammenhang und auf den verschiedenen Stationen seiner Reiseroute sind für ihn eine neue Erlebnisqualität. Er bewertet seinen Eintritt in die Koalition als Ehre, Prestige und Anerkennung seiner militärischen Leistungen. Somit wird der Kampfauftrag mit Sinn versehen und valorisiert:

---

9   Vgl. Guèye: *Un tirailleur sénégalais*, S. 19, 21, 25, 33, 45, 47, 53, 60, 63, 86, 92, 93, 98.
10 Vgl. Reinwald, Brigitte: Transatlantische Passagen und der Preis der Freiheit. Erfahrungen und Begegnungen westafrikanischer und amerikanischer Soldaten in Diensten der Alliierten, in: Schmieder, Ulrike/Nolte, Hans-Heinrich (Hg.): *Atlantik: Sozial- und Kulturgeschichte in der Neuzeit*, Wien: Promedia, 2010, S. 193–208, auch unter http://vgs.univie. ac.at/_TCgi_Images/vgs/20101021173536_EWR20_Reinwald.pdf (14.11.2012).
11 TS, S. 17.
12 TS, S. 20.

Je vous assure que nous étions fiers de nous battre dans ces montagnes jusqu'au sacrifice ultime. Le seul fait de se trouver dans ces conditions là devait constituer pour nous, éléments du Bataillon de Marche du 5ème Régiment d'Infanterie coloniale, un honneur, une gloire.[13]

Dass sich senegalesische befehlshabende Unteroffiziere (Boubacar Diallo, Omar Kane, Saliou Fall und Raoul Sagna)[14] im Frontkorps befinden, ist für ihn ein Argument dafür, den gleichen Rang und die gleiche militärische Bedeutung zu beanspruchen wie die europäischen Soldaten. Das Infanteriebataillon des fünften Kolonialregiments wird zu einem kulturanthropologischen Erfahrungsraum stilisiert, der nicht nur eine Art von Kriegsnationalismus erregte, sondern auch dem Kolonialsoldaten Guèye als Erfahrungsfeld einer sozialen Praxis mit gleichgesinnten Waffenbrüdern galt. Es bildete ein multiethnisches bzw. multikulturelles Kontingent mit Truppenteilen aus Martinique, Senegal, Niger, Obervolta (heute Burkina Faso), Marokko und Algerien. Es umfasste, wie Guèye selbst sagt, Agni, Bambara, Baoule, Lobi, Nagho, Oulof, Peul, Soussou, Sarakholé, Sérère, Yorouba und Nordafrikaner. Sie standen alle im Operationsraum Nordvietnams im Kampf neben Frankreichs Expeditionskorps, deutschen, polnischen und vietnamesischen Einheiten der nichtkommunistischen Seite. Die Gelegenheit, als gleichwertiger Soldat am Krieg teilzunehmen, setzt einen interkulturellen Lernprozess in Gang. In seiner subjektiven Wahrnehmung vermittelt diese Erfahrungsgemeinschaft den Eindruck eines spontanen Fraternisierungsprozesses, welcher Geselligkeit bietet und neue Identitätsmuster stiftet: „On se fait un jugement sûr de la valeur du soldat et de ses chances de salut lors du combat"[15]. Die Zugehörigkeit zu diesem Kontingent verleiht ihm das Bewusstsein der Waffenbrüderschaft und Valorisierung in seinem Verhältnis zu Frankreich. Seine Kampfmotivation und Durchhaltebereitschaft zeigen die besondere Faszination für militärische Ideale bei dem jungen Soldaten. So weist er mit Überzeugung darauf hin, dass der Krieg keineswegs als absurdes Abenteuer, sondern als freiwilliger Opfergang für das ‚Vaterland' betrachtet wurde:

Cette dernière [cause] n'était guère difficile à comprendre pour un soldat ; elle ne suscitait aucune idée sombre, aucune arrière-pensée pour ce qui est du maintien des forces françaises dans la péninsule indochinoise.[16]

Seine Selbstverpflichtung auf Seiten der französischen Kolonialarmee lässt auf eine weitgehend positive Resonanz auf seine rollenspezifischen

---

13 TS, S. 57.
14 TS, S. 23, 32, 44.
15 TS, S. 15.
16 TS, S. 10.

Erwartungshaltungen bzw. seine rigid internalisierten Rollenvorgaben schließen. Dabei greift er auf Versatzstücke der Propagandasprache zurück, mit der Frankreich afrikanische Soldaten angeworben hatte:

> Convaincus que nous nous sommes préparés pour combattre un ennemi loin d'Afrique et de la France, la famille n'était guère objet de nos soucis. Il n'y avait rien de nature à saper notre bon moral. Nous étions convaincus d'une seule chose : jamais nous n'allions faillir à notre devoir de militaire.[17]

Die räumliche Trennung von seiner Familie bzw. das Heimweh wird durch die Relevanz der Dienstverpflichtung und unerschütterliche Loyalität verdrängt, die er Frankreich aus seiner Sicht schuldete. Die soldatischen Verhaltensgrundsätze (Kameradschaftsethos, Pflege des Heldenkults, Mut und Ehrbegriff) gelten ihm als Familienersatz. Diese gewonnene Anschauung belegt sowohl die Aneignung eines patriotischen Gefühls, das er mit der Gruppe zu teilen glaubt, als auch einen fingierten Front-Heimat-Diskurs, mit dem er seine Bereitschaft zur Kriegsteilnahme begründet. Im Hinblick auf die Rassenfrage, die damals virulent war, stellt er Folgendes fest:

> A propos de la discrimination raciale en vogue chez des nations aussi racistes que le sont la Grande-Bretagne, les U. S. A., il faut souligner cette différence que seule la France demeure l'unique nation blanche ayant des rapports très humains avec les colonisés, ses administrés.[18]

Guèye schätzt den soldatischen Alltagsrassismus nicht anhand der Berücksichtigung seiner konkreten Zustände – von denen er schreibt – ein, sondern integriert in seine Rede den von ihm angeeigneten Wissensvorrat über die rassistischen Umstände in Großbritannien und den USA.[19] Damit manifestiert er kein essentialistisches Rassenbewusstsein, sondern bestätigt in seiner eigenen Wahrnehmung die scheinbare Evidenz bzw. die Vorstellungen und Erwartungen, mit denen afrikanische Kolonialtruppen in den Indochina-

---

17 TS, S. 10–11.
18 TS, S. 31.
19 Bereits im Ersten Weltkrieg gab es Meinungsverschiedenheiten zwischen Frankreich, England und den USA bezüglich der Verwendung von ‚eingeborenen' Kräften. 1915 lehnte das britische Kolonialministerium die vom Kriegsministerium angeforderten Kolonialtruppen zur Verstärkung der Westfront ab. Nachdem die USA 1917 in den Krieg gegen Deutschland eingetreten waren, wollte auch der führende General des Expeditionskorps (John Joseph Pershing, 1860–1948) aus ‚rassenpsychologischen' Gründen verhindern, dass afro-amerikanische Soldaten auf ‚Weiße' schossen. Vgl. Dornseif, Golf: Afrikanische Kolonialsoldaten als Kanonenfutter, http://www.golf-dornseif.de/uploads/Afrikanische_Kolonialsoldaten_als_Kanonenfutter.pdf (14.11.2012). Hierzu siehe auch Mabon, Armelle: *Prisonniers de guerre „indigènes". Visages oubliés de la France occupée*, Paris: Découverte, 2010, S. 29.

Krieg hineingingen. Obwohl rassistische Auseinandersetzungen nur als Randbemerkungen in seiner Autobiografie erwähnt werden, habe er im Kontakt mit weißen Soldaten den unmittelbaren Eindruck gewonnen, dass die Segregation viel stärker innerhalb der britischen Gemeinschaft praktiziert wurde:

> Au cours de ce voyage, de ce long voyage me conduisant à faire escale un peu partout, par exemple, au détroit de Singapour, Colombo (île de Ceylan) et Aden, j'ai pu me rendre compte de façon tacite qu'entre les *Whites* et leurs sujets britanniques, les rapports humains ne sont point souples.

Im Gegensatz zu den rassistischen Umgangsformen innerhalb der englischen Mannschaften werden die Verhältnisse der französischen Vorgesetzten zu afrikanischen Kolonialsoldaten als harmlos und kameradschaftlich eingeschätzt. Es ist keine Überraschung, dass diese Wahrnehmungs- und Repräsentationsmuster des Autors von den tradierten kolonialen Bewusstseins- und Sinnbildungsprozessen stark abhängig sind. Überwiegend wird festgestellt, dass die militärische Interaktion weitaus egalitärer und positiver als die von der kolonialen Herrschaft unterstellte Ordnung sei. Jenseits seiner anhaltenden Verbundenheit mit Frankreich und „eines seiner biografischen Prägung geschuldeten soldatischen Selbstbildes"[20] verweist sein Indochina-Kriegserlebnis auf Prozesse der Ausbildung von Selbst- und Feindbildern, Völkerstereotypen, sozialkulturellen Überzeugungen und Revisionen, die wahrscheinlich vor dem Krieg geprägt wurden und während des Krieges auf die Probe gestellt werden. Marc Guèyes Werk bleibt nicht nur auf die Rassenauseinandersetzungen beschränkt, sondern umfasst auch die Gefechte mit Widerstandskämpfern sowie wichtige Momente des Alltagslebens in den Blockhäusern und Frontlagern.

5. Kriegserlebnis als Auslöser sozialkultureller Veränderungen und Neuerungen

Konstituierend für Guèyes Autobiografie sind die Schilderung der konkreten Kampfhandlungen (mit Verweisen auf Orte, Daten, Anlässe und Ausgänge) sowie seine emotionalen Schwankungen zwischen positiven und dramatischen Erlebnissen. Als Protagonist und Chronist des Kriegsgeschehens vergegenwärtigt er die menschliche Katastrophe und den kaum erträglichen Schrecken auf den Schlachtfeldern.[21] Detaillierte Angaben über den Tod der

---

20 Vgl. Höpp, Gerhard/Reinwald, Brigitte: Einführung, in: dies. (Hg.): *Fremdeinsätze*, S. 5–13, hier S. 9.
21 Vgl. TS, S. 44–45.

Mitmenschen, die extreme Gewalt und Grausamkeit der Kriegslage machen das Ausmaß des Leidens deutlich. Die tragisch hohe Zahl der Toten und Verwundeten war schwerlich zu übersehen. Ungeachtet der verschiedenen Schauplätze und Vorkommnisse des Krieges richtet Guèye seine Aufmerksamkeit auf Wertvorstellungen, Menschen- und Landschaftsbilder. Die wechselnden Schlachtfelder bieten ihm besonders reizvolle Aussichten auf das vietnamesische Delta, das in seinen Ortsbeschreibungen die Konturen einer heimtückischen brutalen Lebenswelt, aber auch einer reizvollen exotischen Landschaft mit Bambus, Lianen[22] und Kokosbäumen annimmt. Diese tragen zur Romantisierung des Kriegsgeschehens bei:

> Après plusieurs kilomètres de marche à l'intérieur des terres, dans le cadre d'une mission de reconnaissance, je constate de nombreux îlots d'habitations d'autochtones avec une houle de verdure de bambous feuillus et de cocotiers aux tiges altières.[23]

Im Zuge seiner Fronterfahrungen beschreibt er nicht nur das Ausmaß der Vernichtung, sondern auch die – an sich durchaus reizvolle – Landschaft, in der sich das Blutbad abspielt: „Jamais je n'ai vu un secteur aussi boisé où l'on ne peut même pas voir à plus de dix mètres des bords de la route."[24]

Seine geografischen Entdeckungen vergleicht er in lyrischen Aufbrüchen mit den Ortschaften seiner Kindheit und Jugend im Senegal (Linguère, Djoloff und Saint-Louis). In Saigon warten aber andere Erlebnisse auf den Soldaten:

> Le soir tout le monde se rend en ville pour mieux découvrir Saigon, la belle capitale du Sud Vietnam avec ses deux grands boulevards : Galliéni et Norodom [...]. La rue Catinat avec ses magnifiques magasins, ses studios pour photographies d'art, est l'une des plus animées.[25]

Zu den angenehmen Aspekten des Fronterlebnisses gehört auch der Besuch von Lokalen wie „Lion d'or", „Tabarin" und „l'Oiseau bleu"[26], die eine gemütliche Alltäglichkeit unter seinen Kameraden zulassen. Diese stellen nicht nur wichtige Fluchtpunkte aus der Soldatenroutine dar, sondern sind auch private Rückzugsräume, in denen sich afrikanische Frontkämpfer mit der einheimischen Zivilbevölkerung treffen und mischen. Mit euphorischen Bekundungen führt Guèye seinen Leser in die Freudenhäuser von Saigon:

---

22 Vgl. TS, S. 10.
23 TS, S. 74.
24 Vgl. TS, S. 85.
25 TS, S. 18.
26 Vgl. TS, S. 18.

> Le « Parc à buffles » qui n'est autre chose qu'une maison de tolérance, en plein cœur de Saigon, où travaillent plus de quatre cent jeunes femmes vietnamiennes dont l'existence est vouée à l'érotisme et aux manœuvres physiologiques des plus exquises. [...]. On y écoute de la très bonne musique et la danse continue.[27]

Inwieweit sexuelle Kontakte oder Liebesbeziehungen zu vietnamesischen Frauen[28] eine Rolle in der soldatischen Soziabilität spielten, lässt sich nur andeutungsweise erahnen:

> Pendant ce temps-là, moi, je ne voyais que « l'Oiseau bleu » ; il retenait beaucoup mon attention ainsi que celle des quelques camarades sachant me tenir compagnie. Tous les soirs, après les différents travaux et rassemblements qu'exige le service et pendant tout le temps que nous sommes restés à Saigon, c'est la ruée vers l'Oiseau bleu [...], où je compte de nombreux amis.[29]

Sein Interesse an der vietnamesischen Kultur richtet sich auch auf die eindrucksvollen Raumgestaltungen und merkwürdigen Frauenbekleidungen, die seinen Blick besonders anziehen:

> Dès votre présence dans ce dancing, c'est d'abord le décor qui vous frappe. [...]. On pouvait observer de magnifiques robes avec des couleurs les plus discrètes, fendues des deux côtés et à quelques centimètres en-dessous des aisselles. Cette même robe couvre jusqu'aux trois quarts un pantalon satin bleu ou noir avec de larges bas. Quel désir ! Du rouge à lèvre bien épais et des cheveux qui tombent jusqu'au séant : beauté ![30]

Das attraktive, fast erotische Bild der vietnamesischen Frau[31] lässt seine Erinnerungen im Erzählakt wieder lebendig werden:

> Vous devez savoir qu'il n'y a rien de tel que les souvenirs et c'est cela qui peut réconforter le cœur, le soulager quand le passé s'est éloigné. [...]. Avec tous ses détails, et toutes ces remarques, il y a vraiment de quoi être séduit.[32]

---

27 TS, S. 19.
28 Der Film *Indochine sur les traces d'une mère* (2011) des Beniners Idrissou Mora-Kpaï dokumentiert in 71 Minuten die Indochina-Reise des Protagonisten Christoph Soglo, der sich nach 40 Jahren in Benin auf die schwierige Suche nach seiner vietnamesischen Mutter macht. Vgl. Tovidokou, Hector/Kandolo, Annick R.: Indochine sur les traces d'une mère, d'Idrissou Mora Kpaï. A la recherche d'une partie de soi, in: Fédération Africaine de la Critique cinématographique/N FACC (Hg.): *Bulletin Africiné* Nr. 15. Ouagadougou (Burkina Faso), FESPACO 2011, Nr. 4, 03.03.2011, S. 2, siehe auch http://www.africine.org/?menu=art&no=10120 (14.11.2012).
29 TS, S. 20.
30 TS, S. 20.
31 Vgl. TS, S. 22.
32 TS, S. 20–21.

Als Beispiel benennt er seine Beziehung zu Kim, einer Barinhaberin aus Tonkin, deren Lokal („Kimson") der Treffpunkt für afrikanische Soldaten in der Hauptstadt Hanoi war: „Mademoiselle Kim, la patronne du bar, est une femme qui a environ la trentaine. Je la connais depuis près de deux ans. [...] cette fille offre toute gentillesse voulue."[33]

Die Frage, um welche Art von „gentillesse" es sich handelte, wird dem Leser erspart und ist in der Autobiografie nicht aufzufinden. Gleiches gilt für das Thema Sexualität, die zurückhaltend angedeutet wird: „la vie de la petite Vietnamienne ou de la Chinoise dans ses déboires"[34]. Die Distanz zwischen den Lebenswelten und -umständen, aus denen er aufgebrochen war, und den neuen Erfahrungen, mit denen er im Kriegseinsatz konfrontiert war, ist ein Beleg für biografische und soziokulturelle Veränderungen.[35]

6. Die Wahrnehmung und Repräsentation der Vietminh

Als Sergent-Chef erfuhr Guèye direkt die Brutalität und Härte der Gefechte im vietnamesischen Dschungel. Neben der eigentlichen Kriegsführung war er besonders mit dem Materialtransport und der Betreuung von Gefangenen beauftragt, die mit dem Bau von Blockhäusern beschäftigt waren:

> Détaché donc auprès du Capitaine Hano avec une rame de camions (Type Chevrolet) et au nombre de quatre, je devais assurer le transport des matériaux. Six soldats sont mis à ma disposition car il fallait chaque matin quitter Lanc-Nac [sic, ohne Komma] se rendre à la Citadelle de Bac-Minh. De là, je chargeais un effectif de 120 prisonniers que j'amenais au poste, où les travaux se déroulaient.[36]

Das Lagerleben spiegelt sich in seiner Erzählung als ein Ort, an dem die vietnamesischen Gefangenen in einer Atmosphäre scheinbarer Freiheit ihren alltäglichen Verrichtungen nachgehen können. Durch die Zuführung von Inhaftierten, die zur Zwangsarbeit verpflichtet wurden, und das Zusammenleben im Garnisonlager wird er Zeuge der sittlichen Kräfte und der mentalen Verfassung des Gegners:

---

33 TS, S. 84.
34 TS, S. 22.
35 Brigitte Reinwald zeigt in ihrem Beitrag, wie Kriegsveteranen zur Neuerung der Lebensweisen, der Freizeitkultur, der Kleidungs- und Konsumgewohnheiten sowie zur Belebung von Stadtteilen durch die Erri chtung von Musikkneipen usw. in Westafrika beigetragen haben. Vgl. Reinwald: *Reisen durch den Krieg*. Hierzu siehe auch dies.: Zwischen Imperium und Nation: Westafrikanische Veteranen der französischen Armee am Beispiel des spätkolonialen Obervolta, in: Höpp/Reinwald (Hg.): *Fremdeinsätze*, S. 227–252, hier S. 241.
36 TS, S. 30.

> Psychologiquement et pendant tous les moments que je suis resté avec ces mêmes détenus, les transportant tous les jours, jamais il ne m'a été donné l'occasion de lire de la tristesse sur leur figure toujours contractée. De nature calme, impassible, ils sont ce qu'ils sont. Des bacheliers, des licenciés, des docteurs sont parmi eux. Pas le moindre mot français ne sortait de leur bouche. Ils sont modestes et savent se consacrer au travail qu'on leur donne. En cas d'énervement, ils ne tardent pas à faire des gestes de Bouddha pour se retenir. A les voir, dans leur camp, après toutes les corvées, vous avez le cœur gros.

Er betrachtet mit Entsetzen und Mitleid die Zwangsarbeit der in den Lagern untergebrachten Kriegsgefangenen und scheint ihre Situation zu bedauern. Seine Äußerungen legen indes nahe, dass seine Beziehungen zu den vietnamesischen Gefangenen am Prozess der Selbstbewusstwerdung und Identitätsbildung mitgewirkt haben:

> Parmi les prisonniers viêts capturés, figurait un ancien soldat ayant participé à la Seconde Guerre Mondiale 1939–1945. Il était titulaire de nombreuses décorations françaises à titre de guerre. Avouant tout, au moment de son interrogatoire, il avait trouvé une raison fondée de se battre pour sa liberté et pour l'indépendance.

Guèye zeigt volles Verständnis für den Widerstandskampf und die politischen Ansprüche der vietnamesischen Kombattanten. Ein weiteres Motiv für seine Einschätzung der Vietnamesen ist auch die Verhaltensweise der einheimischen LKW-Fahrer:

> Quant à la conduite des chauffeurs vietnamiens à mon égard et vis-à-vis de leurs camarades africains assurant leur protection pendant les déplacements effectués, aucune observation n'avait été donnée. Au bout d'un mois, je m'étais séparé de ces jeunes, avec le plus vif regret, et je ne les ai jamais revus.[37]

Die Eigenschaften, Werte und Handlungsorientierungen des Gegners lassen bei ihm zwiespältige Gefühle und Überlegungen über die konkreten Motivationen des Kriegs treten. Mit dem Aufspüren von politischen Affinitäten schwankt er zwischen kolonialsolidarischer Verbrüderung und kriegsbedingter Verfeindung:

> Sur ces entrefaites, je m'aperçois, mais de façon incertaine sinon douteuse, que l'intention de la France serait plutôt de chercher à mieux faire maintenir son influence politique sur l'ensemble du peuple vietnamien en déchirement.[38]

Trotz dieser kritischen Reflexion stellt er seinen Fronteinsatz nicht in geringstem Maße in Frage. Zwar betrachtet er den Krieg als die Fortsetzung eines kolonialen Abhängigkeits- und Unterordnungsverhältnisses, unterstreicht

---

37 TS, S. 31.
38 TS, S. 78.

aber zugleich die systematische ideologische Indoktrinierung der Vietminh-Truppen als eine Hauptursache für den Krieg:

> Endoctrinés par la forte politique de clémence de leur leader Ho Chi Minh, ils savent soutenir fermement, idéologiquement cette guerre d'indépendance nationale, la libération de l'ensemble du territoire indochinois, pour une unification depuis le nord jusqu'au sud avec les trois autres régions, protectorat français ou Etats associés. Tout le rêve du Général Vo Nguyen Giap est là. Le problème est difficile.[39]

Derartige Skepsis gegenüber der eigenen Seite offenbart sich in seiner dichotomischen Repräsentation des vorgegebenen Feindbildes. Insgesamt stellt er die Verhaltens- und Wertmaßstäbe der Vietminh-Kombattanten als eine Mischung von Patriotismus, Überzeugung und Entschlossenheit dar. Dass sie sogar zu Sabotageakten und Opfern bereit sind und bis zum Ende für die Einheit ihres Landes kämpfen werden, scheint ihm nachvollziehbar zu sein:

> Le Vietnam veut s'affirmer dans sa tradition ancienne et même jusque dans sa propre musique faite de complainte et de divertissement. Le Vietnamien ne saurait vraiment pas négliger ou renier la forme d'expression se trouvant dans cette musique que l'on connaît bien. Le Vietnamien est plus qu'exalté.[40]

Die Legitimität des Widerstands gegen die französische Kolonialmachtpraxis weist eine emotionale Dimension auf, die allerdings nicht ausschließt, dass er an seiner Absicht festhält und mit einem unterschwelligen patriotischen Gefühl weiterkämpft: „Les actions continuent, doivent continuer jusqu'au bout. La guerre, c'est la guerre."[41]

Trotz der waffentechnischen Überlegenheit des französischen Expeditionskorps und seiner Feuerkraft (automatische Gewehre) sieht er in den Vietminh die beste Infanterie der Welt: „[...] le Viet-minh constitue la meilleure infanterie du monde"[42]. Die den vietnamesischen Kombattanten zugeschriebenen Eigenschaften und Merkmale zeugen auch von Respekt und Bewunderung. Er kennzeichnet sie als „ennemi rusé"[43]. Dies lässt sich im Übrigen an ihrem unberechenbaren Verhalten an der Front erkennen, welches die Operationen und Planungen der Unionssoldaten durchkreuzt: „L'aspect du Front changeait tout le temps. Il s'avérait vraiment difficile de comprendre par où commencer et par où finir..."[44]

Die geografischen Gegebenheiten (Dschungel, Wälder, Sumpfgebiete und Wildtiere) und klimatischen Bedingungen (Hitze und Gewitter) haben

---

39 TS, S. 32–33.
40 TS, S. 73.
41 TS, S. 34.
42 TS, S. 78.
43 TS, S. 23.
44 TS, S. 26.

auch eine spezifische Auswirkung auf die Kämpfe, da sie die Tarnungsstrategien des Feindes erleichtern. Darüber hinaus ist Guèyes Kriegserlebnisbericht ein in der Rückschau individuell markierter Diskurs mit einer kritischen Auseinandersetzung mit den kollektiven Gedächtnisbildern des Indochina-Kriegs.

7. Individuelle Erinnerung versus kollektives Gedächtnis

Guèyes Kriegserlebnisbericht stellt zwar keine späte Erinnerung dar, weist aber sowohl Elemente historiografischer Rekonstruktion als auch Spuren fiktionaler Erzählung auf. Der Zeitzeugenbericht entfaltet sich an manchen Stellen als eine Heldengeschichte, die weitgehend in eine Revision des kollektiven Gedächtnisses mündet. Während das tragische Ende der Schlacht von Diên Biên Phu meist nicht nur als Debakel des französischen Expeditionskorps, sondern auch als ein schmerzhafter wunder Punkt französischer Kolonialgeschichte interpretiert wird, wendet sich Guèye bewusst gegen jene Bilder der Niederlage Frankreichs, die sich vorwiegend ins kollektive Gedächtnis gegraben haben. Vielmehr vermittelt er durchgängig das Bild einer erfolgreichen Kriegsteilnahme. Im Fazit seiner Erzählung begreift er sich überhaupt nicht als Kriegsverlierer und lehnt dementsprechend die These einer Kapitulation der französischen Truppen ab. Obwohl er die erfolgreiche militärstrategische Guerillataktik des vietnamesischen Generals Vo Nguyen Giap (1911–) anerkennt, ist für ihn der Ausgang der Schlacht von Diên Biên Phu nicht nur auf die Infiltration der vietnamesischen Agenten, sondern auch auf Frankreichs faires militärisches Verhalten zurückzuführen:

> Si Dien-Bien-Phu devenait un front assez embarrassant, cela se savait grâce à des fuites de renseignements colportés par d'éminents agents viêt, lancés un peu partout, servant dans les mess, cercles d'Officiers, en qualité de cuisiniers, de boys, de serveurs ou mieux encore, dans les différents bureaux administratifs de l'Etat-major de Saigon. La conservation du secret à ce moment n'était plus possible car la sympathie de la France vis-à-vis de ses administrés était liée à un tel degré d'interprétation de sentiments que freiner ou bannir, ou limiter tous rapports humains, devenait impensable.[45]

Angesichts der von den Vietminh geführten Guerillataktik und Infiltrationsstrategien – trotz schwacher Kräfte – hielt Guèye den Einsatz von nichtkonventionellen Vernichtungsstrategien für eine realisierbare Option, die Frankreich aber aus humanitären Gründen nicht anwenden wollte. Er zieht eine ambivalente Kriegsbilanz, in der er sich zu seiner eigenen Rechtfertigung auf den guten Willen der französischen Befehlshaber bezieht:

---

45 TS, S. 54–55.

> De cette situation de cessation des hostilités en Indochine, la France s'en était sortie non seulement victorieuse, mais fière d'elle-même. Elle aurait pu raidir les choses, [...] mais elle a préféré lâcher la corde pour avoir la tête haute.[46]

Seine Kriegserfahrung unterliegt einer Deutungsperspektive, in der es letztlich weder Sieger noch Verlierer gibt. Am Schluss seiner Erinnerungen berichtet er von der rührenden Abschiedsszene von Indochina und einer traurigen Rückkehr. Die Zeit in Saigon scheint für ihn generell durchaus nicht nur negativ gewesen zu sein. Die Beschreibung des Alltags, den er hinter sich lässt und den er vermisst, spiegelt noch einmal die Hauptmotive und Perzeptionen wider, mit denen er seine Erlebnisse im Operationsgebiet Vietnam verarbeitet hat. Autobiografisches und historiografisches Erzählen gehen so nahtlos ineinander über, dass die Kriegsereignisse zum Träger der eigenen Erinnerung werden. Durch die Artikulationsform von Faktenwiedergabe (historischer Wahrheit) und subjektiver Erinnerung, die sich als Spiel mit historischer Authentizität und literarischer Fiktionalisierung erweist, verstärken sich die selbstreflexiven Züge des autobiografischen Ich. Guèyes Kriegserlebnisse und -schilderungen informieren auch über seine individuellen Dispositionen und Beobachtungen.

8. Schlussfolgerung

Als Zugang zu einer subjektiven Erfahrungsgeschichte des Indochina-Kriegs und ihrer symbolischen Sinndeutung dokumentiert Marc Guèyes Autobiografie die ambivalenten Fronterlebnisse und sozialkulturellen Veränderungsprozesse, vor die sich die afrikanischen Kolonialsoldaten gestellt sahen. Anhand seiner autobiografischen Zeugnisse kann ermittelt werden, wie verschiedene Elemente lebensweltlicher, sozialkultureller und politischer Relevanz in der Wahrnehmung und Repräsentation des Indochina-Kriegs ineinandergreifen und diese prägen. Seine Existenz innerhalb der Legion erweist sich in mancherlei Hinsicht als Übergang in eine neuartige Lebenswelt und Kultur, und der Krieg als Ort sozialer Neuformierung und Bewusstseinsbildung. Jenseits des historischen Aussagegehalts im militärischen Bereich spiegeln sich in der Beschreibung konkreter Bedingungen des alltäglichen Lagerlebens bestimmte Sicht- und Denkweisen, die Auskunft über eine kulturelle, räumliche und sprachliche Grenzüberschreitung geben. Mit der heterogenen Erfahrungsgemeinschaft vollzieht sich ein Paradigmenwechsel, aus dem biografische Umwälzungen hervorgingen. Nicht nur die militärische Sozialisation, die materielle Ausrüstung und Versorgung ergaben unmittelbare Mentalitätsveränderungen, auch die Kriegsbeteiligung bahnte situationsbe-

---

46 TS, S. 90.

dingte Wahrnehmungen und Interaktionen an, die in engem Zusammenhang mit den historisch-kulturellen Hintergründen des geschilderten Zeitraums standen. Insofern ist *Un tirailleur sénégalais dans la guerre d'Indochine* nicht nur eine Schilderung von Kriegsfakten und -emotionen, sondern ebenso sehr eine Informationsquelle für interkulturelle Wissensstrukturen und Wahrnehmungsprozesse im Spannungsfeld von kolonialer Fremdzuweisung und Eigenkonzeption.[47]

Literaturverzeichnis

Berliner Geschichtswerkstatt (Hg.): *Alltagskultur, Subjektivität und Geschichte. Zur Theorie und Praxis von Alltagsgeschichte*, Münster: Westfälisches Dampfboot, 1994.

Bodin, Michel: *Soldats d'Indochine, 1945–1954*, Paris: L'Harmattan, 1997.

Dornseif, Golf: Afrikanische Kolonialsoldaten als Kanonenfutter, http://www.golfdornseif.de/uploads/Afrikanische_Kolonialsoldaten_als_Kanonenfutter.pdf (14.11.2012).

Echenberg, Myron J.: *Colonial Conscripts. The Tirailleurs Sénégalais in French West Africa, 1857–1960*, Portsmouth (NH): Heinemann [u. a.], 1991.

Grätz, Tilo: Die *Anciens Combattants*: von lokaler Elite zur Vereinigung der Bittsteller. Zur sozialen und politischen Situation von Kriegsveteranen in Nordbenin, in: Höpp, Gerhard/Reinwald, Brigitte (Hg.): *Fremdeinsätze. Afrikaner und Asiaten in europäischen Kriegen, 1914–1945*, Berlin: Verlag Das Arabische Buch, 2000 (Zentrum Moderner Orient: Studien 13), S. 253–276.

Guèye, Marc: *Un tirailleur sénégalais dans la guerre d'Indochine, 1953–1955. La conduite au feu du bataillon de marche du 5ème R. I. C. Témoignage*, Dakar: PU de Dakar, 2007.

Höpp, Gerhard/Reinwald, Brigitte (Hg.): *Fremdeinsätze. Afrikaner und Asiaten in europäischen Kriegen, 1914–1945*, Berlin: Verlag Das Arabische Buch, 2000 (Zentrum Moderner Orient: Studien 13).

Höpp, Gerhard/Reinwald, Brigitte: Einführung, in: dies. (Hg.): *Fremdeinsätze*, S. 5–13.

Latzel, Klaus: Vom Kriegserlebnis zur Kriegserfahrung. Theoretische und methodische Überlegungen zur erfahrungsgeschichtlichen Untersuchung von Feldpostbriefen, in: *Militärgeschichtliche Mitteilungen* 56 (1997). S. 1–30.

Latzel, Klaus: Kriegsbriefe und Kriegserfahrung: Wie können Feldpostbriefe zur erfahrungsgeschichtlichen Quelle werden?, in: *Werkstatt Geschichte* 8/22 (1999), S. 7–23.

Mabon, Armelle: *Prisonniers de guerre „indigènes". Visages oubliés de la France occupée*, Paris: Découverte, 2010.

Michel, Marc: *L'Appel à l'Afrique. Contributions et réactions à l'effort de guerre en A. O. F., 1914–1949*, Paris: Publications de la Sorbonne, 1982 (Série Afrique 6).

Lüdtke, Alf: Einleitung: Was ist und wer treibt Alltagsgeschichte?, in: ders. (Hg.): *Alltagsgeschichte. Zur Rekonstruktion historischer Erfahrungen und Lebensweisen*, Frankfurt/M., New York: Campus, 1989, S. 9–47.

Reinwald, Brigitte: Zwischen Imperium und Nation: Westafrikanische Veteranen der französischen Armee am Beispiel des spätkolonialen Obervolta, in: Höpp/Reinwald (Hg.): *Fremdeinsätze*, S. 227–252.

---

47 Höpp/Reinwald: Einführung, S. 11.

Reinwald, Brigitte: *Reisen durch den Krieg*. *Erfahrungen und Lebensstrategien westafrikanischer Weltkriegsveteranen der französischen Kolonialarmee*, Berlin: Schwarz, 2005 (Zentrum Moderner Orient: Studien 18).

Reinwald, Brigitte: Transatlantische Passagen und der Preis der Freiheit. Erfahrungen und Begegnungen westafrikanischer und amerikanischer Soldaten in Diensten der Alliierten, in: Schmieder, Ulrike/Nolte, Hans-Heinrich (Hg.): *Atlantik: Sozial- und Kulturgeschichte in der Neuzeit*, Wien: Promedia, 2010, S. 193–208, auch unter http://vgs.univie.ac.at/_TCgi_Images/vgs/20101021173536_EWR20_Reinwald.pdf (14.11.2012).

Riesz, János/Schultz, Joachim (Hg.): *„Tirailleurs Sénégalais"*. *Zur bildlichen und literarischen Darstellung afrikanischer Soldaten im Dienste Frankreichs*, Frankfurt/M. [u. a.]: Lang, 1989.

Schulze, Winfried: Einleitung, in ders. (Hg.): *Sozialgeschichte, Alltagsgeschichte, Mikro-Historie. Eine Diskussion*, Göttingen: Vandenhoeck & Ruprecht, 1994, S. 6–18.

Tovidokou, Hector/Kandolo, Annick R.: Indochine sur les traces d'une mère, d'Idrissou Mora Kpaï. A la recherche d'une partie de soi, in: Fédération Africaine de la Critique cinématographique/N FACC (Hg.): *Bulletin Africiné* Nr. 15. Ouagadougou (Burkina Faso), FESPACO 2011, Nr. 4, 03.03.2011, S. 2, siehe auch http://www.africine.org/?menu= art&no=10120 (14.11.2012).

Céline Mérat

Zum Scheitern verurteilt? Interkulturelle Beziehungen im französischen Indochina-Spielfilm am Beispiel *Mort en fraude* (1956)

Le film Mort en fraude *du réalisateur novice Marcel Camus fait partie des quelques longs-métrages français sur l'Indochine faisant preuve d'un esprit critique vis-à-vis de la politique coloniale de la France, et ce en dépit de sa réalisation deux ans seulement après la défaite cuisante à Diên Biên Phu et la perte définitive de la colonie. Il relate l'histoire du Français Paul Horcier qui, peu après son arrivée à Saigon, devient la cible d'un groupe de trafiquants. Avec l'aide d'Anh, une jeune Eurasiatique, il trouve refuge dans le petit village de Vinh Bao menacé par la famine et la mort en raison de la guerre qui fait rage. Après des débuts difficiles, il développe peu à peu des sentiments pour elle et commence à se battre pour le bien des habitants du village.*

Cet article étudie la représentation de la relation entre le jeune Français et l'Eurasiatique Anh. De quelle façon les deux partenaires sont-ils représentés par Camus ? Comment leur relation se développe-t-elle ? Dans quelle mesure celle-ci s'apparente-t-elle à la relation interculturelle 'typique' du cinéma colonial, en quoi diverge-t-elle et brise-t-elle certains clichés ? Et de quelle manière les relations interculturelles sont-elles représentées dans les films plus récents sur l'Indochine française ? En quoi les personnages principaux de Mort en fraude *sont-ils différents de ceux, par exemple, de* L'Amant *(1992) ou d'*Indochine *(1992) ?*

Regiedebütant Marcel Camus lehnte zahlreiche Filmprojekte ab, bevor er mit *Mort en fraude*[1] seinen ersten eigenen Film realisierte. Jahrelang hatte er erfolgreich unter anderem für Henri Decoin, Jacques Becker und Alexandre Astruc als Regieassistent gearbeitet. Sein erstes eigenes Projekt wurde deshalb mit großer Spannung erwartet. Dass er sich darin nun einem so schwierigen Thema wie dem jüngst verlorenen Indochinakrieg widmete, wurde ihm über die gesamte Presselandschaft hinweg hoch angerechnet. *Mort en fraude* ist die Verfilmung des gleichnamigen Romans von Jean Hougron, der 1953 als vierter Teil von Hougrons sechsteiligem Sammelband *La Nuit indochinoise*[2] erschien.

Der Film widmet sich im Gegensatz zu den meisten anderen französischen Indochina-Spielfilmen nicht dem Schicksal der französischen Soldaten

---

1 Camus, Marcel: *Mort en fraude*, Spielfilm, Frankreich 1956.
2 Hougron, Jean: *La Nuit indochinoise*, Paris: Del Duca, 1950–1958.

zu Zeiten des Kolonialkrieges, sondern der Darstellung der desolaten Situation der einheimischen Bevölkerung.[3] Für Camus war es deshalb nicht leicht, einen Produzenten zu finden, der bereit war, dieses für jene Zeit gewagte Filmprojekt mitzutragen. Entstanden ist daraus aber ein Spielfilm, der bis heute als einer der realistischsten und ‚ehrlichsten' gilt, was seine Darstellungsweise des Indochinakrieges betrifft,[4] und der als eine der ersten wirklichen Infragestellungen des französischen Kolonialismus angesehen werden kann.[5]

Mort en fraude erzählt die Geschichte des Franzosen Paul Horcier, der 1950 nach Indochina reist, um dort für eine französische Handelsgesellschaft zu arbeiten. Direkt nach seiner Ankunft im Hafen von Saigon wird er von einer Schmugglerbande bedroht, für die er eine große Menge an amerikanischen Dollar über den französischen Zoll schmuggeln sollte, welche ihm jedoch während der Überfahrt gestohlen wurde. Völlig verängstigt versteckt er sich in einem Hotel, wo er auf die Euroasiatin Anh trifft, die ihm vorschlägt, ihn in ihrem Heimatdorf zu verstecken. In dem kleinen Dorf herrschen Hunger und Krankheit, der Tod ist ein ständiger Begleiter der Bewohner von Vinh Bao, vor allem seit die französische Kolonialmacht dort in der Nähe einen Deich errichtete, der zwar die umliegenden Felder für den Nahrungsanbau nutzbar macht, vor allem aber auch die Kämpfe zwischen den verfeindeten Truppen in tödliche Nähe bringt. Nach einer etwas schwierigen Eingewöhnungsphase in die ärmlichen Verhältnisse des Dorfes beginnt Horcier, sich für die Belange der Bevölkerung einzusetzen, besorgt Medikamente und Nahrung und opfert am Ende sogar sein Leben, als er den für sie so gefährlichen Deich sprengt.

Der Großteil der Filmhandlung spielt in dem unter den Folgen des Kolonialkrieges leidenden kleinen Dorf Vinh Bao. Auch in den Szenen, die zu Beginn des Films in Saigon spielen, setzt Camus den Fokus nicht auf die Darstellung der kolonialen Errungenschaften, sondern zeigt in langen Kamerafahrten das Leben der einheimischen Bevölkerung in den Städten, um es dann zu den komfortablen Lebensverhältnissen der französischen Kolonialgesellschaft in Kontrast zu setzen, die nicht müde wird, sich über die ‚eigenartigen' Traditionen und die der vietnamesischen Kultur inhärente ‚Abzocke' und ‚Piraterie' zu beschweren. Vietnamesen, so das Vorurteil, sind wie Kinder, die eine starke Hand brauchen, die sie führt, nur so kann in diesem Land Recht und Ordnung herrschen. Um genau dieses Klischee zu durchbrechen, setzt Camus der oberflächlich und arrogant wirkenden

---

3   Vgl. Delmeulle, Frédéric: Fiction cinématographique et guerre d'Indochine, in: *Les Cahiers de la Cinémathèque: Souvenir d'Indochine* 57 (1992), S. 62–72, hier S. 68.
4   Siehe beispielsweise Biggs, Melissa E.: *French Films, 1945–1993. A Critical Filmography of the 400 Most Important Releases*, Jefferson: McFarland, 1996, S. 189, und Buisine, Paul A.: Mort en fraude, in: *La Cinématographie française* 1719, 11. Mai 1957, S. 20.
5   Vgl. Delmeulle: Fiction cinématographique, S. 67.

Kolonialgesellschaft eine traditionsreiche und nach anderen, aber nicht minderwertigen Normen und Bräuchen lebende kolonisierte Bevölkerung entgegen,[6] die eben gerade unter den sogenannten zivilisationsbringenden Maßnahmen der französischen Kolonialregierung leidet, was vor allem durch den Staudamm nahe Vinh Bao symbolisiert wird.

Dieser Staudamm existiert in der Romanvorlage von Hougron nicht, ebenso wenig wie die zahlreichen von Camus hinzugefügten, abwertenden Kommentare verschiedener Vertreter der französischen Kolonialgesellschaft bezüglich der einheimischen Gesellschaft und Kultur. Bedroht werden die Bewohner von Vinh Bao in Hougrons Buch einzig von der immer wieder über das Dorf herfallenden vietnamesischen Guerillaarmee Viet-Minh, die mordet, Nahrung raubt und Männer aller Altersklassen rekrutiert. Um das Dorf zu retten, muss im Roman nicht ein Damm, sondern ein Waffenlager der Viet-Minh gesprengt werden. Diese Mission soll von der französischen Armee übernommen werden, welche auf Wunsch der Dorfbewohner die Kontrolle über das Gebiet zurückerobern und ihnen damit den Frieden bringen soll. Über den Erfolg dieser Mission bleibt der Leser allerdings unaufgeklärt. Der Roman endet mit dem Tod Horciers, der hinterrücks von der Schmugglerbande erschossen wird.

Durch die von Camus bei der filmischen Adaptation des Romans vorgenommenen inhaltlichen Änderungen ist seine Version von *Mort en fraude* deutlich kolonialkritischer als das Original von Hougron. Dennoch behielt er einige zentrale Elemente der Romanvorlage bei, durch die der Film, obwohl er drei Jahre nach Kriegsende entstand und damit im eigentlichen Sinne *postkolonial* ist, deutliche Ähnlichkeit mit dem vor allem in den 1920er und 1930er Jahren in Frankreich sehr erfolgreichen Genre des Kolonialfilms aufweist. Horcier ist zu Beginn des Films genau der Mensch, den Guy Hennebelle als den typischen Protagonisten des Kolonialfilms bezeichnet: „le déclassé venu chercher aux colonies l'échelle de secours magique qui lui permettra de gravir une hiérarchie sociale qui lui a été hostile ou défavorable en métropole."[7] Eben dieser anfangs noch verängstigt und egoistisch wirkende Mann ist aber auch derjenige, der Ahns Bruder Französisch beibringt, der sein Leben riskiert, um den Dorfbewohnern Medikamente und Nahrungsmittel zu besorgen, der den vor langer Zeit aufgegebenen Reisanbau im Dorf neu initiiert, der Hoffnung und Freude zurück nach Vinh Bao bringt und der am Ende unter Einsatz seines Lebens das ganze Dorf rettet, dessen Bewohner anscheinend völlig unfähig sind, selbst etwas an ihrer Situation zu ändern.[8] Stark kontrastierend zu der vor allem zu Beginn des Films sehr egoi-

---

6   Vgl. Delmeulle: Fiction cinématographique, S. 68.
7   Hennebelle, Guy: Préface, in: Boulanger, Pierre: *Le Cinéma colonial. De ‚L'Atlantide' à ‚Lawrence d'Arabie'*, Paris: Seghers, 1975, S. 5–14, hier S. 7.
8   Vgl. beispielsweise [Autor unbekannt]: Mort en fraude, in: *Positif: Revue de cinéma* 25–26 (rentrée 1957), S. 94.

stisch wirkenden Anh sowie zur generellen Mentalität der einheimischen Dorfbevölkerung, in der jeder nur an sich zu denken scheint, wirkt Horcier fast wie das Idealbild des selbstlosen weißen Kolonisators.[9]

Sein Tod am Ende des Films ist schier unausweichlich. Verfolgt man seine Entwicklung vom Anfang bis zum Ende der Handlung, wird deutlich, dass Horcier dieses Abenteuer nicht überleben kann. Horcier handelt von seiner Verwicklung in illegale Devisengeschäfte über den Medikamentenraub bis hin zur Vernichtung des Damms unentwegt gegen geltendes Gesetz und muss deshalb, wie so mancher (Anti-)Held im französischen Kolonialfilm, am Ende mit dem Leben dafür bezahlen.[10] Horcier kam nach Indochina, um in der Kolonie ein besseres Leben zu beginnen, doch dieser Schritt musste, dem Kolonialfilmgenre getreu, unabwendbar zu seinem ‚Ruin' führen.[11]

Horciers finale Heldentat setzt auch seiner Beziehung zu Anh ein Ende. Und wie in den meisten Kolonialfilmen aus der Blütezeit des französischen Kolonialismus scheitert damit auch hier eine ‚interrassische' Beziehung. Diese Beziehungen waren ebenfalls gegen geltendes (Kolonial-)Gesetz und konnten deshalb kein glückliches Ende finden. Weil die Vermischung vorgeblich unterschiedlich weit entwickelter Völker verhindert und die koloniale Hierarchie aufrechterhalten werden sollte, waren Beziehungen oder gar Ehen mit arabischen oder auch asiatischen Frauen in den französischen Kolonien verboten.[12] Doch wenn sich diese Frauen nach herrschender Ansicht auch nicht für ernsthafte Beziehungen eigneten, galten kurzweilige sexuelle Abenteuer mit ihnen durchaus als legitim. Diese zu Kolonialzeiten durchaus häufig praktizierte, zweischneidige ‚Beziehung' zwischen Franzosen und einheimischen Frauen spiegelte sich auch in den Medien wieder, sowohl in der französischen Literatur als auch im Spielfilm:

> [...] though mixed marriages were discouraged, the sexual exploitation of the native woman was a common practice in colonial society, as native women were frequently used as concubines, servants, and playthings for Europeans. Back home in the metropolis, literature, popular entertainment, and films during the colonial period expressed the same double standard. They presented negative images of interracial relationships while at the same time suggesting the attractiveness of exotic sexual encounters.[13]

---

9   Vgl. Malo, Jean-Jacques: Mort en Fraude, in: Malo, Jean-Jacques/Williams, Tony (Hg.): *Vietnam War Films*, Jefferson: McFarland, 1994, S. 285. Vgl. auch Delmeulle: Fiction cinématographique, S. 71.

10 Vgl. Ferro, Marc: *Cinéma, une vision de l'histoire*, Paris: Editions du chêne, 2003, S. 116.

11 Vgl. Ezra, Elizabeth: Empire on Film: From Exoticism to Cinéma colonial, in: Forsdick, Charles/Murphy, David (Hg.): *Francophone Postcolonial Studies. A Critical Introduction*, London: Arnold, 2003, S. 56–65, hier S. 64.

12 Vgl. Sherzer, Dina: Race Matters and Matters of Race. Interracial Relationships in Colonial and Postcolonial Films, in: dies. (Hg.): *Cinema, Colonialism, Postcolonialism. Perspectives from the French and Francophone World*, Texas: University of Texas Press, 1996, S. 229–248, hier S. 230.

13 Sherzer: Race Matters and Matters of Race, S. 230.

In zahlreichen französischen Kolonialromanen und -filmen waren die exotischen Schönheiten nicht nur leicht zu erobern, sondern solchen Beziehungen gegenüber auch alles andere als abgeneigt, weshalb bei vielen Franzosen der Eindruck entstand, die Kolonien seien, wie Dina Sherzer schreibt, „the ideal place to satisfy their sexual fantasies"[14]. Die Darstellung von Beziehungen zwischen erotischen *femmes fatales* und virilen französischen Männern war maßgeblich für den großen Erfolg von Filmen wie *L'Atlantide* (Jacques Feyder, 1921), *La Maison du Maltais* (Henri Fescourt, 1927), *Zou Zou* (Marc Allegret, 1934), *Princesse Tam Tam* (Edmond Greville, 1935) oder *La Bandera* (Julien Duvivier, 1935) verantwortlich. Doch wenn diese Filme auch diverse männliche Fantasien weckten, enthielten sie dennoch immer die deutliche Warnung vor allzu großer Nähe zwischen den beiden unterschiedlichen ‚Rassen'. Solche Beziehungen waren systematisch vom Pech verfolgt und stürzten den männlichen Protagonisten zumeist in großes Unglück. Am Ende entschied er sich in der Regel für eine Frau seinesgleichen, für die er, im Gegensatz zu seiner einheimischen Konkubine oder *congaie,* auch Liebe empfand.[15] Die weiße Frau entsprach nicht nur seinem Kulturkreis, sondern war auch die charakterlich eindeutig besser zu ihm passende Wahl:

> The clear and obvious message of *Princesse Tam Tam, Zou Zou,* and *Pépé le Moko* is that the French woman fulfills the fantasy of White men. [...] These films not only project a positive image of the French woman, they also connect the Other with features and characteristics that had negative connotations in French culture at that time.[16]

Horciers Beziehung zu Anh in *Mort en fraude* weicht in vielerlei Hinsicht von der ‚typischen' interkulturellen Beziehung im französischen Kolonialfilm ab. Dennoch erlebt der Zuschauer in einigen wichtigen Punkten noch immer die gleiche stereotype Darstellung bzw. Entwicklung ihrer Beziehung, wie sie bereits in den 1920er und 1930er Jahren verbreitet war und wie sie auch in aktuelleren Indochina-Spielfilmen, wie beispielsweise *L'Amant* (Jean-Jacques Annaud, 1992) und *Indochine* (Régis Wargnier, 1992), noch immer repräsentiert wird.

Anh und Horcier kommen sich nur sehr langsam näher. Ihre Beziehung entwickelt sich von anfänglicher Abneigung und gegenseitigen Vorhaltungen zunächst zu zaghaften Blickwechseln, dann zu ersten emotionalen und körperlichen Annäherungen bis schließlich – und das erst, als Horcier bereits im Sterben liegt – zum Eingeständnis ihrer Liebe und einem innigen Kuss. Auffällig ist, dass sie ihre Gefühle füreinander bis zum Ende des Films nie wirklich in Worte fassen. Während sie sich vor allem zu Beginn des Films vorwiegend abwertende Bemerkungen zuwerfen und sich über einander lustig

---

14 Sherzer: Race Matters and Matters of Race, S. 231.
15 Vgl. Sherzer: Race Matters and Matters of Race, S. 231 f.
16 Vgl. Sherzer: Race Matters and Matters of Race, S. 235.

machen, kann man die Entwicklung ihrer Beziehung in der zweiten Filmhälfte nur anhand ihrer Gesten ausmachen. Nach und nach weichen Anhs und Horciers anfangs noch harte, Verachtung ausdrückende Gesichtszüge freundlichen oder gar liebevollen Blicken. Anh macht sich mit jedem Übergriff der Viet-Minh auf das Dorf sichtlich mehr Sorgen um die Sicherheit Horciers. Horcier begibt sich ohne zu zögern in große Gefahr, als Anh schwer erkrankt und er ihr die rettenden Medikamente besorgt. Eine erste zärtliche Umarmung zwischen beiden findet statt, nachdem Anh den nach einem erneuten Viet-Minh-Angriff tot geglaubten Horcier wiedersieht. Liebevoll tröstet er sie über ihren ermordeten Großvater hinweg, nimmt sie in die Arme und gibt ihr einen sanften Kuss auf die Wange. Gerade durch diese Art Beziehung, die keine großen Worte nötig zu haben scheint, in der Blicke und Gesten alles sagen, wirkt ihre gegenseitige Zuneigung umso echter, tiefer. Gerade das Ausbleiben jeglicher sexueller Kontakte beweist dem Zuschauer zudem, dass beide füreinander nicht nur ein kurzweiliges ‚Abenteuer' sind, sondern dass sie wirklich Gefühle füreinander haben.[17]

Und doch bestätigt ihre Beziehung gängige Klischeevorstellungen zu ‚interrassischen' Verbindungen. Man merkt Horcier deutlich an, dass die sexuelle Anziehung der jungen Asiatin große Wirkung auf ihn hat. In gewisser Weise wird auch er – ähnlich den Protagonisten in diversen Kolonialfilmen – von der ‚fremdrassigen' exotischen Schönheit verführt, bis er sich der Verlockung schließlich nicht mehr entziehen kann. Die Entwicklung bzw. Entdeckung seiner Gefühle für Anh korreliert auffällig stark mit ihrer zunehmenden Nacktheit. Am Morgen nachdem Anh Horcier bei sich übernachten ließ, um ihn vor den Gangstern zu verstecken, will er gerade gehen, als er plötzlich vor Angst an der Türschwelle kehrt macht und zurück ins Zimmer tritt. Sein Blick fällt dabei auf Anh, die sich gerade umzieht und sich nun schnell ihr Schlafanzugoberteil deckend vor die Brust hält (Abb. 1). Interessant ist in dieser Szene, dass der Zuschauer mehr von Anhs nackter Haut zu sehen bekommt als Horcier, dessen Blick zunächst durch ein zwischen ihm und ihr hängendes Moskitonetz getrübt ist und dessen Sicht später durch seine Position im Zimmer ‚nachteiliger' ist als die des Publikums, das durch die Kameraposition im hinteren Ende des Raums auf Anhs nackten Rücken blicken kann. Als beide auf dem Weg nach Vinh Bao bei einem Freund von Anhs Familie Rast machen, zieht sich Anh hinter einem Sichtschutz um, während Horcier ein Schälchen Reis isst. Als er dabei kurz zur Seite schaut, erhascht er einen Blick auf Anhs nackte Brüste (Abb. 2). Sein Blick verweilt kurz, bevor er sich zurück zur Wand dreht. Gerade erst beginnt Horcier in Anhs Familie mit anzupacken und Brennholz zu hacken, als er mit einem Stapel Holz im Arm die Tür des Schuppens öffnet und Anh nackt unter der Dusche überrascht (Abb. 3 und 4). Anh erschrickt kurz, hält sich dann aber

---

17 Vgl. Gerard, Olivier: Mort en fraude, in: *Fiche filmographique du IDHEC* 131, 01.01.1964.

lässig ein Handtuch vor und scheint dem plötzlichen Besuch nicht abgeneigt. Sie streift sich verführerisch durchs Haar, Horcier wischt sich mit offener Handfläche den Schweiß von seinem nackten Oberkörper. Beide blicken sich intensiv an und reden dabei zum ersten Mal seit ihrer Begegnung in freundlichem Tonfall miteinander, auch wenn ihre Worte noch immer von Missmut erfüllt sind. Langsam nähert er sich ihr, bevor die Situation von grantigen Rufen ihrer Mutter unterbrochen wird.

Abb. 1: *Mort en fraude*, 00:20:37 h	Abb. 2: *Mort en fraude*, 00:26:10 h

Abb. 3: *Mort en fraude*, 00:41:50 h	Abb. 4: *Mort en fraude*, 00:41:59 h

Diese Duschszene existiert in Hougrons Romanvorlage nicht. Es stellt sich also die Frage, warum Camus sich dazu entschied, sie in seine filmische Adaptation von *Mort en fraude* einzufügen.

Szenen, in denen Frauen teilweise oder gar völlig nackt zu sehen sind, sind in französischen Indochina-Spielfilmen keine Seltenheit. Das bekannteste Beispiel hierfür ist wohl der Film *L'Amant* von Jean-Jacques Annaud aus dem Jahre 1992, in dem der Zuschauer in diversen Intimszenen die junge Marguerite Duras mit ihrem um einige Jahre älteren chinesischen Liebhaber beobachten kann. Einen interessanten Vergleich mit *Mort en fraude* bietet

Régis Wargniers *Indochine*[18], ebenfalls aus dem Jahre 1992. Auch hier kommen sich die Annamitin Camille und der französische Offizier Jean-Baptiste – in stark geraffter Form – mit zunehmender Nacktheit der jungen Asiatin näher. Sie begegnen einander zum ersten Mal, als Jean-Baptiste die bewusstlose Camille nach einer Schießerei auf der Straße auf eventuelle Verletzungen untersucht. Er öffnet dafür ihre Bluse und wischt ihr sanft das Blut von der Brust (Abb. 5).

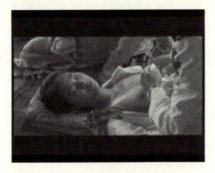

Abb. 5: *Indochine*, 00:48:05 h.

Für Lily V. Chiu[19] ist es nicht verwunderlich, dass Jean-Baptiste Camille nackt kennen und lieben lernt. Die Darstellung der asiatischen Frau entspricht hier genau den Vorstellungen, die in der französischen Gesellschaft vor allem durch die zu Kolonialzeiten sehr beliebten Postkartenaufnahmen stark verbreitet waren.[20] Indochinesinnen – sowie im Übrigen auch die Frauen aus dem Maghreb – waren darauf sehr oft mit nacktem Oberkörper abgebildet, was beim Betrachter diverse Fantasien auslösen sollte und, wie Chiu schreibt, die ‚Verfügbarkeit' dieser Frauen suggerierte, die wie in einer Art landesweitem exotischem ‚Harem' nur darauf warteten, erobert zu werden. In *Indochine* sowie auch in *Mort en fraude*, in dem der Zuschauer wie oben beschrieben teilweise sogar noch mehr nackte Haut zu sehen bekommt als der männliche Protagonist, hat das Publikum die Möglichkeit, gemeinsam mit Jean-Baptiste bzw. Horcier das Objekt der kolonialen Begierde zu ‚erforschen'. Chiu schreibt über die entsprechende Szene in *Indochine*:

---

18 Wargnier, Régis: *Indochine*, Spielfilm, Frankreich, 1991.
19 Chiu, Lily V.: Camille's Breasts: The Evolution of the Fantasy Native in Régis Wargnier's *Indochine*, in: Robson, Kathryn/Yee, Jennifer (Hg.): *France and „Indochina". Cultural Representations*, Lanham: Lexington Books, 2005, S. 139–151, hier S. 141.
20 Siehe hierzu Yee, Jennifer: Recycling the ‚Colonial Harem'? Women in Postcards from French Indochina, in: *French Cultural Studies* 15/1 (2004), S. 5–19.

[...] the viewer is in effect invited by the camera to share the male protagonist's gaze of desire. Camille's breasts are displayed as objects for our visual consumption [...]. This exhibition evokes an entire tradition of the fetishization of ‚native' breasts, from National Geographic magazines to Algerian *mauresque* postcards to the Hottentot Venus and Josephine Baker.[21]

Camus' *Mort en fraude* befriedigt – unbewusst oder bewusst – durch die Einblendung von Anhs nackten Brüsten die Erwartungen des französischen Publikums und bestätigt dabei gleichzeitig Klischeevorstellungen sowohl von der kolonisierten einheimischen Frau als auch von interkulturellen Beziehungen. Nicht Anhs Charakter scheint Horciers wachsendes Interesse an ihrer Person zu bewirken, sondern ihre zunehmende Nacktheit.

Es ist schwer, Gemeinsamkeiten zwischen Anh und Horcier auszumachen. Sie ist sehr schön und körperlich anziehend, charakterlich jedoch zunächst eher abweisend. Nicht aus purer Nächstenliebe, sondern gegen bares Geld lässt sie Horcier in ihrem Hotelzimmer übernachten, und erst als sie erfährt, dass Horcier im Besitz von 5 000 Piaster ist, schlägt sie vor, ihn in ihrem Heimatdorf zu verstecken – und das, obwohl sie damit ihre Familie in Gefahr bringt. Vor allem in der ersten Filmhälfte ist sie Horcier gegenüber sehr herablassend und unfreundlich. Sie führt ihn in ihr Dorf, hilft Horcier aber nicht, sich in der für ihn völlig fremden Situation zurechtzufinden, sondern amüsiert sich eher über seine Fehltritte. Im zweiten Teil des Films unterstützt Anh zwar Horciers Initiative zur Wiederaufnahme des Reisanbaus, verwahrt sich aber gegen die Teilung der von ihm parallel mit den Medikamenten gekauften Nahrungsmittel sowie gegen die Preisgabe der Stelle, an der noch Fisch zu fangen ist. Während Horcier alles teilen will, scheint Anh alles für sich und ihre Familie behalten zu wollen, wodurch sie auf den Zuschauer sehr egoistisch wirkt, gerade durch die Gegenüberstellung mit dem altruistischen Horcier. Auch hier bestätigt sich die Ähnlichkeit von *Mort en fraude* mit dem französischen Kolonialfilm, in dem die ‚nicht-französische' Frau Dina Sherzer zufolge generell negativ dargestellt wird:

[...] these films insidiously but very systematically constructed a negative image of the Other, of the non-French woman, through behaviors and characteristics assigned to her, the comments of other characters about her, and the actions and reactions of the French man toward her.[22]

Horcier hingegen wird als ein wahrer Menschenfreund dargestellt. Während er sich kurz nach seiner Ankunft in Vinh Bao noch einzig und allein um seine eigenen Interessen sorgt, erweicht die armselige Situation der Dorfbewohner sehr schnell sein Herz, so dass er sich fortan vorrangig nicht mehr um sich,

---

21 Chiu: Camille's Breasts, S. 141.
22 Sherzer: Race Matters and Matters of Race, S. 232.

sondern um andere kümmert. Niemand scheint so sehr um das Wohlergehen von Anhs kleinem Bruder Thi besorgt wie Horcier, der alles daran setzt, den kleinen Jungen glücklich zu sehen. Er zögert keine Sekunde, als er Anh sterbenskrank daliegen sieht, und besorgt ihr unter Einsatz seines Lebens die rettenden Medikamente, die er gegen den Protest von Anhs Großvater und ihrer Mutter nicht ausschließlich für die Familie verwendet, sondern nutzt, um mit ihnen kranke Kinder im Dorf zu pflegen. Er teilt mit den ihm völlig fremden Dorfbewohnern private Nahrungsmittel sowie das Wissen um Nahrungsquellen und ist am Ende sogar bereit, sein Leben zu opfern, damit sie wieder glücklich sein können. Sein sehnlichster Wunsch: „J'ai besoin de les voir heureux."[23] Horcier will um jeden Preis den Deich sprengen, der die Bewohner von Vinh Bao ständiger Gefahr aussetzt. Und genau das trennt ihn letztendlich von Anh, und zwar in zweifacher Hinsicht. Aufgrund seiner Heldentat am Ende des Films werden beide nicht nur als Paar getrennt, zwischen ihnen liegt auch charakterlich eine Art unüberbrückbare ‚Trennlinie', die in der letzten Szene vor der Dammsprengung auch visuell dargestellt wird.[24] Beide liegen nebeneinander im Bett. Die Kamera filmt sie zunächst von oben herab, sodass ihr Blickfeld durch das über ihnen befestigte Moskitonetz getrübt ist. Deutlich hervorstechend befindet sich zwischen Anh und Horcier die Nahtlinie des Netzes (Abb. 6).

Abb. 6: *Mort en fraude*, 1:33:28 h

Sie schauen einander nicht an, sondern starren in die Leere, während Horcier Anh berichtet, er habe beschlossen, nicht auf die Unterstützung der französischen Behörden zu warten, sondern den Damm selbst in die Luft zu sprengen. Sie reagiert nicht mit Dankbarkeit, sondern mit Unverständnis: „Vous pensez qu'à Vinh Bao. Croyez-vous qu'ils ont tellement besoin de vous?"[25] Als Horcier antwortet: „Je ne sais pas, mais moi, j'ai besoin d'eux. J'ai besoin

---

23 Horcier in *Mort en fraude*, 1:34:08 h.
24 Vgl. Gerard: Mort en fraude.
25 Anh in *Mort en fraude*, 1:34:01 h.

de les voir heureux"[26], dreht sich Anh von ihm weg und verschwindet dabei aus dem Bildrahmen. Als Horcier kurz darauf nach ihr sieht, weint sie. Er berührt wortlos kurz ihre Schulter, dreht sich dann aber wieder von ihr weg. Beide blicken in entgegengesetzte Richtungen, Horcier knipst das Licht aus, die Szene endet. Bereits hier, kurz vor Horciers Tod, wird deutlich, dass ihre Beziehung keine Zukunft haben kann. Sie sind nicht nur kulturell, sondern auch in ihren persönlichen Interessen zu unterschiedlich.

Diese interkulturelle Beziehung kann aber auch allein schon aufgrund der äußeren Umstände nicht von großer Dauer sein. Zu viele Hindernisse stellen sich ihr in den Weg, die nicht nur die Kriegssituation in Indochina betreffen. Wie schon erwähnt missbilligt die französische Kolonialgesellschaft solche ‚interrassischen' Beziehungen, was an mehreren Stellen im Film durch abwertende Bemerkungen von Franzosen deutlich hervorgehoben wird. Zum Beispiel wird Anh der Zutritt zu einem französischen Hotel verwehrt. *Congaies*, also einheimische Konkubinen, sind laut Empfangsperson hier nicht erlaubt. Als Anh und Horcier gemeinsam auf der Straße unterwegs sind, spottet ein Franzose am Wegesrand: „Encore un type encongaié. C'est des types comme ça qui fichent en l'air le prestige qu'on avait autrefois dans ce pays!"[27] Hervorzuheben ist dabei auch, dass Anh nicht Asiatin, sondern Euroasiatin und damit selbst das ‚Produkt' einer interkulturellen Beziehung, also Halbfranzösin ist. Doch sie wird von der französischen Gesellschaft genauso nachteilig behandelt wie alle anderen einheimischen Bewohner der Kolonie. Allein die Tatsache, dass sie asiatisches Blut in sich trägt, reicht als Grund für ihre Diskriminierung aus. Dieser Tatsache ist sich auch Anh bewusst, als sie auf Horciers Einwurf, sie habe doch wohl das Recht, jederzeit Urlaub zu nehmen, um ihre Familie zu besuchen, antwortet: „Le droit? Pour une Française peut-être. Vous oubliez que je suis Euroasienne!"[28] Weil Horcier den Ausdruck nicht zu verstehen scheint, fügt sie hinzu: „Métisse si vous préférez. Ça ne se voit pas?"[29] Er nickt. Man sieht es ihr an und damit ist ihre Position in der Kolonie festgelegt.

Auch die einheimische Bevölkerung ist gegen die Beziehung zwischen Anh und Horcier, was vor allem durch die feindliche Haltung von Anhs Mutter gegenüber Horcier verdeutlicht wird. Sie setzt alles daran, ihn aus dem Dorf zu vertreiben. Sie verrät ihn an die Viet-Minh und ist auch diejenige, die die erste Annäherung der beiden in der Duschszene durch ihre Rufe vereitelt.[30] Interessant ist dabei, dass auch sie eine interkulturelle Beziehung erlebt

---

26 Horcier in *Mort en fraude*, 1:34:07 h.
27 Franzose in *Mort en fraude*, 1:22:44 h.
28 Anh in *Mort en fraude*, 00:22:50 h.
29 Anh in *Mort en fraude*, 00:22:58 h.
30 Vgl. [Autor unbekannt]: Mort en fraude, in: *Image et Son* 15 (Sommer 1962), S. 54–56, hier S. 56.

hat. Anhs Vater ist Franzose, seine Tochter hat ihn jedoch nie kennengelernt. Die Verbindung zwischen ihren Eltern muss gescheitert sein, und das auf eine vermutlich für Anhs Mutter sehr schmerzliche Weise, sonst würde sie nicht derart viel Hass gegenüber Franzosen empfinden und versuchen, die Beziehung zwischen ihrer Tochter und Horcier um jeden Preis zu verhindern. Eine weitere interkulturelle Beziehung, auf die in *Mort en fraude* angespielt wird, scheiterte ebenfalls. In einer Filmszene erzählt die Schwester des Dorfchefs Horcier, sie spreche deshalb so gut Französisch, weil sie zehn Jahre lang in Hanoi sowie drei Jahre in Frankreich, in Nîmes, gelebt habe. In der Romanvorlage erfährt der Leser, dass sie dort mit ihrem ersten Ehemann lebte, aller Wahrscheinlichkeit nach einem Franzosen. Heute lebt sie wieder bei ihrem Bruder, also muss auch diese Beziehung kein glückliches Ende gefunden haben.

Ein glückliches Ende findet nur eine einzige interkulturelle Beziehung in einem französischen Indochina-Spielfilm. In Claude Bernard Auberts *Le Facteur s'en va-t-en guerre* aus dem Jahre 1966 nimmt der französische Protagonist Thibon, ein Briefträger, der sich nach Indochina versetzen ließ, um dort sein Gehalt zu verbessern, am Ende des Films die Asiatin Vang mit zurück nach Paris. In der letzten Filmszene fährt er mit ihr verliebt auf dem Rad die Champs-Elysées hinauf. Da es sich bei diesem Film aber um eine Komödie handelt, in der so manche inhaltlichen Elemente als eher unglaubwürdig bzw. ironisch zu werten sind, kann an der Glaubwürdigkeit dieses ‚Happy Ends' gezweifelt werden.

In allen weiteren Indochina-Filmen scheitert jede noch so leidenschaftliche interkulturelle Beziehung letzten Endes. Auch die beiden sehr erfolgreichen Filme *L'Amant* und *Indochine* bilden dabei keine Ausnahme. Die Beziehung zwischen der jungen Marguerite Duras und ihrem chinesischen Liebhaber ist zwar sehr intim, sie kann jedoch nicht gegen die auf beiden Seiten vorhandenen Rassenvorurteile ankommen. Diese sind nicht nur im näheren Umfeld der beiden Protagonisten sehr präsent, sondern auch bei ihnen selbst. Gerade die junge Französin findet ihrem chinesischen Partner gegenüber oftmals sehr harte, diskriminierende Worte. In *Indochine* findet auch die Beziehung zwischen Camille und Jean-Baptiste kein glückliches Ende. Nachdem zunächst Camilles französische Ziehmutter Eliane die Liaison zwischen beiden zu vereiteln versucht, ist es vor allem die Auflehnung der jungen Annamitin gegen die Unterdrückung ihres Volkes, die beide letztendlich voneinander trennt. Jean-Baptiste, der Camille nach einem Mord an einem französischen Offizier zur Flucht verhilft, wird ermordet, sie selbst schließt sich der kommunistischen Unabhängigkeitsbewegung an. Das Kind der beiden wendet sich von seiner Mutter ab und entscheidet sich für ein Leben in Frankreich.

Verglichen mit französischen Kolonialfilmen aus den 1920er und 1930er Jahren hat sich Dina Sherzer zufolge das Bild des ‚Anderen' bzw. Kolonisierten in den post-kolonialen französischen Spielfilmen der 1980er und 1990er Jahre deutlich verbessert. Sowohl in *L'Amant* als auch in *Indochine* sind

‚fremdrassische' Partner nicht mehr naiv, kindisch, animalisch und grotesk, sondern sensible, intelligente Individuen, die im Film ihren gebührenden Stellenwert erhalten.[31] In beiden Filmen sind die ‚Anderen' jedoch nicht so viel ‚anders' als ihre französischen Partner, was ihre interkulturelle Beziehung, Sherzer zufolge, für ein französisches Publikum akzeptabler macht.[32] Der chinesische Liebhaber in *L'Amant* und Camille sind ‚europäisiert'. Beide standen unter westlichem Einfluss, trugen westliche Kleidung, genossen eine französische Bildung und Erziehung. Doch auch wenn das Bild einer interkulturellen Beziehung inzwischen sichtlich aufgewertet wurde, werden diese auch in den jüngsten Indochina-Spielfilmen französischer Regisseure nicht als etwas völlig ‚Normales' und Überlebensfähiges dargestellt. Noch immer sind sie von allen Seiten im Grunde unerwünscht und anscheinend zum Scheitern verurteilt.[33]

Quellenverzeichnis

[Autor unbekannt]: Mort en fraude, in: *Positif: Revue de cinéma* 25–26 (rentrée 1957), S. 94.
[Autor unbekannt]: Mort en fraude, in: *Image et Son* 15 (Sommer 1962), S. 54–56.
Biggs, Melissa E.: *French Films, 1945–1993. A Critical Filmography of the 400 Most Important Releases*, Jefferson: McFarland, 1996.
Buisine, Paul A.: Mort en fraude, in: *La Cinématographie française* 1719, 11. Mai 1957, S. 20.
Camus, Marcel: *Mort en fraude*, Spielfilm, Frankreich 1956.
Chiu, Lily V.: Camille's Breasts: The Evolution of the Fantasy Native in Régis Wargnier's *Indochine*, in: Robson, Kathryn/Yee, Jennifer (Hg.): *France and „Indochina". Cultural Representations*, Lanham: Lexington Books, 2005, S. 139–151.
Delmeulle, Frédéric: Fiction cinématographique et guerre d'Indochine, in: *Les Cahiers de la Cinémathèque: Souvenir d'Indochine* 57 (1992), S. 62–72.
Ezra, Elizabeth: Empire on Film: From Exoticism to Cinéma colonial, in: Forsdick, Charles/Murphy, David (Hg.): *Francophone Postcolonial Studies. A Critical Introduction*, London: Arnold, 2003, S. 56–65.
Ferro, Marc: *Cinéma, une vision de l'histoire*, Paris: Editions du chêne, 2003.
Gerard, Olivier: Mort en fraude, in: *Fiche filmographique du IDHEC* 131, 01.01.1964.
Hennebelle, Guy: Préface, in: Boulanger, Pierre: *Le Cinéma colonial. De ‚L'Atlantide' à ‚Lawrence d'Arabie'*, Paris: Seghers, 1975, S. 5–14.
Hougron, Jean: *La Nuit indochinoise*, Paris: Del Duca, 1950–1958.
Malo, Jean-Jacques: Mort en Fraude, in: Malo, Jean-Jacques/Williams, Tony (Hg.): *Vietnam War Films*, Jefferson: McFarland, 1994, S. 285.
Sherzer, Dina: Race Matters and Matters of Race. Interracial Relationships in Colonial and Postcolonial Films, in: dies. (Hg.): *Cinema, Colonialism, Postcolonialism. Perspectives from the French and Francophone World*, Texas: University of Texas Press, 1996, S. 229–248.
Wargnier, Régis: *Indochine*, Spielfilm, Frankreich, 1991.
Yee, Jennifer: Recycling the ‚Colonial Harem'? Women in Postcards from French Indochina, in: *French Cultural Studies* 15/1 (2004), S. 5–19.

---

31 Sherzer: Race Matters and Matters of Race, S. 238 f.
32 Vgl. Sherzer: Race Matters and Matters of Race, S. 239 f.
33 Vgl. Sherzer: Race Matters and Matters of Race, S. 239.

Louise-Hélène Filion

Entre distanciation et médiation. Perceptions de l'Allemagne nazie et rencontres interculturelles chez Hélène J. Gagnon, Simone Routier et Paul Péladeau

Dieser Artikel befasst sich mit drei Augenzeugenberichten frankokanadischer Zivilisten, die sich während des Zweiten Weltkriegs in Europa aufhielten und deren Texte auch während dieser Zeit veröffentlicht wurden. Im Anschluss an das von Robert Dion (Université du Québec à Montréal) und Hans-Jürgen Lüsebrink (Universität des Saarlandes) geleitete Forschungsprojekt „Wahrnehmungen von Nazideutschland in Québec in der Literatur und den Medien von 1933 bis heute" beschäftigt sich der vorliegende Artikel mit der Wahrnehmung des Dritten Reiches, wie sie sich in den drei Texten manifestiert. Louise-Hélène Filion zeigt, dass die frankokanadischen Zivilisten verschiedene Distanzierungs- und Vermittlungsstrategien bevorzugen, sobald von Hitlerdeutschland die Rede ist, und sich dabei meistens einer bewusst vorgetragenen subjektiven Einschätzung enthalten. Die untersuchten Texte bieten daher eine andere Sichtweise auf den Krieg, die meist wesentlich zurückhaltender oder nuancierter ist als diejenige, die wir in einigen zur selben Zeit erschienenen Berichten frankokanadischer Militärangehöriger finden, Berichten, die eher auf einer Rhetorik der Schwarzweißmalerei basieren.

La question de la participation des Canadiens français à la Seconde Guerre mondiale a été, jusqu'à récemment, relativement peu traitée par l'historiographie canadienne. Cependant, depuis la parution en 2004 d'un ouvrage de Sébastien Vincent, *Laissés dans l'ombre. Les Québécois engagés volontaires de la guerre 39–45*[1], diverses voix se sont manifestées qui ont cherché à donner l'heure juste sur l'effort de guerre québécois, que cet effort se soit déployé en Europe ou encore en terre d'Amérique. J'en tiens d'abord pour preuve la publication en 2007 d'un ouvrage signé Aimé-Jules Bizimana, consacré aux correspondants de guerre canadiens-français de 1939–1945,[2] personnages méconnus s'il en est. Pour sa part, l'historien Martin F. Auger a livré le premier travail de fond sur les camps d'internement québécois de prisonniers allemands ;[3] au même titre que les autres camps canadiens, ces cinq camps offraient d'excellentes

---

1   Vincent, Sébastien : *Laissés dans l'ombre : quatorze Québécois racontent leur participation volontaire à la Seconde Guerre mondiale*, Montréal : VLB, 2004 (Etudes québécoises 66).
2   Bizimana, Aimé-Jules : *De Marcel Ouimet à René Lévesque. Les correspondants de guerre canadiens-français durant mondiale*, Montréal : VLB, 2007 (Etudes québécoises 78).
3   Auger, Martin F. : *Prisonniers de guerre et internés allemands dans le sud du Québec 1940–1946*, traduction de Pierre R. Desrosiers, Outremont : Athéna, 2010 (Histoire militaire).

conditions à leurs prisonniers, respectant ainsi les principes de la Convention de Genève.[4] On estime à environ 38 000 le nombre d'Allemands détenus en sol canadien pendant la guerre.[5]

D'autres travaux se sont penchés sur l'émergence d'une certaine pensée d'extrême droite dans le Québec de l'entre-deux-guerres : c'est à ce moment qu'Adrien Arcand, homme politique souvent qualifié de 'Führer canadien', fonde le Parti national social chrétien ; ce parti, qui carbure bien entendu à l'antisémitisme, est toutefois davantage interpellé par la branche britannique du nazisme. Le récent ouvrage de Jean-François Nadeau, consacré au chef fasciste canadien,[6] a bien cerné les raisons de l'échec d'Arcand, la fascination de ce dernier à l'égard de l'impérialisme britannique ayant notamment pu lui nuire au Canada francophone.[7]

Mais il faut savoir que les années de guerre s'accompagnent, au Québec, d'un bouillonnement intellectuel sans précédent. Jacques Michon s'est tout particulièrement intéressé à cette période à titre de commissaire de la récente exposition *1940–1948. Les éditeurs québécois et l'effort de guerre*[8]. Cette période fut, au dire de Michon et de plusieurs autres, l'heure de gloire de l'édition québécoise. C'est que, lors de la capitulation de la France en mai 1940, les relations commerciales avec la France de Vichy sont rapidement interdites : le gouvernement canadien accorde alors aux éditeurs le privilège de réimprimer tous les ouvrages français non disponibles au pays.[9] Au même moment, la censure du clergé catholique dans le monde du livre cesse ; le Québec peut notamment découvrir les œuvres d'Honoré de Balzac, de Charles Baudelaire, de Paul Verlaine, d'Arthur Rimbaud, de Marcel Proust et d'André Gide.[10] C'est également à cette époque que de nombreux liens sont tissés avec des écrivains français de renom exilés à New York pendant la guerre, dont plusieurs viennent à Montréal et/ou y sont publiés.[11]

Parmi les travaux qui ont depuis peu fait le point sur les divers rôles joués par les Canadiens francophones pendant la Deuxième Guerre mondiale, on

---

4   Cf. Auger : *Prisonniers de guerre*, p. 257.
5   Cf. Auger : *Prisonniers de guerre*, p. 9.
6   Nadeau, Jean-François : *Adrien Arcand, Führer canadien*, Montréal : Lux, 2010.
7   Cf. Nadeau : *Adrien Arcand*, p. 344.
8   Voir Michon, Jacques : *1940–1948. Les éditeurs québécois et l'effort de guerre*, catalogue accompagnant l'exposition du même titre, Québec : Presses de l'Université Laval/Montréal : Direction de la programmation culturelle de BAnQ, 2009.
9   Voir notamment Biron, Michel/Dumont, François/Nardout-Lafarge, Elisabeth, avec la collaboration de Lapointe, Martine-Emmanuelle : *Histoire de la littérature québécoise*, Montréal : Boréal, 2007, p. 271.
10 Cf. Biron/Dumont/Nardout-Lafarge : *Histoire de la littérature québécoise*, p. 272.
11 Cf. Biron/Dumont/Nardout-Lafarge : *Histoire de la littérature québécoise*, p. 271.

compte un autre titre signé Sébastien Vincent.[12] Le chercheur se penche sur les carnets, les journaux et autres témoignages rédigés par des combattants canadiens-français,[13] dans une perspective d'histoire socio-militaire et culturelle. C'est donc dire que les écrits de nombreux Canadiens français s'étant trouvés au front ont déjà fait l'objet, au Québec, d'un travail de description et d'analyse fort exhaustif.[14] Mais dans la Belle Province, on publie également pendant la guerre des témoignages de civils qui, s'ils n'ont pas été aux premières loges des opérations guerrières, ont tout de même, du fait de leur présence en Europe, en Asie ou en mer, leur mot à dire sur le conflit. Afin de constituer le corpus présenté dans cet article, il a d'abord fallu répondre à la question suivante : quels écrits de civils canadiens-français publiés au Québec entre 1939 et 1947 évoquent une expérience plutôt directe de la guerre ? D'emblée, le choix du terme 'civils' appelle quelques précautions : en optant pour ce terme, j'ai voulu écarter les textes rédigés par des militaires et des membres du clergé. Car il faut savoir qu'il existe aussi, pour la période 1939–1947, un intéressant corpus de textes publiés par des abbés ou des missionnaires canadiens-français qui se trouvent en Europe ou en Asie pendant la guerre.[15] Toutefois, bien que nombre de ces ouvrages soient classés parmi les récits de guerre à Bibliothèque et Archives nationales du Québec, la plupart des textes consultés ne comportent guère de figurations riches de l'Allemagne.

---

12   Cf. Vincent, Sébastien : *Ils ont écrit la guerre. mondiale à travers des écrits de combattants canadiens-français*, Montréal : VLB, 2010.
13   « Dans l'introduction générale de *Témoins*, Norton Cru définit le 'combattant' comme 'tout homme qui fait partie des troupes combattantes ou qui vit avec elles sous le feu, aux tranchées, et au cantonnement, à l'ambulance du front, aux petits états-majors : l'aumônier, le médecin, le conducteur d'auto sanitaire sont des combattants' ». (Norton Cru, Jean : *Témoins. Essai d'analyse et de critique des souvenirs de combattants édités en français de 1915 à 1928* [1929], Nancy : PU de Nancy, 1993, p. 10 ; cité par Sébastien Vincent : *Ils ont écrit la guerre*, p. 25).
14   Marie Michaud a également beaucoup travaillé sur les récits de guerre québécois du vingtième siècle. Voir notamment « Le récit de guerre. Eclipse progressive de Mars en enfer », ds. : Rajotte, Pierre (dir.) : *Le Voyage et ses récits au XXe siècle*, Québec : Nota bene, 2005, p. 165–201.
15   Voir notamment Bonhomme, Joseph o. m. i. : *Odyssée missionnaire, 42 jours en mer malgré les sous-marins ennemis : journal de voyage de Son Excellence Monseigneur J.-C. Bonhomme, o. m. i., en route pour le Basutoland, du 20 décembre 1944 au 31 janvier 1945*, Basutoland : Maseru, 1945 ; Gilbert, Edouard p. m. e. : *Entr'Quatr'Murailles – Quatre ans d'internement en Manchourie*, Pont-Viau : Editions Missions-étrangères, 1946 ; Théorêt, Pierre-Eucher (écrit sous le pseudonyme de Pierre Triolet) : *Mes aventures à travers meurtrie. Six semaines de voyage, six semaines de misère*, Montréal : Le Devoir, 1941, et Tremblay, Alfred p. m. e. : *Traqués dans la jungle – Guerre et guérilla à Mindanao 1941–1945*, Pont-Viau : Editions Missions-étrangères, 1946.

Pour la période 1939–1947, une recherche dans le catalogue de Bibliothèque et Archives nationales du Québec a permis d'identifier trois témoignages publiés par des Canadiens francophones, qui ne sont ni des militaires ni des membres du clergé : *Blanc et noir* d'Hélène J. Gagnon[16], *Adieu, Paris ! Journal d'une évacuée canadienne (10 mai–31 août 1940)* de Simone Routier[17] et *On disait en France*, de Paul Péladeau[18]. Vivant en Europe ou étant sur le point d'y arriver par navire, ces trois auteurs placent souvent les événements de 39–45 au cœur de leur entreprise. C'est aux perceptions du Troisième Reich que je consacrerai surtout mes analyses, en tentant de répondre à la question suivante : peut-on dégager dans ces textes quelque chose comme une réflexion nourrie sur l'Allemagne hitlérienne, énoncée par des sujets canadiens-français ? J'examinerai avant tout la situation d'énonciation : comme le rappelle Robert Dion, lorsque l'on souhaite analyser la perception de l'Autre dans les textes littéraires,

> il s'agit d'abord [...] d'envisager l'instance qui instaure la figure de l'Autre, ce qui permet au surplus de localiser le foyer d'évaluation du texte (Hamon, 1984), c'est-à-dire d'identifier la source des jugements portés sur l'Autre. Car l'un des problèmes que pose la complexité du dispositif littéraire, c'est précisément de retrouver le point d'origine de l'énoncé (qui parle ?) : l'auteur ? le narrateur (plus ou moins omniscient) ? le personnage ? toutes ces instances à la fois (dans le style indirect libre, par exemple) ? Et disent-elles toutes la même chose ? se contredisent-elles ?[19]

On verra que, dans les trois textes à l'étude, les observations les plus développées sur l'Allemagne nazie sont le fait, non pas des trois auteurs-témoins, mais bien d'instances médiatrices précises, comme si les civils canadiens-français cherchaient à prendre appui sur les opinions d'autrui pour intégrer une dimension polémique à leurs textes ; c'est donc dire l'importance d'identifier précisément l'origine du regard porté sur l'Autre. Après avoir réfléchi sur l'édification de l'énonciation ou de la narration, il importe selon Dion d'analyser la « perception de l'Autre *stricto sensu* »[20], en se posant les questions suivantes : « quel rapport cette perception entretient-elle avec le stéréotype ? dans quels lieux du récit se déploie-t-elle ? dans quelles formes se coule-t-elle [...] ? quelles sont les constructions rhétoriques qui la supportent [...] ? »[21]

---

16   Gagnon, Hélène J. : *Blanc et noir*, Montréal : Editions de l'Arbre, 1944.
17   Routier, Simone : *Adieu Paris ! Journal d'une évacuée canadienne (10 mai–31 août 1940)*, Montréal : Beauchemin, ⁵1944 [Première édition : Ottawa : Ed. du 'Droit', 1940].
18   Péladeau, Paul : *On disait en France*, Montréal : Variétés, 1941.
19   Dion, Robert : *L'Allemagne de Liberté : sur la germanophilie des intellectuels québécois*, Ottawa : Les Presses de l'Université d'Ottawa/Würzburg : Königshausen & Neumann, 2007 (Transferts culturels), p. 51.
20   Dion : *L'Allemagne de Liberté*, p. 51.
21   Dion : *L'Allemagne de Liberté*, p. 51.

1 *Blanc et noir*

Dans *Blanc et noir*, Hélène J. Gagnon quitte le Canada en 1942 pour rejoindre son mari qui est diplomate à Londres, le couple devant par la suite entreprendre un séjour en Afrique. Dans les quatre premiers chapitres de l'ouvrage, Gagnon décrit longuement son séjour en mer, puis ses premiers pas en Grande-Bretagne. D'emblée, on note que l'auteure use d'une distanciation marquée pour rendre compte de son rapport avec la guerre. L'un des premiers extraits évoquant la traversée de l'Atlantique en témoigne :

> Ceux qui ont traversé la grand'mare depuis que les boches l'occupent seront unanimes à vous dire qu'en s'endormant le soir, bercés par le roulis, ils ne caressaient de rêve plus cher que d'y rester jusqu'au matin, sans avoir à se lever précipitamment dans l'obscurité pour se frayer un passage, à travers les secousses et les explosions, jusqu'aux chaloupes de sauvetage... Car on a beau crâner, la notion de danger est là, toujours présente dans le subconscient.[22]

Edifiée sur le mode impersonnel, l'énonciation privilégie les pronoms 'ceux', 'ils' ou 'on'. L'on pourrait alléguer que Gagnon souhaite simplement faire entrer sa propre expérience dans une sorte d'universalité, ou encore s'inclure dans un groupe. Mais *Blanc et noir* ne comporte aucune séquence prenant en charge à la première personne du singulier un discours sur la guerre ou sur le nazisme. Tout se passe comme si la narratrice faisait usage de la plus grande prudence pour évoquer l'ennemi allemand. Dans un premier moment, cette prudence reste facilement interprétable, Gagnon se trouvant à bord d'un cargo dont l'équipage est norvégien :

> Je n'ai rencontré nulle part ailleurs chez les Alliés une haine aussi implacable du Boche ni une aussi ferme détermination de vaincre. Eux ne jouaient pas à la guerre et n'entendaient pas qu'on prît la chose à la légère. Même une allusion à l'ennemi les hérissait comme des porcs-épics. J'éprouvai à mes dépens un jour où je m'enquis naïvement du degré de ressemblance entre la langue norvégienne et l'allemand. [...] Un silence glacial accueillit mes paroles ; mais bientôt un voisin me suggéra aimablement qu'il valait mieux ne jamais prononcer, en présence de patriotes norvégiens, le nom des oppresseurs de leur pays et encore moins, rappeler leur commune origine. Je me le tins pour dit ; cependant, la conversation suivante s'engagea entre nous à mi-voix :
> Moi : Je comprends votre haine légitime du nazi ; plût à Dieu qu'elle animât tous ceux qui prétendent le combattre... Mais permettez-moi une remarque qui est en même temps une question ; si l'on en croit les rapports qui nous parviennent d'Europe, votre pays serait relativement ménagé si on le compare à la Grèce, à la Pologne, à la France... On y paraît être mieux traité, moins molesté...
> Lui : Sans doute. Les Allemands nous ménagent parce qu'ils nous respectent. Ils auraient voulu de longue date se purifier à notre contact, se régénérer... Ils envient la pureté de notre race. Nous sommes les vrais nordiques !

---

22 Gagnon : *Blanc et noir*, p. 10–11.

Evidemment... Ces paroles éveillèrent en moi un monde de réflexions troubles quant aux diverses interprétations de la démocratie et du libéralisme.[23]

Cet extrait divulgue un enjeu important du texte de Gagnon. Dans ces quelques lignes, l'auteure découvre les préjugés raciaux des Norvégiens, alors qu'elle se voit dans l'impossibilité de se prononcer véritablement à l'égard du régime hitlérien. La distance observée à l'égard du Troisième Reich s'avère en quelque sorte contrebalancée par les réflexions de Gagnon relatives aux « diverses interprétations de la démocratie et du libéralisme ». On assiste à une sorte de déplacement : la narratrice se maintient dans un certain mutisme vis-à-vis du nazisme, mais pour mieux s'attacher à d'autres cibles. Par ailleurs, après avoir foulé la terre ferme britannique, Gagnon ne tient pas un propos plus approfondi sur le Troisième Reich, bien qu'elle ne soit plus en présence des matelots norvégiens : un déplacement analogue voit le jour, Gagnon s'en prenant de manière virulente à la vieille noblesse anglaise, à ces lords réactionnaires qu'elle qualifie de « momies pétrifiées »[24] ou de « pièces de musée »[25] sourdes aux problèmes qui affectent les classes ouvrières.

Certains passages décrivent certes les ravages causés par les bombardiers allemands en Irlande, à Londres ou à Liverpool, mais on ne trouve dans le récit du séjour de Gagnon sur les îles britanniques aucun discours de fond sur l'Allemagne de Hitler. En revanche, sa connaissance des enjeux géopolitiques importants dans l'Angleterre contemporaine d'alors, l'étendue de son savoir sur la littérature et le théâtre anglais sont fréquemment mis de l'avant. Pour des raisons évidentes, le rapport de Gagnon avec l'Allemagne ne saurait être tel, c'est-à-dire caractérisé par une réelle proximité culturelle ; cela peut sans doute expliquer, pour une part, la réserve de Gagnon dès lors qu'il est question de l'Allemagne. Toutefois, dans les premières pages de l'ouvrage, un Belge qui se trouve à bord du cargo norvégien livre, grâce à une rhétorique véritablement apocalyptique, des cris du cœur bien sentis, offrant le récit de dégâts causés en mer par les sous-marins allemands.[26] Ainsi, lorsque la prise de position personnelle ou l'expression d'un ressentiment à l'égard de l'Allemagne surgit, ce n'est pas Gagnon qui en assume la charge.

2 *Adieu, Paris ! Journal d'une évacuée canadienne (10 mai–31 août 1940)*

Chez Simone Routier, la perception de l'Autre adopte une tournure quelque peu différente, puisque l'auteure prend quelquefois la responsabilité de la

---

23 Gagnon : *Blanc et noir*, p. 13–14.
24 Gagnon : *Blanc et noir*, p. 48.
25 Gagnon : *Blanc et noir*, p. 48.
26 Cf. Gagnon : *Blanc et noir*, p. 18–20.

représentation du nazisme ou des Allemands ; représentation qui fait, en certaines occasions, la part belle à l'humour ou à l'ironie. Au moment où la guerre éclate, Routier vit déjà en France depuis plusieurs années : elle a travaillé aux Archives canadiennes de Paris et fut notamment correspondante pour le journal *L'Evénement* de Québec, tout en ayant collaboré à plusieurs autres publications, canadiennes et européennes. Comme son titre l'indique, le texte de Routier décrit l'évacuation de la narratrice, son périple à travers la France : elle tente de trouver le meilleur moyen de rejoindre l'Angleterre, d'où un navire pourrait la mener au Canada.

La première séquence comportant un discours plutôt fouillé sur l'Allemagne nazie[27] évoque la « campagne de démoralisation »[28] menée par Joseph Goebbels, en particulier ces lettres anonymes envoyées à nombre de soldats français – dont plusieurs sont bretons – pour les aviser d'infidélités (prétendues) de leurs épouses. S'appuyant sur l'exemple bien concret d'un amoureux français pris au piège, Routier présente les stratégies des agents de Goebbels pour s'introduire chez les épouses ; en agissant ainsi, les agents peuvent intégrer à leurs lettres nombre de petits détails concernant les logis desdites compagnes, et qui visent à convaincre les soldats français de la véracité de leurs allégations. Cette campagne de démoralisation, Routier en reconnaît l'aspect « adroit »[29], bien qu'elle qualifie les manières des agents de Goebbels d'« insidieuses »[30] et l'auteur des lettres de « crapuleux »[31]. Mais il importe moins de relever la dénonciation des manœuvres allemandes que d'identifier la forme dans laquelle surgit la perception de l'Autre : en définitive, c'est l'anecdote que l'auteure privilégie. Ce goût pour les 'historiettes', pour des faits dont l'importance n'est que relative, se révèle manifeste dans le texte de Routier. De ce point de vue, un autre extrait est probant :

> Bossuet, humble fonctionnaire à l'illustre nom [...], a vu ce midi deux parachutistes de 17 ans arrêtés « près de Paris ». Arrogants et désinvoltes, ils ont toisé les officiers de bas en haut. Evidemment le militaire français n'a pas, en général, la prestance de l'Allemand. L'uniforme répugne à qui entend rester surtout « personnel » et le soldat allemand ne manque jamais une occasion, en plus de se juger moralement supérieur, de se moquer de l'accoutrement du petit soldat français. L'armée française entreprend d'ailleurs cette année la modification complète de la coupe et des couleurs de ses uniformes. L'Angleterre lui passera peut-être quelques-uns de ses tailleurs...
>
> Et l'on s'en félicite, car le dépenaillé des hommes d'une armée aussi brave que l'armée française est difficile à admettre et donne une impression de négligence et de malpropreté

---

27 Cf. Routier : *Adieu Paris !*, p. 20–22.
28 Routier : *Adieu Paris !*, p. 21.
29 Routier : *Adieu Paris !*, p. 21.
30 Routier : *Adieu Paris !*, p. 21.
31 Routier : *Adieu Paris !*, p. 22.

plutôt qu'il ne semble maintenir un souci de rester avant tout démocrate. La propreté n'enlève rien au courage, si à certains elle n'en donne point.[32]

A nouveau, la perception de l'Autre relève, d'une certaine façon, de l'anecdotique, l'Autre étant pris à partie dans le jugement moqueur qu'il porte sur l'habillement du soldat français. D'autres séquences, qui n'évoquent toutefois pas l'ennemi allemand, décrivent les habitudes vestimentaires des Françaises et des Anglaises, Routier s'intéressant notamment à l'« horreur insurmontable [de tous les Français, sans exception] pour la femme en pantalon d'homme »[33]. Bien qu'elle ait sûrement le mérite de conférer au journal une dose d'humour souvent appréciable, la présentation des curiosités que Routier découvre en Europe éconduit bien sûr des nuances qui seraient nécessaires et contribue parfois à avaliser certains stéréotypes.

Sur le plan des perceptions de l'Allemagne, il faut également souligner que Routier fait référence à la radio :

> Peu après notre départ, un des avions qui nous escortent signale un sous-marin à la frégate qui patine sur l'eau pour se poster à nos côtés. Nous lançons par-dessus bord un projectile d'allure plutôt inoffensive, mais efficace, en ce qui nous concerne, puisque nous continuons à filer nos 17 ou 20 nœuds à l'heure ; mais nous laissons derrière nous, à la garde d'une de nos frégates, le paquebot contenant les prisonniers et dont les machineries ont, paraît-il, une défectuosité. On nous assurera plus tard que ce transatlantique a été coulé tandis que la radio allemande, au moins fidèle à sa manière, annoncera que notre *Batory* ne rit plus, mais qu'il gît au fond de l'océan.[34]

La radio allemande fait figure de lieu où l'indifférence autorise les jeux de mots, permet un humour quelque peu déplacé – si l'on adopte la perspective des Alliés, bien entendu. Mais du speaker ou du reporter allemand, on souligne d'abord l'esprit, la capacité de saisir toutes les potentialités de la langue. Sans aller jusqu'à affirmer que l'ennemi allemand soit toujours présenté comme foncièrement astucieux par Routier, je dirais tout de même que l'auteure ne craint pas, par moments, de reconnaître à l'Autre une certaine vivacité, voire une assurance qui, si elle est sans scrupule, en impose néanmoins à la Canadienne.

Force est de constater que le discours le plus critique à l'égard du Troisième Reich se trouve à la seconde page de l'ouvrage. Routier y cite le quotidien *Le Journal*, rapportant les propos d'un journaliste qu'elle ne nomme guère, mais qui dénonce les attaques de l'Allemagne envers les pays neutres qu'étaient alors le Danemark et la Norvège, et des pays très pacifiques

---

32 Routier : *Adieu Paris !*, p. 33–34.
33 Routier : *Adieu Paris !*, p. 19.
34 Routier : *Adieu Paris !*, p. 194–195.

qu'étaient aussi la Hollande, la Belgique et le Petit Luxembourg.[35] Il s'avère ardu, en raison du titre même du périodique, d'identifier précisément celui-ci. Mais il n'en demeure pas moins que Routier choisit de s'appuyer sur la presse – européenne, vraisemblablement – pour intégrer à son texte une opinion plus contestataire : au même titre qu'Hélène J. Gagnon, avancerait-elle en terrain étranger avec circonspection ? Sans doute ; cependant, elle adopte à l'occasion une position tout de même plus engagée ou condamnatrice que celle de Gagnon. Mais de toute évidence, Routier fait elle aussi siennes des stratégies de distanciation, non seulement par la médiation évoquée, mais aussi par un recours à l'humour et à l'anecdote qui pourrait témoigner du souhait d'éviter la discussion des causes profondes du conflit. Le lecteur d'*Adieu, Paris !* a donc droit à un portrait de la Deuxième Guerre mondiale le plus souvent focalisé sur les menus événements, les petits faits.

3 *On disait en France*

C'est sans doute dans le troisième texte retenu que la pensée la plus approfondie de l'Allemagne hitlérienne peut être décelée. Paul Péladeau, qui signe *On disait en France*, est issu d'une famille aujourd'hui très importante dans les milieux d'affaires et culturels québécois : il est le frère aîné du fondateur de l'Empire Quebecor, dont les descendants sont aujourd'hui les richissimes propriétaires de médias d'information. Pendant la Deuxième Guerre mondiale, l'aîné Péladeau fonde les Editions Variétés dont le siège administratif est à Montréal ; mais avant de fonder cette maison d'édition, il séjourne en France dans le but d'y lancer un magazine illustré semblable à *Paris Match* et à *Life*,[36] qui pourrait raffermir les liens entre la France et le Canada.[37] Dès l'avant-propos, l'auteur pose que son livre « ne contient [...] pas de jugement, et ne constitue pas une thèse »[38] ; pour Péladeau, la situation européenne d'alors – en 1941, au moment où la préface est rédigée – ne saurait d'ores et déjà être interprétée.[39] L'auteur adopte donc le plus souvent la posture de l'observateur, plaçant au premier plan ses innombrables rencontres avec des diplomates, des chefs politiques ou des militaires, mais surtout avec des journalistes et des écrivains. Néanmoins, il importe de souligner que l'immense

---

35 Cf. Routier : *Adieu !*, p. 12.
36 Cf. Michon, Jacques (dir.) : *Histoire de l'édition littéraire au Québec au XXe siècle. Le temps des éditeurs, 1940–1959*, vol. II, Saint-Laurent : Fides, 2004, p. 42.
37 « Vous portiez en vous l'espoir de lier davantage le Canada à en fortifiant les contacts entre les deux pays par la publication d'une revue que vous vouliez vivante et pleine d'images. » Montpetit, Edouard : Préface, ds. : Péladeau : *On disait en France*, p. 9.
38 Péladeau : *On disait en France*, p. 14.
39 Cf. Péladeau : *On disait en France*, p. 14.

majorité des individus rencontrés par Péladeau est française et qu'elle se situe à droite sur l'échiquier politique, parfois à l'extrême droite.

Contrairement à Gagnon et Routier, Péladeau conduit ses vis-à-vis à situer la question allemande dans une perspective diachronique. Dans l'extrait suivant, l'auteur interroge Pierre Gaxotte, rédacteur en chef de l'hebdomadaire français de droite *Candide*[40] :

> – La grave maladie du siècle, a-t-on écrit récemment, c'est de n'avoir point d'âme. Ne sommes-nous pas en effet des automates ? Des êtres inanimés ? Croyez-vous qu'il serait important de refaire l'âme du monde afin d'empêcher entre nations des massacres perpétuels ?

> – Je crois fermement que la guerre en soi ne suffira pas à purger l'humanité de toutes ses erreurs et de toutes ses déchéances. [...] Mais depuis longtemps, la guerre s'affirmait nécessaire pour liquider le problème allemand, premier obstacle à l'avènement d'une civilisation véritable. Il faut se rappeler, comme l'a écrit notre collaborateur René Benjamin, que, si l'humanité manque d'âme, de cœur, de charité, de justice, c'est au dix-neuvième siècle allemand qu'elle le doit. Cette ère d'organisation scientifique, de dissection intellectuelle, d'objectivité cérébrale, de rigidité méthodique annonçait à la fois le bolchévisme et Mein Kampf. La sécheresse entretenue et même accentuée a produit ses effets. A l'heure actuelle, avant de songer à refaire l'âme du monde, il convient d'en chasser les principaux obstacles. Avant de recréer effectivement une civilisation, il convient d'en éliminer les éléments gangrenés. Or le militarisme allemand est un de ces obstacles, comme le néo-socialisme, comme la Réforme de Luther.[41]

Ce ne sont pas les partis pris idéologiques de Gaxotte qui retiennent l'attention ; ce passage est plutôt digne d'intérêt parce qu'au sein des écrits de civils, il constitue la première tentative de contextualisation historique, aussi ingénue puisse-t-elle à certains égards apparaître. Péladeau serait donc le seul à entraîner les êtres avec lesquels il dialogue vers l'ébauche d'une synthèse ; mais l'auteur a bien sûr l'heur de se trouver au sein de milieux assez exclusifs.

L'entreprise de Péladeau se révèle aussi intéressante parce que l'auteur cherche à déboulonner certains stéréotypes ; il se demande notamment si les Français sont aptes à faire preuve, à l'instar des Allemands, de capacités organisationnelles permettant le déploiement d'un génie militaire résolument *technique*, matériel.[42] S'avouant incapable de répondre lui-même à ses propres interrogations,[43] l'auteur se tourne vers une lettre de Léon de Montesquiou

---

40 *Candide* était un journal « antisémite, antimarxiste et, en fait, antidémocratique, mais [...] relativement modéré par rapport à des feuilles comme *Gringoire* ou *Je suis partout* », Albert, Pierre : *Candide*, journal, ds. : *Encyclopaedia Universalis*, dossier « Histoire de la presse écrite », http://www.universalis.fr/encyclopedie/candide-journal/ (18/12/2012).
41 Péladeau : *On disait en France*, p. 41–42.
42 Cf. Péladeau : *On disait en* , p. 52–54.
43 Cf. Péladeau : *On disait en France*, p. 53.

datée de 1918 et tirée de *La Musique intérieure* de Charles Maurras – à nouveau, notons que Péladeau évoque un militant de droite, un nationaliste et monarchiste français. La lettre expose le point de vue suivant :

> – Le Germain est capable d'organisation, parce qu'il a le crâne fait de cette manière, le Français, le pauvre Français en est incapable ! ! ! Explication métaphysique [...] qui est commode pour ceux qui ont intérêt à cacher les fautes commises depuis 40 ans, l'absence de gouvernement, et par conséquent d'ordre et de prévoyance. Quelle leçon politique, ce que je vois depuis quelques jours !
>
> Il a suffi que les circonstances imposent à la France une dictature de salut public, pour qu'elle retrouve ce génie d'organisation dont on la déclare dénuée, et pour que, par un travail silencieux et que nous ne soupçonnions pas, pendant que nous nous morfondions dans les tranchées, elle préparât méthodiquement la délivrance du territoire...[44]

Montesquiou cherche donc à dévoiler les assises d'une image préconçue, montrant également que l'expérience concrète contribue souvent à déconstruire ce type de représentations. Ce vœu de mettre au jour les fondements de certains clichés, Péladeau le partage ; mais on constate aisément que Péladeau ne peut que prendre appui sur le texte de Montesquiou pour s'autoriser à renverser les images attendues – comme s'il fallait, une fois de plus, puiser dans le texte d'un autre la réponse, l'explication qui soit satisfaisante, crédible.

Un dernier passage d'*On disait en France* évoque directement l'Allemagne, Péladeau rapportant une discussion portant sur la nécessité que l'on conçoit, dans certains milieux politiques, de morceler l'Allemagne.[45] Diverses opinions sont énoncées : un écrivain pense qu'« Hitler sentant le danger du morcellement a essayé de le prévenir, [...] multipli[ant] les rencontres entre les jeunes Allemands des diverses provinces du pays »[46] ; d'autres perçoivent que l'« on ne change pas aussi facilement la structure des peuples »[47] et insistent sur la prévalence de particularités très régionales en Allemagne. Dans ce passage, le lecteur canadien découvre ce qui distingue, par exemple, la Ruhr « matérialiste »[48] de la Prusse « pauvre, jalouse, conquérante et militaire »[49] ; il est conduit à se questionner au sujet de la tension qui existe, en Allemagne, entre unité et préoccupations autonomes.

En somme, Péladeau embrasse, presque à titre d'attitude privilégiée, la réserve : dans *On disait en France*, on ne trouve nul extrait dans lequel Péladeau endosse à la première personne du singulier un propos sur l'Allemagne. Or,

---

44 Péladeau : *On disait en France*, p. 53–54.
45 Cf. Péladeau : *On disait en France*, p. 120–122.
46 Péladeau : *On disait en France*, p. 121.
47 Péladeau : *On disait en France*, p. 121.
48 Péladeau : *On disait en France*, p. 121.
49 Péladeau : *On disait en France*, p. 121.

il est souvent difficile de déterminer si l'auteur d'origine canadienne-française approuve les jugements qu'il tire chez ses interlocuteurs ou emprunte à divers écrits ; dans les textes de Gagnon et de Routier également, on peine souvent à établir si les auteurs adhèrent aux prises de position extérieures qu'elles invoquent. Quoi qu'il en soit, les remarques sur l'Allemagne ayant la visée analytique la plus évidente sont rarement le fait de Gagnon, de Routier ou de Péladeau ; lorsqu'il est question de l'Allemagne dans les écrits de civils canadiens-français, ce sont donc le plus souvent des Européens qui prennent la parole, qu'il s'agisse de journalistes, d'écrivains ou de représentants politiques. Simone Routier se démarque néanmoins de ses confrères écrivains, dans la mesure où elle fait état d'impressions qui lui sont propres. Il faut néanmoins noter que les textes de Routier et Péladeau présentent une vision de l'ennemi allemand qui, à défaut d'être très précise, n'est jamais unilatérale.

A la lumière de ces remarques, il ne paraît pas justifié de parler d'un point de vue résolument canadien-français sur l'Allemagne. Cela ne signifie pas que les perceptions de l'Allemagne qu'offrent les divers textes soient indignes de mention ; car un texte nous en apprend parfois presque autant par ce qu'il tait que par ce qu'il souligne à grands traits. Dans une riche étude portant sur trois récits de guerre parus au Québec au cours des années circonscrites par ma recherche, Marie Michaud écrit :

> Somme toute, l'étude des témoignages immédiats de la Seconde Guerre mondiale révèle une subjectivité plus affirmée [...]. L'individu pèse plus lourd par rapport au groupe et, si la rhétorique belliciste se perpétue, les auteurs se l'approprient davantage.[50]

Pour les trois auteurs des œuvres analysées par Michaud – un journaliste propagandiste accompagnant l'Aviation royale canadienne, un fantassin et un soldat capturé par l'ennemi allemand –, l'expérience de la guerre ferait souvent figure de « croisade »[51] dans laquelle « le rite initiatique joue à plein pour l'individu impliqué »[52], ce dernier affirmant parfois se placer au « service d'une cause sainte »[53] Certes, combattants[54] et civils n'ont pas vécu la même guerre ; mais il est singulier que les civils s'oublient eux-mêmes aussi délibérément dans leurs écrits, comme s'il y avait quelque danger à opter pour une subjectivité forte. Par initiation, on entend en général l'apprentissage premier, la découverte des fondements d'une discipline ou d'une pratique ; mais le terme peut aussi renvoyer à l'idée du mystère, à la fréquentation d'événements ou d'expériences difficiles à déchiffrer, au sens crypté ou caché. L'initiation

---

50 Michaud : Le récit de guerre, p. 186.
51 Michaud : Le récit de guerre, p. 186.
52 Michaud : Le récit de guerre, p. 180.
53 Michaud : Le récit de guerre, p. 181.
54 J'emploie ici ce terme en fonction de la définition qu'en donne Jean Norton Cru, présentée à la note 13.

dont les textes de Gagnon, de Routier et de Péladeau portent la marque doit sans doute être interprétée en fonction de cette seconde acception : car il semble que la visée des auteurs ait été de rendre compte des événements de 39–45 en misant sur cette part d'insaisissable qui les caractérise en définitive ; en somme, en se contentant de baliser, donnant à voir l'indicible plutôt que de le figer hâtivement dans des interprétations trop rigides.

Bibliographie sélective

Albert, Pierre : *Candide*, journal, ds. : *Encyclopaedia Universalis*, dossier « Histoire de la presse écrite », http://www.universalis.fr/encyclopedie/candide-journal/ (18/12/2012).

Auger, Martin F. : *Prisonniers de guerre et internés allemands dans le sud du Québec 1940–1946*, traduction de Pierre R. Desrosiers, Outremont : Athéna, 2010 (Histoire militaire).

Biron, Michel/Dumont, François/Nardout-Lafarge, Elisabeth, avec la collaboration de Lapointe, Martine-Emmanuelle : *Histoire de la littérature québécoise*, Montréal : Boréal, 2007.

Bizimana, Aimé-Jules : *De Marcel Ouimet à René Lévesque. Les correspondants de guerre canadiens-français durant la Deuxième Guerre mondiale*, Montréal : VLB, 2007 (Etudes québécoises 78).

Dion, Robert : *L'Allemagne de Liberté : sur la germanophilie des intellectuels québécois*, Ottawa : Les Presses de l'Université d'Ottawa/Würzburg : Königshausen & Neumann, 2007 (Transferts culturels).

Gagnon, Hélène J. : *Blanc et noir*, Montréal : Editions de l'Arbre, 1944.

Michaud, Marie : Le récit de guerre. Eclipse progressive de Mars en enfer, ds. : Rajotte, Pierre (dir.) : *Le Voyage et ses récits au XXe siècle*, Québec : Nota bene, 2005, p. 165–201.

Michon, Jacques (dir.) : *Histoire de l'édition littéraire au Québec au XXe siècle. Le temps des éditeurs, 1940–1959*, vol. II, Saint-Laurent : Fides, 2004.

Michon, Jacques : *1940–1948. Les Editeurs québécois et l'effort de guerre*, catalogue accompagnant l'exposition du même titre, Québec : Presses de l'Université Laval/Montréal : Direction de la programmation culturelle de BAnQ, 2009.

Montpetit, Edouard : Préface, ds. : Péladeau : *On disait en France*, p. 9.

Nadeau, Jean-François : *Adrien Arcand, Führer canadien*, Montréal : Lux, 2010.

Norton Cru, Jean : *Témoins. Essai d'analyse et de critique des souvenirs de combattants édités en français de 1915 à 1928* [1929], Nancy : PU de Nancy, 1993.

Péladeau, Paul : *On disait en France*, Montréal : Editions Variétés, 1941.

Routier, Simone : *Adieu Paris ! Journal d'une évacuée canadienne (10 mai–31 août 1940)*, Montréal : Beauchemin, ^{5}1944 [Première édition : Ottawa : Ed. du 'Droit', 1940].

Vincent, Sébastien : *Laissés dans l'ombre : quatorze Québécois racontent leur participation volontaire à la Seconde Guerre mondiale*, Montréal : VLB, 2004.

Vincent, Sébastien : *Ils ont écrit la guerre. La Seconde Guerre mondiale à travers des écrits de combattants canadiens-français*, Montréal : VLB, 2010.

Christoph Vatter

Alte Gespenster und neue Zeiten:
Afrika als dritter Raum für interkulturelle Kommunikation im Kriegsfilm der 1950er und 1960er Jahre

Depuis Le Renard du désert *(1951) de Henry Hathaway, la campagne d'Afrique a occupé une position importante au sein de la production de films sur la Seconde Guerre mondiale dans les années 1950 et 1960. Sur les exemples de longs métrages populaires à l'instar de la production franco-germano-espagnole* Un Taxi pour Tobrouk *de Denys de la Patellière (1960), cette contribution étudie la représentation du théâtre de guerre africain en tant que lieu de la rencontre interculturelle entre Français et Allemands mais également, bien que dans une moindre mesure, entre Africains et Européens. Dans ce contexte, l'Afrique se présente en tant que 'troisième espace', en tant que lieu de la réalisation possible et de l'expérimentation de la communication interculturelle entre l'Allemagne et la France. En même temps, elle figure aussi comme lieu de la mise en scène de la réconciliation et du rapprochement politique et social accru au temps de la production et de la réception quasi contemporaine du film. Parallèlement, la campagne d'Afrique et le mythe de Rommel, efficace du fait de son ambivalence, font office de mur de projection de l'héroïsme de guerre et des préjugés raciaux.*

Im Kontext der deutsch-französischen Beziehungen wurde die scheinbar sprunghafte, von Brüchen geprägte Entwicklung von einer ‚Erbfeindschaft' zu einer ‚Erbfreundschaft' von der wissenschaftlichen Forschung in den letzten Jahren verstärkt hinterfragt, sodass wichtige Wegmarken wie z. B. der deutsch-französische Freundschaftsvertrag von 1963 heute eher als Teil eines kontinuierlichen, vielschichtigen Entwicklungsprozesses verstanden werden. Auch die Konflikte und Kriege, in denen sich Deutschland und Frankreich immer wieder gegenüberstanden, werden in jüngeren Forschungsarbeiten nicht mehr als die völlige Negierung interkultureller Annäherung und Kommunikation verstanden; vielmehr eröffneten sich in diesen Krisenzeiten trotz des großen Leids und der Grausamkeit des Krieges, die hier in keiner Weise geschmälert werden sollen, in vielerlei Hinsicht auch Kontaktfelder und Möglichkeiten des Beziehungsaufbaus zwischen Deutschen und Franzosen. Als Beispiele können deutsch-französische zivilgesellschaftliche Annäherungen in von Konflikten geprägten Zeiten genannt werden, z. B. durch den Kontakt zwischen Bevölkerung und Kriegsgefangenen oder die Problematik der sogenannten ‚Besatzungskinder' in Frankreich oder auch afro-deutscher Kinder im besetzten Nachkriegsdeutschland, die in den letzten Jahren verstärkt von der Forschung untersucht wurden.[1]

Ähnlich verhält es sich auch für das Feld der kulturellen Medien wie Literatur und Film, die als Medien des kollektiven Gedächtnisses[2] bereits unmittelbar nach Konflikten wie dem Zweiten Weltkrieg dazu beigetragen haben, die wechselseitige Wahrnehmung und das Verhältnis zwischen Deutschland und Frankreich zu reflektieren und zu gestalten. Filmische Inszenierungen von interkultureller Kommunikation und Verständigung in Kriegszeiten haben häufig das Potenzial, Publikum und Kritik zu verunsichern und zu irritieren, wie z. B. im Fall von Jean Renoirs Klassiker *La Grande Illusion* aus dem Jahre 1937. In Frankreich war der Film stark von der Zensur betroffen, da die Darstellung der Deutschen als zu positiv empfunden wurde; in Deutschland wurde er wegen seiner pazifistischen Grundhaltung verboten. Denn *La Grande Illusion* wendet sich gegen nationale Unterschiede – hier können beispielsweise die enge Beziehung zwischen den Aristokraten Major von Rauffenstein (Erich von Stroheim) und dem Capitaine de Boeldieu (Pierre Fresnay) oder die Liebesbeziehung zwischen Maréchal (Jean Gabin) und der deutschen Bäuerin Elsa (Dita Parlo) genannt werden – ebenso wie gegen soziale bzw. Klassenunterschiede – wenn z. B. die Flucht der beiden französischen Gefangenen Boeldieu und Maréchal durch einen gemeinschaftlich gegrabenen Tunnel gelingt –, sodass der Film sich einer eindeutigen ideologischen Lesart entzieht.[3]

Im Folgenden soll am Beispiel von Filmen untersucht werden, wie deutsch-französische Interkulturalität im Zweiten Weltkrieg Ende der 1950er Jahre im Kino inszeniert wurde. Handlungsort der ausgewählten Filme ist

---

1   Vgl. z. B. Defrance, Corine/Kißener, Michael/Nordblom, Pia (Hg.): *Wege der Verständigung zwischen Deutschen und Franzosen nach 1945. Zivilgesellschaftliche Annäherungen*, Tübingen: Narr, 2010 (éditions lendemains 7); Oster, Patricia/Lüsebrink, Hans-Jürgen (Hg.): *Am Wendepunkt. Deutschland und Frankreich um 1945 – zur Dynamik eines ‚transnationalen' kulturellen Feldes/Dynamiques d'un champ culturel ‚transnational' – L'Allemagne et la France vers 1945*, Bielefeld: transcript, 2008 (Frankreich-Forum. Jahrbuch des Frankreichzentrums der Universität des Saarlandes 7 (2006/2007)); zu Kindern französischer Frauen und deutscher Besatzer vgl. auch Picaper, Jean-Paul/Norz, Ludwig: *Enfants maudits. Ils sont 200.000. On les appelait les „enfants de Boches"*, Paris: Editions des Syrtes, 2004; zu den Kindern schwarzer GIs im Nachkriegsdeutschland vgl. Lemke Muniz de Faria, Yara-Colette: *Zwischen Fürsorge und Ausgrenzung. Afrodeutsche „Besatzungskinder" im Nachkriegsdeutschland*, Berlin: Metropol, 2002 (Zentrum für Antisemitismusforschung der Technischen Universität Berlin, Reihe Dokumente, Texte, Materialien 43).
2   Vgl. Erll, Astrid/Nünning, Ansgar (Hg.): *Medien des kollektiven Gedächtnisses. Historizität – Konstruktivität – Kulturspezifität*, Berlin, New York: de Gruyter, 2004 (Media and Cultural Memory/Medien und kulturelle Erinnerung 1); Erll, Astrid: *Kollektives Gedächtnis und Erinnerungskulturen: Eine Einführung*, Stuttgart, Weimar: Metzler, 2011.
3   Vgl. Prümm, Karl: Die große Illusion, in: Koebner, Thomas (Hg.): *Filmklassiker*, Bd. 1: *1913–1946*, Stuttgart: Reclam, 1995, S. 359–363.

jeweils der afrikanische Kontinent, denn dieser Kriegsschauplatz eignete sich, sozusagen als ‚dritter Raum', ganz besonders zur Erprobung interkultureller Verständigung zwischen den ehemaligen Gegnern, aber auch zum Rückgriff auf Mythen und Helden aus der NS-Zeit. Zunächst wird hierzu der filmische Kontext charakterisiert, in dem die dann näher betrachteten Produktionen, Alfred Weidenmanns *Der Stern von Afrika* (1957) und die deutsch-französisch-spanische Produktion *Un Taxi pour Tobrouk / Taxi nach Tobruk* (1960) von Denys de la Patellière, zu verorten sind. In der Analyse der beiden Filme soll herausgearbeitet werden, wie sie in nahezu diametral entgegengesetzter Art und Weise den Afrikafeldzug und die spezifischen Eigenschaften der nordafrikanischen Wüste als filmischen, diskursiven Ermöglichungsraum im Sinne eines ‚dritten Raums' benutzen, in dem sowohl Altes als auch Neues Bestand haben kann. Das afrikanische Dekor dient hier als Projektionsfläche, die es einerseits erlaubt, die interkulturelle Dimension des Krieges fast völlig zu negieren und an althergebrachte, ethnozentrische Sichtweisen anzuknüpfen, und die andererseits gerade die Voraussetzung für die Inszenierung einer deutsch-französischen Annäherung und interkulturellen Verständigung darstellt.

1. ‚Gute Soldaten' und ‚böse Nazis' – Filme über den Zweiten Weltkrieg in der Bundesrepublik der 1950er und 1960er Jahre

Filme über den Zweiten Weltkrieg nahmen einen maßgeblichen Platz in der Kinolandschaft der Nachkriegszeit bis in die 1970er ein und fanden sich regelmäßig unter den Kassenschlagern; allein zwischen 1945 und 1960 wurden z. B. über 275 deutsche Kriegsfilme gezählt.[4] Das große Publikumsinteresse an Kriegsfilmen in der frühen Bundesrepublik muss sicherlich auch in Verbindung mit einem Bedürfnis der damaligen Zuschauer gesehen werden, an die erlebte eigene Vergangenheit anzuknüpfen und die Kriegszeiten eben nicht aus der Erinnerung auszuklammern. Dass Produktionen, die sich der Zeit des Zweiten Weltkrieges widmeten, auch international sehr häufig die vorderen Plätze der damaligen Kino-Charts einnahmen, unterstützt die These, dass es sich dabei um ein generationales, transnationales Phänomen handelte und weniger um eine (bundes-)deutsche Besonderheit.[5] Eine solche

---

4 Vgl. Faulstich, Werner: *Filmgeschichte*, Paderborn: Fink, 2005, S. 138 f.
5 In Frankreich führte insbesondere der Beginn der V. Republik mit der Präsidentschaft de Gaulles (ab 1958) zu einem starken Anstieg von Filmen über die Jahre 1940 bis 1944. Während für die Zeit zwischen 1950 und 1958 beispielsweise 20 französische Filme über den Zweiten Weltkrieg produziert wurden, können für die Jahre der Präsidentschaft de Gaulles mehr als dreimal so viele Produktionen (64) gezählt werden, von denen allein über die Hälfte auf die Jahre 1958 bis 1962 entfällt. (Vgl. Rousso, Henry: *Le Syndrome de Vichy. De 1944 à nos jours*, Paris: Seuil, ²1990, S. 376–378.)

ergibt sich allerdings aus dem Dilemma, dass zwar der Opferdiskurs als transnational-verbindende, weitgehend konsensuelle Ideologie[6] anschlussfähig und damit auch filmisch repräsentierbar geworden war, den Kriegsgenerationen dagegen aber die Verehrung von (Kriegs-)Heldentum weitestgehend verwehrt blieb. Angesichts des mit Propagandamitteln gezielt geförderten, massenwirksamen Aufbaus von Heldenfiguren unter dem Nazi-Regime, die weit mehr als die Führungsriege umfassten, kann jedoch von einem Bruch in der populärkulturellen Erinnerungskultur gesprochen werden, in der zahlreiche gefeierte Helden der Kindheit und Jugend vieler Menschen nicht mehr unbedingt als opportun galten und gerade damals als Kriegshelden gefeierte Persönlichkeiten nun im Spannungsfeld zwischen Täterschaft und Opferrolle gesehen und neu bewertet werden mussten. Hierin ist – in Anknüpfung an die u. a. von Peter Reichel herausgearbeiteten Motivationen hinter dem „Opferselbstbild" der Deutschen sowie dem Mythos der ‚sauberen Wehrmacht'[7] – auch ein Faktor zur Erklärung des großen zeitgenössischen Interesses an scheinbar integeren und ‚aufrichtigen' Kriegshelden und ambivalenten Führungspersönlichkeiten zu sehen, für die exemplarisch der von Curd Jürgens verkörperte Fliegergeneral Harras in Helmut Käutners Verfilmung *Des Teufels General* (1955) nach dem gleichnamigen, sehr erfolgreichen Bühnenstück von Carl Zuckmayer (1945) stehen kann.[8] Das Kino der 1950er und 1960er diente als Ermöglichungsraum für die Inszenierung derartiger Heldenfiguren und bot somit Anschlussmöglichkeiten an die Jahre der Nazi-Herrschaft und die Erinnerung an ihre ‚Helden'.

Eine besondere Rolle kommt in diesem Zusammenhang den Kampfhandlungen zwischen den Achsenmächten, insbesondere Deutschland und Italien, und den Alliierten in Nordafrika in den Jahren 1940 bis 1943 zu. Dieser sogenannte Afrikafeldzug und der damit verknüpfte, aufgrund der ambivalenten Figur des Generals Erwin Rommel z. T. auch heute noch wirkungsmächtige ‚Rommel-Mythos'[9] wurden seit Anfang der 1950er als Projek-

---

6 Vgl. in diesem Zusammenhang die Bemühungen, erinnerungspolitische Gesten auf Soldatenfriedhöfen zu inszenieren, z. B. das Treffen von Helmut Kohl und François Mitterrand 1984 in Verdun oder auch der – in seiner Symbolik missglückte – Besuch Kohls und Reagans auf dem Soldatenfriedhof in Bitburg 1985. Auch „Versöhnung über Gräbern", der erste Teil der Devise des Volksbundes Deutsche Kriegsgräberfürsorge e. V., verweist auf die nationenübergreifende Symbolkraft des gemeinsamen Kriegsleids und -opfergedenkens.
7 Reichel, Peter: *Erfundene Erinnerung. Weltkrieg und Judenmord in Film und Theater*, München, Wien: Hanser, 2004, insb. S. 37–41.
8 Zu Käutners Film vgl. ausführlich Vatter, Christoph: *Gedächtnismedium Film. Holocaust und Kollaboration in deutschen und französischen Spielfilmen seit 1945*, Würzburg: Königshausen und Neumann, 2009 (Saarbrücker Beiträge zur vergleichenden Literatur- und Kulturwissenschaft 42), S. 116–133.
9 Vgl. die aufwändige ARD-Produktion *Rommel* (Regie: Niki Stein) mit Ulrich Tukur in der Titelrolle und die damit verbundene öffentliche Debatte. Verwiesen sei nur exemplarisch

tionsfläche für Kriegsheldentum und auch rassistische Vorurteile genutzt – ganz im Sinne eines ‚dritten Raums', wie weiter unten ausgeführt werden wird. Als ausschlaggebend dafür kann die große geografische wie auch, vor allem aus deutscher Sicht, kulturelle Entfernung dieses Kriegsschauplatzes gelten, der weitaus weniger mit der Erinnerung an eigenes Kriegsleid, die NS-Verbrechen an der Zivilbevölkerung sowie an die Verfolgung und Ermordung der Juden verknüpft ist als beispielsweise der europäische Kontinent. Weiterhin ermöglichte die Behandlung des Krieges in Nordafrika auch die Anbindung an koloniale und exotische Wahrnehmungsmuster, die beispielsweise auf die Abenteuerliteratur oder -filme Bezug nehmen. Im Folgenden soll zunächst schlaglichtartig die Entwicklung der Darstellung Erwin Rommels im Spielfilm, die als prägend für die filmische Darstellung des Krieges in Afrika bezeichnet werden kann, näher beleuchtet werden. Im Anschluss wird an zwei Spielfilmen der 1950er und 1960er Jahre, Alfred Weidenmanns *Der Stern von Afrika* (1957) und der deutsch-französisch-spanischen Koproduktion *Taxi nach Tobruk/Un Taxi pour Tobrouk* von Denys de la Patellière (1959/1960), die doppelte Funktion Afrikas in diesem Kontext analysiert werden: einerseits als Raum für die Inszenierung von Kontinuitäten wie Kriegshelden aus der NS-Zeit und andererseits als Ort der Imagination und Erprobung deutsch-französischer Annäherung.

Noch während der Zweite Weltkrieg in vollem Gange war, hatte der deutsche Generalfeldmarschall Erwin Rommel seinen ersten Leinwandauftritt in einem Spielfilm: In Billy Wilders *Five Graves to Cairo* (1943) verleiht ihm der – wie der Regisseur – im US-amerikanischen Exil lebende Erich von Stroheim Gestalt. Bereits dieses frühe Beispiel eines die US-amerikanische Kriegsbeteiligung unterstützenden Films kann als Versuch verstanden werden, eine Trennlinie zwischen den verabscheuungswürdigen Nazis und anderen Deutschen, darunter insbesondere auch Offizieren, zu ziehen.[10] Diese Darstellungsweise hängt, neben der Absicht des Exilanten Wilder, in erster Linie mit der Interpretation der Rolle durch Erich von Stroheim zusammen, die fern jeglicher propagandistischer Karikatur bleibt und an seine Darstellung des integeren deutschen Offiziers von Rauffenstein in Jean Renoirs *La Grande Illusion* (1937) erinnert. Zu unterstreichen ist weiterhin, dass Wilders Film an Kinoerfolge der 1930er Jahre anknüpft, die wie z. B. *Pépé le Moko*

---

auf die umfangreiche Themenwebseite des SWR (http://www.swr.de/rommel (28.02.2013)), die zu einer differenzierten, der aktuellen Forschung Rechnung zollenden Wahrnehmung Rommels beitragen soll, sowie auf den *Spiegel*-Aufmacher „Mythos Erwin Rommel – Des Teufels Feldmarschall" (*Der Spiegel*, 44/2012). Zum Rommel-Mythos vgl. auch die Biografie von Lemay, Benoît: *Erwin Rommel*, [Paris]: Perrin, 2009.

10 Vgl. Nacache, Jacqueline: Le Renard du désert: Rommel à Hollywood, in: *Témoigner: entre histoire et mémoire/Getuegen. Tussen geschiedenis en gedachtenis. Revue pluridisciplinaire de la Fondation Auschwitz/Multidisciplinair tijdschrift van de Auschwitz Stichting* 103 (avril–juin 2009), S. 27–40, hier S. 29.

(Julien Duvivier, 1936) Nordafrika als exotischen Abenteuerschauplatz mit kolonialer Ästhetik inszenierten und beim Publikum so etablierten, und außerdem auf die bereits bekannte Handlungsstruktur der im Ersten Weltkrieg spielenden Theatervorlage von Lajos Biro zurückgreift, die bereits mehrfach in Hollywood verfilmt worden war, z. B. unter dem Titel *Hotel Imperial* (1927).[11]

Die wirkungsmächtigste und für die filmische Erinnerungskultur ab den 1950er Jahren maßgebliche Darstellung Erwin Rommels stellt Henry Hathaways Biopic *The Desert Fox* aus dem Jahr 1951 dar, in dem Rommel von dem britischen Schauspieler James Mason verkörpert wird. Der Film zeigt die letzten Jahre Rommels bis zu seinem vom NS-Regime erzwungenen Selbstmord 1944. Er wird als zerrissener Charakter dargestellt, der zwischen Pflicht und Gewissen sowie seinen Rollen als Stratege und Kommandant einerseits sowie Familienvater andererseits oszilliert und so dem Publikum zahlreiche Identifikationsmöglichkeiten bietet. Hathaways *Desert Fox* wurde zum Modell, das in zahlreichen anderen Filmen aufgegriffen wurde, in denen wie z. B. in *08/15* (Paul May, 1954), *Rommel ruft Kairo* (Wolfgang Schleif, 1958) oder *Der Arzt von Stalingrad* (Géza von Radványi, 1958) zwischen ‚guten Soldaten' und ‚bösen NS-Führern' unterschieden wird oder der Held sein Gewissen nur durch seinen Tod reinhalten kann.[12] Trotz dieser modellbildenden Funktion des Films, zu der auch die fast völlige Ausblendung des Judenmords und anderer NS-Verbrechen gehört, muss allerdings betont werden, dass – im Gegensatz zu vielen nachfolgenden Produktionen – Rommel bei Hathaway stets als Angehöriger des Feindes zu erkennen bleibt.[13]

Das von Hathaway und zahlreichen weiteren Produktionen gezeichnete Bild des aufrichtigen, vom NS-Regime ausgenutzten oder ‚verführten' Helden kann jedoch nicht allein durch die oben angeführten psychologischen Faktoren und Bedürfnisse der Kriegsgeneration erklärt werden. Vielmehr ist das Kino der Zeit auch stark von den politischen Rahmenbedingungen geprägt, wie auch am Beispiel des zweiten im Folgenden diskutierten Films, *Taxi nach Tobruk*, deutlich werden wird. Im hier untersuchten Kontext führten vor allem die Blockbildung des Kalten Krieges und der Anti-Kommunismus in den 1950er Jahren zu deutlichen ideologischen Abgrenzungen, sodass die Westanbindung der Bundesrepublik auch positivere deutsche Heldenfiguren im US-Kino opportun werden ließ.[14]

---

11 Vgl. Nacache: Le Renard du désert.
12 Vgl. hierzu ausführlicher Vatter: *Gedächtnismedium Film*, S. 105–109.
13 Vgl. Reimer, Robert C./Reimer, Carol J.: *Nazi-retro Film. How German Narrative Cinema Remembers the Past*, New York: Twayne/Toronto: Maxwell Macmillan Canada/New York: Maxwell Macmillan International, 1992, S. 56 f.
14 Dass die insgesamt eher positive Darstellung Rommels in *The Desert Fox* keineswegs auf ungeteilte Zustimmung stieß, zeigt die Korrektur dieses Bildes in dem 1953 von Robert Wise gedrehten Film *The Desert Rats*, der in gewisser Hinsicht als Fortsetzung von

2. Gespenster der Vergangenheit: Alfred Weidenmanns *Der Stern von Afrika* (1957)

Alfred Weidenmanns Kriegsfilm *Der Stern von Afrika* (1957) erzählt die Biografie des Jagdfliegers Hans Joachim ‚Jochen' Marseille, der aufgrund seines fliegerischen Talents und seiner zahlreichen ‚Feindabschüsse' von der NS-Propaganda öffentlichkeitswirksam als Kriegsheld aufgebaut und verehrt wurde. Der in den Kinos sehr erfolgreiche Film, in dem spätere Stars wie Joachim Hansen (Marseille), Marianne Koch (Brigitte) und Hans-Jörg Felmy (Robert Franke) die Hauptrollen spielten, zeigt Marseilles Aufstieg vom rebellisch-draufgängerischen, aber sehr talentierten Fähnrich in der Ausbildung bis zum hoch dekorierten Jagdflieger, der nach einer Zeit in Frankreich, nach der sogenannten Luftschlacht um England, zum Afrikakorps abkommandiert und dort zum erfolgreichsten der Piloten wird. Der Kino-Werbetrailer kündigt den Film mit folgenden Worten an: „Der Krieg mit all seinen Schrecken. Mit schonungsloser Offenheit gezeigt."[15] Allerdings mutet dieser keineswegs als erschütternder Anti-Kriegsfilm an, im Gegenteil; es handelt sich vielmehr um einen actionreichen Abenteuerfilm über tollkühne Fliegerhelden, für die das Nazi-Regime sehr fern und fremd zu sein scheint. So wird Jochen Marseille beispielsweise von Hitler und Mussolini persönlich ausgezeichnet; Weidenmanns Werk zeigt ihn allerdings nie zusammen mit prominenten Regime-Vertretern, sondern immer vor oder nach den Zeremonien im Kreis seiner Familie oder als gefeiertes Idol der Jugend bzw. seiner Kameraden. Selbst in den in der Hauptstadt Berlin spielenden Sequenzen sind keine Symbole des Regimes wie Hakenkreuze, Fahnen oder Parteiabzeichen zu sehen.

In einigen Szenen werden zwar Zweifel am Krieg geweckt, z. B. bei dem Versuch seiner Freundin Brigitte, ihn während eines gemeinsamen Italienaufenthalts zur Fahnenflucht zu bewegen. Aber diese sind eher aus der Sorge um die gemeinsame Zukunft heraus motiviert. Auch andere Ereignisse, die den Krieg in Frage stellen – wie Verluste unter Kameraden, insbesondere der Tod des Unteroffiziers Klein bei seinem ersten Einsatzflug –, nehmen auf Marseilles Pflichtbewusstsein und die unbeschwerte Kameradschaft in der Truppe nur wenig Einfluss. Die exotische Filmkulisse mit Palmen und Sanddünen am Stützpunkt in der nordafrikanischen Wüste tut das Ihre, damit der Film eine Heldengeschichte losgelöst von anderen Entwicklungen präsentieren kann. Symptomatisch dafür sind bereits die ersten Bilder von *Der Stern von Afrika*: Auf eine Einblendung „Berlin 1939", ein Datum, das zumindest beim heutigen Zuschauer Assoziationen zum Kriegsbeginn und damit

---

Hathaways Werk verstanden werden kann und in dem ebenfalls James Mason die Rolle Erwin Rommels spielt, allerdings viel weniger liebenswürdig, unter anderen aufgrund eines starken deutschen Akzents. Vgl. Nacache: Le Renard du désert.

15 *Der Stern von Afrika*, Trailer, Zusatzmaterial zu *Der Stern von Afrika*, Kinowelt, 2005.

verbundenem Leid und Grausamkeiten hervorruft, folgt eine lustig-beschwingte Musik. Auf der Bildebene sind dazu belebte Straßenszenen aus Berlin und der Einmarsch fröhlich singender Soldaten in die Kaserne zu sehen. Der Film endet mit dem Absturz Jochen Marseilles und dem *off*-Kommentar: „Hans-Joachim Marseille starb mit 23 Jahren als einer von Millionen junger Menschen, die heute noch leben könnten."[16] Ein Schluss, der so gar nicht zu dem vorangehenden Action-Spektakel passen mag. Dass die Positionierung von *Der Stern von Afrika* als erschütternder Anti-Kriegsfilm eher als Alibi-Funktion zu bezeichnen ist, spiegelt sich auch in der sehr widersprüchlichen Rezeption des Films bei seinem Kinostart 1957 wider. Während er beim Publikum recht erfolgreich war, wurde er von vielen Kritikern weniger positiv aufgenommen, wie folgende Zitate belegen:

> Marseille tritt wie ein strahlender Draufgänger von wohlberechneter soldatischer Eleganz in den Kreis seiner Kameraden, die gleich ihm Elite spielen: Vorbildklischees, die nicht ganz ungefährlich sind.[17]

> Ein paar Sätze gestrichen, und dieser ‚Stern von Afrika' hätte getrost vor 15 Jahren als ‚staatspolitisch wertvoller' Goebbels-Film laufen können.[18]

> Was an diesem Film so bedenklich ist und so unwahr ist, ist der Umstand, dass nie die dunkle Seite des Krieges, nie der verbrecherische Anlass der Sache, nie die verwerflichen Ideale gezeigt werden oder nur angedeutet, für die diese jungen Männer da in die Luft gehen und das Leben in Saus und Braus leben.[19]

Diese kritischen Stimmen, u. a. des renommierten Filmkritikers Klaus Hebecker sowie des bekannten RIAS-Manns Friedrich Luft, die klar auf die problematischen Seiten eines Films hinweisen, der fast gänzlich ohne Distanznahme die ‚alten Helden' und ihre Werte feiert, sind auch im Zusammenhang mit den politischen Ereignissen des Jahres 1957 zu sehen. Denn der Film war ab August in den bundesdeutschen Kinos zu sehen, also kurz nach Einberufung der ersten Wehrpflichtigen in die Bundeswehr im Frühjahr des gleichen Jahres, die vor allem von links-intellektueller Seite mit Besorgnis und Kritik beobachtet wurde.

Demgegenüber stehen das breite Publikumsinteresse und die Rolle des Films für die weiteren, sehr erfolgreichen Karrieren der jungen Hauptdarsteller. Dass mit dem afrikanischen Kontinent ein ferner Kriegsschauplatz

---

16 *Der Stern von Afrika*, 1:39:08.
17 *Filmdienst* 34/1957, zit. nach „Im Kreuzfeuer der Kritik", Zusatzmaterial der DVD *Der Stern von Afrika*, Kinowelt, 2005.
18 Klaus Hebecker in *Film-Telegramm*, zit. nach „Im Kreuzfeuer der Kritik", Zusatzmaterial der DVD *Der Stern von Afrika*.
19 Friedrich Luft in *Stimme der Kritik* (RIAS), „Im Kreuzfeuer der Kritik", Zusatzmaterial der DVD *Der Stern von Afrika*.

gewählt wurde, der scheinbar unbelastet von den NS-Verbrechen geblieben und weniger durch Verluste und Kriegsleid betroffen war, wurde bereits zum erfolgreichen Aufbau von Kriegshelden durch die NS-Propaganda der 1940er Jahre genutzt und erlaubte auch nach dem Krieg die Inszenierung von aufrichtigen, tollkühnen Draufgängern und Abenteurern mit traditionellen soldatischen Tugenden. Der afrikanische Spielort in der weiten, scheinbar leeren Sanddünenlandschaft Nordafrikas mit Palmendekor privilegiert eine deutsche Binnensicht. Andere Stimmen kommen kaum zu Wort; der Feind bleibt weitgehend abstrakt und ist, vielleicht durchaus im Einklang mit der Einstellung einiger der jugendlichen Jagdflieger, vor allem in Form des Wettbewerbs um die meisten ‚Abschüsse' präsent.

Diese vorherrschende Binnensicht wird weiterhin durch die Tatsache bestätigt, dass Afrika als reine Kulisse, fast frei von einheimischer Bevölkerung erscheint. Die wenigen Szenen, die Afrikaner zeigen, sind durchweg von exotischen und kolonialen Perzeptionsmustern gekennzeichnet und zeugen so ebenfalls von der Persistenz alter Sichtweisen. Als Beispiele können eine arabische ‚Basar-Szene' sowie die Nebenfigur des Mathias angeführt werden, der von dem bekannten Schlagersänger Roberto Blanco in seiner ersten Rolle gespielt wird. Die kurze ‚Basar-Szene' (0:30:50–0:31:09) zeigt eine Gruppe von Nordafrikanern, die durch Kostüme, Kamele und verschleierte Frauen als exotisierender Hintergrund dargestellt werden. Die Kamera folgt einem durch die Szenerie gehenden Soldaten; im Hintergrund ist ein Verkaufsgespräch zu beobachten, bei dem ‚typisch orientalisch' gefeilscht wird. Der Soldat geht an einer verschleierten Frau vorbei, die ein Kamel am Zügel hält, bleibt kurz stehen, tritt einen Schritt zurück, um die Frau erneut anzuschauen, und geht mit verzückt verdrehten Augen – genießerisch seufzend und an zwei Gläsern Bier gleichzeitig nippend – weiter.

Die von Roberto Blanco verkörperte Figur des Mathias fällt in diesem Zusammenhang durch eine besonders stark stereotype und vorurteilsbehaftete Darstellung auf, die aus heutiger Sicht als rassistisch gewertet werden kann. Mathias, der einzige Schwarze im Film, ist ein Diener und Helfer der Fliegerstaffel um Jochen Marseille. Die folgenden beiden Szenen verdeutlichen exemplarisch auf besonders drastische Art und Weise die kolonialen und exotischen Diskurse, die sich im Film widerspiegeln. Anlässlich eines ausgelassenen Festes[20] der Soldaten wird Mathias mit den Worten „He, Mathias, wie wär's? Tanz' doch mal!" zu einem wilden Tanz animiert, dem fast die gesamte Dauer der Szene gewidmet ist.[21] Unter anfeuernden Rufen reißt ihm einer der Soldaten das Hemd von Leib. Matthias geht – halb freiwillig, halb gestoßen – auf eine Bühne und beginnt in die Hände zu klatschen, bis alle vom Rhythmus mitgerissen werden, klatschen oder schunkeln,

---

20 *Der Stern von Afrika*, 0:40:30–0:41:51.
21 *Der Stern von Afrika*, ab 0:40:58.

aber er als Einziger mit ausladenden Bewegungen im Zentrum der Versammlung tanzt. Erwähnenswert ist auch der Kommentar eines Soldaten, der lachend auf einer aus einem Fass improvisierten Trommel den Takt schlägt: „Guckt euch den an! Der Junge ist großartig. Was der wohl kostet? Den nehm' ich sofort!"[22] Neben der Behandlung Mathias' als Objekt zur allgemeinen Unterhaltung ist auch die explizite Betonung der Körperlichkeit zu unterstreichen, die in zweifacher Weise filmisch in Szene gesetzt wird: einerseits dadurch, dass die deutschen Soldaten ihm zum Tanzen das Hemd ausziehen; andererseits durch die schnellen Kameraeinstellungen, die während des Tanzes immer wieder Mathias' nackte Füße in Großaufnahme bzw. seinen im Rhythmus vibrierenden, schwitzenden Oberkörper in Nah zeigen.

Eine zweite Szene bestätigt diese von Verachtung geprägte Darstellungsweise: Anlässlich einer Auszeichnung Marseilles ehren ihn seine Kameraden bei der Rückkehr in ihr Zelt mit folgenden Worten ‚scherzhaft' mit der Übergabe des schwarzen Dieners als ‚Geschenk':

> Ein Geschenk der 3. Staffel sozusagen an Jochen Marseille. [...] Na? Von heute ab Ihr ergebener Diener. Mathias, als persönliches Eigentum von Leutnant Marseille kannst du es dir leisten, von heute an etwas lässiger zu grüßen. So! Er macht alles. Kocht, wäscht, mixt jedes Getränk und bringt Leben in die Bude. Los, Mathias![23]

Die Szene endet damit, dass einer der Soldaten den Plattenspieler anstellt und Mathias wieder mit breitem Grinsen ausgelassen zu tanzen beginnt.

Afrika, so zeigen diese Beispiele aus Alfred Weidenmanns *Der Stern von Afrika*, dient hier in doppelter Hinsicht als Ermöglichungsraum für ‚altes' Gedankengut; zum einen zur Verherrlichung von soldatischem Heldentum und abenteuerischem Draufgängertum in der Fortsetzung der Verehrung Hans-Joachim Marseilles durch die NS-Propaganda, zum anderen für die Inszenierung der Afrikaner in kolonialer Tradition. Dass der afrikanische Kontinent nicht nur als Hintergrundfolie zur Feier ‚alter Helden' aus Kriegszeiten und zur Fortführung kolonialer Wahrnehmungsmuster dienen kann, sondern als spezifischer Raum auch Wege zur Inszenierung der interkulturellen Annäherung zwischen Deutschen und Franzosen an der Schwelle zu den 1960er Jahren eröffnet, zeigt der im Folgenden behandelte Spielfilm *Un Taxi pour Tobrouk/Taxi nach Tobruk* von Denys de la Patellière.

---

22 *Der Stern von Afrika*, 0:41:27–0:41:32.
23 *Der Stern von Afrika*, 0:44:48–0:45:25.

3. Neue Zeiten: deutsch-französische interkulturelle
Kommunikation in *Un Taxi pour Tobrouk/Taxi nach Tobruk*
von Denys de la Patellière (1960)

Denys de la Patellières Film *Un Taxi pour Tobruk*, eine deutsch-französisch-spanische Koproduktion, die auf dem gleichnamigen Roman von René Havard beruht, war Anfang der 1960er Jahre sowohl in Deutschland als auch in Frankreich ein Erfolg an den Kinokassen – er erzielte in Frankreich fast 5 Mio. Eintritte – und wurde 1961 als bester Film des Jahres mit dem Grand Prix du Cinéma Français ausgezeichnet. Das Werk spielt im von den deutschen Truppen besetzten Libyen im Oktober 1942. Es erzählt die Geschichte eines Kommandos der Forces Françaises Libres (FFL) in der nordafrikanischen Wüste, dessen Befehlshaber während eines Sabotageakts hinter den feindlichen Linien getötet wird. Den übrigen vier Männern gelingt auf ihrem Irrweg durch die Wüste ein Überfall auf eine deutsche Patrouille, bei der sie einen Geländewagen erbeuten und einen Offizier, Hauptmann Ludwig von Stegel, gefangen nehmen können. Mit ihm versuchen sie daraufhin, wieder die alliierten Linien zu erreichen. Die beschwerliche Fahrt durch die unwirtliche Gegend kann nur gelingen, wenn sie Feindschaft und gegenseitiges Misstrauen überwinden und zusammenarbeiten. Gemeinsam schaffen sie es, die Gefahren der Wüste – vom Treibsand bis zur Durchquerung eines Minenfeldes – zu überwinden und sich dabei auch menschlich näher zu kommen, sodass aus Feindschaft zumindest gegenseitige Achtung und Respekt, wenn nicht Freundschaft entsteht. Noch ehe, kurz vor Erreichung des Ziels El Alamein, geklärt werden kann, ob von Stegel letztendlich freigelassen oder mit in die Kriegsgefangenschaft genommen werden soll, wird die Gruppe von einer alliierten Panzergranate getroffen. Nur der Brigadier Théo ‚Dudu' Dumas überlebt.

Das zentrale Thema in *Taxi nach Tobruk* ist das interkulturelle Zusammentreffen zwischen den vier Franzosen der FFL und dem deutschen Offizier von Stegel. Dabei ist es ein Anliegen des Films, die Möglichkeit der Annäherung zwischen den Kulturen auch unter den widrigsten Umständen, hier zwischen den feindlichen Lagern im Zweiten Weltkrieg, auf Grundlage universeller Menschlichkeit, die vor die nationale Zugehörigkeit gestellt wird, auszuloten und dem zeitgenössischen Publikum vorzuführen. Der Film reiht sich damit in den politischen Kontext seiner Entstehungszeit ein, zu dem insbesondere die deutsch-französische und europäische Annäherung zählen. Schlaglichtartig seien an dieser Stelle nur die Gründung der europäischen Gemeinschaften mit den Römischen Verträgen (1957 abgeschlossen, 1958 in Kraft getreten), die Eingliederung des Saarlandes in die Bundesrepublik (Saarvertrag 1956, 1957 in Kraft getreten), der Aufbau der Bundeswehr (ab 1955) im Zuge der Westbindung der Bundesrepublik sowie der Aufbau enger deutsch-französischer Beziehungen auf zivilgesellschaftlicher wie auch politischer Ebene, die in den Jahren 1962/1963, insbesondere durch den Elysée-Vertrag, mit festen Strukturen unterstützt wurden. Im innerfranzösischen Kontext ist insbesondere an den Algerienkrieg (1954–1962) zu erinnern, der dem in der nordafrikanischen Wüste spielenden Film eine große Aktualität verlieh. Im Folgenden soll anhand der Figurenkonstellation und des Handlungsverlaufs aufgezeigt werden, wie in Denys de la Patellières Werk die deutsch-französische interkulturelle Kommunikation dargestellt wird. Eine besondere Rolle kommt hierbei dem Raum zu.

Die Handlung von *Un Taxi pour Tobruk* gliedert sich in eine Rahmen- und eine Binnenhandlung. Erstere erstreckt sich von der Vorstellung der Figuren an Weihnachten 1941 bis zur Parade der französischen Truppen auf den Champs-Elysées nach Kriegsende, mit der der Films endet; die Binnenhandlung des Films mit der oben geschilderten Fahrt durch die Wüste dagegen umfasst lediglich vier Tage und vier Nächte im Oktober 1942.

In der Exposition werden die fünf Protagonisten in einer Parallelmontage vorgestellt.[24] Der Einstieg am Heiligabend 1941 kann als symbolträchtig angesehen werden, denn das Weihnachtsfest und die damit verbundenen Werte und Assoziationen stehen in vielerlei Hinsicht in hartem Kontrast zum Krieg in der Wüste. Alle Protagonisten werden in jeweils ca. 30 Sekunden langen Szenen beim Abschied von der Familie bzw. ihren bisherigen Lebensumständen gezeigt, ehe sie in den Krieg ziehen: zunächst der Berufsoffizier Ludwig von Stegel, dargestellt von Hardy Krüger,[25] der sich von Frau und Kind in wohlhabendem, weihnachtlich geschmücktem Ambiente verabschiedet. Darauf folgen: der Brigadier Théo ‚Dudu' Dumas[26] (Lino Ventura), ein ehemaliger Box-Champion, der über England zu den FFL kommt; François Gensac (Maurice Biraud), ein junger Intellektueller, der sich von seiner Großmutter verabschiedet, um sich für die Befreiung Frankreichs zu engagieren – teils aus Langeweile, teils aus Protest gegen seinen kollaborierenden Vater;[27] Samuel Goldmann (Charles Aznavour), ein jüdischer Medizinstudent aus dem Elsass auf der Flucht vor der Verfolgung durch die Nazis; und schließlich der Hitzkopf Jean Ramirez (Germán Cobos), der aus dem Gefängnis flieht. Neben der Parallelmontage verbinden auch die Musik sowie das Mittel der Überblendung, mit dem die einzelnen Episoden verknüpft

---

24 Patellière, Denys de la: *Un Taxi pour Tobruk*, Spielfilm, F/D/E, 1961, 0:00:25–0:02:48.
25 Hardy Krüger sollte in der Folge noch eine ganze Reihe ähnlich angelegter Rollen spielen.
26 Der Name der Figur ist wohl nicht zufällig gewählt und soll Assoziationen an die Abenteuerromane und Helden des berühmten Schriftstellers Alexandre Dumas des Älteren erinnern.
27 Vgl. folgende Aussage Gensacs dazu: „Mon père est à Vichy. C'est un homme qui a la légalité dans le sang. Si les Chinois débarquaient, il se ferait mandarin... Si les Nègres prenaient le pouvoir, il se mettrait un os dans le nez... Si les Grecs arrivaient, il se ferait..."

werden, die Protagonisten miteinander[28] und stellen sie auf eine Ebene. Auf diese Exposition des Films erfolgt ein Zeitsprung, nach dem sich alle Protagonisten in der Weite der libyschen Wüste wiederfinden.

Der Kontrast zwischen Rahmen- und Binnenhandlung wird bildlich dadurch unterstrichen, dass die Vorstellungsszenen entweder in Innenräumen oder in der Nacht spielen und daher sehr dunkel gehalten sind, sodass der helle Wüstensand und die weite Landschaft besonders beeindruckend erscheinen. Immer wieder werden im Laufe der Handlung die Figuren in einer weiten Einstellung optisch verloren in den Sanddünen gezeigt,[29] sodass sie als auf sich selbst gestellt und immer wieder auf ihre enge Gemeinschaft zurückgeworfen erscheinen. Die Wüste bildet somit trotz aller Offenheit und Weite eine Art umgekehrten *huis clos*, aus dem die Protagonisten (vergeblich) zu entkommen versuchen, um wieder in die Geborgenheit ihrer Familie und ihre Heimatländer zurückzukehren. Sie bildet damit einen Bedingungsraum für die Annäherung und interkulturelle Verständigung zwischen den Franzosen und ihrem deutschen Gefangenen.

Betrachtet man den Handlungsverlauf von *Un Taxi pour Tobrouk*, so kann man eine Entwicklung von anfänglichem Misstrauen und Konfrontation zwischen den Kriegsgegnern über eine schrittweise Annäherung hin zu einer verständnis- und vertrauensvollen Zusammenarbeit feststellen. Das lebensfeindliche Umfeld der Wüste und die damit verbundenen Herausforderungen dienen als Motor dieser Entwicklung. Zunächst besteht Unklarheit, wie mit dem Gefangenen umzugehen ist. Denn die zusammengewürfelte französische Truppe, die ihren Anführer verloren hat, vereint ganz unterschiedliche Motivationen für das Engagement im Widerstand – von kommunistisch-politischen Idealen über Pflichtbewusstsein und Abenteuerlust bis hin zur existenziellen Notwendigkeit in Folge der NS-Verfolgung. Durch diese breite Repräsentation der *Résistance* besteht ein großes Identifikationspotenzial beim zeitgenössischen französischen Publikum, für das zwei Jahre nach dem Amtsantritt de Gaulles der Widerstandskampf ein zentrales Identifikationsmuster darstellte.[30] Im Zusammenhang mit Denys de la Patellières Film ermöglicht dies, vielfältige Positionen zum Umgang mit dem deutschen Offizier zu diskutieren – von seiner Ermordung bis zu seiner regelkonformen Behandlung als Offizier in Kriegsgefangenschaft. Samuel Goldmann soll zunächst als Dolmetscher vermitteln, aber es zeigt sich schnell, dass von Stegel aufgrund seiner Herkunft fließend Französisch spricht – eine zentrale Voraussetzung für die weitere Annäherung.

---

28 Hier ist insbesondere die Überblendung von Samuel Goldmann zu Jean Ramirez zu erwähnen, die über ein Bild des Gitterfensters von Ramirez' Zelle erfolgt, sodass der Jude Goldmann ebenfalls als Gefangener erscheint, dem nur die Flucht bleibt (vgl. 0:02:15).
29 Z. B. *Un taxi pour Tobrouk*, 0:33:21; 0:55;43; 1:00:37; 1:09:20; 1:21:22.
30 Der Historiker Henry Rousso spricht für diese Epoche von der Konsolidierung des Mythos des *résistancialisme*. Vgl. Rousso: *Le Syndrome de Vichy*.

Doch nicht nur durch seine Fremdsprachenkompetenz wird der deutsche Hauptmann als eher positive Figur dargestellt. Vielmehr verfügt er aufgrund seiner Aufrichtigkeit und seines Selbstverständnisses als Berufssoldat, dem jegliche Identifikation mit dem NS-Regime fern zu sein scheint, über eine charakterliche Ähnlichkeit mit Rommel bzw. dessen Darstellung durch James Mason in Hathaways *The Desert Fox*, die durch äußere Attribute wie das Eiserne Kreuz am meist hochgeschlossenen Kragen oder die charakteristische Staubbrille noch verstärkt wird. Hardy Krügers Darstellung der Figur entspricht somit gleichsam prototypisch dem dominanten Bild der aufrichtigen Helden in der damaligen Kriegsfilmproduktion.

In einem nächsten Schritt im Handlungsverlauf zeigt sich, dass die Erfahrung und das Fachwissen von Stegels zum Überleben in der Wüste notwendig sind – er warnt beispielsweise vor einer Treibsandzone und zeigt einen Weg, um diese zu umgehen. Weiterhin sind es auch die Führungskompetenzen des Offiziers, die in dieser Szene besonders manifest werden: Hauptmann von Stegel gibt den Befehl „Halt!", woraufhin die Franzosen einen Kreis um ihn bilden, um das weitere Vorgehen unter seiner Anleitung zu beraten – ein Bild, in dem auch die Abhängigkeit der französischen FFL-Kämpfer vom deutschen Offizier deutlich wird.[31] Das so gewonnene Vertrauen führt zwar zu einer weiteren Vertiefung der Gemeinschaft, für die symbolisch das Teilen des Trinkwassers steht.[32] Doch als ihnen das Benzin ausgeht und als einzige Lösung nur die Versorgung an einem deutschen Stützpunkt bleibt, schlägt der ‚Dudu' genannte Brigadier Dumas den Hauptmann bewusstlos, damit die Mitglieder der Gruppe sich, als Deutsche getarnt, gefahrloser durch das feindliche Lager bewegen können.

Der deutsche Offizier bleibt jedoch ebenfalls stets wachsam und sucht die Gelegenheit, aus der Gefangenschaft zu fliehen. Diese bietet sich, als er sich des im Sand festgefahrenen Fahrzeuges bemächtigen kann. Da er die Franzosen aber nicht ihrem Schicksal – dem wahrscheinlichen Tod in der Wüste – überlassen will, kehrt er zurück. Dies ist eine Schlüsselszene des Films. Denn die Gefangennahme der französischen Gruppe durch von Stegel verkehrt die Rollen und erlaubt somit eine veritable Begegnung auf Augenhöhe zwischen den Beteiligten im weiteren Verlauf der Handlung. Die Situation wird dadurch aufgelöst, dass ‚Dudu' und seine Männer trotz der Bedrohung mit einer Waffe die Zusammenarbeit verweigern und ruhig abwarten, bis von Stegel sich nicht mehr wachhalten kann. Nach der Auflösung dieser Patt-Situation, die der deutsche Hauptmann mit einem verstohlenen Grinsen kommentiert, besteht weitgehend Einverständnis zwischen beiden Parteien.[33] Dieses entwickelt sich im Verlauf der folgenden Peripetie des Films zu einem beinahe freundschaftlichen Miteinander.

---

31 Vgl. *Un taxi pour Tobrouk*, 0:33:43–0:34:12.
32 Vgl. *Un taxi pour Tobrouk*, z. B. 0:38:20–0:40:10.
33 Vgl. *Un taxi pour Tobrouk*, 1:05:23–1:05:34.

Denn die Durchquerung eines Minenfeldes erweist sich als schwierige Herausforderung, die eine enge Zusammenarbeit und auch großes Vertrauen erfordert. Ludwig von Stegel bewahrt Dumas davor, auf eine Mine zu treten, und rettet ihm so das Leben. Dieser Vertrauensbeweis und die gemeinsame Sorge um den in der gleichen Situation schwer verletzten Gensac besiegeln nun die deutsch-französische Schicksalsgemeinschaft in der Wüste. Die Aufhebung der nationalen Unterschiede wird auch auf der bildlichen Ebene unterstrichen. Denn alle ziehen in dieser Szene ihre Uniformhemden aus und sind so in menschlicher Nacktheit gleichgestellt. Anstelle sich feindlich gegenüberstehender Soldaten sind sie nun, dieser Attribute beraubt, einfache Männer bzw. Menschen mit gleichen Hoffnungen und Ängsten. Diese Gemeinsamkeiten kommen auch in der folgenden Szene zum Ausdruck, in der sie sich aus gesammelten Schnecken ein Festmahl bereiten, das sie an Pariser Restaurants erinnert und zu zwanglosen und offenen Gesprächen animiert, in denen die gemeinsame Abneigung gegenüber dem Krieg im Vordergrund steht, wie folgender Dialogauszug mit der Aussage Goldmanns belegt:

> Goldmann : A mon avis, dans la guerre, il y a une chose attractive : c'est le défilé de la victoire. L'emmerdant, c'est tout ce qui se passe avant. Il faudrait toucher sa prime d'engagement et défiler tout de suite. Avant que ça se gâte...
> [...]
> Von Stegel : Je peux vous poser une question ? [...] Si vous n'aimez pas la guerre, pourquoi signez-vous des alliances militaires avec des pays qui sont en guerre tous les 20 ans ? Signez plutôt avec la Suisse ou le Luxembourg.
> Gensac : Mon cher Ludwig, vous connaissez mal les Français. Nous avons le complexe de la liberté, ça date de quatre-vingt-neuf. Nous avons égorgé la moitié de l'Europe au nom de ce principe. Depuis que Napoléon a écrasé la Pologne, nous ne supportons pas que quiconque le fasse à notre place. Nous aurions l'impression d'être frustrés.[34]

Der zweite Teil des Zitats steht exemplarisch für die vielfach gelobten pointierten Dialoge des Films, die der Drehbuchautor Michel Audiard verantwortete, und zeigt den scherzhaften Umgangston in der Gruppe, ganz im Sinne des Aufbaus einer vertrauensvollen *complicité* zwischen den Gesprächspartnern. Die Strategie der Filmproduzenten, die deutsch-französischen Antagonismen durch das Kennenlernen des Anderen und die damit verbundene Entdeckung gemeinsamer Werte und gemeinsamer Menschlichkeit aufzulösen, wird in folgendem Dialog besonders manifest, der kurz vor dem Ende des Films zu finden ist:

> Dumas : Tu sais qu'il est bien ce mec là ?
> Goldmann : Bien sûr qu'il est bien. Qu'est-ce que tu veux que j'y fasse.

---

34 *Un taxi pour Tobrouk*, 1:06:00–01:06:33.

Gensac (à Ramirez) : C'est toi qui avais raison. A la guerre, on devrait toujours tuer les gens avant de les connaître.[35]

Dieses Plädoyer gegen den Krieg und für die Menschlichkeit, das der Drehbuchautor in Gensacs sarkastische Bemerkung verpackt hat, weist den Weg zum Ende des Films: Da sie in einem deutschen Fahrzeug in die Nähe der alliierten Truppen gekommen und auch äußerlich, durch die Uniform, nicht mehr eindeutig als Verbündete zu identifizieren sind, wird der Geländewagen kurz vor dem Ziel von einer britischen Panzergranate zerfetzt und alle bis auf den Brigadier Théo Dumas sterben. Die deutsch-französische Annäherung endet im gemeinsamen, versehentlich herbeigeführten und damit sinnlosen Tod. Die dann wieder fortgesetzte Rahmenhandlung schließt den Kreis zum Anfang des Films, an dem alle Protagonisten vor ihrem Aufbruch in den Krieg als Zivilisten gezeigt wurden: Théo Dumas steht am Rande der Militärparade auf den Champs-Elysées anlässlich der *Libération* in Paris und gedenkt seiner toten Kameraden. Darüber vergisst er als einziger Zuschauer den Hut zu ziehen und entschuldigt sich, als er von einem der Umstehenden darauf aufmerksam gemacht wird, mit den Worten, er habe an etwas anderes gedacht. Menschlichkeit und universelle Werte sowie das gemeinsame Kriegsleid und -opfer bilden, so die Kernaussage von *Un Taxi pour Tobrouk*, die zentralen Elemente für die deutsch-französische Annäherung.

Bezeichnend ist, dass dieses Ende – der Triumphzug zum Sieg über Hitlerdeutschland – von den Produzenten als für das deutsche Publikum nicht zumutbar angesehen wurde.[36] Stattdessen wurde ein alternativer Schluss gedreht: Anstelle der Parade war die Ehefrau von Stegels zu sehen, die ihrem Sohn Fotos des gefallenen Vaters zeigt. Das Foto steht in einer Reihe mit denen des im deutsch-französischen Krieg 1870/71 gefallenen Urgroßvaters sowie des im Ersten Weltkrieg umgekommenen Großvaters und der Sohn spielt auch schon mit einem Holzgewehr, das ihm seine Mutter entreißt, um es in den Kamin zu werfen.[37] Diese Version wäre als Verengung auf eine rein deutsche Perspektive zu verstehen – schließlich hätte die Witwe die genauen Umstände des Todes wohl kaum gekannt, sodass kein gemeinsames Gedenken mit den französischen Opfern im Bewusstsein der Unsinnigkeit des Krieges, wie im Falle Dudus in Paris, möglich wäre. Doch offensichtlich war diese Version wiederum dem für Deutschland zuständigen Verleih dann doch zu schnulzig, sodass sie eine Kopie des französischen Schlusses

---

35 1:10:46–1:11:02. In diesem Zusammenhang ist die differenzierende Einschätzung Samuel Goldmanns erwähnenswert, der dem deutschen Hauptmann gegenüber weiter kritisch bleibt: „C'est pourquoi, si vous le permettez, je ferai le tri des bons et des mauvais allemands un peu plus tard à tête reposée." (1:23:22–1:23:33).

36 Vgl., auch für die folgenden Ausführungen, [Autor unbekannt]: Wie Bolle, in: *Der Spiegel*, 24.05.1961, S. 92, siehe auch http://www.spiegel.de/spiegel/print/d-43364233.html (28.02.2013).

37 Vgl. [Autor unbekannt]: Wie Bolle.

auch für das deutsche Publikum vorsahen. Da diese jedoch nicht mehr rechtzeitig zur Premiere angekommen war, wurden die verstörten Premierengäste mit der Explosion in der Wüste aus dem Film entlassen. Die Anekdote der verschiedenen Schlussszenen zeigt, als wie brisant die Thematik des Films v. a. für Deutschland empfunden wurde und dass die Produzenten offensichtlich darum bemüht waren, die deutsch-französische Annäherung mit großer Umsicht und Sorgfalt zu inszenieren. Der afrikanische Kontinent und die Wüste boten dafür ideale Voraussetzungen, da sie erlaubten, an frühere Traditionen anzuknüpfen und auf – zumindest scheinbar – unbelastetem Territorium eine deutsch-französische Episode aus dem Zweiten Weltkrieg zu inszenieren.

4. Afrika als dritter Raum für interkulturelle Kommunikation und deutsch-französische Annäherung

Die spezifischen geografischen Gegebenheiten der nordafrikanischen Wüste und die damit verknüpften Assoziationen und kulturellen Fremdwahrnehmungsmuster können unter Bezugnahme auf das Konzept des ‚dritten Raums' interpretiert werden, das im Kontext poststrukturalistischer und postmoderner Ansätze, vor allem aber in der postkolonialen Theorie entwickelt wurde. Einflüsse aus verschiedenen disziplinären Zusammenhängen – hier können z. B. Michel Foucaults Überlegungen zur *hétérotopie*, soziologische Ansätze der Tertiarität,[38] aber auch Johan Huizingas *Homo Ludens* (1956) genannt werden – wurden in erster Linie von Homi Bhabha als prominentestem Vertreter des Begriffs aufgegriffen und zusammengeführt. Bhabha begreift *third space* als intermediären Raum, der sich in interkulturellen Überschneidungssituationen entfalten kann und binäre Oppositionen vorübergehend außer Kraft setzt, wie er am Beispiel des Treppenhauses erläutert:

> Das Treppenhaus als Schwellenraum zwischen den Identitätsbestimmungen wird zum Prozeß symbolischer Interaktion, zum Verbindungsgefüge, das den Unterschied zwischen Oben und Unten, Schwarz und Weiß konstituiert. Das Hin und Her des Treppenhauses, die Bewegung und der Übergang in der Zeit, die es gestattet, verhindern, daß sich Identitäten an seinem oberen und unteren Ende zu ursprünglichen Polaritäten festsetzen. Dieser zwischenräumliche Übergang zwischen festen Identifikationen eröffnet die Möglichkeit einer kulturellen Hybridität, in der es einen Platz für Differenz ohne eine übernommene Hierarchie gibt.[39]

---

38 Vgl. z. B. Bedorf, Thomas/Fischer, Joachim/Lindemann, Gesa (Hg.): *Theorien des Dritten. Innovationen in Soziologie und Sozialphilosophie*, München: Fink, 2010 (Übergänge 58).

39 Bhabha, Homi K.: *Die Verortung der Kultur*, Tübingen: Stauffenburg, 2000 (Stauffenburg discussion 5), S. 5. (Original: *The Location of Culture*, London, New York: Routledge, 1994.) Vgl. auch Rutherford, Jonathan: The Third Space. Interview with Homi Bhabha, in: ders. (Hg.): *Identity: Community, Culture, Difference*, London: Lawrence & Wishart, 1990, S. 207–221.

Diese Überlegungen, die hier leider nur verkürzt diskutiert werden können, haben in zwei Strömungen mit unterschiedlichen Schwerpunkten und Perspektivierungen Eingang in die deutschsprachige interkulturelle Forschung gefunden: zum einen in Ansätzen, die vorwiegend auf sprachwissenschaftlichen Grundlagen aufbauen und Begriffe wie ‚Interkultur' (Jürgen Bolten) bzw. ‚diskursive Interkulturen' (Bernd Müller-Jacquier) geprägt haben und für welche ein dynamischer Kulturbegriff, der Konstruktcharakter von Kultur[40] sowie Interkulturalität als Aushandlungsprozess von Verstehen und gegenseitiger Wahrnehmung im Fokus liegen. Sie knüpfen damit vor allem an Ideen zur aktiven Gestaltung von Differenz und zu Hybridisierungsprozessen aus der postkolonialen Theorie an.

Zum anderen wurde das Konzept des ‚dritten Raums' von der interkulturellen Kommunikationsforschung in einem konkreteren Verständnis von kulturwissenschaftlicher Seite als (auch) physischer Ermöglichungsraum interkultureller Verständigung und Voraussetzung für das Gelingen interkultureller Kommunikation aufgegriffen. Vertreter dieser eher anwendungsbezogenen Strömung wie der Literatur- und Kulturwissenschaftler Klaus Dirscherl haben Elemente und Strategien des ‚dritten Raums' herausgearbeitet, die das interkulturelle Verständnis fördern und als Voraussetzung zur erfolgreichen Gestaltung interkultureller Kommunikation fungieren können.[41] Diese Charakteristika, wie Offenheit, hierarchiearme Gestaltung, ‚als-ob'-Kommunikation und Spiel sowie Bewegung, Veränderung oder Emotionalität, finden sich auch in den diskutierten Filmbeispielen wieder.

In erster Linie ist hier der Handlungsraum der Wüste zu nennen, der insbesondere durch die weiten Kameraeinstellungen auf schier endlose Dünenlandschaften als offen und ‚leer' erscheint, als ‚neutrales Territorium', das für alle Beteiligten gleichermaßen fremd und unbekannt ist. Die Normen, Regeln und Gewohnheiten der Ausgangskulturen verlieren ihre Verbindlichkeit; an ihre Stelle tritt ein stetiges Aushandeln von Regeln und Umgangsformen, wie beispielsweise in den Diskussionen um das Verhältnis zwischen dem (deutschen) Gefangenen und den französischen Protagonisten in *Un Taxi pour Tobrouk* deutlich wird. Ein weiteres Charakteristikum des ‚dritten Raums' besteht in der Mobilisierung verschiedener Zugehörigkeiten, die erprobt und kommunikativ eingesetzt werden. In der Entwicklung der interkulturellen Zusammenarbeit wird so immer weniger auf die Kategorien Nationalität

---

40 Vgl. Rathje, Stefanie: Der Kulturbegriff: Ein anwendungsorientierter Vorschlag zur Generalüberholung, in: Moosmüller, Alois (Hg.): *Konzepte kultureller Differenz*, Münster [u. a.]: Waxmann, 2009 (Münchener Beiträge zur interkulturellen Kommunikation 22), S. 83–106.

41 Vgl. Dirscherl, Klaus: Der dritte Raum als Konzept der interkulturellen Kommunikation. Theorie und Vorschläge für die Praxis, in: Bolten, Jürgen (Hg.): *Interkulturelles Handeln in der Wirtschaft. Positionen, Modelle, Perspektiven, Projekte*, Sternenfels: Wissenschaft und Praxis, 2004 (Schriftenreihe interkulturelle Wirtschaftskommunikation 9), S. 12–24.

bzw. Kultur zurückgegriffen, sondern diese werden mehr und mehr durch Alternativen wie Täter/Opfer, Soldaten/Offiziere, Geschlecht etc. ersetzt. Als produktive Strategien in diesem Zusammenhang können der Einsatz von Humor und Scherz sowie eine ‚als-ob'-Kommunikation in beiden Filmen genannt werden. So fragt beispielsweise der französische Anführer ‚Dudu' an mehreren Stellen den deutschen Gefangenen „Et vous, qu'est-ce que vous feriez à ma place?" und erprobt so den Tausch der Rollen und die Umkehrung von etablierten Relationen und Hierarchien. Im gleichen Zusammenhang sind auch die Verkleidung zur Durchquerung des deutschen Lagers sowie das Ablegen der Kleidung und die damit verbundene symbolische Gleichstellung der Protagonisten zu sehen. Schließlich seien noch die bedeutende Rolle von Emotionalität und der damit verbundenen Öffnung sowie die grundsätzliche Ergebnisoffenheit und Ziellosigkeit der Irrfahrt durch die Wüste als Eigenschaften eines ‚dritten Raums' genannt.

Weidenmanns *Der Stern von Afrika* setzt die Offenheit eines ‚dritten Raums' und die damit verbundenen Perspektiven der interkulturellen Annäherung weniger konsequent um als der Film von Denys de la Patellière. Dennoch schafft erst die nordafrikanische Wüste einen Raum, der es ermöglicht, Heldentum in der geschilderten Art und Weise darzustellen. Die ethnozentrische Sichtweise des Films und die statischen Identitäten der Protagonisten sind vor allem durch die Nationalität, Armeezugehörigkeit und Männlichkeit geprägt und können in erster Linie deshalb ohne deutliche Einschränkungen inszeniert werden, weil sie außerhalb des europäischen Kontexts und der damit verbundenen Kriegserinnerungen situiert werden. In Bezug auf die Raumkonzeption im Gesamtkontext des Films kann weiterhin festgehalten werden, dass die Weite der Wüste im Kontrast zu geschlossenen Räumen wie den Zelten und Quartieren der Soldaten, dem Cockpit in den Flugzeugen, aber auch den in Europa spielenden Szenen gezeigt wird. Es entsteht so ein Wechselspiel zwischen Offenheit und Geschlossenheit, das den Protagonisten immer wieder Möglichkeiten zum Rückzug aus der Ungewissheit und zur Rückvergewisserung bietet, die in *Un Taxi pour Tobrouk* völlig fehlen.

Die von Homi Bhabha skizzierte Perspektive einer potenziellen kulturellen Hybridisierung wird in *Un Taxi pour Tobrouk* allerdings durch das tragische Ende des Films zunichte gemacht und – versteht man das Gedenken Dudus bei der Militärparade in Paris als Appell – in die Verantwortung der Zuschauer gestellt, auch im Sinne der ab den 1950er Jahren in Gang gesetzten interkulturellen Annäherungsprozesse zwischen Deutschland und Frankreich, die am Beispiel der Kriegshandlungen in Afrika deutlicher als in anderen Filmen inszeniert werden können.

Literaturverzeichnis

[Autor unbekannt]: Wie Bolle, in: *Der Spiegel*, 24.05.1961, S. 92, siehe auch http://www.spiegel.de/spiegel/print/d-43364233.html (28.02.2013).

Bedorf, Thomas/Fischer, Joachim/Lindemann, Gesa (Hg.): *Theorien des Dritten. Innovationen in Soziologie und Sozialphilosophie*, München: Fink, 2010 (Übergänge 58).

Bhabha, Homi K.: *Die Verortung der Kultur*, Tübingen: Stauffenburg, 2000 (Stauffenburg discussion 5). (Original: *The Location of Culture*, London, New York: Routledge, 1994.)

Defrance, Corine/Kißener, Michael/Nordblom, Pia (Hg.): *Wege der Verständigung zwischen Deutschen und Franzosen nach 1945. Zivilgesellschaftliche Annäherungen*, Tübingen: Narr, 2010 (éditions lendemains 7).

Dirscherl, Klaus: Der dritte Raum als Konzept der interkulturellen Kommunikation. Theorie und Vorschläge für die Praxis, in: Bolten, Jürgen (Hg.): *Interkulturelles Handeln in der Wirtschaft. Positionen, Modelle, Perspektiven, Projekte*, Sternenfels: Wissenschaft und Praxis, 2004 (Schriftenreihe interkulturelle Wirtschaftskommunikation 9), S. 12–24.

Erll, Astrid: *Kollektives Gedächtnis und Erinnerungskulturen: Eine Einführung*, Stuttgart, Weimar: Metzler, 2011.

Erll, Astrid/Nünning, Ansgar (Hg.): *Medien des kollektiven Gedächtnisses. Historizität – Konstruktivität – Kulturspezifität*, Berlin, New York: de Gruyter, 2004 (Media and Cultural Memory/Medien und kulturelle Erinnerung 1).

Faulstich, Werner: *Filmgeschichte*, Paderborn: Fink, 2005.

http://www.swr.de/rommel (28.02.2013).

Lemay, Benoît: *Erwin Rommel*, [Paris]: Perrin, 2009.

Lemke Muniz de Faria, Yara-Colette: *Zwischen Fürsorge und Ausgrenzung. Afrodeutsche „Besatzungskinder" im Nachkriegsdeutschland*, Berlin: Metropol, 2002 (Zentrum für Antisemitismusforschung der Technischen Universität Berlin, Reihe Dokumente, Texte, Materialien 43).

Nacache, Jacqueline: Le Renard du désert: Rommel à Hollywood, in: *Témoigner: entre histoire et mémoire/Geteugen. Tussen geschiedenis en gedachtenis. Revue pluridisciplinaire de la Fondation Auschwitz/Multidisciplinair tijdschrift van de Auschwitz Stichting* 103 (avril–juin 2009), S. 27–40.

Oster, Patricia/Lüsebrink, Hans-Jürgen (Hg.): *Am Wendepunkt. Deutschland und Frankreich um 1945 – zur Dynamik eines ‚transnationalen' kulturellen Feldes/Dynamiques d'un champ culturel ‚transnational' – L'Allemagne et la France vers 1945*, Bielefeld: transcript, 2008 (Frankreich-Forum. Jahrbuch des Frankreichzentrums der Universität des Saarlandes 7 (2006/2007)).

Patellière, Denys de la: *Un Taxi pour Tobruk*, Spielfilm, F/D/E, 1961.

Picaper, Jean-Paul/Norz, Ludwig: *Enfants maudits. Ils sont 200.000. On les appelait les „enfants de Boches"*, Paris: Editions des Syrtes, 2004.

Prümm, Karl: Die große Illusion, in: Koebner, Thomas (Hg.): *Filmklassiker*, Bd. 1: *1913–1946*, Stuttgart: Reclam, 1995, S. 359–363.

Rathje, Stefanie: Der Kulturbegriff: Ein anwendungsorientierter Vorschlag zur Generalüberholung, in: Moosmüller, Alois (Hg.): *Konzepte kultureller Differenz*, Münster [u. a.]: Waxmann, 2009 (Münchener Beiträge zur interkulturellen Kommunikation 22), S. 83–106.

Reichel, Peter: *Erfundene Erinnerung. Weltkrieg und Judenmord in Film und Theater*, München, Wien: Hanser, 2004.

Reimer, Robert C./Reimer, Carol J.: *Nazi-retro Film. How German Narrative Cinema Remembers the Past*, New York: Twayne/Toronto: Maxwell Macmillan Canada/New York: Maxwell Macmillan International, 1992.

Rousso, Henry: *Le Syndrome de Vichy. De 1944 à nos jours*, Paris: Seuil, ^{2}1990.

Rutherford, Jonathan: The Third Space. Interview with Homi Bhabha, in: ders. (Hg.): *Identity: Community, Culture, Difference*, London: Lawrence & Wishart, 1990, S. 207–221.

Vatter, Christoph: *Gedächtnismedium Film. Holocaust und Kollaboration in deutschen und französischen Spielfilmen seit 1945*, Würzburg: Königshausen und Neumann, 2009 (Saarbrücker Beiträge zur vergleichenden Literatur- und Kulturwissenschaft 42).

Weidenmann, Alfred: *Der Stern von Afrika* [1957], Spielfilm, Kinowelt, 2005.

3 Bericht

Véronique Chloup, Gerrit Fischer und Julian Huls

Handlungsempfehlungen zur Schaffung eines Netzwerks von Praktikantenbüros in der Großregion

1. Einführung

Seit 2005 setzt sich das Frankreichzentrum der Universität des Saarlandes im Verbund mit weiteren Partnern im Tätigkeitsfeld „Arbeitswelt Frankreich" für die Vermittlung von Praktika im französischsprachigen Ausland ein. Neben Nantes, der Partnerstadt von Saarbrücken, stellt die frankophone Großregion[1] einen der Schwerpunkte der Praktikumsvermittlung dar. Das 2008 gestartete Interreg-IVa-Projekt „Universität der Großregion", das sich zum Ziel gesetzt hat, Universitäten in der Großregion[2] zu einem gemeinsamen, grenzüberschreitenden Hochschulraum zu verbinden, war für das Frankreichzentrum der Anlass, die Zusammenarbeit mit vergleichbaren Strukturen an anderen Universitäten in der Region zu suchen und im Rahmen einer Machbarkeitsstudie zu prüfen, wie diese Zusammenarbeit ausgebaut und institutionalisiert werden kann. Der vorliegende Beitrag stellt die wichtigsten Ergebnisse dieser Machbarkeitsstudie vor und leitet daraus Handlungsempfehlungen ab.

Das Projekt „Machbarkeitsstudie zur Schaffung eines Netzwerks von Praktikantenbüros", welches im November 2009 als eines von 17 Pilotprojekten von einer Auswahlkommission der Universität der Großregion

---

1 Die europäische Großregion umfasst die Gebiete Saarland, Rheinland-Pfalz, Lothringen, Luxemburg, die Wallonie sowie die Französische und Deutschsprachige Gemeinschaft Belgiens.
2 Beteiligt am Projekt „Universität der Großregion" (2008–2013) waren die Universität des Saarlandes, die Université de Lorraine (ehemals Universitäten Metz und Nancy), die Université du Luxembourg, die Universität Trier, die Technische Universität Kaiserslautern sowie die Université de Liège.
Das Interreg-Projekt ist am 14. April 2013 ausgelaufen. Anschließend wurde die „Universität der Großregion" in einen dauerhaften Universitätsverbund überführt.

bewilligt wurde,[3] zielte darauf ab, die Mobilität unserer Studierenden innerhalb der Großregion in den kommenden Studienjahren entscheidend zu erhöhen. Alle an der Machbarkeitsstudie teilnehmenden Partner teilten von Beginn an die Überzeugung, dass der Bereich der Praktikavermittlung – als Schnittstelle zwischen Studium und Arbeitswelt – hierzu einen maßgeblichen Beitrag leisten kann.

Eine zweite Zielsetzung der hier vorgestellten Studie war es, jeweils ähnlich gewachsene und universitätstypische Strukturen durch Kooperation innerhalb der Universität der Großregion so zu vernetzen und auszubauen, dass die einzelnen Einrichtungen anschließend noch effektiver auf die Bedürfnisse der Studierenden eingehen können.

Die Machbarkeitsstudie hatte drittens zum Ziel, für die Studierenden, Lehrenden, aber auch für Dritte Transparenz zu schaffen, in welchen Arbeitsbereichen zukünftig Synergieeffekte zu erwarten sind, andererseits aber auch aufzuzeigen, in welchen Sektoren Schwierigkeiten in der Kooperation auftreten können. Übergeordnete Zielsetzung der Machbarkeitsstudie war es, den Austausch und die Vernetzung der am Projekt teilnehmenden Partneruniversitäten (im Folgenden ‚Projektpartner' genannt) zu intensivieren und somit einen weiteren Schritt zur Öffnung der Universitäten in Richtung Arbeitswelt zu vollziehen.

Aus den oben genannten Zielsetzungen lassen sich drei zentrale Fragestellungen ableiten:

1. In welchem Sinne besteht ein Interesse der Partneruniversitäten der Universität der Großregion an der Schaffung eines gemeinsamen Netzwerks im Bereich der interregionalen Praktikantenvermittlung?

---

3 Der Antrag für dieses Pilotprojekt wurde gemeinsam von Sandra Duhem, Geschäftsführerin des Frankreichzentrums (FZ), und Gerrit Fischer, Projektleiter Arbeitswelt Frankreich (FZ), bei der Universität der Großregion (UniGR) eingebracht. Die vorliegenden Handlungsempfehlungen fassen das Ergebnis einer zweijährigen Kooperation der Universität des Saarlandes, der Universitäten Metz und Nancy (inzwischen Université de Lorraine) sowie der Université de Liège zusammen.
An der Erstellung der Machbarkeitsstudie waren weiterhin beteiligt:
Für die Universität der Saarlandes: Aurélie Ducert, Aurelle Garnier, Valérie Dubslaff (Frankreichzentrum), Bettina Jochum (International Office), Birgit Roßmanith (Zentrum für Schlüsselkompetenzen); für die Universität Paul Verlaine in Metz: Véronique Chloup, Anne Thiriet, Gaël Ryk, Cédric Sanlis; für die Universität Nancy: Anne-Françoise Crovisier; für die Université de Liège: Julian Huls, Anne-Laure Villeminot, Mélissa Schneider; für EURES (European Employment Services): Achim Dürschmid.
Besonderer Dank gilt an dieser Stelle Kristina Weich-Hondrila, Projektbeauftragte im Bereich Lehre und Mobilität im Rahmen des Projektes UniGR, welche die Machbarkeitsstudie über den gesamten Zeitraum ihres Entstehens betreut und kompetent unterstützt hat.

2. Worin liegt der Mehrwert einer solchen Vernetzung für Studierende, Firmen und Partnerinstitutionen?
3. Unter welchen Bedingungen ist die Schaffung eines Netzwerks von Praktikantenbüros in der Großregion realisierbar?

2. Divergierende Strukturen, konvergierende Interessen

2.1 Divergierende Strukturen ...

An der Erstellung der vorliegenden Machbarkeitsstudie nahmen Partnereinrichtungen der Universität der Großregion (UniGR) mit sehr divergierenden Organisationsstrukturen teil:

- für die Université de Lorraine (UdL) das Bureau d'aide à l'insertion professionnelle (BAIP)
- für die Université de Liège (ULg) das Akademische Auslandsamt und ULg Emploi
- für die Universität des Saarlandes (UdS) das Frankreichzentrum (Federführung) in Kooperation mit dem Career Service der UdS (angesiedelt im Zentrum für Schlüsselkompetenzen) und mit Unterstützung des International Office.

Wie eine Bestandsaufnahme zu Beginn der Projektkooperation zeigte, setzen diese in der UniGR angesiedelten Institutionen noch sehr unterschiedliche Schwerpunkte im Bereich der Praktikumsvermittlung. Hinzu kommt, dass die einzelnen Institutionen auf dem Campus ungleich positioniert sind und unterschiedlichen Zielgruppen verschiedenartige Dienstleistungen anbieten. Insbesondere interkulturelle Unterschiede in den Struktur- und Organisationsformen erschweren heute die grenzüberschreitende Kooperation im Bereich der Praktikantenvermittlung. Eine zukünftige interinstitutionelle Kooperation setzt daher zunächst eine verbesserte gegenseitige Kenntnis der Partner, aber auch die Einbeziehung weiterer universitätsinterner Kooperationspartner voraus.

2.2 ... mit konvergierenden Interessenlagen

Trotz dieser teilweise sehr heterogenen Strukturen ließen die Partnereinrichtungen im weiteren Projektverlauf stark konvergierende Interessenlagen erkennen. So verfolgen alle Einrichtungen derzeit das Ziel, die Qualität der angebotenen Dienstleistungen zu verbessern. Ihr Service zielt zunehmend auf eine individuellere Betreuung der Studierenden in Bezug auf die Suche, Durchführung und Auswertung von Praktika ab. Alle Projektpartner zeigten in diesem Punkt großes Interesse, ein gemeinsames internetbasiertes

Auswertungsinstrument zu entwickeln, um in Zukunft die angebotenen Serviceleistungen zu evaluieren und auf diese Weise den Erwartungen unserer Studierenden und der Arbeitswelt noch besser entsprechen zu können.

Ein weiteres zentrales Anliegen aller Institutionen ist die Vermittlung von studienbegleitenden Schlüsselkompetenzen, welche zur Profilbildung und in einem zweiten Schritt zu einer Erhöhung der grenzüberschreitenden Mobilität unserer Studierenden beitragen sollen. Auch in diesem Sektor, dem Career Service, soll in Zukunft noch mehr auf die einzelnen Zielgruppen und die Entwicklungen der heutigen Arbeitswelt der Großregion eingegangen werden.

Alle am Projekt teilnehmenden Einrichtungen sind zudem davon überzeugt, dass der Arbeitsmarkt der Großregion für unsere Studierenden heute außergewöhnliche Perspektiven bietet. Es sei in diesem Zusammenhang nur erwähnt, dass im Studienjahr 2009/2010 15 % der Studierenden der damaligen Universität Paul Verlaine in Metz ein Praktikum in Luxemburg, Deutschland oder Belgien absolviert haben, was durch eine Studie des Observatoire Paul Verlaine Metz belegt wurde. In den Masterstudiengängen waren es sogar mehr als 20 % der Studierenden. Eine erfolgreiche Bewerbung um einen Praktikantenplatz in der Großregion setzt jedoch profunde Kenntnisse über die Mechanismen der unterschiedlichen Arbeitsmärkte voraus; um diesen grenzüberschreitenden Informationsbedarf zu decken, sind für alle Projektpartner regelmäßige grenzüberschreitende Informationsveranstaltungen über die Situation des jeweiligen aktuellen nationalen Arbeitsmarkts in Zukunft unabdingbar.

Von weiterer strategischer Priorität ist für die Projektpartner die Optimierung des Informationsflusses zwischen Universität und externen Partnern der Arbeitswelt. In diesem Bereich erklärten sich die Partner bereit, bisher gewonnene Best-Practice-Erfahrungen mit den Partnerinstitutionen auszutauschen. Die Zusammenarbeit während der Erstellung der vorliegenden Studie hat gezeigt, wie wichtig dieser Austausch für die alltägliche Arbeit und eventuelle Kostenersparnisse ist.

Aus diesen Desiderata leitet sich die dreifache Zielsetzung der vorliegenden Machbarkeitsstudie zur Eröffnung eines Netzwerks von Praktikantenbüros für die Universität der Großregion ab: Erstens muss die bestehende institutionelle Zusammenarbeit zwischen den Partnereinrichtungen in der Großregion weiter ausgebaut und verstetigt werden. Zweitens muss durch eine Qualitätssicherung der angebotenen Dienstleistungen die grenzüberschreitende Mobilität der Studierenden erhöht werden. Drittens soll durch die Schaffung von einheitlichen Qualitätsstandards in den Serviceleistungen und ein gemeinsames Auftreten in der Öffentlichkeitsarbeit gegenüber den Studierenden, Lehrenden und den Partnern aus der Arbeitswelt eine Corporate Identity der UniGR im Bereich der Praktikantenvermittlung sichtbar gemacht werden.

3. Handlungsebenen

Um diese dreifache Zielsetzung zu erreichen, schlägt die Studie drei aufeinander aufbauende Ansätze vor, die sich in Bezug auf die benötigte organisatorische/zeitliche Umsetzung, aber auch in Bezug auf die benötigten Ressourcen unterscheiden:

1. die Schaffung einer ständigen Arbeitsgruppe ‚Praktikantenbüro in der Großregion'
2. die Einführung eines Praktikums UniGR mit definierten Qualitätsmerkmalen
3. die Vernetzung der Öffentlichkeitsarbeit im Bereich der Praktikantenvermittlung

3.1 Schaffung einer ständigen Arbeitsgruppe UniGR

Um die Arbeit der vorliegenden Studie fortzusetzen, wird zunächst die Gründung einer gemeinsamen Arbeitsgruppe empfohlen, die sich zweimal pro Jahr über strategische Zielsetzungen austauscht. Jede Struktur sollte dabei zwei bis drei feste Mitglieder – aus den Einrichtungen, die miteinander kooperativ vernetzt sind – benennen, die in den Bereichen Berufsvorbereitung/Career Service und/oder internationale Beziehungen tätig sind. Bei Bedarf kann jede Einrichtung einen UniGR-Mitarbeiter in die Arbeit einbeziehen. Es wird empfohlen, zu diesen thematisch ausgerichteten Sitzungen auch Experten aus der Arbeitswelt, Doktoranden, Arbeitsvermittler und institutionelle Partner hinzuzuziehen. Jede Sitzung sollte dem Austausch von Best-Practice-Erfahrungen zu themenspezifischen Fragen dienen, um die Vernetzung zwischen den einzelnen Institutionen zu vertiefen. Die gemeinsamen Arbeitssitzungen sollten turnusmäßig an jeder der am Projekt teilnehmenden Hochschulen stattfinden, damit die Partnerinstitutionen Einblicke in das spezifische Arbeitsumfeld der Kooperationspartner gewinnen können. Die gastgebende Institution wäre dabei zugleich für die thematische Ausrichtung der Treffen und die Einladung externer Experten sowie die Moderation der Diskussionsrunden verantwortlich.

Im Mittelpunkt dieser Kooperation sollte bereits die Vorbereitung der zweiten Projektphase stehen: die Einführung eines Labels ‚Praktikum UniGR' mit definierten Qualitätsmerkmalen.

3.2 Einführung eines Labels ‚Praktikum UniGR'
mit definierten Qualitätsmerkmalen

Um die Attraktivität des ‚Praktikums UniGR' für unsere Studierenden zu erhöhen und deren Mobilität zu steigern, schlagen die Projektteilnehmer die

Einführung eines Labels ‚Praktikum UniGR' mit definierten Qualitätsmerkmalen vor. Diese Qualitätskriterien sollten sich insbesondere auf die Bereiche des Arbeitsrechts, der Vergütung, der Arbeitsbedingungen und der Bewerbungsmodalitäten des ‚Praktikums UniGR' beziehen und von allen teilnehmenden Institutionen in einer gemeinsamen Qualitätscharta definiert werden. Diese Charta hätte zum Ziel, unseren Studierenden ein Praktikum von besonderer Qualität im Großraum der UniGR zuzusichern. Diese Qualität müsste zum einen vonseiten der Hochschulen, zum anderen auch von den Partnern aus der Arbeitswelt garantiert werden.

In diesem Rahmen sollte zukünftig der Praktikant/die Praktikantin der UniGR auch von Betreuungs- und Informationsangeboten der Partnereinrichtungen profitieren können. Diese könnten den Studierenden etwa über das UniGR-Portal (Rubrik Berufseinstieg) oder auch in Form einer Broschüre zugänglich gemacht werden. Insbesondere betrifft dies Informationen über:

1. Career Services
2. Bewerbungstechniken (Bewerbungsschreiben, Simulation von Vorstellungsgesprächen, Firmenverzeichnisse)
3. Informationen über den Arbeitsmarkt
4. Berichte ehemaliger Praktikanten/-innen
5. das Netzwerk ehemaliger Praktikanten/-innen der Großregion und Unterstützung bei der Integration in die Gaststadt

Das Qualitätslabel ‚Praktikum UniGR' wäre zunächst während einer Pilotphase durch Studierende einiger exemplarischer Studiengänge zu erproben; erst in einem zweiten Schritt scheint es sinnvoll, dieses Label auf weitere Studiengänge auszuweiten.

Um die tatsächliche Qualität der im Rahmen des Labels durchgeführten Praktika beurteilen zu können, schlägt die Arbeitsgruppe vor, ein internetbasiertes Evaluationssystem zu entwickeln, in welches die Beurteilungen des Praktikums durch die Studierenden, die jeweiligen universitären Betreuer und das Unternehmen Eingang finden sollen. Umfragen, Fragebögen und die systematische Erfassung von Informationen sollen dazu dienen, auch über längere Zeiträume die Zufriedenheit aller am Praktikum Beteiligten zu messen und die Umsetzung des Qualitätsstandards zu beurteilen.

3.3 Entwicklung einer gemeinsamen Strategie der Öffentlichkeitsarbeit

Um dem Projekt ‚Netzwerk von Praktikantenbüros in der Großregion' und somit dem Projekt UniGR eine größere Sichtbarkeit zu verleihen, empfiehlt die Arbeitsgruppe, eine gemeinsame Kommunikationsstrategie zu entwickeln, die sich an externe Firmen und Institutionen, universitätsinterne Einrichtungen und unsere Studierenden richten sollte.

Grundlage dieser Strategie wäre eine gemeinsam erstellte Datenbank, die zunächst diejenigen Studiengänge aufführt, die ein Praktikum empfehlen oder ein Pflichtpraktikum vorschreiben. Diese Datenbank sollte darüber hinaus auch die Kontaktdaten der Verantwortlichen für Praktika der jeweiligen Fakultäten enthalten. Die Erstellung einer derartigen Datenbank wäre laut Expertengruppe mit einer intensiven internen Informationsbeschaffung zu verknüpfen, welche unter anderem die Anzahl der Studierenden pro Studiengang und der Studiengänge mit Pflichtpraktika zu eruieren hätte.

Abschließend sollte diese Datenbank sowohl über das Internet als auch als Broschüre veröffentlicht werden und somit als Bindeglied zwischen Universität, Studierenden und der Arbeitswelt fungieren; dies würde allen voran unseren Partnern aus der Arbeitswelt die Suche nach geeigneten Praktikanten erleichtern.

4. Fazit

Die institutionelle Vernetzung der Praktikantenbüros der Universität der Großregion entspricht einem realen Bedürfnis der Partnereinrichtungen. Sie schafft für die am Projekt teilnehmenden Universitäten, Einrichtungen in den Universitäten, Firmen und Partnereinrichtungen, vor allem aber für die Studierenden der Universität der Großregion einen echten Mehrwert. Zugleich können von diesem Netzwerk wichtige Signale auch für das ‚Projekt UniGR' ausgehen: Zum einen ermöglicht das Netzwerk, als strukturelle Einheit gegenüber den wichtigsten Partnern aus der Arbeitswelt in der Großregion aufzutreten und so über unterschiedliche Kanäle Unternehmen und andere außeruniversitäre Einrichtungen zu erreichen.

Zum anderen kann im Bereich der Praktikantenvermittlung ein langfristiges thematisches Netzwerk im Rahmen der UniGR entstehen, das bereits bestehendes Engagement stärkt und weitere Synergieeffekte fördert.

4 Rezensionen

Alexandre, Didier/Asholt, Wolfgang (Hg.): *France – Allemagne, regards et objets croisés. La littérature allemande vue de France – La littérature française vue d'Allemagne*, Tübingen: Narr, 2011 (éditions lendemains 24), 277 S.

Der Band *France – Allemagne, regards et objets croisés. La littérature allemande vue de France – La littérature française vue d'Allemagne* versammelt Beiträge zu einer Osnabrücker Tagung vom November 2010. In vor allem wissenschaftshistorisch geprägten Aufsätzen untersuchen Spezialisten für die deutsche Literatur aus Frankreich und deutsche Romanisten die spannende Frage, welche zusätzlichen Möglichkeiten und welche Beschränkungen sich für das Verstehen der jeweils anderen Literatur aus den nationalen Perspektiven auf die fremde Literatur ergeben.

Die einzelnen Beiträge sind vier Kapiteln zugeordnet. Im ersten Kapitel („L'Allemagne vue à travers la figure de Goethe et la France vue par la philologie nazie") zeigt zunächst Didier Alexandre im Blick auf die französischen Feiern zu Goethes 100. Geburtstag, wie sehr Goethe die deutsche Literatur insgesamt in Frankreich vertrat. Marc Décimo stellt in seinem Aufsatz über den Germanisten Michel Bréal Lesarten Goethes aus der zweiten Hälfte des 19. Jahrhunderts vor. Bernard Le Drezen erläutert dann anhand der *Nouvelles conversations de Goethe avec Eckermann* von Léon Blum aus dem Jahr 1901, wie fest Goethe am Ende des 19. Jahrhunderts bereits als Größe im kulturellen Erwartungshorizont des französischen Bürgertums verankert ist. Aus deutscher Sicht widmet sich Frank-Rutger Hausmann dem Beitrag der Romanistik der frühen 1940er Jahre zum ideologischen Kampf der Nationalsozialisten. In Anlehnung an sein Buch *„Deutsche Geisteswissenschaft" im Zweiten Weltkrieg*[1] zeigt er am Beispiel einiger Romanisten, wie diese im Auftrag der Partei mit teils offen, teils verdeckt rassistischen Begründungen die Überlegenheit des ‚germanischen' über das ‚romanische' Denken herausstellten.

Im zweiten Kapitel („Le XIXe siècle vu de France et d'Allemagne") geht es um die Unterschiede zwischen dem französischen und dem deutschen Blick auf das 19. Jahrhundert. Michel Murat verfolgt die französische Beschäftigung mit Novalis bis in die Gegenwart als Beispiel dafür, wie Literaturgeschichte von innen und von außen unterschiedlich konstruiert wird. Claude-Pierre Pérez untersucht ein Heft der Zeitschrift *Cahiers du Sud* aus dem Jahr 1937, das der deutschen Romantik gewidmet ist. Programmatisch stellen die Beiträger das ideale Bild des romantischen Deutschland vor den düsteren Hintergrund des Nationalsozialismus. Die ideologiekritische Kraft der Philologie beschwört auch Markus Messling in seinem Beitrag und vergleicht die sorgfältige Edition chinesischer Erzählungen durch den

---

1   Hausmann, Frank-Rutger: *„Deutsche Geisteswissenschaft" im Zweiten Weltkrieg: die „Aktion Ritterbusch" (1940–1945)*, Dresden, München: Dresden UP, 1998.

französischen Philologen Pierre Abel-Remusat aus dem Jahre 1827 mit einer obskuren deutschen Übersetzung dieser Sammlung aus demselben Jahr, deren Vorwort Zeichen der Geringschätzung des Fremden enthält – ein Vergleich, der angesichts der ungleichen Bedeutung der Protagonisten unverhältnismäßig erscheint. Wolfgang Asholt untersucht Victor Klemperers zweibändige Geschichte der französischen Literatur des 19. Jahrhunderts aus den Jahren 1925 und 1926. Auch Klemperer geht ideologiekritisch vor, wenn er seine Literaturgeschichte als Geschichte nationaler Ideale anlegt und der These folgt, in der Literatur eines Volkes drücke sich aus, was dieses Volk sein möchte und was nicht.

Das dritte Kapitel nimmt ‚Lesarten französischer Poesie'/„Lectures de la poésie française" in den Blick. Zunächst widmet Robert Kahn sich einem Baudelaire-Essay von Erich Auerbach aus dem Jahre 1951. Auerbach würdigt Baudelaire zwar als Meilenstein auf dem Weg zur Moderne, zeigt aber Vorbehalte gegen Elemente des Sexuellen in dessen Lyrik und unterscheidet sich so deutlich von der Lektüre Walter Benjamins. Christoph König liefert eine philologisch präzise Untersuchung der Interdependenzen zwischen einem späten Gedicht Rainer Maria Rilkes und einem Dialog Paul Valérys über den Tanz. Thierry Roger diskutiert die französische Rezeption von Hugo Friedrichs *Struktur der modernen Lyrik*[2]. Das Buch wird auch in Frankreich als Ausfluss einer teleologischen Geschichtsphilosophie kritisiert. Roger sieht dagegen die Frage im Zentrum, warum und auf welche Weise die Modernen sich von Goethe unterscheiden.

Das letzte Kapitel handelt vom ‚Verhältnis der Romanisten zur französischen Gegenwartsliteratur'/„Les romanistes et la littérature contemporaine en France". Thomas Hunkeler rekonstruiert den doppelten Blick des heute zu Recht vergessenen Schweizer Reaktionärs und Nationalisten Gonzague de Reynolds sowohl auf die deutsche wie die französische Literatur. Claudine Delphis beschreibt am Beispiel der Leipziger Romanistik an der Wende vom 19. zum 20. Jahrhundert und einer kleinen Schrift Wilhelm Friedmanns, wie die französische Gegenwartsliteratur langsam ‚universitätsfähig' wurde. Einer, der sich wesentlich an diesem Prozess beteiligte, war Ernst Robert Curtius mit seinem Buch *Die literarischen Wegbereiter des neuen Frankreich*[3] aus dem Jahr 1919. Dieses und zwei weitere Werke des jungen Curtius stellt Ursula Bähler in ihrem Beitrag vor. Curtius distanziert sich in den *Wegbereitern* radikal von der traditionellen Literaturwissenschaft, indem er Literaturkritik als Lebenskritik begreifen möchte, die zukunftsorientiert ist und sich darauf verpflichtet, der universitären Jugend Deutschlands das neue Frankreich zu präsentieren. Eine solche politische Verpflichtung der Romanistik sieht Kai

---

2 Friedrich, Hugo: *Die Struktur der modernen Lyrik*, 2 Bde., Hamburg: Rowohlt, 1956.
3 Curtius, Ernst Robert: *Die literarischen Wegbereiter des neuen Frankreich*, Potsdam: Kiepenheuer, [1919].

Nonnenmacher im abschließenden Beitrag auch in den Schriften Karl Vosselers, des berühmtesten Fachvertreters des frühen 20. Jahrhunderts. Auch Vosseler, der Begründer einer idealistischen Neuphilologie, bestand auf einem engen Zusammenhang von Ästhetik und Ethik, von Kunst und Leben. Sein Werk ist heute so gut wie vergessen. Der Band bringt deshalb im Anhang eine französische Übersetzung seines Textes „Die romanischen Kulturen und der deutsche Geist", der auf Deutsch zuerst 1926 erschien.

Statt dieser für französische Leser gewiss nützlichen Übersetzung hätte sich der deutsche Leser des insgesamt doch sehr disparaten Bandes ein Namensregister gewünscht. Ob die Entscheidung richtig war, den in einem deutschen Verlag erschienenen Band auf Französisch zu veröffentlichen, werden die Verkaufszahlen erweisen. Die Begründung, das Französische sei die Sprache der deutschen Romanistik, vermag allerdings nicht zu überzeugen und widerspricht der Grundthese des Bandes von einer durch die nationale Perspektive erzeugten spezifischen Lektüre. Störend ist der Umgang mit den vielen deutschen Zitaten, die mal deutsch, mal französisch im Text erscheinen und in den Anmerkungen mal übersetzt, mal nicht übersetzt werden (englische Zitate bleiben im Übrigen unübersetzt). Bei aller Kleinteiligkeit im Einzelnen liefern die 15 Aufsätze aber einen wichtigen inhaltlichen und theoretischen Beitrag zur Rekonstruktion jener Paradigmen, mit deren Hilfe das Fremde in Gestalt fremder Textwelten erschlossen wurde und wird. Insofern weist der Band auch über seine rein wissenschaftshistorische Fragestellung hinaus auf eine kulturgeschichtliche, schließlich auch auf eine politische Ebene und stellt sich so selbst in die Reihe der Beispiele, die er untersucht.

Bernd Kortländer, Düsseldorf

Aßner, Manuel [u. a.] (Hg.): *AfrikaBilder im Wandel? Quellen, Kontinuitäten, Wirkungen und Brüche*, Frankfurt/M. [u. a.]: Lang, 2012 (Afrika und Europa. Koloniale und Postkoloniale Begegnungen 8), 260 S.

Die Beschäftigung mit Afrika-Bildern in Deutschland ist nicht neu, aber ihre dezidert postkoloniale Betrachtung beginnt sich seit Ende der 1980er Jahre in Zentraleuropa zunächst in den Geschichtswissenschaften und bald zunehmend in den Kulturwissenschaften (*cultural studies*) abzuzeichnen.[4]

Der vorliegende achte Band der Reihe „Afrika und Europa. Koloniale und postkoloniale Begegnungen", der mit einem Geleitwort der Reihenherausgeberin, Marianne Bechhaus-Gerst, vorgestellt wird, präsentiert Ergebnisse des durch die Hans-Böckler-Stiftung geförderten Stipendien-Projekts „AfrikaBilder. Vorstellungen von Afrika im europäischen (insbesondere deutschen) Kontext". Beiträger des Bandes sind vorwiegend Nachwuchswissenschaftler, und ihr Engagement lässt sich auch am gesamten Stil des Buches ablesen. Angesichts der Sachlage, die Marianne Bechhaus-Gerst in ihrem Geleitwort beschrieben hat, d. h. im Hinblick auf die Feststellung, dass Afrika im deutschen Kollektivbewusstsein immer noch als Einheit, als geheimnisvoller Kontinent mit seinen Krisen angesehen wird, wollen die Autoren des Bandes mit Hilfe postkolonialtheoretischer Strategien die Dominanz westlicher Wissensproduktion dekonstruieren, indem sie Europa/Deutschland aus dem imaginären Zentrum rücken. So nehmen sie sich im Buch drei Ziele vor:

1) die Auseinandersetzung mit kontemporären Afrika-Bildern in Deutschland und die Frage nach ihren Ursprüngen,
2) die Frage nach der Möglichkeit, Vorstellungen über Afrika so zu dekonstruieren, dass eine differenzierte Wahrnehmung möglich wird,

---

4 Ich verweise hier für den Fall Frankreichs auf die umfangreichen Publikationen der Forschergruppe ACHAC seit 1989. In Deutschland sind die Arbeiten des Historikers und Soziologen Peter Martin, der Germanistin Monika Firla, aber auch der Afrikanistin Marianne Bechhaus-Gerst zu erwähnen, in deren Reihe das besprochene Buch aufgenommen worden ist. Vgl. z. B. Martin, Peter: *Schwarze Teufel, edle Mohren. Afrikaner in Bewußtsein und Geschichte der Deutschen*, Hamburg: Junius, 1993; Firla, Monika: Angelo Soliman und seine Freunde im Adel und in der geistigen Elite, http://www.bpb.de/gesellschaft/migration/afrikanische-diaspora/59412/angelo-soliman-18-jh?p=0 (18.09.2012), dies.: *Der kameruner Artist Hermann Kessern. Ein schwarzer Crailsheimer*, Crailsheim: Baier Verlag, 2010 (Historische Schriftenreihe der Stadt Crailsheim 9); Bechhaus-Gerst, Marianne/Gieseke, Sunna (Hg.): *Koloniale und postkoloniale Konstruktionen von Afrika und Menschen afrikanischer Herkunft in der deutschen Alltagskultur*, Frankfurt/M. [u. a.]: Lang, 2006 (Afrika und Europa. Koloniale und Postkoloniale Begegnungen 1).

3) die aktive Schaffung einer sich über die genannten Mechanismen bewussten Öffentlichkeit, die in der Lage ist, mit den durch das Projekt vermittelten Denkanstößen die eigenen Afrika-Bilder und das vermeintliche ‚Afrika' in Frage zu stellen (vgl. S. 19).

Die Autoren kommen aus verschiedenen wissenschaftlichen Disziplinen. Ihre Analysen betreffen folglich verschiedenste Wissensbereiche und stützen sich auf eine Vielzahl an Medien. Gemeinsam ist diesen Medienformaten, „dass sie über verschiedene Aspekte berichten, die sich dem Themenbereich ‚Afrika' zuordnen lassen" (S. 21).

Im einführenden Beitrag wird konsequent eine kritische Begriffsanalyse vorgenommen: Die Kategorie *Afrika* wird als geografische Größe, aber vor allem als gedankliches Konstrukt untersucht. Afrika-Bilder beruhen vor allem auf motivierten Bildern in den Köpfen, die (re)produziert werden und die gegen Überprüfung abgeschottet und gegen Veränderungen relativ resistent sind (vgl. S. 13).

Im ersten Themenbereich „Geschichten der anderen (Kolonialismus und Antikolonialismus)" führt der erkenntnisreiche Beitrag von Elísion Macano mit dem Titel „Konstitutive Regeln Afrikas" die Kritik an afrikabezogenen Kategorien weiter und eröffnet die Diskussion über die Aktualität antikolonialer und postkolonialer Diskurse in Theorie und Praxis.

Der zweite Themenbereich zum Thema „Berichtete Wahrheiten (Medien und Tourismus)" untersucht die Eigenschaft der Medien, massenweise Afrika-Bilder zu kolportieren und in den Köpfen zu sedimentieren. Im Beitrag von Anne Freese wird eine kritische Untersuchung von drei Generationen von Reiseführern vorgenommen. Die Autorin kommt zu dem Schluss, dass alte koloniale Bilder durch die rassifizierende anthropometrische Fotografie in den Reiseführern zu Namibia wiederaufgenommen werden und koloniale Macht- und Blickverhältnisse reproduzieren (vgl. S. 97 ff.).

Der dritte, vierte und fünfte Themenbereich widmen sich exemplarischen kritischen Analysen von Afrika-Bildern in Literatur und Kunst, Fotografie und Projekten im Ausbildungsbereich (Frederike Lorenz), aber auch der Verwendung von Afrika-Bildern in der Wirtschaft und der Entwicklungszusammenarbeit.

Begrüßenswert an diesem Band sind die erkennbare antikoloniale, postkoloniale und antirassistische Einstellung der Autoren/-innen und ihr artikuliertes Genderbewusstsein. Sie meinen ernst, was sie schreiben, und dabei lässt sich bei ihnen ein gewisser Idealismus feststellen, wenn sie meinen, mit ihrem Band eine Öffentlichkeit zu schaffen, die in der Lage ist, mit den durch das Projekt vermittelten Denkanstößen die eigenen Afrika-Bilder und das vermeintliche ‚Afrika' zu überdenken. Sie vergessen dabei, dass sie selbst die Meinung teilen, dass Afrikabilder auch eine machtlegitimatorische Funktion haben (vgl. S. 187). Neben dem Engagement und der Ehrlichkeit des Stils der Autoren, die die Dinge benennen, wie sie sind, ist auch die Wechselseitigkeit ihrer Vorgehensweise zu unterstreichen. Sie bleiben nicht bei der Beschreibung der Tatsachen stehen. Ihnen gemeinsam ist, dass sie nach Wegen suchen, wie die Kolonisierenden, aber auch die Kolonisierten aus dem gemeinsamen Gefängnis der Kolonialbilder herausgelangen können. Kann man aber von Wandel im Afrika-Diskurs Europas bzw. Deutschlands sprechen, wenn auch vorsichtigerweise, wie die Autoren/-innen suggerieren? Ich schließe mich der Schlussfolgerung Marianne Bechhaus-Gersts in ihrem Geleitwort an: „solange sich hier [in Deutschland, A. G.] hartnäckig koloniale AfrikaBilder halten, solange ändert sich in den Köpfen der Menschen kaum etwas". Das mit diesem Band verfolgte Ziel der Schaffung einer breiten Öffentlichkeit, die ihre Afrika-Bilder überdenkt, bleibt in einer wissenschaftlichen Publikation, die nur von wenigen Spezialisten gelesen wird, ein Wunsch. Nichtsdestoweniger öffnet das Buch neue Perspektiven zur Dekonstruktion von Afrika-Bildern jenseits früherer paternalistischer Ansätze, die Mitleid mit Afrika suggerierten, oder afro-pessimistischer Herangehensweisen, die Afrika-Bilder als angeboren betrachteten. Der Leser fühlt sich angespornt und mit alternativem Wissen über Afrika bereichert. Es bleibt zu hoffen, dass sich in Zukunft Möglichkeiten zur Entstehung weiterer Arbeiten dieser Art bieten.

Albert Gouaffo, Dschang/Kamerun

Bazié, Isaac/Lüsebrink, Hans-Jürgen (Hg.): *Violences postcoloniales. Représentations littéraires et perceptions médiatiques*, Berlin [u. a.]: Lit, 2010 (Frankophone Literaturen und Kulturen außerhalb Europas/Littératures et cultures francophones hors d'Europe 4), 326 S.

Der Band versammelt eine große Zahl vorwiegend literaturwissenschaftlich, aber auch linguistisch, mediengeschichtlich und sozialwissenschaftlich orientierter Aufsätze zum Thema postkolonialer Gewalt, konzentriert auf afrikanische Literaturen, Medien und Geschichte. Der weit gefasste Fokus – verschiedene Formen der Gewalt, verschiedene Begriffe des Postkolonialen – bringt es mit sich, dass die Themen disparat sind. Doch sind die Texte in zwei Unterkapitel gegliedert, wobei das erste literarische Repräsentationen behandelt, während das zweite sich medialen und linguistischen Perzeptionen widmet. Diese Aufteilung hat programmatischen Charakter und wird im Vorwort der Herausgeber umsichtig dargelegt.

Mitherausgeber Isaac Bazié präsentiert entsprechend eine theoretisch-methodische Differenzierung des vielgestaltigen Phänomens postkolonialer Gewalt und zeichnet präzise nach, welche Schwierigkeiten und Widerstände deren Untersuchung zu gewärtigen hat. Er votiert sodann überzeugend für die den Band strukturierende analytische Trennung von Fragen nach der Repräsentation von Gewalt und solchen nach deren Rezeption. Erst aus einer solchen wechselseitigen Bezugnahme kann nach Bazié ein umfassender Ansatz hervorgehen, der die komplexe Wechselwirkung ideologischer, ethischer und ästhetischer Implikationen der Wahrnehmung *von* und des Schreibens *über* postkoloniale Gewalt zu beleuchten vermag.

In sehr unterschiedlicher Weise werden Darstellungen struktureller Gewalt und systemischer Dysfunktionalität in Romanen aus Kamerun und Kriminalromanen aus Algerien untersucht. Albert Gouaffo lenkt den Blick auf den antikolonialen Kampf in literarischen Verarbeitungen der kamerunischen Geschichte, streckenweise leider allzu ausführlich resümierend; und so überraschend Françoise Naudillon den kriminalliterarischen Mimikry eines Tätersubjekts konstatiert, so hätte hier vor allem eine entschiedenere Untersuchung der nur angedeuteten gesellschaftlichen Funktion von Kriminalnarrativen im postkolonialen Kontext interessiert. Entsprechend schärfer ist der Blick, den der Beitrag von Véronique Porra auf ein literarisches Erinnerungsprojekt in Ruanda wirft, wobei sie anhand zentraler Theorien zu Zeugenschaft und Gewalt die komplexen und problematischen Implikationen eines institutionell verankerten Schreibens über den Genozid analysiert. Detailliert und scharfsinnig zeigen sich auch weitere Beiträge des Kapitels, beispielsweise jener von Susanne Klengel über die hybriden Schreibformen Pedro Rosa Mendes'.

Mehrere thematisch verwandte Beiträge werden im zweiten Kapitel präsentiert. Das Medium Musik thematisiert Thorsten Schüller, der pointiert nachzeichnet, wie Exponenten der wissenschaftlich bislang kaum untersuchten afrikanischen Reggae-Musik ein Projekt des „Singing back" verfolgen und wie dieses komplexe Zeichensystem aus Musik, Text, Habitus, Gewalt und Kleidung als eine – bisweilen problematische – postkoloniale Strategie der Emanzipation beschreibbar ist. Eine solch kritische Betrachtung von Inszenierungsstrategien fehlt leider in der musik- und zeitgeschichtlich aufschlussreichen Betrachtung Adelheid Schumanns, wenn sie den Rap junger Franzosen mit maghrebinischen Wurzeln, welche postkoloniale Gewaltverhältnisse thematisieren, als zweifelsfrei authentisches Produkt von Unterdrückungsverhältnissen auffasst. Sehr fundiert zeigt dann Karen Krüger den Zusammenhang von ruandischer Gesellschaftsstruktur und medial erzeugter Angst auf; so kann sie über das Radio verbreitete symbolische Konstruktionen identifizieren und überzeugend dafür argumentieren, dass gewisse Formen genozidärer Gewalt wesentlich durch diese beeinflusst und mitunter veranlasst waren.

Dass bisweilen auch sehr erwartbare Ergebnisse präsentiert werden, fällt kaum ins Gewicht – so ist beispielsweise der Beitrag Alain Cyr Pangop Kamenis, der ebenfalls auf das Medium Radio fokussiert, vorwiegend seiner mediengeschichtlich breit informierten Fallstudien wegen lesenswert. Es ist der Verdienst dieses Sammelbands, sehr disparate Themengebiete zusammenzubringen und im Rahmen eines Konzepts postkolonialer Gewalt zugänglich zu machen. Die theoretische und methodische Vor- und

Erschließungsarbeit, die hier geleistet wurde, muss im Kontext postkolonialer Studien als maßgeblich gelten.

Fermin Suter, Bern

Boer, Pim den/Duchardt, Heinz/Kreis, Georg/Schmale, Wolfgang (Hg.): *Europäische Erinnerungsorte*, München: Oldenbourg, 2012, Bd. 1: *Mythen und Grundbegriffe des europäischen Selbstverständnisses*, 332 S.; Bd. 2: *Das Haus Europa*, 626 S.; Bd. 3: *Europa und die Welt*, 290 S.

Die drei unter der Leitung von Heinz Duchhardt, bis vor Kurzem Direktor am Institut für Europäische Geschichte in Mainz, publizierten Bände stellen einen ersten Versuch dar, die europäischen Erinnerungsorte systematisch zu erfassen, der schon wegen dieser Pionierleistung hervorgehoben zu werden verdient. Auch der Charakter des Gemeinschaftswerks ist sehr zu begrüßen, hat doch Heinz Duchhardt mit drei ebenso ausgewiesenen Kennern der europäischen Geschichte zusammengearbeitet, Pim den Boer, Professor für europäische Kulturgeschichte an der Universität Amsterdam, Georg Kreis, Direktor des Europa-Instituts an der Universität Basel, und Wolfgang Schmale, Professor am Institut für Geschichte der Universität Wien. Im Unterschied zu den zahllosen Publikationen zu der Thematik der europäischen Erinnerungsorte, die sich nach dem Erscheinen der *Lieux de mémoire* von Pierre Nora[5] mehrheitlich damit begnügten, konzeptionelle Vorschläge für ihre Erfassung zu unterbreiten (wobei sie, wie der Verfasser dieser Rezension es selber tat, nicht nur die Notwendigkeit, sondern auch die Schwierigkeit eines solchen Unterfangens betonten), setzten die drei Bände nun zum ersten Mal diesen Vorsatz um und präsentieren auf mehr als 1 200 Seiten ein globales Panorama der europäischen Erinnerungsorte in ihrer ganzen Breite.

Diese Leistung ist zuerst dem wichtigsten der Herausgeber, Heinz Duchhardt, zuzuschreiben, der sich bereits seit langer Zeit für diese Frage interessiert. Sie ist auch der Tatsache geschuldet, dass die drei Mitherausgeber gleichfalls anerkannte Spezialisten der europäischen Erinnerungsgeschichte sind. Sie ist schließlich das Verdienst der 121 Autoren aus zwölf unterschiedlichen Ländern, die für das Projekt gewonnen werden konnten. Grundsätzlich steht und fällt das Gelingen des Projekts mit der gewählten Perspektive, die die Einzelbeiträge – wie die Herausgeber in der Einleitung gut herausarbeiten – mit intellektueller Redlichkeit und Offenheit in eine kohärente Struktur einbettet. Einer normativen Position, wie sie so häufig bei deutschen Historikern und Politologen anzutreffen ist, die sich als ‚Lehrmeister der Nation' stilisieren und von ihrem Lehrstuhl aus dekretieren, was

---

5   Nora, Pierre (Hg.): *Les Lieux de mémoire*, 3 Bde., Paris: Gallimard, 1984–1994.

gute und schlechte Erinnerung ist (man denke nur an Hans-Ulrich Wehler, Heinrich-August Winkler oder Norbert Frei), wird so von voneherein eine Absage erteilt.

Die 124 hier versammelten Beiträge teilen sich wie folgt auf die drei Bände auf. Der erste Band mit dem Titel *Mythen und Grundbegriffe des europäischen Selbstverständnisses* versammelt 24 Beiträge unter den Rubriken „Mythen" (drei Beiträge), „Gemeinsames Erbe" (acht Beiträge), „Grundfreiheiten" (vier Beiträge), „Raum Europa" (fünf Beiträge), „Kriegserfahrung und Friedenssehnsucht" (drei Beiträge) und „Wirtschaftsraum Europa" (ein Beitrag). Der zweite Band mit dem Titel *Das Haus Europa* ist umfangreicher, sammelt er doch 66 Beiträge, die anhand von konkreten Beispielen die im ersten Band angeschnittenen Themen aufgreifen: „Mythen" (zehn Beiträge), „Gemeinsames Erbe" (23 Beiträge), „Grundfreiheiten" (fünf Beiträge), „Raum Europa" (zwei Beiträge), „Kriegserfahrung und Friedenssehnsucht" (14 Beiträge), „Wirtschafts- und Verkehrsraum Europa" (vier Beiträge) und schließlich „Metaphern, Zitate, Schlagworte" (acht Beiträge). Der dritte Band (*Europa und die Welt*), der anscheinend später als die ersten beiden konzipiert wurde, ist nicht nur bescheidener im Umfang, sondern auch weniger strukturiert, da seine 31 Beiträge in nur drei ungleichgewichtigen Rubriken angeordnet sind: „Grundbegriffe" (drei Beiträge), „Konzepte" (drei Beiträge), „Fallstudien" (25 Beiträge).

Da es hier nicht möglich ist, allen Beiträgen gerecht zu werden, sollen nur einige Gesamtbeobachtungen formuliert werden. Zunächst einmal muss der Nutzen für den Leser betont werden: Wie es für ähnliche Publikationen üblich ist, wird er sich auf eine Entdeckungsreise begeben, von einem Artikel zum nächsten, ganz nach seinen Interessen. Neue Fragen werden sich ihm stellen, ab und zu gibt es Enttäuschungen, aber auch unerwartete Funde.

Gleichwohl bleibt nach der Lektüre ein Gefühl der Enttäuschung zurück. Die Gründe dafür sind zuerst auf die vorhin erwähnte Zurückhaltung der Herausgeber zurückzuführen. So lobenswert diese auch sein mag, die Ablehnung von jeder Normativität rächt sich doch am Ende, da sie jeder grundlegenden Umsetzung und Reflexion der Problematik ebenso wie jeder Positionierung in Bezug auf die Analyse und Reichweite des Vorhabens entgegensteht. Angesichts der Bedeutung des Projekts sind die Kürze der Einleitung (die kaum mehr als fünf Seiten zählt) sowie das Fehlen jeglicher Zusammenfassung am Schluss von Nachteil. Dies ist umso bedauerlicher, als auch die Einteilung der Bände nicht gerade durch Kreativität und Fantasie besticht. Die Mehrzahl der Beiträge ist eher konventionell, Überraschungen gibt es kaum.

Darüber hinaus leidet das Projekt unter seinen inneren Widersprüchen. Offensichtlich wollten die Herausgeber Bände auf den Markt bringen, die in der Lage wären, eine größere Leserschaft anzusprechen. So erklären sich die Kürze der Beiträge, ihre essayartige Anlage sowie die vielen Abbildungen. So erklären sich auch der Verzicht auf Anmerkungen sowie die Knappheit der bibliografischen Hinweise. Aber so legitim diese Entscheidungen gewesen sein mögen, so sind sie nicht mit letzter Konsequenz durchgeführt worden. Warum haben sich zum Beispiel die Herausgeber für einen Verlag entschieden, der eindeutig auf wissenschaftliche Publikationen spezialisiert ist und keine Erfahrung mit Büchern für ein breiteres Publikum hat? Warum haben sie akzeptiert, dass die Abbildungen von so schlechter Qualität sind? Warum haben sie keinen größeren Wert auf Typografie und Layout gelegt? Bei aller Bemühung, essayistisch zu schreiben, fällt darüber hinaus auf, dass es den meisten Autoren (überwiegend Universitätsprofessoren) nicht gelungen ist, ihren akademischen Schreibstil aufzugeben. Die Kürze der Beiträge steht schließlich im Widerspruch zu der eingangs deklarierten Absicht, die europäischen Erinnerungsorte in ihrer Komplexität und Differenziertheit zu thematisieren. Zu viele Artikel wirken daher bedauerlicherweise oberflächlich und allgemein.

Insgesamt hat also der Leser den Eindruck, sich vor einem hybriden Objekt wiederzufinden, das weder Fisch noch Fleisch ist, da es den Herausgebern nicht gelungen ist, sich für eine klare Linie zu entscheiden. Diese Widersprüche erreichen ihren Höhepunkt, wenn man abschließend die Auswahl der Autoren näher betrachtet. Für eine erste und anspruchsvolle Publikation über die europäischen Erinnerungsorte hätte man eine dem Projekt entsprechende Internationalität in der Auswahl der Autoren erwarten können. Leider aber ist genau das Gegenteil der Fall: Nahezu zwei Drittel der Autoren (genau genommen 63 %) gehören deutschen Universitäten bzw. Institutionen an, während weitere 15 % in Österreich bzw. in der deutschsprachigen Schweiz tätig sind, sodass insgesamt fast vier Fünftel der Autoren aus dem deutschsprachigen Raum kommen. Und selbst unter den Autoren, die nicht zum deutschsprachigen Europa gehören, finden sich nicht wenige Deutsche bzw. Germanisten.

So bleibt abschließend zu befürchten, dass angesichts dieser gravierenden Mängel die drei Bände ihr selbst gestecktes Ziel nicht erreichen. Sicher werden sie Dozenten und Studierenden der deutschsprachigen Universitäten nützlich sein. Aber abgesehen davon sind sie nicht mehr als ein erster Versuch, sich dem Thema zu nähern. Die Herausforderung, die europäischen Erinnerungsorte in ihrer Spezifik, Komplexität und Breite zu erfassen, bleibt immer noch bestehen.

Etienne François, Berlin

Chauvet, Didier: *Le Nazisme et les Juifs. Caractères, méthodes et étapes de la politique nazie d'exclusion et d'extermination*, Paris: L'Harmattan, 2011 (Allemagne d'hier et d'aujourd'hui), 439 S.

Welche Lücke das vorliegende Werk im französischen Buchmarkt ausfüllen soll, ist schwierig zu bestimmen. Denn es gibt sie ja, die französischsprachigen Analysen und Schilderungen der Judenverfolgung und Judenvernichtung in der Zeit des Nationalsozialismus. Das Spektrum reicht von knappen Überblicksdarstellungen, wie jene Georges Bensoussans in der Reihe „Que sais-je?", über teilweise mehrbändige Standardwerke der internationalen Forschung, wie die von Raul Hilberg und von Saul Friedländer, bis hin zu originären, die spezialisierte Forschung bereichernden Beiträgen wie jenen Philippe Burrins.

In der von Thierry Feral herausgegebenen Reihe „Allemagne d'hier et d'aujourd'hui" geht es freilich um Spezifisches, nämlich um die Zusammenfassung von Wissen über Deutschland und vor allem darum, ein breiteres Publikum anzusprechen. Der Autor, Didier Chauvet, seines Zeichens Bibliothekar, hat schon über so manches Thema publiziert, das den deutschen Kulturraum betrifft, hat sowohl den deutschen Fußball behandelt wie den Nationalsozialismus und den Widerstand gegen das Hitlerregime (Georg Elser, Sophie Scholl). Er hat sich für eine Darstellung entschieden, die das Faktische in den Mittelpunkt stellt, auf jede eingrenzende Fragestellung verzichtet und stattdessen die Quellen sprechen lässt. Nun gibt es wohl wenige Themen in der Forschung, die so gut aufgearbeitet und zugleich so umstritten sind wie die NS-Judenverfolgung, angefangen mit eher geistesgeschichtlichen Ansätzen zur Tradition des Antisemitismus über Studien zur konkreten Gewaltpraxis bis hin zur Einordnung in die vergleichende Genozidforschung. Aber davon erfährt der Leser nichts.

Doch selbst dann besäße der Band seinen Wert, wenn er als kommentierte Quellensammlung und Faktenzusammenstellung gut zu nutzen wäre. Lehrer an *lycées* werden gewiss die eine oder andere Quelle kopieren, weil sie in Französisch vorliegt und an anderer Stelle viel schwieriger greifbar wäre. Doch für eine wirklich stimmige Nutzung als Arbeitsbuch fehlt die kritische Kommentierung der Forschungsdebatte. Um ein Beispiel zu nennen, bei dem ich mich gut auskenne: Die Zahl der Opfer des rumänischen Holocaustgeschehens ist umstritten und lässt sich nur ansatzweise bestimmen. So steht es auch im Abschlussbericht der von Elie Wiesel geleiteten staatlichen Holocaustkommission (im Internet an mehreren Stellen seit 2006 verfügbar). Das hätte zumindest erwähnt werden müssen. Aber auch den Umgang mit den Quellen empfinde ich als durchaus problematisch. Nur selten wiegt Chauvet ab, was nun aus einer Quelle tatsächlich herausgelesen werden kann, wie verlässlich sie ist, welchen Quellenstatus sie hat. Dazu kommt das Fehlen jeglichen kritischen Apparates. Die Fußnoten verweisen beispielsweise auf Sammelbände statt auf die einzelnen Aufsätze darin. Quellenzitate aus der

Fachliteratur – und davon gibt es zahlreiche – werden ohne ihren ursprünglichen Fundort angeführt. Auszüge aus Tagebüchern, nur um ein weiteres Beispiel zu nennen, erfolgen ohne Datumsangabe, usw. Kurz, der Band verfehlt – vermutlich durchaus bewusst – klassische geschichtswissenschaftliche Kriterien, verzichtet auf präzisierende Einordnung, dient eher als Hinführung zum Thema denn als ein kritisches, quellenorientiertes Fundament für das Universitätsstudium.

Armin Heinen, Aachen

Clouet, Louis-Marie/Marchetti, Andreas (Hg.): *L'Europe et le monde en 2020. Essai de prospective franco-allemande*, Villeneuve d'Ascq: PU du Septentrion, 2011 (Collection Espaces politiques), 312 S.

Der von Louis-Marie Clouet und Andreas Marchetti herausgegebene Sammelband *L'Europe et le monde en 2020. Essai de prospective franco-allemande* ist als Kooperation zwischen dem Institut français des relations internationales (Ifri) und dem Zentrum für europäische Integrationsforschung (ZEI) entstanden. Er versammelt Beiträge einer interdisziplinären Gruppe deutscher und französischer Experten aus Wissenschaft und Praxis. Im Zentrum des im September 2011 erschienenen Bandes steht die Frage, wie sich die Europäische Union (EU) in der bevorstehenden Dekade 2010–2020 entwickeln wird und welche Perspektiven sich daraus für die Handlungsspielräume und Handlungsfähigkeit der Union ergeben. Insgesamt 19 thematische Kapitel befassen sich mit den Herausforderungen in unterschiedlichen Politikbereichen im globalen, geopolitischen sowie im innereuropäischen Kontext. Eingerahmt wird die Essaysammlung von einem Vorwort zur Zukunft der EU, verfasst von Thierry de Montbrial und Ludger Kühnhardt, sowie einem Einleitungs- und einem Schlusskapitel der Herausgeber.

Der Band versammelt Expertise aus universitärer und politikberatender Forschung sowie aus der wirtschaftlichen Praxis. Die Einzelbeiträge des Bandes widmen sich neben der Wirtschaftskrise (Daniela Schwarzer) und der Rolle der EU in der internationalen politischen Ökonomie (Françoise Nicolas) neueren Problemstellungen und Politikbereichen, wie der Klimapolitik (Emma Broughton, Morgane Créach und Meike Fink), der Ressourcenknappheit (Martin Wedig) und der Energiepolitik (Maïté Jauréguy-Naudin). Weitere Beiträge sind den klassischen Fragen der internationalen Politik gewidmet, wie den Beziehungen zu internationalen Organisationen (Vereinte Nationen, Johannes Varwick) und einzelnen Staaten (USA, Stefan Fröhlich; Russland, Dominic Fean; China, Maximilian Mayer; Indien, Enrico Fels; Afrika, Sylvain Touati; Naher Osten, Thomas Demmelhuber) oder der Frage der Nichtverbreitung von Waffen und der nuklearen Abrüstung (Corentin Brustlein); außerdem sozialen Fragen in Zusammenhang mit der

Migrationspolitik (Steffen Angenendt), der Sozialpolitik (Sabine von Oppeln), der demografischen Entwicklung (Gérard-François Dumont) sowie der Bildungs- und Forschungspolitik (Nele Katharina Wissmann). Eine besondere, da nicht politikbereichsspezifische Stellung kommt den Kapiteln zu politischen Konfliktlinien (Jared Sonnicksen) sowie zur institutionellen Entwicklung der Union zu (Susanne Nies).

L'Europe et le monde en 2020 verschafft dem Leser einen differenzierten Einblick in derzeitige und künftige Herausforderungen der EU. So werden innereuropäische Schwierigkeiten, etwa bei der Realisierung einer gemeinsamen Energiepolitik oder einer Wachstumsstrategie, aufgezeigt und Veränderungen auf der internationalen Bühne, wie etwa das Erstarken Chinas oder der zunehmende Wettbewerb um Ressourcen, diskutiert. Vor diesem Hintergrund entwickeln die Herausgeber verschiedene Szenarien für das künftige Europa. So ist etwa das Szenario der ‚Deux Europe' gekennzeichnet durch soziale Verwerfungen sowohl innerhalb als auch zwischen den Mitgliedstaaten. Im Kontext der Krise verschärft sich derzeit in der Tat ein ökonomisches Nord-Süd-Gefälle, das zu diametral entgegengesetzten Krisenbewältigungsstrategien und einer politisch aufgeladenen Debatte zwischen Geber- und Nehmerländern führt. Die Spaltung Europas ist längst nach außen gedrungen und mindert die Chancen eines ‚Euronationalismus', der nach Einschätzung der Herausgeber den Mitgliedstaaten zu mehr Geschlossenheit im internationalen Kontext verhelfen könnte.

Insgesamt kann dieser Band allen Leserinnen und Lesern ans Herz gelegt werden, die an einem fundierten Überblick über aktuelle politische Herausforderungen für die EU in zentralen Politikbereichen interessiert sind. Als einziger potenzieller Schwachpunkt erscheint die Tatsache, dass die recht systematisch anmutende Auswertung in den Schlussfolgerungen in Form einer Skala, die Anpassungsdruck und Anpassungskapazität im Sektoren- und Politikfeldvergleich aufzeigt, sich nicht nahtlos aus den Einzelbeiträgen ergibt. Ein konsistent eingehaltener Analyserahmen für die Einzeldarstellungen hätte hier Abhilfe schaffen können, im Gesamtergebnis wäre dann vermutlich das aufgezeichnete Panorama weniger vielfältig ausgefallen.

Sandra Eckert, Mannheim

Darbellay, Frédéric/Paulsen, Theres (dir.) : *Au Miroir des Disciplines. Réflexions sur les pratiques d'enseignement et de recherche inter- et transdisciplinaires/Im Spiegel der Disziplinen. Gedanken über inter- und transdisziplinäre Forschungs- und Lehrpraktiken*, Bern [etc.] : Lang, 2011, 231 p.

Ce livre trilingue (français, allemand et anglais) édité sous la direction de Frédéric Darbellay et Theres Paulsen se dit vouloir promouvoir le dialogue entre les disciplines universitaires dans le cadre des communautés scientifiques plurilinguistiques de Suisse romande, alémanique et italienne. Or, les articles qui y sont réunis ne décrivent pas seulement des stratégies inter- et transdisciplinaires concrètes, ils contiennent aussi une réflexion théorique de haut niveau sur les nouveaux enjeux institutionnels, épistémologiques et méthodologiques depuis la Déclaration de Bologne en 1999 dans tous les pays de l'espace européen.

Dans le cadre de la restructuration des études supérieures, il s'agit de redéfinir les unités de formation des nouveaux cursus (*Bachelor*/Licence, Master, Doctorat). Les objectifs et principes (diplômes comparables, mobilité, critères de qualité, promotion de la dimension européenne) ainsi que les compétences de sortie sont « objet à discussion » dans le texte de Nicole Rege Colet. Dans ce contexte, la question qui se pose est de savoir à quel niveau et comment introduire l'interdisciplinarité dans l'enseignement supérieur.

Certains textes prodiguent une entrée en matière importante mais déjà plus classique visant à clarifier l'usage des termes employés et des objectifs. C'est le cas pour Violaine Lemay, théoricienne du droit habituée à transgresser les frontières de la propre discipline pour répondre aux questions complexes de la société. Antonio A. Casilli, quant à lui, apporte plus de clarté dans les définitions des termes et des pratiques associées de la multidisciplinarité, de l'interdisciplinarité et de la transdisciplinarité. Cette excellente approche a le grand mérite de mettre en évidence les contraintes d'ordre cognitif, social et financier pour la réalisation, mais aussi la publication de travaux transdisciplinaires. La plupart des articles montrent d'ailleurs combien le chercheur/la chercheuse inter- et transdisciplinaires sont souvent pénalisés lors d'une évaluation qui se fait essentiellement sur la base de critères disciplinaires étroits, par des collègues (les *peers*) pour lesquels l'affiliation à un paradigme particulier vaut plus que la capacité d'innovation.

Un cadre institutionnel privilégié, un enseignement particulier peuvent-ils faciliter l'émergence de nouvelles approches et solutions aux problèmes complexes ? L'exemple du Collegium Helveticum à Zurich traité par Rainer Egloff et Johannes Fehr démontre comment dans une telle institution de recherche, l'interdisciplinarité se définit toujours comme un processus de réflexion critique des propres prémisses, d'ouverture d'esprit et d'empathie envers les autres disciplines.

Dans leur article, Antonietta Di Giulio et Rico Defila démontrent à l'exemple de l'enseignement en écologie générale à l'Université de Berne comment et jusqu'à quel point la sensibilisation au questionnement interdisciplinaire peut se faire à différents niveaux d'étude, grâce à des « séquences d'enseignement » circonscrites.

De même, Paul Burger, Patricia Burkhardt-Holm et Frank C. Krysiak présentent un Master en développement durable dispensé par l'Université de Bâle. Dans quelle mesure les objectifs fixés sont-ils réalisables ? Quels savoirs et compétences sont requis pour cette formation qualifiée de « research-based scientific education » débouchant sur un champ professionnel extrêmement complexe et relevant toujours de compétences disciplinaires et interdisciplinaires alternées et associées ?

Edo Poglia de l'Université de la Suisse italienne traite des difficultés de démarches interdisciplinaires entre chercheur-e-s d'appartenance disciplinaire commune ou de disciplines proches, donc quand les champs épistémologiques et méthodologiques risquent d'interférer entre eux. Dans les sciences humaines et sociales ce problème dit de communication interculturelle (CI) permet de montrer combien la segmentation du champ scientifique en macro- et micro-disciplines, en courants mais aussi en paradigmes peut amener à la formation d'une identité basée essentiellement sur des liens personnels dans une communauté de *peers*. La socialisation de jeunes chercheur-e-s dans un tel contexte ne reste pas sans effets négatifs puisqu'elle est peu propice à une remise en question et une réflexion critique permettant de préparer l'interdisciplinarité. Reste à savoir dans quelle mesure, au niveau de l'enseignement, une culture interdisciplinaire de base est vraiment réalisable et souhaitable ; cette question est également abordée ici.

Finalement, l'exemple concret de la transdisciplinarité dans l'enseignement professionnel d'une Ecole de Tourisme (Höhere Fachschule für Tourismus) à l'ETH de Zurich est présenté par Felix Keller, Claude Müller, Judith Meilwes und Ursula Gehbauer Tichler. A celui-ci succède l'article de Céline Cholez, Aurélie Landry, Sandrine Caroly et Dominique Vinck sur l'« apprentissage pratique et croisé en situation » dans la santé au travail. L'intérêt de cet exemple très convaincant est de montrer une figure de base de l'interdisciplinarité qui est la plupart du temps négligée, c'est le fait que l'interdisciplinarité est souvent le résultat de l'intégration de diverses expertises par une personne qui, grâce à certaines capacités d'innovation et d'improvisation, est capable de jouer le rôle de médiateur dans un espace d'échanges précis.

En conclusion, il s'agit là d'un livre important et à lire car il pointe du doigt certains aspects trop souvent négligés de l'inter- et de la transdisciplinarité, contenant un questionnement constant des liens complexes entre recherche et enseignement dans le Supérieur. L'approche plurilinguistique constitue de surcroît un atout européen inestimable pour une telle réflexion.

Marie-France Chevron, Wien

Defrance, Corine/Pfeil, Ulrich: *Eine Nachkriegsgeschichte in Europa 1945 bis 1963*, Darmstadt: WBG, 2011 (Deutsch-Französische Geschichte 10), 324 S.

Defrance, Corine/Pfeil, Ulrich (Hg.): *La France, l'Allemagne et le traité de l'Elysée*, Paris: CNRS Ed., 2012 (Biblis Histoire 26), 503 S.

Es gibt in der Geschichte kein zweites Beispiel dafür, dass sich die Beziehungen zwischen zwei Staaten in so kurzer Zeit so tiefgreifend verändert haben wie die zwischen Frankreich und Deutschland. Der Hass der Franzosen auf Deutschland und die Deutschen erreichte 1945 verständlicherweise einen Höhepunkt, und nur 14 Jahre später wird der Elysée-Vertrag abgeschlossen. Zum Vergleich: 14 Jahre nach dem Versailler Vertrag kommt Hitler an die Macht... Der Elysée-Vertrag führt dazu, dass sich zwischen den beiden Staaten einzigartig enge, wenn auch keineswegs konfliktfreie politische, wirtschaftliche, kulturelle und zivilgesellschaftliche Beziehungen entwickeln. Ihre führenden Politiker schienen zeitweise sogar zu einem einzigen Wesen verschmolzen zu sein (Merkozy). Wie es dazu gekommen ist, ist in den beiden hier anzuzeigenden Büchern nachzulesen.

Die Autoren bzw. Herausgeber der beiden hier vorzustellenden Bücher sind durch einschlägige Veröffentlichungen als vorzügliche Kenner der Materie ausgewiesen. In ihrem gleichzeitig auf Deutsch und Französisch[6] erschienenen Überblick *Eine Nachkriegsgeschichte in Europa 1945 bis 1963* betonen sie zu Recht, dass der Aussöhnung, Annäherung und schließlich engen Zusammenarbeit immer sowohl idealistische wie realpolitisch-interessengeleitete Motive zugrunde lagen. Sie stellen den engen Zusammenhang zwischen deutsch-französischer Aussöhnung und europäischer Integration heraus, denn die beiden im Vergleich zur Vergangenheit neuartigen Ansätze förderten sich gegenseitig. Bemerkenswert ist ihr Bemühen, die Bedeutung des Elysée-Vertrages zu relativieren.

Das oben zuerst genannte Buch, in der Reihe „Deutsch-Französische Geschichte" erschienen, bietet nicht nur einen informativen Überblick über die bilateralen Beziehungen, sondern diskutiert in einem zweiten Teil bis heute noch kontroverse Fragen. So sehen die Autoren „die düstere Franzosenzeit", also die Besatzung nach dem Zweiten Weltkrieg, nicht mehr nur als Epoche der Ausbeutung und Unterdrückung, sondern weisen auch auf konstruktive Ansätze hin, namentlich bei der Kulturpolitik. Sie beziehen auch die DDR in die „asymmetrische Dreiecksbeziehung" ein. Auch die Rolle der Geschichte und das Bemühen um eine nicht mehr einseitig nationalistische Aufarbeitung werden kenntnisreich analysiert. Der dritte Teil des Buches

---

6   Defrance, Corine/Pfeil, Ulrich: *Entre guerre froide et intégration européenne. Reconstruction et rapprochement 1945–1963*, Villeneuve d'Ascq: PU du Septentrion, 2012 (Histoire franco-allemande 10).

besteht aus einer ausführlichen, 60 Seiten umfassenden, systematisch gegliederten Bibliografie, einer Zeittafel und einigen Karten.

Bei der zweiten hier zu besprechenden Veröffentlichung handelt es sich um einen Sammelband, dessen Beiträge aus einem Kolloquium hervorgegangen sind und der rechtzeitig zum 50-jährigen Jubiläum des Elysée-Vertrages in einer aktualisierten, erweiterten und preiswerten Neuauflage erscheint. Die Herausgeber stellen in einer umfangreichen Einführung den Vertrag sowohl in den europäischen als auch in den internationalen, vom Ost-West-Konflikt dominierten Kontext. Auch die damalige innenpolitische Situation der beiden Staaten wird, soweit erforderlich, berücksichtigt. Das gilt vor allem für die Bundesrepublik, denn in ihrer politischen Klasse war der Vertrag sehr umstritten. Die ‚Atlantiker' in den Regierungsparteien CDU und FDP haben, auch auf Druck der amerikanischen Botschaft, dem Vertragstext eine Präambel hinzugefügt, die „eine subtile Form der Ablehnung" (Graf Kielmansegg) darstellt und die General de Gaulle enttäuschte und nachhaltig verstimmte. Wie in ihrer Deutsch-Französischen Geschichte argumentieren die Herausgeber auch hier gegen die vorherrschende Meinung, der Vertrag habe die deutsch-französische Freundschaft begründet. (Übrigens: Man spricht häufig vom Freundschaftsvertrag, aber von Freundschaft ist in ihm nicht die Rede.) Gewiss ist richtig, dass er bei Annäherung und Zusammenarbeit nicht die Stunde Null war, denn es gab schon sehr bald nach Kriegsende Vorläufer der Aussöhnung in der Zivilgesellschaft und der Vertrag war auch nicht das erste bilaterale Abkommen auf Regierungsebene. Seine Bedeutung sollte aber auch nicht unterschätzt werden. Er symbolisiert wie kein anderes Ereignis die Aussöhnung der beiden ‚Erbfeinde' und seine Bedeutung für die weitere Entwicklung der Beziehungen zwischen den Nachbarn am Rhein kann kaum überschätzt werden. Für den Abschluss des Vertrages waren die Persönlichkeiten de Gaulles und Konrad Adenauers zweifellos von ausschlaggebender Bedeutung; ohne sie gäbe es den Vertrag wohl kaum. Für die Weiterwirkung ist die wichtigste Vertragsbestimmung der Konsultationskalender, der zur Folge hat, dass sich die führenden Politiker und hohe Beamte beider Staaten regelmäßig und oft treffen. Die häufigen Begegnungen tragen dazu bei, dass die Auffassungen und Interessen des Gegenübers besser verstanden und berücksichtigt, Kompromisslösungen erleichtert werden, es schließlich zu einem gemeinsamen Herangehen an die Probleme und zu gemeinsamen Lösungen kommt. Jean Monnets Wort erfährt hier eine eindrucksvolle Bestätigung: „Nichts entsteht ohne die Menschen, nichts überdauert ohne Institutionen."

Auf die 18 durchweg kenntnisreichen, quellennahen und analytisch eindringlichen Beiträge kann im Einzelnen nicht eingegangen werden. Sie analysieren die einzelnen Teile des Vertrages (Außenpolitik, Verteidigung, Erziehungs- und Jugendfragen) und sie legen dar, wie und warum aus einem anfänglich ins Auge gefassten Protokoll auf Wunsch Adenauers fast überstürzt ein völkerrechtlicher Vertrag wurde (Hans Peter Schwarz); ferner zeichnen sie den Weg zum Vertrag auf französischer Seite nach (Jacques Bariéty) oder erläutern, warum – aus europapolitischen Gründen – wirtschaftliche Fragen im Vertrag nicht angesprochen werden (Andreas Wilkens). Corine Defrance geht der Frage nach, warum die Kultur im Programmteil des Vertrages nicht auftaucht, und kommt zu dem Schluss, dass sie über den Organisationsteil doch, wenn auch spät (besonders seit dem Frankfurter Gipfel 1986), ihren Platz in den Konsultationen und Entscheidungen erhält. Besonders anregend sind die Überlegungen von Robert Frank, ob man im Elysée-Vertrag einen deutsch-französischen ‚Erinnerungsort' im Sinne des Erfinders dieses Begriffs, Pierre Nora, sehen kann.

Für jeden, der sich mit den deutsch-französischen Beziehungen beschäftigt – und welcher Saarländer tut das nicht? –, bieten die beiden Bücher reiche Information und viel Stoff zum Nachdenken.

Adolf Kimmel, St. Ingbert

Demesmay, Claire/Sold, Katrin (Hg.): *Frankreich-Themen 2010*, Baden-Baden: Nomos, 2010 (DGAP-Schriften zur Internationalen Politik), 252 S.

Die *Frankreich-Themen 2010* sind Teil einer Publikationsreihe, die 2007 mit Unterstützung der Robert Bosch Stiftung von der Deutschen Gesellschaft für Politik (DGAP) ins Leben gerufen wurde. Die Beiträge werden von Fachleuten aus Universitäten und Forschungsinstituten in Frankreich und Deutschland erstellt und durch Stellungnahmen der Teilnehmer des „Deutsch-Französischen Zukunftsdialogs" ergänzt. Dieser wurde ebenfalls im Jahre 2007 vom Frankreich-Programm der DGAP begründet, um den Dialog und die Netzwerkbildung junger Nachwuchsführungskräfte aus Deutschland und Frankreich zu fördern.

Die vorliegende Ausgabe der *Frankreich-Themen* fasst die Ergebnisse des Zukunftsdialogs des Jahres 2009 zusammen. In einem ersten Abschnitt zur Positionierung Frankreichs gegenüber den Global Players (USA, China) wird die häufig als einzigartig bezeichnete, zunehmend jedoch widersprüchliche Beziehung Frankreichs zu China analysiert, die durch wachsende Asymmetrien in den Wirtschaftsbeziehungen und gegensätzliche strategische Ausrichtungen belastet wird (Valérie Niquet). Ebenso wird das Verhältnis zu den USA unter den Präsidenten Barack Obama und Nicolas Sarkozy entgegen einer anfänglich erwarteten Annäherung als spannungsreich eingestuft (Nicolas Vaicbourdt). Im zweiten Kapitel über die Herausforderungen der französischen Außenpolitik wird die französische Europapolitik analysiert, die in den ersten drei Jahren der Amtszeit von Staatspräsident Sarkozy zwischen einer konstruktiven Vorreiterrolle und nationaler Interessenpolitik ebenso geschwankt habe wie zwischen Tradition und Pragmatismus (Claire

Demesmay, Andreas Marchetti). Weitere Schwerpunkte stellen die Sicherheitspolitik und die Perspektiven der Rolle Europas als globaler strategischer Akteur (Yves Boyer) sowie die auswärtige Kulturpolitik als traditionelles Standbein französischer Außenpolitik (Volker Steinkamp) dar. Dabei verweist der Verfasser des Artikels auf die aktuellen Debatten zur Krise und zur notwendigen Reform der Kulturpolitik und auf die sich schon jetzt abzeichnende Verlagerung der geografischen Schwerpunkte der Kulturpolitik von Europa nach Asien sowie in den Nahen und Mittleren Osten. Im Blick auf die Rolle Frankreichs in der internationalen Wirtschafts- und Finanzkrise, die die politischen Debatten des Jahres 2009 dominierte, wird nach einer Europäisierung der französischen Wirtschaftspolitik gefragt (Jean-Marc Daniel), wobei – aus heutiger Sicht durchaus interessant – die vergleichsweise starke Rolle Frankreichs in der ersten Phase der internationalen Finanzkrise hervorgehoben wird. Eine vertiefende Analyse der deutsch-französischen Debatte über die Auswirkungen der Wirtschaftskrise vor dem Hintergrund eines Vergleichs der Wirtschaftssysteme beider Länder bietet der Beitrag von Christophe Blot und Stefan Kooths. Ebenfalls von aktuellem Interesse ist der Beitrag von Kai Behrens und Louis-Marie Clouet über die Europäisierung von EADS, in dem vorausschauend festgehalten wird, dass die Zukunft des Konzerns von der Haltung der deutschen und französischen Regierung und den wichtigsten Aktionären abhängt sowie von ihrer Fähigkeit, den Machtkampf zu Gunsten der Definition eines gemeinsamen Interesses in den Hintergrund zu stellen. Im letzten Abschnitt zur französischen Innenpolitik wird die Reform der Familienpolitik (Anne Salles) und die Zukunft der sozialistischen Partei diskutiert (Gérard Grunberg), die inzwischen mit den Wahlsiegen des Jahres 2012 ein beeindruckendes Comeback erlebt hat. Abgerundet wird der Band durch eine Chronik der französischen Politik des Jahres 2009.

Insgesamt bietet das Buch interessante Schlaglichter insbesondere auf die Außen- und Europapolitik Frankreichs und den Stand der deutsch-französischen Beziehungen in den ersten Amtsjahren von Präsident Sarkozy. Die einzelnen Beiträge zeichnen sich durch einen dezidierten Aktualitätsbezug aus, wobei aber auch auf die traditionellen Muster der französischen Politik verwiesen wird. Zudem wird durch die Stellungnahmen der Teilnehmer des deutsch-französischen Zukunftsdialogs die deutsch-französische Perspektive in die Betrachtungen integriert. Überdies scheuen die Teilnehmer des Dialogs nicht davor zurück, ergänzend zur Analyse der Fachexperten innovative Handlungsvorschläge zu präsentieren. Somit handelt es sich bei diesem Buch nicht nur um einen interessanten Rückblick auf die französische und europäische Politik in den Jahren 2008 und 2009, sondern auch um einen lebendigen Beitrag zur transnationalen Debatte über die Zukunft Europas und die Chancen und Grenzen der bilateralen deutsch-französischen Zusammenarbeit.

Sabine von Oppeln, Berlin

Deutsch-französisches Institut (dfi) (Hg.): *Kulturnation Frankreich? Die kulturelle Dimension des gesellschaftlichen Wandels*, Wiesbaden: Springer VS, 2012 (Frankreich Jahrbuch 2011), 258 S.

Das Frankreich Jahrbuch erscheint seit 1988. Es dokumentiert in seinem Hauptteil eine Auswahl der Vorträge der jeweils im Jahr davor abgehaltenen Frankreichforscher-Konferenz, die seit 1986 vom Deutsch-Französischen Institut in Ludwigsburg veranstaltet wird. Das Jahrbuch 2011 steht unter dem Titel: *Kulturnation Frankreich?*

Seit der Titelgeschichte der *Times* von 2007 über den ‚Tod der französischen Kultur' wird über die kulturelle Ausstrahlung Frankreichs lebhaft diskutiert, oft unter dem Schlagwort eines allgemeinen Niedergangs der Nation. Der renommierte Romanist Joseph Jurt, langjähriger Direktor des Frankreichzentrums der Universität Freiburg, weist in seinem souveränen, historisch fundierten Überblick „Frankreich – Staatsnation oder Kulturnation?" darauf hin, dass – in Anlehnung an Friedrich Meinecke – gemeinhin Deutschland als eine Kultur-, Frankreich dagegen als eine Staatsnation betrachtet wird. Im deutschen Verständnis wird die Nation durch eine gemeinsame Sprache und Kultur begründet, während sie für Frankreich in den berühmten Worten Ernest Renans „un plébiscite de tous les jours", das Bekenntnis einer politisch begründeten Zugehörigkeit ist. Allerdings haben sich paradoxerweise viele deutsche Schriftsteller und Intellektuelle nur mäßig für Politik interessiert, während sich ihre französischen Kollegen/*homologues* seit langem durch ein starkes politisches Engagement hervortun. Es gibt sogar eine Reihe prominenter Schriftsteller, die politische Ämter bekleidet haben. Andererseits bemühen sich Politiker um eine besondere literarische Qualität ihrer Memoiren oder anderer Schriften (man denke nur an Charles de Gaulle oder François Mitterrand). Die Literatur gilt geradezu als „repräsentativer Ausdruck"[7] der Nation (so Ernst Robert Curtius). Der Begriff Kulturnation kann vor allem deshalb auf Frankreich angewandt werden, weil dieses Land der Kultur in seiner Außenpolitik einen wichtigeren Platz einräumt als die meisten anderen Staaten. So zieht Jurt das Fazit, Frankreich sei „eine Staats-Kultur-Nation" (S. 34).

Freilich sind Kultur und Kulturpolitik durch innergesellschaftliche Entwicklungen, namentlich durch das Entstehen einer multikulturellen Gesellschaft und die Bedeutung neuer Medien, sowie durch die Globalisierung in eine Krise geraten. Wie Stefan Seidendorf (dfi) bemerkt, zeigen „die innergesellschaftlichen Transformationen [...] schon Einfluss auf das kulturelle Selbstverständnis", während „die außenpolitische Dimension doch einem hierarchischen, traditionellen Kulturverständnis treu [bleibt]" (S. 17). Die

---

7 Curtius, Ernst Robert: *Die französische Kultur. Eine Einführung* [1930], Bern, München: Francke, 1975, S. 74.

Beiträge zweier französischer Kulturbeamter weisen zwar auf gewisse Probleme hin und informieren über unternommene Reformen, doch stellen sie natürlich die grundsätzliche Berechtigung der kulturellen Dimension der Außenpolitik und der Bedeutung, die ihr weiterhin beigemessen wird, nicht in Frage.

Demgegenüber zeichnet Volker Steinkamp (Universität Duisburg-Essen) ein deutlich kritischeres Bild. Er konstatiert, dass Frankreichs *soft power*, also seine kulturelle Ausstrahlung, die bisher politische und militärische Niederlagen und Schwächephasen noch einigermaßen unbeschadet überstanden hat, im Kontext der Globalisierung erheblich an Einfluss einbüßt. Eine Neubestimmung seiner Rolle setze den „endgültigen Abschied von der säkularen Tradition des französischen Universalismus" und die Anerkennung „mehrerer Zivilisationen und Kulturen mit grundsätzlichem Anspruch auf Gleichwertigkeit" voraus (S. 139 f.). Da eine derartige Neubesinnung noch aussteht, haben die Reformen der auswärtigen Kulturpolitik bisher nur begrenzt Wirkung gezeigt. In den Chor derjenigen, die Frankreichs Niedergang beklagen, stimmt Steinkamp gleichwohl nicht ein, denn auch wenn das Land keine Großmacht mehr ist, verfüge es noch über genügend *soft power*, „um auch in der globalisierten Welt des 21. Jahrhunderts bestehen zu können" (S. 149).

Auf andere, ebenfalls lesenswerte Aufsätze, die sich etwa mit dem Theater, der Opéra de la Bastille oder der osteuropäischen Frankophonie befassen, kann aus Platzgründen nicht eingegangen werden. Schließlich sei auf die außerordentlich nützliche Dokumentation hingewiesen, die wirtschaftliche und gesellschaftliche Basisdaten, Wahlergebnisse und ein Verzeichnis ausgewählter jüngerer, deutschsprachiger Neuerscheinungen zu Frankreich enthält.

Adolf Kimmel, St. Ingbert

Fischer, Carolin/Nickel, Beatrice (dir.) : *Französische und frankophone Literatur in Deutschland (1945–2010). Rezeption, Übersetzung, Kulturtransfer*, Frankfurt/M. [etc.] : Lang, 2012, 141 p.

Ce recueil de douze contributions est consacré au transfert de la littérature française en Allemagne, de la fin de la Seconde Guerre mondiale à nos jours. Il réunit des spécialistes universitaires confirmés ou émergents de cette question (les contributions sont souvent des condensés d'études plus vastes), des exégètes à la fois proches et lointains comme le Suisse Joseph Jurt, et d'anciens acteurs devenus spectateurs comme Brigitte Sändig – romaniste d'ex-RDA qui fut la médiatrice de plusieurs auteurs français du XIXe et du XXe siècles dans ce pays. Les points de vue d'une traductrice et d'un attaché culturel viennent judicieusement clore le volume.

L'article inaugural, celui de Joseph Jurt, analyse le succès de la littérature et de la philosophie françaises dans l'immédiat après-guerre comme une rencontre entre la soif culturelle (allemande) et le désir de l'occupant (français) d'engager une mission culturelle (cf. p. 21). On apprend par ailleurs que si, aujourd'hui, la littérature française s'exporte mal (en 1996, elle ne représentait plus que 9,1 % de la littérature traduite en Allemagne, contre 22 % à la fin des années 1950), les sciences humaines françaises ont été en revanche amplement traduites à partir des années 1960 et 1970 (cf. p. 23). Et Joseph Jurt de relier ce phénomène à la conclusion de son article, à savoir que dans l'après-guerre, la littérature française était promue et reçue sur des critères philosophiques et éthiques (cf. p. 23). Dans sa contribution consacrée aux réseaux de collaboration culturelle et à leurs effets sur la politique littéraire, Jean-Claude Crespy, qui dirigea deux Instituts français en Allemagne, relève lui aussi, pour la période actuelle, la traduction importante des sciences humaines françaises (voir p. 141 la liste des auteurs traduits soutenus financièrement ces quinze dernières années par le secteur public, ainsi que les projets retenus par le programme Rilke d'aide à la publication à la page précédente).

Puis, deux articles sont consacrés à la réception en ex-Allemagne de l'Est. Dans ce pays, la France jouissait d'une bonne réputation (pour plusieurs raisons, développées par ex. p. 28) et sa littérature conservait un haut prestige. B. Sändig propose une étude de la situation dans les années 1980, telle qu'elle l'a vécue, à savoir une situation en voie de normalisation. Ainsi, des auteurs emblématiques de mouvements littéraires jusque là tabous en RDA (décadents, surréalistes, etc.) firent enfin leur apparition grâce à quelques médiateurs et essentiellement par le biais d'anthologies. Danielle Risterucci-Roudnicky, qui a étudié le transfert de la littérature française du XXe siècle en RDA dans le cadre de sa thèse, complète ce bilan tout en livrant le récit de son expérience de doctorante. Elle distingue trois étapes. Il y a d'abord eu sa découverte du canon français en RDA, puis la 'crise ethnocentrique' qui en découla : elle dut décentrer son regard et apprendre à relativiser les valeurs de sa propre culture en la découvrant différente ailleurs ; enfin, il lui fallut élaborer son propre appareil théorique pour décrire la réception étudiée.

Priorité est ensuite donnée à des 'cas' de réception : Panaït Istrati (Heinrich Stiehler), Charles-Ferdinand Ramuz (Anne-Laure Pella) ou encore Pierre Garnier (Beatrice Nickel). H. Stiehler revient sur la réception d'Istrati en RFA, auteur à succès de la République de Weimar, compagnon de route du parti communiste revenu échaudé d'un voyage en URSS (pour cette raison, la RDA le reçut d'abord froidement, avant de le considérer de manière plus apaisée à la fin des années 1980). Après sa mort en 1935, il tomba dans l'oubli et c'est Heinrich Stiehler qui raviva sa réception dans les années 1980 par une édition de son œuvre en 14 volumes. La complexité du transfert et de la réception de Ramuz en Allemagne – ainsi que son originalité – s'expliquent par les origines suisses de l'auteur. Enfin, Pierre Garnier présente un profil particulier du fait de sa proximité avec l'Allemagne (sa femme, poétesse elle aussi, est Allemande ; il a traduit de nombreux textes de l'allemand, et publie certains de ses poèmes directement dans cette langue). Il n'en est étrangement pas mieux ou davantage reçu en Allemagne.

Un autre ensemble d'articles est consacré aux écrivains français et francophones contemporains. Christian van Treeck consacre une étude à Michel Houellebecq, extrêmement populaire en Allemagne : il tente d'expliquer la force de cette réception particulière et avance qu'il ne s'agit pas seulement d'un effet de mode. Mirjam Tautz se penche sur le transfert de Jean Echenoz, Philippe Djian et Sylvie Germain, afin de faire le point sur l'attitude des maisons d'éditions allemandes à l'égard de romanciers français nés à la littérature dans les années 1980. Carolin Fischer revient enfin sur trois romans publiés en allemand à l'automne 2005 (*Trauma* d'Hélène Duffau chez Gallimard en 2003, *Le Potentiel érotique de ma femme* de David Foenkinos chez le même éditeur en 2004 et enfin *Poids léger* d'Olivier Adam aux éditions du Seuil en 2004). Elle les considère comme emblématiques d'une forte tendance qui présiderait au transfert de la littérature française au début du XXIe siècle, à savoir le choix d'une littérature de scandale de format léger, centrée sur le sexe et/ou sur les difficultés existentielles de ses protagonistes, prenant racine dans leur psyché.

Dans son article, Mechtild Gilzmer analyse cinquante ans de littérature marocaine en Allemagne. Il s'avère que seulement six auteurs (francophones) sont traduits. De plus, selon elle, ce n'est pas la littérature moderne qui a été traduite, mais celle qui était la plus conforme aux clichés des Occidentaux sur ce pays. Ces dernières années est de surcroît favorisée la littérature de migrants, à savoir d'auteurs marocains vivants en Europe. « Ce ne sont précisément pas les auteurs qui nous 'posent des questions dérangeantes' qui sont traduits, ni ceux qui bouleversent nos paramètres de perception », écrit-elle (p. 77).

Il faut relever que l'introduction de Carolin Fischer excelle à tisser des liens entre les différents articles. Pour elle, ce volume conclut à la prédominance des médiateurs culturels sur tous les autres facteurs qui interviennent dans le processus de transfert de la littérature française en Allemagne (cf. p. 12). Le lecteur français peu familier du devenir de sa littérature à l'étranger sera peut-être surpris d'apprendre, grâce à ce recueil, que les écrivains du Nouveau roman ont durablement marqué les lecteurs allemands si l'on en croit les tentatives des éditeurs actuels pour s'en démarquer – ce que relèvent surtout Mirjam Tautz (cf. p. 114, 116) et Carolin Fischer (cf. p. 12 et p. 125) –, mais aussi qu'en Allemagne Houellebecq est – du moins selon C. van Treeck – en voie de canonisation, y jouissant même d'un statut d'intellectuel (cf. p. 102).

Les contributeurs empruntent et adaptent des théories issues des études de réception, des études de transfert, de la communication interculturelle et des *cultural studies*. Ils observent les traductions (leur quantité, la qualité du texte traduit, leur péritexte et le profil des traducteurs), le travail des maisons d'édition (aujourd'hui, pour les lettres françaises, apparaît l'importance du travail du Matthes und Seitz Verlag et du Berlin Verlag), la réception critique et la situation politique et culturelle. On peut regretter l'absence d'un index pour ce recueil, qui remplit en peu de pages son rôle d'aperçu sur le transfert et la réception des lettres françaises et francophones en Allemagne.

Aurélie Barjonet, Versailles/Saint-Quentin-en-Yvelines

Frey, Daniel/Duvoisin, Corinne: *Histoire de la poésie amoureuse allemande du XIIe au XXe siècle*, édition bilingue allemand/français, Villeneuve d'Ascq: PU du Septentrion, 2011, 382 S.

Vielleicht mag es auf den ersten Blick ungewöhnlich erscheinen, dass sich in einer „*Histoire* de la poésie amoureuse allemande du XIIe au XXe siècle" (Hervorhebung von J. B.) derart viele Gedichte und deren Übersetzungen finden und sich die kommentierenden Textabschnitte dementsprechend in Grenzen halten. Eine allfällige anfängliche Verwunderung löst sich bei der Lektüre des Werks aber sehr rasch auf.

Corinne Duvoisin und Daniel Frey präsentieren eine reichhaltige Auswahl an größtenteils deutschsprachiger Liebeslyrik und deren französische Übersetzungen jeweils „en miroir" (S. 9), deren Grundgerüst einer bereits bestehenden Publikation in deutscher Sprache folgt. Die wenigen nicht-deutschsprachigen Ausnahmen bilden Gedichte in lateinischer Sprache, auf die in jüngeren Gedichten deutscher Provenienz direkt oder indirekt Bezug genommen wird. Der zu Beginn des Bandes dargelegte Grundsatz, dass sich die überaus sorgfältigen Übersetzungen, selbstverständlich unter Rücksichtnahme auf die französische Metrik, stets so nah als möglich am Originaltext bewegen sollen, wird strikt eingehalten, und so gelingt es in eindrücklicher Weise, „l'atmosphère des compositions originales" (ebd.) zu bewahren. Angesichts der Fülle des lyrischen Materials kommt den Gedichten eine selbsterklärende Rolle zu, was sehr gut funktioniert, denn sie fungieren als Illustrationen ihrer selbst und ihrer Zeit.

Die strikte, chronologische Gliederung des Bandes sorgt indes dafür, dass sich die Leserschaft – die Publikation richtet sich in erster Linie an Studierende und an sachkundige Laien (vgl. S. 12) – an keiner Stelle verloren fühlt. Der Band ist in fünf Teile gegliedert, die wiederum jeweils in mehrere Kapitel und Unterkapitel aufgeteilt sind. Der erste Teil befasst sich mit Mittelalter, Humanismus, Renaissance und Barock; der zweite ist Aufklärung, Pietismus, Sturm und Drang und Klassik gewidmet; Teil drei umfasst Romantik, Biedermeier und Realismus; der vierte Teil beschäftigt sich mit Jahrhundertwende, Expressionismus und Zwischenkriegszeit, und der fünfte mit der Nachkriegszeit. Diesen Kapiteln sowie den weiteren, an dieser Stelle nicht einzeln genannten Unterkapiteln sind jeweils kurz und prägnant gehaltene literaturhistorische Einordnungen vorangestellt. In Kombination mit den zahlreichen Gedichten vermag dieses durch die Gliederung stark strukturierte Vorgehen durchaus zu überzeugen und eine Geschichte deutscher Liebeslyrik zu schreiben – und insbesondere einer französischsprachigen Leserschaft, nicht zuletzt der hervorragenden Übersetzungen wegen, einen Zugang zu ebendieser zu verschaffen.

Diese strikte Gliederung wirft aber auch Fragen auf. So scheinen gewisse Teile des Buches, wie beispielsweise der erste oder der zweite, stärker gewichtet worden zu sein als andere. Die darin behandelten Epochen nehmen dementsprechend mehr Raum ein, was sowohl an einzelnen Kapitelüberschriften als auch am Ausmaß und Umfang der einzelnen Teile sichtbar wird. So bildet beispielsweise „Le Baroque" (S. 81) ein eigenes Kapitel, während „Romantisme, *Biedermeier*, réalisme" (S. 233) allesamt in einem Kapitel geführt werden. Letztgenanntes ist neben demjenigen zu „Le classicisme" (S. 217) auch das einzige Kapitel zur Lyrik des 19. Jahrhunderts. Auch der Literatur der Nachkriegszeit ist eher wenig Aufmerksamkeit gewidmet, an dieser Stelle werden die Gedichte gar nur auszugsweise aufgeführt (vgl. S. 345).

Selbstverständlich ist es das gute Recht und die Aufgabe der Herausgeber, eine Auswahl zu treffen und gewisse Passagen stärker zu gewichten als andere, und ebenso lässt sich über jede einmal getroffene Wahl im Nachhinein diskutieren. Diese Punkte sollen daher auch keinesfalls die Gesamtleistung der vorliegenden Publikation schmälern oder auch nur in Frage stellen. Sie sind vielmehr als Bestätigung des eingangs skizzierten Vorgehens zu verstehen, wonach die Gedichte und ihre qualitativ hochstehenden Übersetzungen im Mittelpunkt der Aufmerksamkeit stehen und ihnen entsprechend innerhalb der *Histoire de la poésie amoureuse allemande du XIIe au XXe siècle* eine selbsterklärende Funktion zukommt.

Jill Bühler, Genève

Göbel, Christian : *Der vertraute Feind. Pressekritik in der Literatur des 19. und frühen 20. Jahrhunderts*, Würzburg : Königshausen & Neumann, 2011 (Saarbrücker Beiträge zur vergleichenden Literatur- und Kulturwissenschaft 54), 330 p.

L'étude de Christian Göbel, qui étudie la période s'étendant des *Illusions perdues* (1836–1843) d'Honoré de Balzac aux lendemains de la Première Guerre mondiale (la publication des *Derniers jours de l'humanité* de Karl Kraus s'achève en 1922), a le grand mérite de s'affranchir du cloisonnement des aires culturelles et linguistiques qui conduit par exemple la *Karl-Kraus-Forschung* à étudier la satire de la presse à grand tirage dans *Die Fackel* comme un monde à part. Les premiers exemples d'une satire de la presse conçue comme la critique de la culture de masse contemporaine se présentent en Angleterre : dans ce pays, la liberté de la presse est une chose acquise depuis le milieu du XIXe siècle, ce qui permet le développement précoce de la presse industrielle ; en France et, plus encore, dans le monde allemand, la censure retarde le développement des médias de masse.

De nouvelles formes de sélection des informations remplacent la censure politique : les choix des agences d'information et des rédactions, mais aussi la publicité qui, devenue la principale source de profit de la presse industrielle, influence les choix rédactionnels (lorsque cette influence devient par trop évidente, on parle de corruption). Selon les termes de Jürgen Habermas, la *Geschäftspresse* remplace le *Aufklärungsjournalismus*. Ce processus va de pair avec la professionnalisation du métier de journaliste dont le travail se différencie de celui de l'écrivain au point de sembler incompatible avec lui. De nouveaux conflits, mais aussi des affinités inédites se déclarent entre journalisme et littérature. La critique de la presse et des journalistes devient un genre européen dont Christian Göbel fait la typologie en étudiant particulièrement Balzac, Guy de Maupassant, William Makepeace Thackeray, Anthony Trollope, August Strindberg et Heinrich Mann.

Comme les chapitres d'introduction, cette première partie impressionne par son érudition et par son argumentation convaincante.

La deuxième partie de l'ouvrage restreint la perspective à un thème plus particulier : elle est consacrée aux affinités de la critique de la presse, dans la littérature et les arts, et de la technique du collage ou montage documentaire à l'époque de la Première Guerre mondiale. Les digressions sur les relations entre critique de la presse et critique du langage (d'Arthur Schopenhauer, Ferdinand Kürnberger et Fritz Mauthner à Karl Kraus), puis sur la part de responsabilité de la presse dans le déclenchement de la Première Guerre mondiale et sur la manipulation de l'opinion publique par les moyens de la censure et de la propagande entre l'été 1914 et novembre 1918, quel que soit leur intérêt, s'écartent du sujet.

Le rapprochement des *Derniers jours de l'humanité* et du journal de guerre d'Egon Erwin Kisch permet de situer le chef-d'œuvre de Karl Kraus dans un contexte rarement pris en considération par la *Kraus-Forschung*. Mais elle suscite quelques objections : d'abord, la technique de 'collage-montage' critique de citations n'est pas nouvelle chez Kraus et n'a pas attendu le choc de la guerre pour s'affirmer. Au contraire, elle a été mise au point depuis les premiers numéros de *Die Fackel*. Ensuite, il est périlleux de comparer un écrit de circonstance, comme le journal de guerre de Kisch, et le drame-fleuve de Kraus qui rassemble tous les thèmes fondamentaux de l'auteur et mobilise toutes les ressources de son écriture. Il reste que la mise en perspective du drame de Kraus, entre E. E. Kisch et les collages dadaïstes, apporte incontestablement du nouveau.

Surtout dans les chapitres d'introduction et dans la première partie, le livre de Christian Göbel a toutes les qualités d'un ouvrage de référence que l'on peut recommander sans réserve.

Jacques Le Rider, Paris

Grunewald, Michel/Lüsebrink, Hans-Jürgen/Marcowitz, Reiner/Puschner, Uwe (Hg.): *France-Allemagne au XXe siècle – la production de savoir sur l'autre/ Deutschland und Frankreich im 20. Jahrhundert. Akademische Wissensproduktion über das andere Land*, Bd. 1: *Questions méthodologiques et épistémologiques/Methodische und epistemologische Probleme*, Bern [u. a.]: Lang, 2011 (Convergences 64), IX, 323 S.

In dem Maße, wie die deutsch-französischen Nachkriegsbeziehungen als institutionalisierte Erfolgsgeschichte gefeiert werden, wird man sich auch im Feld der Wissenschaft der historischen Dimension der eigenen Disziplin bewusst. Ein breit angelegtes Forschungsprojekt hat es sich zur Aufgabe gemacht, die „Akademische Wissensproduktion über das andere Land" im Längsschnitt durch das 20. Jahrhundert zu erforschen. Ziel des Projekts unter dem Dach der Forschungseinrichtung Maison des sciences de l'homme Lorraine und des Centre d'Etudes Germaniques Interculturelles de Lorraine (CEGIL) ist es, ein bisher kaum wahrgenommenes Beziehungsgeflecht zwischen dem deutschen und dem französischen Wissenschaftsfeld sichtbar zu machen.

Nun liegt der erste Sammelband vor, der den historischen Rahmen absteckt, Grundbegriffe diskutiert und verortet sowie methodische Perspektiven eröffnet. Zahlreiche Beiträge beleuchten Zäsuren, Entwicklungen und Konjunkturen in der Geschichte der Geistes- und Sozialwissenschaften, der deutschen Romanistik sowie der französischen Germanistik und des Deutschunterrichts. Dabei zeitigt die von Reiner Marcowitz (Metz) in seinem einführenden Beitrag „Zum Verhältnis von Wissenschaft und Politik im deutsch-französischen Vergleich" geforderte Verbindung von Zeit- und Wissenschaftsgeschichte interessante Ergebnisse. So arbeitet beispielsweise Monique Mombert (Straßburg) anhand von Fachkonferenzen für französische Deutschlehrer und Schulbüchern heraus, dass die Verantwortlichen in politischen Krisenzeiten der deutsch-französischen Beziehungen versuchten, mit einem unzeitgemäß positiven Deutschlandbild die Attraktivität des Deutschunterrichts für die Schüler zu wahren. Während Rüdiger vom Bruch (Berlin) feststellt, dass man Anfang des 20. Jahrhunderts in den Universitätssystemen Frankreichs und Deutschlands zwar am jeweils anderen Interesse zeigte, insgesamt aber die „kulturnationalen Rahmenbedingungen eine [...] Übertragung einzelner Bestandteile ausländischer Muster" (S. 39) kaum möglich oder erwünscht erscheinen ließen, unterstreichen Corine Defrance (Paris) und Ulrich Pfeil (Metz) in ihrem Beitrag zur transnationalen

Geschichtsschreibung, dass heute nicht nur die Forschungsinhalte Grenzen überschreiten, auch die Forschungseinrichtungen und ihre Akteure sind transnational geworden. Angesichts der historischen Perspektive des Projekts ist es überraschend, dass für die unmittelbare Nachkriegszeit und die zweite Hälfte des 20. Jahrhunderts ausschließlich von westdeutsch-französischen Beziehungen die Rede ist und die DDR wieder einmal ausgeschlossen bleibt. Weder tauchen in Bezug auf die Diskussionen um Landeskunde versus Kulturwissenschaft Hinweise auf die Strukturen der Romanistik in der DDR auf, noch wird an anderer Stelle diskutiert, wie sich die Beziehungen zwischen Frankreich und dem geteilten Deutschland entwickelt haben. Es wird lediglich darauf hingewiesen, dass man „nicht von zivilgesellschaftlichen Mittleraktivitäten zwischen Frankreich und der DDR sprechen" (S. 190) könne. Die Besonderheiten der ostdeutsch-französischen Wissenschaftsbeziehungen sollten in diesem Forschungsprojekt nicht ausgeklammert bleiben.

Besonders lobend hervorzuheben sind die Beiträge von Katja Marmetschke (Kassel/Austin-Texas) und von Hans Manfred Bock (Kassel), die Anregungen dazu bieten, wie sich die scheinbar unproblematischen und zugleich abgenutzten Alltagsbegriffe ‚Mittler' und ‚Netzwerk' für die Forschung genau definieren und einsetzen lassen. Zum wertvollen Methodenarsenal für die Analyse der deutsch-französischen Wissenschaftsbeziehungen gehören in diesem Band auch der Intellektuellenbegriff, biografische Fallstudien einzelner Akteure, Aspekte der Eigen- und Fremdwahrnehmung sowie Vergleich und Transfer.

Der Band ist keineswegs ein resignierter Rückblick in die Geschichte. Er bietet zahlreiche Überlegungen dazu, welche Zukunft die französische Germanistik und die deutsche Romanistik haben können angesichts der Entwicklung, dass öffentlichkeitsrelevantes Wissen über das jeweils andere Land längst nicht mehr aus der akademischen Welt, sondern aus den Medien bezogen wird.

Sandra Schmidt, Clermont-Ferrand

Hertrampf, Marina Ortrud M. : *Photographie und Roman. Analyse – Form – Funktion. Intermedialität im Spannungsfeld von nouveau roman und postmoderner Ästhetik im Werk von Patrick Deville*, Bielefeld : transcript, 2011 (Machina 3), 430 p.

La notion d'intermédialité, qui recouvre toutes les formes de transfert, de traduction ou d'interférence entre différents médias, a connu ces dernières années en Allemagne d'importants développements critiques. Le livre de Marina Ortrud M. Hertrampf fournit sur cette question une synthèse très complète en même temps qu'un essai d'application à l'œuvre de Patrick

Deville. L'articulation de la théorie de l'intermédialité et de l'étude de cas se fait autour de la notion d'écriture photographique (« photographische Schreibweise ») dont M. Hertrampf détaille les multiples variétés produites au gré des interférences entre la photographie, vouée originellement au factuel, et le roman, domaine privilégié de la fiction.

Dressant un état de la question, M. Hertrampf présente les principales contributions à la théorie de l'intermédialité faisant la part belle aux travaux de Jochen Mecke, Joachim Paech et Christian von Tschilschke, sans oublier les initiateurs de ce type de recherches que furent Gérard Genette, Charles Grivel et Alain Montandon. Aspect particulier de l'intermédialité, « l'écriture photographique » (p. 245) demande, elle aussi, la mise en place d'une assise théorique et d'une méthode d'analyse que M. Hertrampf développe avec un goût de l'étiquetage qui fait penser aux austères taxinomies de Gérard Genette. Une distinction fondamentale s'impose entre une *Schreibweise* purement verbale et l'association de photographies réelles et de textes, comme la pratiquent de plus en plus d'auteurs contemporains. Dans le premier cas, la relation à la technique photographique n'est que métaphorique, car la transcription d'une photographie dans un récit la prive de ses traits médiatiques spécifiques. Pourtant, en tentant de simuler la photographie, l'écriture elle-même est transformée. Ces modifications subreptices du code littéraire sont des 'effets photographiques'. Visant à produire chez le lecteur non pas une reproduction, mais une illusion de réalité, ils influent subrepticement sur les constructions narratives dans le sens d'une capacité visuelle plus grande. M. Hertrampf élabore une série de catégories destinées à définir une « écriture photographique » au sein d'un récit littéraire. L'étude confirme au passage l'élargissement en cours de la notion d'*ekphrasis* : description d'un objet qui a été figuré dans un autre système de signes, l'*ekphrasis* est aussi l'occasion pour la littérature de penser sa propre médialité. Les exemples cités (Dominique Noguez, Philippe Delerm) amènent à se demander si l'*ekphrasis* ne recouvre pas à elle seule la totalité du champ de l'intermédialité.

Le choix de l'œuvre romanesque de Patrick Deville pour servir de terrain d'application est particulièrement justifié. Deville, en effet, ne se contente pas de mentionner fréquemment l'activité photographique ; il aime jouer avec les effets que des photographies, réelles ou imaginaires, peuvent exercer sur la perspective du narrateur ou celles des personnages. La difficulté avec cet écrivain, c'est son changement de style d'écriture depuis quelques années. M. Hertrampf en a tenu compte en étudiant successivement la période minimaliste de Deville, puis son orientation récente vers ce qu'elle nomme hardiment la 'docufiction métabiographique' (« metabiographische Dokufiktion », p. 321). Le long chapitre consacré au 'photominimalisme' (p. 223–319) s'appuie principalement sur les romans des années 1980 et 1990, de *Cordon-bleu* (1987) à *Ces Deux-là* (2000), et montre comment Deville se sert des références à la photographie pour ébranler les normes stylistiques de l'écriture littéraire. Il en résulte, selon M. Hertrampf, une intermédialité ironique, une mise en scène 'inauthentique' de l'écriture romanesque, qui situe clairement Deville dans le courant post-moderne. Elle montre combien l'écriture de Deville assume sans doute une part de l'héritage du *Nouveau roman* (refus du réalisme, désincarnation des personnages), mais s'en éloigne par ses traits essentiels : l'ironie, le goût des stéréotypes, le grossissement comique, le patchwork d'éléments réalistes et de fantaisie gratuite, ensemble d'où résulte un univers 'demifictif'. Fluctuant entre caricature et hyperréalisme, il n'en reflète pas moins notre monde consumériste et médiatique où l'accès à la réalité devient impossible. L'intermédialité ironique de Deville se sert aussi des *comics* et des romans-photos pour changer les habitudes du lecteur. M. Hertrampf étiquette soigneusement les diverses fonctions qu'exerce le motif photographique dans les romans : à propos de *Longue vue* (1988), elle nous donne des analyses narratologiques et stylistiques qui débordent le cadre de la stricte intermédialité, mais enrichissent considérablement son étude.

La production récente de ce romancier est-elle un reniement ? Les données autobiographiques et documentaires y dominent dans un cadre compositionnel qui obéit toujours au mélange des genres. Si dans ses textes les plus récents, Deville se tourne nostalgiquement vers l'histoire, il ne renonce pas pour autant au mélange du factuel et du fictionnel qui lui sert à piéger la vigilance du lecteur. De même, il ne peut s'empêcher de décrédibiliser son narrateur et persiste dans son goût de la discontinuité narrative que M. Hertrampf regarde comme le trait le plus constant de son œuvre romanesque. C'est ici que la comparaison avec la photographie s'impose à nouveau : la composition de ces textes les donne à lire comme des assemblages éparpillés de biographèmes photographiques. Prolifération à nouveau de photos extradiégétiques, présentes dans la mémoire collective et utilisées désormais pour attester la véridicité du récit. Reprenant la distinction entre le monomédial et le bimédial, M. Hertrampf examine les quelques récits où P. Deville met en correspondance son récit avec de véritables documents photographiques : le croisement de Bakou et de Saint-Nazaire dans *Transcaucase express* (2000) laisse percer une dimension autobiographique qui s'affichera plus explicitement dans *La Tentation des armes à feu* (2006).

Le livre de M. Hertrampf remplit indiscutablement son double objectif : donner un fondement théorique aussi général que possible à la notion d'écriture photographique, moins élaborée que celle d'écriture filmique, et faire fonctionner ce modèle d'analyse sur le terrain miné des romans de P. Deville. Sur cet auteur en pleine actualité littéraire, il offre une étude éclairante et utile.

Michel Collomb, Montpellier

Hüser, Dietmar/Eck, Jean-François (dir.) : *Medien – Debatten – Öffentlichkeiten in Deutschland und Frankreich im 19. und 20. Jahrhundert/Médias, débats et espaces publics en Allemagne et en France aux 19e et 20e siècles*, Stuttgart : Steiner, 2011 (Schriftenreihe des Deutsch-Französischen Historikerkomitees 7), 320 p.

« Mediengeschichte ist *'in'* », constate une des contributrices de ce volume. Effectivement, les histoires nationales des médias commencent à être bien connues, mais bien plus rares sont les travaux qui mènent des études comparées approfondies et s'interrogent sur les transferts entre aires culturelles ou sur les processus de constitution de sphères médiatiques transnationales. L'un des mérites de ces actes, tirés d'un colloque qui s'est tenu en Allemagne en 2008, est de poser quelques jalons en ce sens, en montrant notamment combien et pourquoi il est si difficile pour un 'espace public européen' d'émerger.

Si, comme le souligne D. Hüser en introduction, l'histoire européenne des médias reste dispersée et manque d'un point de vue général, ce n'est pas seulement parce que les mondes académiques restent relativement étanches et indexés sur leur dynamique nationale propre, mais surtout parce que l'objet d'étude même apparaît comme fragmenté, sorte de puzzle divisé par les frontières des Etats-nations. La lecture des différentes contributions montre à quel point il est difficile de parler d'espace médiatique commun à la France et l'Allemagne, pourtant considérées comme le couple fondateur et moteur de l'intégration européenne. P. Friedmann explique comment une catastrophe minière au début du XXe siècle, malgré l'envoi de sauveteurs allemands en France, ne parvient pas à véritablement susciter un sentiment de solidarité de classe entre travailleurs des deux pays. Les caractéristiques propres des champs médiatiques nationaux permettent au contraire une instrumentalisation de l'événement par la communication gouvernementale ou les intérêts des propriétaires des industries minières. Près d'un siècle plus tard, le débat sur le traité de Maastricht, étudié par G. Thiemeyer, reste cantonné à un niveau national, y compris chez les scientifiques et les intellectuels. Seule la presse politique destinée aux classes sociales supérieures a donné la parole à des opinions d'outre-Rhin, non sans céder aux discours stéréotypés. Le phénomène parcourt tout le XXe siècle. H. Camarade montre bien que les articles d'Heinrich Mann et de Georg Bernhard dans la *Dépêche du Midi* durant les années 1930 relèvent de l'exception.

La circulation des informations à travers les frontières et, plus encore, celles des façons de voir et d'évaluer les événements restent très difficiles en l'absence d'un véritable public transnational. Les 'regards croisés' d'un pays sur l'autre apparaissent anecdotiques, ponctuels ou réservés à une élite. Si les liens directs entre journalistes français et allemands font défaut, c'est plutôt par le truchement des Etats-Unis, qui ont accueilli nombre d'exilés allemands durant le nazisme, que les transferts s'effectuent de manière indirecte après la Deuxième Guerre mondiale, comme le suggère N. Hanning à propos du photojournalisme ou E. Droit à propos des *comics*. Mais ces appropriations (et parfois ces résistances) vis-à-vis de modèles perçus comme 'américains' se font dans des cadres culturels nationaux distincts sans qu'il n'y ait de véritable dialogue à l'intérieur du 'vieux continent'.

Ainsi, l'ambition légitime et nécessaire de développer une histoire transnationale des médias bute sur la réalité de l'organisation matérielle, sociale et culturelle de ces derniers. Bien rares, et finalement peu abouties, sont les véritables initiatives européennes comme L'European Broadcast Union (A. Fickers, dont on pourrait relativiser d'ailleurs la position sur le caractère homogénéisant de l'Eurovision News Exchange EVN) ou la fondation de journaux pro-européens destinés à la jeunesse (D. Kneißl). La difficulté est aussi d'ordre scientifique. Plusieurs articles proposés par ce volume se limitent à des matériaux de seconde main ou à de simples comparaisons de corpus au risque de verser dans un certain médiacentrisme. D'autres pèchent par l'excès inverse et finissent par reconnaître à toute différence médiatique une unique origine culturelle. L'articulation entre phénomènes historiques et médiatiques reste un défi inégalement relevé. On pourra aussi regretter des résumés mal traduits et l'absence de présentation des auteurs, autant d'éléments qui ne facilitent pas le dialogue franco-allemand au-delà du cercle restreint des spécialistes. Malgré ces limites, malheureusement inhérentes semble-t-il au genre 'actes de colloque', cet ouvrage contribue à combler quelques lacunes historiques et à prendre la mesure des obstacles au développement de l'histoire européenne des médias.

Vincent Goulet, Metz

Jurt, Joseph: *Frankreichs engagierte Intellektuelle. Von Zola bis Bourdieu*, Göttingen: Wallstein, 2012 (Kleine politische Schriften 19), 288 S.

Der politisch engagierte Intellektuelle ist eine aus der neueren französischen Geschichte nicht wegzudenkende Figur. Als Vorläufer kann Voltaire gelten, der für einen unschuldig Verurteilten öffentlich eintrat (der Fall Calas). Die Geburtsstunde der Intellektuellen als Gruppe ist die Dreyfus-Affäre Ende des 19. Jahrhunderts und ihr Gründungsdokument der Brief Emile Zolas an den Staatspräsidenten, der unter dem Titel „J'accuse" am 13. Januar 1898 in der Tageszeitung *L'Aurore* erschien. Der Schweizer Romanist Joseph Jurt, der in Freiburg gelehrt und das dortige Frankreich-Zentrum mitbegründet hat, zeichnet in einem klug und überzeugend argumentierenden, gut lesbar geschriebenen Buch die Geschichte dieser soziopolitischen Gruppe präzise und kenntnisreich nach.

Zwei Aspekte der Stellungnahme Zolas waren für das Engagement der meisten künftigen Intellektuellen wegweisend: Kritik an einer Entscheidung der politischen Macht und der Appell an die öffentliche Meinung. Allerdings zeigt sich schon in den leidenschaftlichen Debatten um die Dreyfus-Affäre, dass es auch im Lager der politischen Rechten und äußersten Rechten engagierte Intellektuelle gab. Der seinerzeit viel gelesene lothringische Schriftsteller Maurice Barrès fand mit seinen Interventionen das stärkste Echo.

Nach der Gründung der Kommunistischen Partei Frankreichs (KPF) 1920 standen viele der engagierten Intellektuellen vor einem neuen und oft schmerzhaften Problem: Sie waren zwar in vielem mit der KPF einig, aber sie waren nicht bereit, ihre Unabhängigkeit aufzugeben und sich einer Parteilinie unterzuordnen. Dieser permanente Konflikt hinderte die meisten linken Intellektuellen daran, Mitglied der Partei zu werden. Sie begnügten sich, wie André Malraux und später Jean-Paul Sartre, mit dem Status eines öffentlich bekennenden Sympathisanten (*compagnon de route*). Parteiintellektuelle wie Louis Aragon waren eher selten.

In Zeiten von Faschismus und Antifaschismus polarisierten sich die Intellektuellen in den 1930er Jahren stark. Insbesondere angesichts der Volksfront-Regierung und des Spanischen Bürgerkriegs kristallisierten sich Konfrontationen heraus. Einige der mit dem Faschismus sympathisierenden Intellektuellen unterstützten das Vichy-Regime und engagierten sich sogar in der Kollaboration mit dem nationalsozialistischen Deutschland. Die namhaftesten schlossen sich allerdings der Résistance an: die ‚Weggefährten' der KPF ohnehin, aber auch der Katholik François Mauriac oder der junge Albert Camus.

Das intellektuelle Feld der Zeit nach 1945 ist charakterisiert durch die Hegemonie Sartres. Mit seinem Konzept einer engagierten Literatur, das er einer ‚reinen Literatur' entgegenstellte, wird er zur prägenden Figur. Camus, der Sartre lange Zeit nahestand und auf eine ähnlich große Resonanz stieß, brach mit ihm vor allem über die Frage des Verhältnisses von Mittel und Ziel, über die Frage der Gewalt. Malraux, von der charismatischen Persönlichkeit General de Gaulles fasziniert, wandte sich von der Linken ab. Der prominenteste Intellektuelle, der nicht auf Seiten der Linken stand, war neben ihm Raymond Aron. Er repräsentiert einen Typus, den es zwar auch vorher schon gegeben hatte, der nun aber eine größere Rolle spielte: der politisch engagierte Professor, der neben den Schriftsteller tritt. Die beiden Ereignisse, die Engagement und Streit der Intellektuellen vor allem hervorriefen, waren der Algerienkrieg und die damit einhergehende Folter sowie Mai 1968, die Revolte der Studenten. Das Erscheinen von Alexander Issajewitsch Solschenizyns *Archipel Gulag* (1973) bedeutete das Ende der marxistisch-kommunistischen Dominanz im intellektuellen Feld.

Ist die Tradition der engagierten Intellektuellen mit dem Tod Sartres 1980 zu Ende gegangen? Eine Debatte nach dem Sieg Mitterrands und der Linken 1981 über ‚das Schweigen der Intellektuellen' meinte dies zu konstatieren. Das ist sicher übertrieben, denn auch im Vorfeld der Präsidentenwahl 2012 haben sie sich wieder in zahlreichen Artikeln in *Le Monde* eingemischt. Der Höhepunkt ihres Einflusses aber scheint vorbei zu sein. Der neue Typ des ‚Medienphilosophen' – der bekannteste Vertreter ist Bernard-Henri Lévy –, der mit der Verbreitung des Fernsehens und später des Internet auftritt, hat nicht das Renommee der Schriftsteller oder Professoren und seine Wirkung reicht nicht an die eines Zola, eines Sartre oder Camus heran.

Auf einen Aspekt, der im Buch nicht angesprochen wird, sei noch hingewiesen, da er den Unterschied zwischen der Politik und den Intellektuellen in Frankreich und Deutschland beleuchtet: Während der damalige Bundeskanzler Ludwig Erhard im Wahlkampf 1965 die politisch engagierten Schriftsteller als „ganz kleine Pinscher" diffamierte (er bezog sich auf Rolf Hochhuth), erwiderte Staatspräsident de Gaulle auf das Ansinnen, den maoistisch-kommunistischen Aktivitäten Sartres ein Ende zu bereiten: ‚Voltaire verhaftet man nicht'.

Wer sich über diese wichtige und spannende Thematik zuverlässig und anregend informieren will, ist mit Joseph Jurts Analyse bestens bedient.

Adolf Kimmel, St. Ingbert

Kaiser, Gerhard R.: *Deutsche Berichterstattung aus Paris. Neue Funde und Tendenzen*, Heidelberg: Winter, 2008 (Germanisch-romanische Monatsschrift: GRM-Beiheft 34), 195 S.

Das vorliegende Werk des Jenaer Komparatisten Gerhard R. Kaiser umfasst sieben Einzelstudien, die verschiedene Facetten deutscher Berichterstattung aus der französischen Hauptstadt im Medium nichtfiktionaler Literatur zwischen dem ausgehenden 18. Jahrhundert und dem Jahr 1933 beleuchten. Es handelt sich, wie der Verfasser in dem (leider allzu knappen) Vorwort unterstreicht, bei vier der abgedruckten Beiträge um bereits an anderen Stellen verstreut publizierte Beiträge, während die Aufsätze zu „Weltliteratur im Zeichen der Julirevolution", „Paris in nicht-fiktionalen Werken deutscher Autorinnen um 1848" und „Paris im Zeichen der Dreyfus-Affäre" bisher noch nicht veröffentlicht worden waren.

Wie der Untertitel des Bandes belegt, handelt sich bei den vorliegenden Beiträgen programmatisch um ‚neue Funde', durch die zugleich ‚neue Tendenzen' in der Erforschung der deutschen Berichterstattung aus Paris aufgezeigt werden sollen. In der Tat enthält der vorliegende Band eine ganze Reihe solcher ‚Funde', die mit großer Souveränität in die Forschungsdiskussion und den kultur- und literarhistorischen Zusammenhang eingeordnet werden: so etwa die bisher relativ wenig erforschte Zeitschrift *London und Paris* (1798–1815), die in dem Beitrag „Jede große Stadt ist eine Moral in Beispielen'. Bertuchs Zeitschrift *London und Paris*" (S. 9–40) behandelt wird und deren systematisch komparatistischer Blick und deren interkulturelle Informationsfülle von G. Kaiser in verschiedenen Perspektiven erschlossen wird. Die Zeitschrift erweist sich als ein herausragendes Medium des trilateralen Kulturtransfers zwischen England, Deutschland und Frankreich. Zugleich eröffnete sie, so Kaisers These, parallel und im Anschluss an L. S. Merciers epochemachendes Werk *Le Tableau de Paris* (1781–1782) der „Prosa des modernen Lebens" der Großstadt ein im deutschen Sprach- und Kulturraum neues Forum. Am Beispiel von Ludwig Börnes und Goethes Kritik an dem 15-bändigen, von der Librairie C. Ladvocat in Paris zwischen 1831 und 1834 veröffentlichten Werk *Paris, ou le livre des cent-et-un* wird deutlich, in welch entscheidendem Maße der Weltliteraturbegriff und die mit ihm verknüpften ästhetischen und kulturellen Konzeptionen interkulturell geprägt worden sind, vor allem von Formen des interkulturellen Dialogs und Transfers zwischen dem deutschen und dem französischen Kulturraum. So spielte für die Herausbildung der goetheschen Weltliteratur-Konzeption die Zeitschrift *Le Globe* (1824–1832), ebenso wie die Auseinandersetzung mit dem *Livre des cent-et-un,* eine herausragende Rolle. Ein anderer wichtiger, wenn auch nicht ganz neuer ‚Fund' G. R. Kaisers ist die Untersuchung der Werke Eduard Kolloffs – vor allem seiner *Schilderungen aus Paris* (1839), seines Buches *Paris. Reisehandbuch* (1849) und seiner *Beschreibung der Königlichen Museen und Privat-Galerien zu Paris. Zum Gebrauch für Künstler und Kunstfreunde* (1841) – und seines Einflusses auf die deutschen Parisdarstellungen der zweiten Hälfte des 19. Jahrhunderts und des beginnenden 20. Jahrhunderts, insbesondere bei Walter Benjamin („Eduard Kolloff. Walter Benjamin: Paris – „Mikroskop der Gegenwart", S. 87–114).

Das Werk Kaisers überzeugt darüber hinaus vor allem in drei Kapiteln, die großenteils neues Material und auch neue Perspektiven der Forschung zu den deutschen Paris-Berichterstattungsmustern erschließen. Zum einen durch die Studie zu „Paris in nicht-fiktionalen Werken deutscher Autorinnen um 1848", in der u. a. Werke von Ida Kohl, Fanny Lewald und Sophie Leo untersucht werden. Diese Werke illustrieren eine geradezu erstaunliche Konjunktur weiblichen Interesses an der französischen Hauptstadt um 1848, deren „historische Logik" (S. 138) der Verfasser zu verstehen sucht. Sie sei, so Kaiser, ebenso auf „weibliche Schreibentwürfe und identitätsstiftende Selbstmodellierungen" (S. 143) wie auch auf das „Bewußtsein für die Unerschöpfbarkeit der sich fortwährend verändernden Metropole" (S. 145) zurückzuführen. Das Kapitel über „Paris im Zeichen der Dreyfus-Affäre" (S. 151–178) zeigt ausgehend von den Schriften *Das Palais Bourbon. Bilder aus dem französischen Parlamentsleben* (1895) des Zionisten Theodor Herzl und *Pariser Tagebuch* (1908) von Theodor Wolff sehr überzeugend die wichtige Rolle jüdisch-deutscher Schriftsteller in der politisch-kulturellen Auseinandersetzung in Deutschland und Frankreich während der Dreyfus-Affäre auf. Wie für Heinrich Heine und Börne, die beiden „Leitfiguren der deutschen Paris-Literatur des 19. Jahrhunderts" (S. 175), galt auch für Herzl und Wolff Paris als „Ort eines weltgeschichtlichen Aufbruchs, der bereits eine grundlegende Änderung der Lage der Juden gebracht hatte, doch weit darüber hinaus zu geben versprach" (S. 176) – trotz des auch in Frankreich seit den 1880er

Jahren zu beobachtenden Anstiegs antisemitischer Strömungen, für die symptomatisch das Erscheinen und der Bestseller-Erfolg von Edouard Dumonts *La France juive* aus dem Jahre 1886 steht.

Drittens liefert das abschließende Kapitel „Altes Europa. USA-kritische Bezüge in der deutschsprachigen fiktionalen Paris-Literatur zwischen 1918 und 1933" am Beispiel von Arthur Holitscher, Carl Sternheim, Joseph Roth, Kurt Tucholsky und Friedrich Sieburg durchaus überraschende Einsichten in die Amerikaperzeption herausragender deutscher frankophiler Intellektueller und Schriftsteller der Zwischenkriegszeit. Nahezu durchgängig, wenn auch in sehr unterschiedlichen Darstellungsformen und -stilen, wird hier ein intellektuelles, sinnenfrohes, von Individualismus, allerdings auch von Dekadenz und Sinnkrise geprägtes Frankreich dem aufstrebend-materialistischen Amerika der Jahre nach dem Ersten Weltkrieg gegenübergestellt: „das quasi mythische Bild eines zyklopischen Amerika: massig und zugleich schnell, mächtig, gewalttätig drohend – aber auch, gelegentlich, wie Polyphem, einäugig, zu täppisch-ahnungslos und daher verletzlich." (S. 191). Das Kapitel schließt mit einer anregenden Skizze der Entwicklungsperioden des Paris-Interesses und der Paris-Faszination deutscher Schriftsteller und Intellektueller ab, in der sich auch in gewisser Hinsicht die Schlussfolgerungen zum gesamten Buch finden. Paris sei, so Kaiser, „verstärkt nach 1789 ein Ort gewesen, an dem Deutsche Orientierung suchten, und so lässt sich die Hunderte von Bänden umfassende nichtfiktionale deutsche Paris-Literatur auch als wichtiges Medium indirekter nationaler Selbstverständigung fassen". (S. 192). Weniger als das Jahr 1870/71 repräsentierten vor allem der Erste Weltkrieg und das Jahr 1940 markante Bruchstellen der Entwicklung des deutschen Interesses an Paris und Frankreich, und nach 1944 sei, so Kaiser, das „Wiederaufleben" des Paris-Mythos und des Paris-Interesses auf deutscher Seite „zeitlich befristet" (S. 193) gewesen. Man ist versucht, dieser knappen und nicht näher begründeten These zu widersprechen, förderten doch gerade die Kriegs- und Nachkriegsjahre ein neues, auch aus der Opposition zum Dritten Reich und dann zum Konservatismus der Adenauer-Ära heraus entstandenes lebhaftes und nachhaltiges Interesse an Paris und seiner intellektuellen und kulturellen Dynamik. Nicht zuletzt der überragende Erfolg von Georg Stefan Trollers TV-Feuilleton *Pariser Journal* in den 1960er und beginnenden 1970er Jahren und die hiermit verknüpften nicht-fiktionalen Paris-Bücher Trollers und (in geringerem Maße) auch anderer Autoren (wie Ulrich Wickert) können als ein deutlicher Beleg hierfür gelten.

In Kapiteln wie dem letztgenannten mag man bei der Lektüre bedauern, dass zu wenige – bzw. kaum – Verbindungen zu innerfranzösischen Debatten (etwa über Amerika) und deren Wirkung auf – und Aneignung durch – zeitgenössische deutsche Autoren gezogen werden, etwa zu dem sehr einflussreichen amerikakritischen Werk *Scènes de la vie future* (1930) von Georges Duhamel. Bedauerlich ist auch, dass dem vorliegenden Band sowohl eine substanzielle Einleitung – die die recht heterogenen Einzelaufsätze theoretisch und konzeptuell hätte verklammern können – als auch eine Gesamtbibliografie und ein Register fehlen. Inhaltlich sind die vorliegenden Studien sehr dicht und enthalten eine Fülle an Material und weiterführenden Thesen, zumal der Verfasser neben Gelehrsamkeit auch einen ausgesprochenen Sinn für das Pittoreske, zuweilen Bizarre und auch Anekdotische des Untersuchungsgegenstands an den Tag legt. In stilistischer und formaler Hinsicht erschweren allerdings häufig fehlende Zwischenüberschriften, ein gelegentlich etwas unübersichtlicher Argumentationsduktus, einige Wiederholungen und zuweilen auch zu lange und verschachtelte Sätze die Lektüre dieses ansonsten in vieler Hinsicht anregenden Buches.

Hans-Jürgen Lüsebrink, Saarbrücken

Klees, Heike : *Das Spiel in der Comédie-Italienne (1662–1729) : Strukturen und Funktionen im Wandel*, Würzburg : Königshausen & Neumann, 2011 (Saarbrücker Beiträge zur vergleichenden Literatur- und Kulturwissenschaft 52), 324 p.

L'ouvrage de Heike Klees s'inscrit dans la lignée de nombreux travaux de chercheurs internationaux traitant de la Comédie-Italienne à Paris sous l'Ancien Régime. Issue d'une thèse de doctorat soutenue en 2007, cette étude porte sur les structures et les fonctions du jeu à l'Ancien et au Nouveau Théâtre Italien entre 1662 (date de création de la Comédie-Italienne à Paris) et 1729, date à laquelle Luigi Riccoboni, le refondateur de la troupe italienne, quitte Paris. L'objectif de la chercheuse est de mettre en évidence, par une analyse typologique et systématique (on apprécie la présence de nombreux tableaux qui accompagnent l'argumentaire), les évolutions du jeu des Italiens en France entre deux périodes distinctes, marquées par un contexte culturel et historique différent. Elle s'intéresse au jeu à travers l'étude des *lazzi* et des scènes improvisées, mais le considère aussi dans sa dimension transgressive. De fait, le jeu des Italiens s'oppose à la pratique des autres théâtres parisiens de l'époque, la Comédie-Française et l'Opéra. D'où l'intérêt de Heike Klees dans l'examen du rapport entre la continuité et l'évolution du jeu et du répertoire (question des genres) à la Comédie-Italienne et les mutations de la société française. Elle choisit de se concentrer sur trois sources qui forment les trois chapitres de l'ouvrage : le *Scenario* de Domenico Biancolelli (1662–1680), le *Recueil* d'Evaristo Gherardi (1682–1697) et un choix de pièces de Marivaux et de Louis-François Delisle de La Drevetière pour la Nouvelle Comédie-Italienne. Ce qui ressort clairement de ces analyses, c'est que quelles que soient les périodes, il existe au moins deux constantes au sein du jeu des Italiens : les structures dialogiques (selon la théorie bakhtinienne), qui trouvent leur prolongement dans des pratiques hypertextuelles, et le jeu avec l'identité. Continuité et mutation marquent ainsi le répertoire des Italiens. Selon l'auteur, les fonctions du jeu varient entre le spectacle, la provocation joyeuse, la critique et la découverte d'une nouvelle conscience de soi-même. L'ouvrage, bien construit, comporte une table des matières détaillée qui n'empêche pas que l'on regrette l'absence d'un index des pièces voire des noms. L'annexe fournit plusieurs tableaux qui viennent compléter ceux que l'on trouve au fil de l'ouvrage.

Dans son chapitre sur le *Scenario* de Biancolelli, Heike Klees effectue une analyse structurelle des *lazzi*. Elle propose un catalogue très utile de leur catégorisation (*lazzi* de personne, de sentiment, d'identité, de travestissement, etc.) et de leur forme. La chercheuse en vient naturellement à parler des scènes italiennes ou scènes d'improvisation qui ont une place importante chez Biancolelli, comme d'ailleurs dans le *Recueil* de Gherardi. Elle conclut de l'étude de ce dernier corpus de textes, à l'histoire éditoriale complexe, que trois éléments caractérisent le développement de la structure du jeu : la francisation de sa structure, l'accent porté aux effets spectaculaires et la francisation du contenu (la langue, la parodie, la satire). Elle note que l'improvisation, qui est le cœur de la pratique des comédiens italiens, se concentre en arrière-plan. Heike Klees choisit enfin de s'intéresser à 'l'âge d'or' de la Nouvelle Comédie-Italienne selon la périodisation de Jean-Auguste Jullien (« les comédies morales et intéressantes de Delisle et Marivaux », cité p. 201). Après l'analyse de plusieurs pièces de Marivaux pour la Comédie-Italienne par le biais de l'étude des *lazzi*, du rapport des éléments du jeu au dialogue, elle conclut que les pièces de Marivaux fonctionnent sur la cohabitation de la tradition et de l'innovation ; innovation qui se comprend comme une sublimation au sens d'un affinement et que l'on perçoit dans l'usage du jeu corporel, dans le dialogue et dans les conflits amoureux. Les analyses révèlent que la transformation des structures de jeu entre l'Ancienne et la Nouvelle Comédie-Italienne, qui mène du spectacle à la découverte de la vérité et de soi-même et qui revendique la responsabilité de l'individu, correspond à un changement profond de la société : l'apparition d'une nouvelle bourgeoisie et d'un nouveau public.

En somme, cette étude s'appuie sur des théories intéressantes (Mikhaïl Bakhtine et Gérard Genette pour le concept d'analepse dans le théâtre de Marivaux) et permet une vue globale de l'évolution d'une pratique. On regrettera peut-être que Heike Klees, qui maîtrise parfaitement la bibliographie européenne du domaine, ne s'intéresse pas à la période durant laquelle le répertoire italien et certains acteurs, suite à la fermeture du théâtre, se retrouvent aux Foires Saint-Germain et Saint-Laurent. D'autant que, rappelons-le, les comédiens italiens auront une loge à la Foire Saint-Laurent de 1721 à 1723. Cela n'enlève rien au sérieux de cette analyse qui fournit une base solide pour tous les travaux concernant la Comédie-Italienne sous l'Ancien Régime.

Pauline Beaucé, Nantes

Kovacshazy, Cécile/Solte-Gresser, Christiane (Hg.): *Relire Madeleine Bourdouxhe. Regards croisés sur son œuvre littéraire*, Bruxelles [u. a.]: Lang, 2011 (Documents pour l'Histoire des Francophonies/Europe 25), 220 S.

Die belgische Schriftstellerin Madeleine Bourdouxhe (1906–1996), deren 1937 bei Gallimard veröffentlichter Roman *La Femme de Gilles* seinerzeit erhebliche Aufmerksamkeit erregte und beinahe den Prix Goncourt erhalten hätte, wurde erst Mitte der 1980er Jahre zunächst von der feministischen Literaturkritik wiederentdeckt und erfreut sich seither anhaltender Aktualität. Bourdouxhes schmales Œuvre (fünf Romane, eine Erzählung, sieben Novellen), die schwierigen Umstände seiner Entstehung und die Tatsache, dass gut die Hälfte davon lange Zeit unpubliziert blieb, mussten angesichts der außerordentlichen, von niemandem in Frage gestellten literarischen Qualität dieses Werks geradezu zwangsläufig als Beleg für die Prekarität weiblicher Autorschaft, die Marginalisierung weiblichen Schreibens und die Relegationsmechanismen eines männlich dominierten Kanonisierungsprozesses interpretiert werden. Daran, dass Bourdouxhe über nahezu vierzig Jahre in Vergessenheit geriet, konnte nicht einmal die Unterstützung Simone de Beauvoirs etwas ändern, die sich im zweiten Band von *Le Deuxième Sexe* (1949) zustimmend auf *La Femme de Gilles* und Bourdouxhes einzigen weiteren veröffentlichten Roman *A la recherche de Marie* (1943) bezogen hatte. Im deutschen Sprachraum ist das Werk Bourdouxhes seit 1996 dank des Engagements des Piper-Verlags mit fünf Titeln präsent. In Frankreich hat sich seit 2004 der Verlag Actes Sud des Werks von Bourdouxhe angenommen.

Mit dem vorliegenden Band, der auf eine in Paris im Jahr 2009 veranstaltete Tagung zurückgeht und an dem Bourdouxhe-Expertinnen und -Experten aus Belgien, Frankreich, Deutschland und England beteiligt sind, ist nun endlich auch die erste wissenschaftliche Monografie zum Werk dieser zu Unrecht vernachlässigten Autorin erschienen, deren elegante und konzise Prosa mit ihrem ausgeprägten Sinn für die Materialität der Welt und die – bemerkenswert offen thematisierte – Körperlichkeit von Mann und Frau auch heute noch überaus lesenswert ist. In ihrer Einführung erheben die Herausgeberinnen den Anspruch, mit dem Band eine dritte Phase der Rezeption zu eröffnen, in der über Genderfragen hinaus die Vielfalt des Gesamtwerks von Bourdouxhe unvoreingenommen in den Blick genommen werden solle. Dieser systematische Anspruch wird bereits in der Anlage des Bandes vorbildlich eingelöst und kommt nicht zuletzt darin zum Ausdruck, dass einige der Beteiligten gleich mehrere Artikel dazu beigesteuert haben.

Der erste Abschnitt widmet sich den fünf Romanen Bourdouxhes, beginnend mit *La Femme de Gilles*, den die Verfasserin selbst für ihr bestes Werk hielt und der von Frédéric Fontayne 2004 erfolgreich verfilmt wurde. Der zweite Teil behandelt Bourdouxhes acht kürzere Prosatexte. Dieser informative und interessante Einsichten vermittelnde Werküberblick in Einzeldarstellungen ist schon allein deswegen verdienstvoll, weil ein Teil der

Texte nur im Manuskript existiert und ausschließlich in der Bibliothèque royale de Belgique in Brüssel einsehbar ist. Im dritten Teil wird das Gesamtwerk nach verschiedenen thematischen und formalen Gesichtspunkten ausgewertet (weibliche Wahrnehmung, das Motiv des Schweigens, die Funktion der narrativen Ellipsen) und in unterschiedliche ideologische und literarhistorische Kontexte gestellt (die populistische Schreibtradition der 1930er Jahre, die Präsenz der Lyrik Guillaume Apollinaires, die christlich-religiöse Dimension). Der vierte Teil enthält neben den die Autorin betreffenden Auszügen aus Simone de Beauvoirs *Le Deuxième Sexe* eine Reihe persönlicher Reminiszenzen der britischen Bourdouxhe-Übersetzerin und Herausgeberin Faith Evans sowie der Enkelin von Madeleine Bourdouxhe, der Filmregisseurin Nadine Benzekri. Diese Abschnitte liefern erhellende Einblicke in die Biografie der Autorin, etwa zu ihren wiederholten Besuchen bei Simone de Beauvoir und Jean-Paul Sartre in der Nachkriegszeit. Abgerundet wird der Band durch den Abdruck der für Bourdouxhes Poetik aufschlussreichen Antwort auf eine Umfrage der katholischen Zeitschrift *La Cité chrétienne* unter zeitgenössischen Schriftstellern zum Thema „Littérature et christianisme" von 1939, einige im Faksimile wiedergegebene Briefe (an Raymond Queneau und Gaston Gallimard) und Originaltitelblätter, eine Bio-Bibliografie und eine umfassende, auch Übersetzungen sowie Theater-, Radio- und Filmadaptionen berücksichtigende Bibliografie der vorhandenen Primär- und Sekundärliteratur.

Der Grundintention des Bandes entsprechend treten in den Einzelanalysen genuin feministische Lektüreansätze nicht so stark in den Vordergrund, wie es Bourdouxhes suggestive Darstellung sprachlicher Inkommunikabilität zunächst erwarten lassen könnte. Eher herrscht eine Haltung vor wie die Jeannine Paques, die im Hinblick auf die Schreibweise Bourdouxhes das „étiquette *féministe*" lieber durch das „épithète *féminine*" (S. 130) ersetzt sehen möchte. Die ‚Weiblichkeit' dieser Schreibweise definiert Paque folgendermaßen: „décrire selon une modalité singulière le rapport des femmes avec le monde" (ebd.). Insgesamt richtet sich das Augenmerk der Beiträgerinnen und Beiträger jedoch vor allem darauf, die literarische Qualität der Texte Bourdouxhes und ihre Teilhabe am literarischen Diskurs der Moderne angemessen zu würdigen. Das belegen nicht zuletzt die punktuellen Vergleiche mit Marcel Proust und Gustave Flaubert, mit Georges Simenon, Sartre und Nathalie Sarraute. Daneben zeichnet sich die Tendenz ab, das Werk der Autorin stärker zu historisieren, es konkreter in den französisch-belgischen Kontext einzubetten und genauer in die literarischen und weltanschaulichen Debatten der Zeit einzuordnen. Stellvertretend für diese Tendenz darf die hier keineswegs einschränkend gemeinte Feststellung von Jacques Dubois gelten: „Bourdouxhe est littérairement bien de son temps" (S. 128). Denn wenn diese anregende, bereits im Titel zur Wiederlektüre Madeleine Bourdouxhes aufrufende, ebenso perspektiven- wie material- und erkenntnisreiche Pionier-Publikation eines unmissverständlich vor Augen führt, dann ist es die Tatsache, dass Person und Werk dieser Autorin in Zukunft ein weit größeres Interesse beanspruchen dürfen, als das bisher der Fall gewesen ist.

Christian von Tschilschke, Siegen

Lavric, Eva/Pöckl, Wolfgang/Schallhart, Florian (Hg.): *Comparatio delectat*. Akten der VI. Internationalen Arbeitstagung zum romanisch-deutschen und innerromanischen Sprachvergleich, Innsbruck, 3.–5. September 2008, 2 Bde., Frankfurt/M. [u. a.]: Lang, 2011 (InnTrans. Innsbrucker Beiträge zu Sprache, Kultur und Translation 4), 952 S.

Bei dem vorliegenden Sammelband handelt es sich um die Publikation der Tagungsbeiträge der VI. Internationalen Arbeitstagung zum romanisch-deutschen und innerromanischen Sprachvergleich, die vom 3.–5. September 2008 an der Universität Innsbruck stattfand. Mit dem erstmaligen Ausrichten der wissenschaftlichen Konferenz am Standort Innsbruck haben die Organisatoren/-innen das traditionsreiche Konzept dieser sprachkontrastiv orientierten Tagungsreihe übernommen, die von 1987 bis 2003 an der Universität Leipzig stattfand und schon damals ein Forum für den regelmäßigen wissenschaftlichen Austausch namhafter, einschlägig ausgewiesener Fachkollegen/-innen war. Die Lektüre des Doppelbandes macht deutlich, dass es den Innsbrucker Organisatoren/-innen mehr als gelungen ist, an die Erfolge der vorhergegangenen Arbeitstagungen anzuknüpfen und ein breites Spektrum an thematisch vielfältig ausgerichteten Beiträgen von hoher Qualität zusammenzustellen. Hervorzuheben ist, dass nahezu alle Teildisziplinen der Sprachwissenschaft Berücksichtigung finden, wobei ein bewusst gesetzter inhaltlicher Akzent auf der kontrastiven Semantik und Lexikologie sowie auf der Phraseologie liegt. Positiv zu bemerken ist die Vielzahl der im Tagungsband verwendeten Meta- und Objektsprachen, die von einer panromanischen Perspektive zeugen.

Die Tagungsakten gliedern sich in zwei thematisch sinnvoll strukturierte Doppelbände. Den einzelnen Beiträgen des ersten Bandes sind die Plenarvorträge vorangestellt, die der linguistischen Teildisziplin der Lexikologie verpflichtet sind. Die thematische Kohärenz wird sodann fortgeführt, indem der erste Themenblock diejenigen Beiträge enthält, die sich ebenfalls der Lexikologie bzw. der Semantik zuordnen lassen. Hierbei fällt auf, dass Untersuchungen einerseits zu Konnektoren und Verben, andererseits zu komplexen lexikalischen Einheiten/Phrasemen dominieren. Dies ermöglicht dem Leser eine vertiefende Beschäftigung mit der Thematik, wobei die Fragestellungen anhand mehrerer romanischer und germanischer Sprachen exemplifiziert werden. Logisch konsequent wird dann im folgenden Unterkapitel („Kontrastive Textologie und Textlinguistik") zu den komplexeren sprachlichen Einheiten, den Texten, hingeführt. Ein Teil der Autoren/-innen widmet die sprachkontrastiven Analysen der Wirtschaftskommunikation, speziell dem Werbediskurs, welcher für den Alltag von hoher Relevanz ist. Abgerundet werden die textlinguistisch orientierten Studien mit Schwerpunkt auf der Marketingkommunikation durch Beiträge aus dem Gebiet der Fachtextlinguistik, wobei die Verfasser/-innen makrostrukturelle Spezifika journalistischer, juristischer und wissenschaftlicher Texte beschreiben und damit ein breites Spektrum an Fachtextsorten bearbeiten.

Der zweite Teilband stellt zunächst klassisch (system-)linguistische Teildisziplinen wie die Morphologie und die Syntax in den Mittelpunkt und fragt im Anschluss an pragmatische Fragestellungen nach Anwendungsmöglichkeiten der Forschungsergebnisse in der Übersetzungspraxis und in der Fremdsprachendidaktik. Wie bereits für den ersten Teilband herausgestellt, ist das Spektrum der im Einzelnen behandelten Fragestellungen, Diskursbereiche und Sprachstufen für den Bereich der Wortbildung und Flexion beeindruckend. So werden sowohl die Wandlungsprozesse vom Lateinischen zu den romanischen Volkssprachen als auch die morphologische Strukturierung von Web-Adressen (im Deutschen und im Französischen) behandelt. Neben den größeren romanischen Sprachen stehen in diesem Themenabschnitt auch das Katalanische und das Rumänische im Zentrum des wissenschaftlichen Interesses. Die Beiträge des folgenden Abschnitts zur Pragmatik gehen in einigen Fällen von sprachlichen Handlungen (z. B. von der Sprachhandlung des Sich-Bedankens) aus und fragen nach ihrer Realisierung in unterschiedlichen Sprachen, widmen sich aber auch der Funktion unterschiedlicher Anredeformen oder der rhetorischen Struktur politischer Diskurse. Weiterhin findet die Diskussion zur Funktion bestimmter typografischer Merkmale und der Interpunktion Berücksichtigung. Ähnlich variantenreich wie die bereits besprochenen thematischen Abschnitte gestaltet sich der Aufbau des Unterkapitels zur Übersetzungswissenschaft, da hier sowohl literarische als auch Fach- (Rechtstexte) und Gebrauchstexte (Beipackzettel) analysiert werden. Das abschließende Kapitel zur Sprachdidaktik schließlich umfasst sowohl grundlegende methodische Überlegungen zum Einsatz der kontrastiven Linguistik im Fremdsprachenunterricht als auch eine konkrete Einzelstudie bzw. ein Unterrichtsmodell zu ‚falschen Freunden' Italienisch-Deutsch und wird durch eine Darstellung früher fremdsprachendidaktischer kontrastiver Ansätze im Bereich des Deutschunterrichts in Spanien gegen Ende des 18. Jahrhunderts abgerundet.

Es ist das große Verdienst der Herausgeber/-innen, einen thematisch vielfältigen Sammelband zu aktuellen Fragen des romanisch-deutschen und innerromanischen Sprachvergleichs konzipiert zu haben, der konsequent die wichtigsten linguistischen Teildisziplinen berücksichtigt und der die romanische Mehrsprachigkeit sowohl auf der Ebene der Objekt- als auch der Metasprache würdigt. Die einzelnen Beiträge, die den Themenblöcken zugeordnet sind, wurden von den Herausgebern/-innen logisch aufeinander aufbauend angeordnet. Zudem gelingt die Verknüpfung von Fragestellungen der

Grundlagenforschung mit der Perspektive der Angewandten Linguistik, sodass die Lektüre unter vielfältigen Zielsetzungen gewinnbringend ist. Der Band macht mehr als überzeugend deutlich, welch zentralen Stellenwert Fragen des Sprach- und Kulturvergleichs in der gegenwärtigen Forschung innehaben, und bietet Ansatzpunkte für zahlreiche weiterführende Forschungsarbeiten. Nicht zuletzt die sorgfältige Lektorierung – bei einem Gesamtumfang von knapp 1000 Seiten eine besonders zu würdigende Leistung – trägt zum Lesevergnügen bei. Es bleibt zu hoffen, dass diesem ersten Sammelband aus der Innsbrucker ‚Schule' noch viele weitere Tagungsakten folgen werden.

Nadine Rentel, Zwickau

Le Quintrec, Guillaume/Geiss, Peter (Hg.): *Europa und die Welt seit 1945*, Stuttgart, Leipzig: Klett/[Paris]: Nathan, 2006 (Histoire/Geschichte. Deutsch-französisches Geschichtsbuch 3), 335 S.

Le Quintrec, Guillaume/Geiss, Peter (Hg.): *L'Europe et le monde depuis 1945*, Paris: Nathan/[Stuttgart]: Klett, 2006 (Histoire/Geschichte. Manuel d'histoire franco-allemand 3), 335 S.

Henri, Daniel/Le Quintrec, Guillaume/Geiss, Peter (Hg.): *Europa und die Welt vom Wiener Kongress bis 1945*, Stuttgart, Leipzig: Klett/[Paris]: Nathan, 2008 (Histoire/Geschichte. Deutsch-französisches Geschichtsbuch 2), 385 S.

Geiss, Peter/Henri, Daniel/Le Quintrec, Guillaume (Hg.): *L'Europe et le monde du congrès de Vienne à 1945*, Paris: Nathan/[Stuttgart]: Klett, 2008 (Histoire/Geschichte. Manuel d'histoire franco-allemand 2), 383 S.

Bendick, Rainer [u. a.] (Hg.): *Europa und die Welt von der Antike bis 1815*, Stuttgart, Leipzig: Klett/[Paris]: Nathan, 2011 (Histoire/Geschichte. Deutsch-französisches Geschichtsbuch 1), 273 S.

Bendick, Rainer [u. a.] (Hg.): *L'Europe et le monde de l'antiquité à 1815*, Paris: Nathan/Stuttgart, Leipzig: Klett, 2011 (Histoire/Geschichte. Manuel d'histoire franco-allemand 1), 271 S.

Als sich am 22. Januar 2013 die Unterzeichnung des deutsch-französischen Freundschaftsvertrages zum 50. Mal jährte, war es auch zehn Jahre her, dass das im Rahmen der Feierlichkeiten zum 40. Jahrestag des Elysée-Vertrages tagende deutsch-französische Jugendparlament forderte, ein Geschichtsbuch mit gleichem Inhalt für beide Länder einzuführen, um durch Unwissenheit verursachte Vorurteile abzubauen.

Knapp ein Jahrzehnt später ist ein bis dahin weltweit einmaliges, gemeinsames binationales Geschichtslehrwerk mit identischem Inhalt in jeweils einer deutschen und einer französischen Fassung entstanden. Mit den nun vorliegenden drei Bänden des Werkes kann im deutschen und französischen Geschichtsunterricht der Oberstufe lehrplankonform gearbeitet werden. Somit ist es Zeit für eine Bilanz des Buches, das mehr ist als ein Schulbuch[8] und daher auch in weitaus größerem Maße als sonstige Schulbücher Interesse, Lob und Kritik auf sich gezogen hat.[9] Das Projekt besitzt hohe symbolische und politische Relevanz, es schreibt selbst Geschichte und dient bereits jetzt anderen Ländern Europas und der Welt als Modell. Trotz der nicht immer positiven Kritik besteht über das bereits in der Existenz des Buches liegende Verdienst breiter Konsens.

Im Folgenden sollen jedoch Fragen der Nutzbarkeit und des Nutzens des Schulbuches für die Adressaten, Schüler und Lehrer, im Fokus stehen. Die transnationale Zielsetzung des deutsch-französischen Geschichtsbuches[10] (im Folgenden: dfGB) entspricht sowohl dem aktuellen geschichtswissenschaftlichen Forschungsstand[11] als auch der europäischen und globalen Lebenswelt der Schüler. Die drei Bände des dfGB stellen sowohl inhaltlich als auch didaktisch, methodisch und formal eine Synthese der geschichtsdidaktischen Traditionen beider Länder dar und weisen dabei Stärken und Schwächen auf.[12] Von der deutschen Didaktik wurde bereits nach Erscheinen des ersten Bandes kritisch angemerkt, dass die Aufgabenstellungen bisweilen zu wenig problemorientiert seien, das Bildmaterial nicht immer didaktisch

---

8 Vgl. Schmoll, Heike: Historische Verständigung. Der zweite Band des deutsch-französischen Geschichtsbuches ist mehr als ein Schulbuch, in: FAZ, 08.04.2008, http://www.faz.net/aktuell/feuilleton/buecher/rezensionen/2.1715/historische-verstaendigung-1549924.html (25.01.2013).

9 Vgl. ausführliche Besprechungen von Reiner Marcowitz, Ulrich Pfeil und Corine Defrance in Dokumente 5 (2006) für den zuerst erschienenen Band und für Bd. 2 in digitaler Form auf der Homepage des Georg-Eckert-Institutes für Internationale Schulbuchforschung: http://www.gei.de/de/publikationen/eckert-dossiers/europa-und-die-welt/leurope-et-le-monde.html (25.01.2013).

10 François, Etienne: Le manuel franco-allemand d'histoire. Une entreprise inédite, in: Vingtième Siècle. Revue d'Histoire 94 (avril–juin 2007), S. 73–86, hier S. 73. Vgl. dazu auch die Vorworte der drei Bände Histoire/Geschichte.

11 Siehe z. B. das seit 2001 am Deutschen Historischen Institut verfolgte Projekt einer Deutsch-Französischen Geschichte in 11 Bänden, hg. von Gudrun Gersmann und Michael Werner. (Vgl. hierzu auch die Rezensionen von Adolf Kimmel und Stefan Seidendorf in diesem Band, Anm. d. Red.)

12 Einige der anlässlich des zuerst erschienenen Bandes (Bd. 3) vorgebrachten Kritikpunkte sind in die nächsten beiden Bände eingeflossen, so gibt es in Bd. 2 historiografische Schlaglichter und im zuletzt erschienenen Band fallen die Quellentexte länger aus.

aufbereitet worden sei und sich oft auf einen illustrativen Charakter beschränke.[13] Die Gliederung der Themen erfolgt nicht durchgängig chronologisch, sodass sich ein Thema in mehreren Teilen des Buches wiederfinden kann, ohne dass jedoch darauf hingewiesen wird. Die deshalb notwendigen – folgt man den zumeist chronologisch strukturierten Lehrplänen – Vor- und Rückgriffe sind für Schüler/-innen verwirrend und für Lehrer/-innen in der Unterrichtspraxis nicht immer leicht zu handhaben. Ein Register wäre hier sehr hilfreich.

Durch die enorme Breite der Themen und Vielfalt der Materialien fehlt bei einigen die Tiefe und sie müssen mit Zusatzmaterial angereichert werden. So werden etwa die Geschichte der DDR und die Wiedervereinigung aus Sicht der deutschen Schüler mit nur wenigen Seiten doch kürzer behandelt als in den deutschen Geschichtsbüchern, während sie aus Sicht der französischen Schüler ungewöhnlich ausführlich dargestellt sind. Durch das lobenswerte Anliegen, vielfältige und im Vergleich zu den üblichen Geschichtsbüchern auch viele neue Materialien zur Verfügung zu stellen, sind die Autorentexte teilweise sehr knapp und zugleich komplex, sodass sie gelegentlich überfordern. Dafür fallen andere Kapitel, wie z. B. das zum europäischen Einigungsprozess mit 20 Seiten in Bd. 3, sehr ausführlich aus. Auch ist das Buch stark auf die ‚große Politik' und deren Akteure konzentriert, die Alltagsgeschichte kommt indessen oft zu kurz; positiv hervorzuheben ist jedoch, dass kulturgeschichtliche und Fragen der Erinnerungskultur und -politik Berücksichtigung finden, immer ausführlicher und differenzierter im Entstehungsprozess der Bände.

Die in jedem Lehrwerk notwendige didaktische Reduktion und Schwerpunktsetzung erweist sich hier aufgrund der gewählten deutsch-französischen, europäischen und internationalen Perspektivierung des Geschichtsbuches als besondere Herausforderung. Das Werk will multiperspektivisch die Ähnlichkeiten, Unterschiede und Wechselwirkungen in der Geschichte Deutschlands und Frankreichs aufzeigen und sie in ihren europäischen und globalen Zusammenhang stellen. Der durch diesen pluralen Ansatz entstehende große Mehrwert wird jedoch nicht durchgängig genutzt. Das Bemühen um Harmonisierung der deutschen und französischen Sicht der historischen Ereignisse geht teilweise auf Kosten der beanspruchten Multiperspektivität und einer grundsätzlich in der Natur des Experiments liegenden Kontroversität. Sie wird dann additiv am Ende der Hauptteile in halbseitigen „regards croisés" oder „deutsch-französischen Perspektivenwechsel[n]" ergänzt. Ein Blick der jeweils anderen Seite auf ein Kapitel der

---

13 So sind z. B. die Bildermosaiken der Auftaktseiten der Hauptteile kaum weitergehend nutzbar.

eigenen Geschichte oder gar die doppelte Abfassung eines Themas aus der deutschen und französischen Perspektive könnten zu einer tatsächlichen *histoire croisée* führen.[14]

Insgesamt jedoch könnte die Pluralität der Perspektive, die das dfGB bietet, in beiden Ländern auch national geprägte Unterrichtspraktiken und geschichtsdidaktische Vorstellungen relativieren.[15] So kann etwa – anstatt die knappe Darstellung der Weimarer Republik zu beklagen – deren Einordnung in den Kontext der Krise der westeuropäischen Demokratien in der Zwischenkriegszeit neue Erkenntnisse über Gefährdungen für Demokratien insgesamt bringen und zu einer erweiterten Urteilskompetenz beitragen.

Das für die gymnasiale Oberstufe konzipierte Buch hat sich insbesondere für den bilingualen Geschichtsunterricht in deutscher und französischer Sprache als wertvolles Lehrwerk bewährt. Im Unterricht kann mit der jeweiligen fremdsprachlichen Fassung gearbeitet werden und die Möglichkeit, bei komplexen historischen Themen auf die muttersprachliche Ausgabe zurückzugreifen, kann bei Unsicherheiten im Verständnis helfen.[16]

In den letzten Jahren konnte das dfGB zum Modell für ähnliche Projekte werden. Ähnlich wie beim dfGB stand auch hinter dem deutsch-polnischen Geschichtsbuch der politische Wille, einen Beitrag zur deutsch-polnischen Verständigung zu leisten. Dieses Bestreben konnte bei der Initiierung des Schulbuchprojekts 2006 bereits an eine lange Tradition anknüpfen, feierte man doch dieses Jahr das 40-jährige Bestehen der deutsch-polnischen Schulbuchkommission.

Finanziert von den Regierungen beider Länder wurden seit Mai 2008 von einer paritätisch besetzten Projektgruppe aus deutschen und polnischen Wissenschaftlern und politischen Akteuren Empfehlungen für ein gemeinsames Buch ausgearbeitet, dessen Konzeption und Ausfertigung Anfang 2012 beginnen konnte. Die wissenschaftliche Koordination liegt beim Georg-

---

14 Vgl. Werner, Michael/Zimmermann, Bénédicte: Vergleich, Transfer, Verflechtung. Der Ansatz der *Histoire croisée* und die Herausforderung des Transnationalen, in: *Geschichte und Gesellschaft* 28 (2002), S. 607–636; zur Methode eines *regard croisé* vgl. auch Kuhn, Bärbel: Frankreich und Deutschland in Europa und der Welt. Anmerkungen zum gemeinsamen deutschen und französischen Geschichtsbuch, in: *Geschichte lernen* 116 (2007), S. 61–62; Rohlfes, Joachim: Doppelte Perspektiven. Ein deutsch-französisches Geschichtsbuch, in: *Geschichte in Wissenschaft und Unterricht* 58/1 (2007), S. 53–57, hier S. 54; Meik Zülsdorf-Kersting in seiner Rezension des zweiten Bandes des deutsch-französischen Geschichtsbuches, in: *Zeitschrift für Geschichtsdidaktik* 8 (2009), S. 156–158.

15 Bendick, Rainer: Das deutsch-französische Schulgeschichtsbuch. Die Möglichkeit zum binationalen Geschichtsunterricht und die nationalen Reserven der deutschen Geschichtsdidaktik, in: *Eckert. Beiträge* 4 (2009), www.edumeres.net/urn/urn:nbn:de:0220-2009-00068 (25.01.2013).

16 Die Erkenntnisse fußen auf Evaluationen des Geschichtsbuches von Schülern und Lehrern des bilingualen Zweiges der Humboldtschule in Bad Homburg, Hessen.

Eckert-Institut für internationale Schulbuchforschung in Braunschweig.[17] Der erste Band soll 2014 erscheinen. Neben der intendierten Perspektivenerweiterung und Herstellung globaler Bezüge hat das Buch den Anspruch, ein „europäisches Geschichtsbuch" zu werden, das nicht nur von den beiden Nachbarländern benutzt werden kann.[18]

Vorbild wurde das dfGB auch für ein entsprechendes chinesisch-koreanisch-japanisches Projekt. Mangels einer längeren, den beiden genannten binationalen Schulbuchprojekten vergleichbaren Aussöhnungstradition wurde in Japan und Korea 2008 zunächst einmal der dritte Band des dfGB übersetzt,[19] in der Hoffnung, Wege zu erfahren, wie in einer (in doppelter Hinsicht) vermittelnden Schulbuchdarstellung mit brisanten Themen der gemeinsamen konfliktreichen Geschichte umgegangen werden kann. Neugieriger wurde in Ostasien jedoch noch auf das deutsch-polnische Buch gewartet, da – ähnlich wie zwischen den ostasiatischen potenziellen Partnerländern – die politischen und wirtschaftlichen Beziehungen in Vergangenheit und Gegenwart asymmetrisch waren und sind und nationalistische Einstellungen jeweils nach wie vor eine bedeutendere Hürde der Verständigung darstellen.[20]

Nach der Publikation des trilateralen, von nichtstaatlichen, zivilgesellschaftlichen Gruppen (z. B. Historikern/-innen sowie Lehrern/-innen) erarbeiteten Werks ‚Geschichte, die die Zukunft öffnet: Moderne Geschichte Ostasiens'[21] im Jahre 2005 sind im Mai 2012 die beiden gemeinsam verfass-

---

17 Vgl. für weitere und detailliertere Informationen: http://deutsch-polnische.schulbuchkommission.de/home.html. Wir danken Frau Dr. Inga Niehaus für wertvolle Hinweise.
18 So der Osteuropahistoriker Prof. Dr. Michael Müller, bis 2012 Vorsitzender der deutsch-polnischen Schulbuchkommission: http://www.dradio.de/dkultur/sendungen/thema/1765939/ (25.01.2013), vgl. zum deutsch-polnischen Geschichtsbuch auch die Direktorin des Georg-Eckert-Instituts, Frau Prof. Dr. Simone Lässig, in einem Interview des Deutschlandradios: http://www.dradio.de/dlf/sendungen/campus/1520331/ (25.01. 2013).
19 Vgl. Nishiyama, Akiyoshi: Ein Ziel in weiter Ferne? Das gemeinsame deutsch-französische Geschichtsbuch aus japanischer Sicht, in: *Revue d'Allemagne et des pays de langue allemande* 41 (2009), S. 105–123; Han, Unsuk: *Gegen den nationalen Strom schwimmen: Ergebnisse und Grenzen der Schulbuchgespräche in Ostasien*, 2010. Wir danken den Herren Akiyoshi Nishiyama und Unsuk Han für informative Gespräche und Herrn Prof. Dr. Unsuk Han für wertvolle Hinweise und das freundliche Entgegenkommen, uns den ungedruckten Text zur Verfügung zu stellen.
20 Vgl. etwa Kim, Seungreyol: International History Textbook Work from a Global Perspective: The Joint Franco-German History Textbook and its Implications for Northeast Asia, in: *Journal of Northeast Asian History* 6/2 (Dec 2009), S. 75–101, hier S. 93, http://211.250.146.104/files/pdf/jn/jn_010_0030.pdf (25.01.2013).
21 Unabhängig von den demografischen Relationen seien zur Dimensionierung die Verkaufszahlen 2006 genannt: China: 110 000, Korea: 50 000 und Japan: 70 000, vgl. Delissen, Alain: La nouvelle bataille des Falaises rouges? A propos du manuel commun „Chine-Corée-Japon", in: *Vingtième siècle. Revue d'histoire* 94/2 (2007), S. 57–71, hier S. 68, http://www.cairn.info/revue-vingtieme-siecle-revue-d-histoire-2007-2-page-57.htm (25.01.2013).

ten Nachfolgebücher ‚Moderne Geschichte Ostasiens' in drei Sprachen erschienen. Der zweite dieser Bände befasst sich mit der ‚Geschichte der Menschen und ihres Austauschs'. Sein Titel deutet bereits die Perspektiven und Chancen an, die, wenn sie nicht schon in den Büchern selbst liegen sollten, so doch durch die ihnen zugrunde liegenden Verhandlungen eröffnet und mit den Anliegen der Bücher verfolgt wurden: Die Geschichte erforschenden, schreibenden und sie unterrichtenden Menschen sind zum Gespräch zusammengekommen und haben erste Kompromisse gefunden. Auf der Ebene der Beziehungs- und Transfergeschichte und durch die Sichtbarmachung von transnationalen und globalen Bezügen der nationalen Geschichten können sie Wege zu multiperspektivischen und pluralen Sichtweisen auch in der Kontroversität aufzeigen.

Alexandra Sefrin, Bad Homburg/Bärbel Kuhn, Siegen

Liebeskind, Uta : *Universitäre Lehre. Deutungsmuster von ProfessorInnen im deutschfranzösischen Vergleich*, Konstanz : UVK, 2011, 333 p.

Universitäre Lehre se propose de comparer l'enseignement universitaire en France et en Allemagne à partir d'une analyse des représentations que les enseignants se font de leur activité. Le matériau de la comparaison est constitué d'entretiens qualitatifs menés avec des enseignants français et allemands de deux matières témoins, la *Literaturwissenschaft*/les lettres d'un côté, la chimie de l'autre. La partie empirique de l'ouvrage est précédée d'un état de la recherche et de la réflexion des deux sociétés sur l'université. L'ouvrage se conçoit aussi comme un bilan comparatif des transformations de la profession universitaire en réponse aux changements induits par le processus de Bologne.

La comparaison des points de vue des acteurs s'autorise de l'idée que les conditions de l'enseignement universitaire seraient identiques, les différences constatées étant imputables aux cultures universitaires nationales. L'auteure interprète par exemple comme une différence significative la réaction des enseignants aux déficits de leurs étudiants : les professeurs allemands disent régler leur enseignement sur les étudiants idéaux (qui correspondent à ce qu'ils attendent d'un bon étudiant), alors que leurs collègues français s'adaptent à des étudiants qu'ils jugent médiocres. Or il ne s'agit pas, en réalité, d'une réaction différente à une situation identique, mais tout simplement d'une situation différente : les enseignants allemands ont de bons étudiants dans leur public, ce qui n'est pas le cas de leurs collègues français, les bons étudiants ne fréquentant pas l'université, mais une classe préparatoire ou une grande école, au moins dans les premières années de leur cursus.

De fait, les conditions concrètes (institutionnelles, sociologiques) de l'enseignement universitaire sont fondamentalement différentes. L'ignorer conduit à interpréter les différences comme l'effet d'une culturalité 'pure', coupée des conditions dans lesquelles elle se développe.

L'analyse surprend aussi par le caractère de norme implicite qui revient à la conception et aux conditions allemandes de l'enseignement universitaire. Qu'on le déplore ou non, la conception humboldtienne de l'université, son idéal de formation par l'initiation des étudiants à la recherche du professeur, n'est pas une norme universelle. L'enseignement supérieur français se caractérise par le fait que les activités qui prennent pour modèle la recherche ne sont pas le mode de formation normal. L'initiation à la recherche ne se fait que plus tard, en conclusion de la formation initiale, puis pour ceux qui se destinent à une carrière de chercheur. Le résultat de l'enquête – que l'initiation des étudiants à la recherche et l'idéal de scientificité qui lui est lié ne font pas partie des priorités des enseignants français – était donc très prévisible, sinon tautologique.

Outre les effets concrets de la dualité université/CPGE-grandes écoles, le poids des concours (en lettres, beaucoup de cours préparent, directement ou indirectement, à des concours), le déroulement des différents types de cours et les activités qui y sont pratiquées sont systématiquement sous-estimés dans l'interprétation du discours des acteurs. Le fait qu'en France, il n'y ait pas de séminaire (ni le mot, ni la chose) dans la formation universitaire de base n'est même pas relevé, alors même que pour les enseignants allemands le séminaire constitue la situation d'enseignement de base.

Il est enfin curieux qu'une enquête soucieuse de restituer la parole originale des interviewés (les extraits des entretiens avec les enseignants français sont cités dans la version originale et traduits) ne se soit jamais préoccupée de l'(in)traduisibilité des termes avec lesquels elle opère. A commencer par l'objet même de la recherche, la notion de *Lehre,* qui est bel et bien un intraduisible. En allemand, le terme s'oppose à *Unterricht* (la simple transmission de connaissances, sur le modèle de ce qui se fait à l'école). La *Lehre* allemande est spécifique à l'université. Le français, au contraire, ne dispose que d'un seul terme générique, *enseignement* (qui s'applique aussi bien à l'enseignement scolaire et universitaire). L'objet de l'habilitation allemande est de conférer la *Lehrbefugnis* (la *venia legendi*), c'est-à-dire de désigner ceux qui sont aptes à *lehren*. L'habilitation à diriger les recherches française (HDR) habilite explicitement à diriger des recherches, elle ne sanctionne pas une qualité différente d'enseignement.

La comparaison entre les deux cultures académiques et entre les changements provoqués par le processus de Bologne dans les deux pays est biaisée tant par la méconnaissance du contexte français que par la projection de l'idéal humboldtien sur la situation française. La prise en compte de ces différences aurait sans doute conduit à interpréter différemment les déclarations des acteurs sur leur activité. Dans la perspective d'une comparaison des deux cultures académiques, on est amené à s'interroger sur la productivité d'une démarche fondée exclusivement sur l'analyse du point de vue des acteurs, à l'exclusion de toute considération des institutions et de leur histoire.

Béatrice Durand, Berlin

Lüger, Heinz-Helmut/Giessen, Hans W./Weigel, Bernard (Hg.): *Entre la France et l'Allemagne. Michel Bréal, intellectuel engagé*, Limoges: Lambert-Lucas, 2012, 168 S.

Dieser kleine Sammelband versteht sich als Hommage an den Sprachwissenschaftler Michel Bréal (1832–1915). Die sechs Autoren haben es sich zum Ziel gesetzt, die komplexen Verdienste und die Vielfältigkeit seines Schaffens aufzuzeigen.

Der erste Beitrag, „Michel Bréal, une carrière interdisciplinaire" von Hans W. Giessen und Heinz-Helmut Lüger, zeichnet einige wichtige Abschnitte von Bréals wissenschaftlicher Karriere nach, wie z. B. die Einführung der vergleichenden Sprachwissenschaft in Frankreich, seine Kritik an der Arbeit der Junggrammatiker, die Mythosforschung und Fremdsprachendidaktik, sein Hauptwerk *Essai de sémantique*, sein Engagement im Erziehungs- und Bildungswesen und schließlich auch die ‚Erfindung' des Marathonlaufs. Die Verfasser heben besonders seine Bemühungen um die Verbindung zwischen theoretischer Forschung und ihrer praktischen Anwendung und seinen lebenslangen Kampf gegen nationale Stereotypen hervor.

Eine Reihe von Aufzeichnungen durch Bréals Sohn sind mit erklärenden Notizen von Marc Décimo versehen. „Michel Bréal par son fils Auguste" stellt sich dar als ein Abriss und Anekdoten über die Gymnasialzeit und das Studium von Michel Bréal, seine Entscheidung für den Lehrberuf, seine Bescheidenheit und Arbeitswut.

Hans W. Giessen konzentriert sich in „Michel Bréal, le célèbre initiateur du Marathon: l'histoire d'un mythe" auf Bréal als den ‚Erfinder' des Marathonlaufs als olympische Disziplin. Der Verfasser versucht zu erklären, warum der historische Marathonlauf (490 v. Chr.) ein Mythos ist, und schreibt zu diesem Zwecke die Geschichte des Marathonlaufs von Plutarch bis zur Gegenwart. Die Motivation für das Interesse an dieser neuen Disziplin scheint sich bei Bréal ganz allgemein aus einer Faszination für die Antike zu erklären.

Hans W. Giessens Beitrag „Michel Bréal, Léon Nikolaïévitch Tolstoï et les *Tables eugubines*: un puzzle interculturel" zeugt von einer literarischen Entdeckung: Tolstoï zitiert in *Anna Karenina* (1878) die *Tables eugubines*. Es handelt sich dabei um sieben Bronzetafeln, die im Jahre 1444 entdeckt worden waren und deren Übersetzung und Kommentar Bréal 1875 veröffentlicht hat. Der Verfasser fragt sich, mit welcher Absicht Tolstoï die durch Bréal bekannt gewordenen Bronzetafeln zitiert und warum er ausgerechnet dieses Werk gewählt hat.

In „Michel Bréal, un linguiste entre tradition et innovation" versucht Heinz-Helmut Lüger zu ermitteln, welche Bedeutung Bréal für die Geschichte der Sprachwissenschaft hat und welchen Beitrag er im Bereich der Semantik geleistet hat. Er kommt zu dem Schluss, dass einige von Bréals Ansätzen sogar als moderner zu bewerten sind als die von Ferdinand de Saussure. Wenn Bréal laut H.-H. Lüger auch nicht der Erfinder der Semantik sei, so könne man ihm doch das Verdienst zurechnen, dass seine Semantik über das Einzelwort hinausgehe und er die synchronische Perspektive einführe. Ebenso sieht der Verfasser in Bréal einen Vorläufer der Sprechakttheorie und der modernen Pragmatik. Den kommunikativen Sprachgebrauch als Gegenstand der Sprachwissenschaft zu betrachten entsprach damals sicher einer revolutionären Sichtweise. Das Fehlen eines großen Durchbruchs wird erklärt durch eine wenig rigorose Darstellungsweise und die Abwesenheit einer Terminologie und expliziten Methodologie.

Vilmos Bárdosi („Michel Bréal et Charles Bally, deux précurseurs de la phraséologie moderne") hebt hervor, dass Bréal auch auf dem Gebiet der Phraseologie echte Pionierarbeit geleistet hat. Der Verfasser versucht aufzuzeigen, dass die weit verbreitete Meinung, Charles Bally sei der Vater der modernen Phraseologie, nuanciert werden muss, da einige phraseologische Thesen Bréals bereits als erste Vorstöße auf diesem Gebiet gewertet werden müssen. Bréal nutze schon im *Essai* den Terminus *phraséologie*. Bréals Feststellungen sind nicht ohne Wirkung geblieben – ein Echo finde sich bei Bally, aber auch bei Saussure. Der Beitrag konzentriert sich schließlich auf Arbeitsfelder, die Bally merkwürdigerweise außer Acht gelassen hat: es finde sich bei ihm kein definitiver Klassifizierungsvorschlag der Phraseologismen und auch keine Definition der zu untersuchenden Grundeinheit.

In „Michel Bréal et l'essor de la phonétique expérimentale et appliquée" zeigt Fernand Carton zunächst in historisch-biografischer Perspektive das Wirken des Abbé Rousselot und stellt parallel einige Verknüpfungen mit Bréals Karriere her. Im Abschnitt zu Bréals Prinzipien einer Fremdsprachendidaktik verweist er auf die Orientierung an der gesprochenen Sprache und das besondere Augenmerk auf die Aussprache beim Fremdsprachenerwerb, ein Interesse für Lehre und Lernen der (französischen) Muttersprache, die Aufwertung regionaler Sprachunterschiede und die Anpreisung von Sprachreisen. Zum Schluss findet der Leser eine kleine Historie der ersten phonetischen Forschungslabors in Frankreich und im Ausland.

Der Beitrag von Françoise Hammer, „Michel Bréal et l'enseignement des langues vivantes", beklagt, dass Bréals didaktische Schriften zu den lebenden Fremdsprachen sehr wenig Anklang finden. Die Verfasserin fragt sich, ob sie aus politischen Gründen verkannt worden sind oder ob evtl. ihr elitärer Beigeschmack nicht salonfähig war, und bietet eine Analyse einiger Vorträge

Bréals. Sie zeigt Widersprüche zwischen dem Sprachwissenschaftler und dem Didaktiker auf, lobt Bréal aber auch für seine pragmatischen Ansätze (wenn es auch etwas gewagt ist, ihn als Wegbereiter des *pattern drill* zu sehen). Sie geht sogar so weit, Bréal als Vorläufer der modernen Diskursgrammatik zu charakterisieren, kritisiert aber andererseits, dass er keine systematisierte didaktische Theorie und keine praktische Anleitung aufgestellt habe.

Ein weiterer Beitrag von Heinz-Helmut Lüger („Entre la France et l'Allemagne, le rôle de Michel Bréal") schließt den Band mit einem zusätzlichen biografisch-historischen Abriss, diesmal mit den drei Hauptschwerpunkten: Bréal als Vermittler der historisch-vergleichenden Sprachwissenschaft in Frankreich (als Übersetzer von Franz Bopp), die Folgen des Deutsch-Französischen Kriegs und seine Rolle in der Dreyfus-Affäre.

Annette Schmehl-Postaï, Nantes

Mehdorn, Margarete: *Französische Kultur in der Bundesrepublik Deutschland. Politische Konzepte und zivilgesellschaftliche Initiativen 1945–1970*, Köln [u. a.]: Böhlau, 2009, 352 S.

Längst ist es gang und gäbe, eine Geschichte der internationalen Beziehungen nicht mehr auf eine ‚große Politik der Kabinette' zu beschränken, sondern diplomatisches Handeln sehr viel breiter sozial- und kulturgeschichtlich zu verankern, auch sehr viel stärker zu transnationalisieren. Mehr als früher gerät dabei das grenzüberschreitende Interagieren von Menschen, Organisationen und Staaten ins Blickfeld sowie die übernationalen Strukturmuster und Austauschprozesse, die daraus im Zeitverlauf erwachsen sind. Besonderes Augenmerk gilt in diesem Zusammenhang zivilgesellschaftlichen Akteuren und Akteursgruppen, denen eine hohe Relevanz als transnationale Mittler und maßgebliche Schrittmacher für Netzwerke unterhalb der offiziellen Politikebene zukommt. Mittlerweile beginnen lange verhärtete Historikerfronten zu bröckeln und einem immer breiteren Konsens darüber zu weichen, dass ein starres Gegenüberstellen gouvernementaler und zivilgesellschaftlicher Akteursgruppen beim Analysieren außenpolitischer Planungen, Entscheidungen und Handlungen nicht sehr sinnvoll ist. Zumindest zweierlei wäre von Fall zu Fall zu prüfen: einmal, über welche Ressourcen diese oder jene Akteure zu einem bestimmten Zeitpunkt in einem bestimmten Kontext überhaupt verfügen; dann, ob sich in der konkreten politischen Praxis nicht eher wechselseitig verschränkte und miteinander agierende als völlig voneinander abgeschottete offizielle und private Handlungsebenen finden lassen.

Das vorliegende Buch kann als empirisches Musterbeispiel für ein Interdependenz- und Interaktionsmodell von ‚großer Politik' und Zivilgesellschaft in der Geschichte der internationalen Beziehungen gelten. Es verdeutlicht, wie gouvernementale französische Stellen und zivilgesellschaftliche deutsch-französische Strukturen für fast den gesamten Zeitraum ineinandergegriffen haben, und dies meist zum Nutzen beider Seiten wie auch der gemeinsamen Sache: der Verankerung, Verbreitung und Konsolidierung der französischen Kultur und Sprache in Deutschland. Besonders eng gestaltete sich dabei die Kooperation offizieller und privater Stellen im ersten Nachkriegsjahrzehnt: zu Besatzungszeiten (vgl. S. 110, 117 ff.) wie auch nach Gründung der Bundesrepublik (vgl. S. 136, 163 ff.), als deutsch-französische Vereine und Gesellschaften förmlich aus dem Boden schossen (vgl. S. 155 ff., 158 ff., 178). Eine solch „originelle Symbiose" (S. 275) zugunsten kulturpolitischer Multiplikatoreffekte ließ sich danach ähnlich intensiv kaum mehr aufrechterhalten. Mit den Pariser Verträgen, der Aufhebung des Besatzungsstatuts und der fast vollständigen Souveränität der Bundesrepublik im Mai 1955 erhielt das bilaterale Verhältnis neue Geschäftsgrundlagen, zugleich veränderten sich die Abhängigkeitsverhältnisse und Selbstverständnisse offizieller und privater Stellen. Zivilgesellschaftlich ließen sich zwar weiterhin etliche Neugründungen (vgl. S. 208, 217) in westdeutschen Städten verzeichnen. Doch gingen die bundesweit wie transnational ausgebauten Kooperationsbestrebungen (vgl. S. 224 ff.) seit den späten 1950er Jahren, verstärkt dann mit dem Elysée-Vertrag 1963, einher mit der wachsenden Sorge um Vereinnahmung und Politisierung des Engagements (vgl. S. 227, 237 ff.). Zivilgesellschaftliche Organisationen blieben wichtige Transmissionsriemen französischer Kulturpolitik, galten aber nicht mehr als exklusive Ansprech- und Kooperationspartner. Deutlicher offenbarten sich nun auch die strukturellen Unterschiede zwischen den weisungsgebundenen, Paris oder Bonn rechenschaftspflichtigen Behörden und den auf Unabhängigkeit bedachten Deutsch-Französischen Gesellschaften (vgl. S. 275).

Das Buch hat seine Stärken, wenn es darum geht, auf breitester Materialbasis solche konjunkturabhängigen Kooperationsmuster der verschiedenen, prinzipiell miteinander verwobenen Akteure herauszufiltern: der institutionellen Akteursgruppen mit unmittelbarer funktionaler Anbindung an die Prämissen auswärtiger Kulturpolitik und beträchtlichen politischen Zwängen je nach Stand der deutsch-französischen Beziehungen; der formal organisierten Akteursgruppen und Einrichtungen mit transnationalem Anspruch und verständigungspolitischen Motiven, die kaum völlig unabhängig von den jeweiligen politischen Konstellationen agieren können; der informellen deutsch-französischen Netzwerke mit übernationalem Wertebewusstsein und begrenzten materiellen Ressourcen, dafür aber in der Regel mit hoher Autonomie gegenüber den Wechselfällen der ‚großen Politik'. Hier liegt fraglos der größte wissenschaftliche Mehrwert der Studie. Darüber hinaus bietet der Band eine fundierte, umfassende, chronologisch geordnete Zusammenschau französischer Kultur(politik) im Westdeutschland und Westberlin der ersten Nachkriegsjahrzehnte. Auf ein Rahmenkapitel zu Anfängen, Organen und Akteuren auswärtiger Kultur- und Sprachpolitik in Frankreich folgen drei etwa gleich lange Kapitel, die für die Perioden 1945–1949, 1949–1955 und 1955–1970 zunächst prägnant die bilateralen Ausgangsbedingungen beleuchten, dann ausführlich die gouvernementalen Strukturen und Anstrengungen, schließlich die zivilgesellschaftlichen Institutionen und Initiativen. Weiter werden relevante zwischenstaatliche Vereinbarungen diskutiert, das deutsch-französische Kulturabkommen 1954 zum Beispiel oder die sprachpolitischen Abkommen von Düsseldorf 1955 bzw. Hamburg 1964. *En filigrane* entspannt sich eine Entstehungs- und Entwicklungsgeschichte der Deutsch-Französischen Gesellschaften wie der französischen Kulturinstitute, die fast durchgängig seit den 1950er Jahren mit Mittelkürzungen und Umstrukturierungszwängen zu kämpfen hatten (vgl. S. 137, 164, 197 ff., 245 ff., 272 f.). Am Ende findet sich ein mehrseitiger Ausblick auf zentrale Trends französischer Kulturpolitik über den Bearbeitungszeitraum hinaus, der das Gesamtbild abrundet.

Dem doppelten Ansinnen, einen quellengesättigten Forschungsbeitrag *und* einen umfassenden Überblick an die Hand zu geben, ist es geschuldet, dass manches in den entsprechenden Passagen zu eingehend und detailfreudig geschildert wird, auch dass schon länger Bekanntes, z. B. zur französischen Besatzungs- und Kulturpolitik zwischen 1945 und 1949, zu breiten Raum einnimmt. Zugleich stimmt es, dass eine solche Synthese mit stellenweise handbuchartigem Einschlag ein Desiderat darstellt und zum Nachschlagen einlädt. Akribisch hat Margarete Mehdorn die verfügbaren Informationen zusammengetragen, aufbereitet und vorbildlich präsentiert: eine wahre Fundgrube für alle, die künftig über gouvernementale und/oder zivilgesellschaftliche deutsch-französische Kulturaktivitäten arbeiten wollen. Der Überblickscharakter der Darstellung verdeutlicht eben auch, wie viele Baustellen es auf diesem Arbeitsfeld noch gibt, bei denen es lohnenswert wäre, ein wenig tiefer zu bohren.

Dietmar Hüser, Kassel

Miard-Delacroix, Hélène: *Le Défi européen de 1963 à nos jours*, Villeneuve d'Ascq: PU du Septentrion, 2011 (Histoire franco-allemande 11), 394 S.

Miard-Delacroix, Hélène: *Im Zeichen der europäischen Einigung: 1963 bis in die Gegenwart*. Aus dem Franz. übers. von Birgit Lamerz-Beckschäfer, Darmstadt: WBG, 2011 (Deutsch-Französische Geschichte 11), 404 S.

Der elfte Band der auf elf Bände angelegten, vom Deutschen Historischen Institut in Paris und der Ecole des Hautes Etudes en Sciences Sociales (EHESS) herausgegebenen deutsch-französischen Geschichte liegt nun vor. In ihrer auf politische und gesellschaftliche Entwicklungen konzentrierten Gesamtschau hat die Autorin Hélène Miard-Delacroix, Professorin für Deutsche Geschichte und Kultur an der Universität Paris-Sorbonne, eine beeindruckende Menge neuerer sowie klassischer Literatur zum Thema verarbeitet. Trotz der Fülle des Materials verzichtet sie nicht auf eigene Quellenarbeit in deutschen und französischen Archiven. Damit ist ihr eine lesenswerte und lesbare Studie gelungen, die Fachpublikum und interessierte Öffentlichkeit gleichermaßen ansprechen dürfte.

Dies liegt an der gewählten Darstellung. Einem ersten chronologischen Teil, der eine Synthese des Forschungsstandes bietet, dabei aber nie in Fachjargon abdriftet, steht ein zweiter Teil gegenüber, der deutsch-französische gesellschaftliche und politische Schwerpunkte vertieft. Hier finden sich Beiträge zur wissenschaftlichen Diskussion zu Themen wie beispielsweise Mai 1968, „Regierung und politische Kultur im Vergleich", „Wandel der Arbeitsgesellschaft" oder das überaus gelungene Kapitel zu „Geschichte und Erinnerung". Dabei bedient sich die Autorin einer ‚gekreuzten Betrachtungsweise' (*histoire croisée*), eines im Rahmen der Untersuchung von Kulturtransfers von Bénédicte Zimmermann und Michael Werner entwickelten Konzepts.

Anstelle einer nur vergleichenden Herangehensweise (Gemeinsamkeiten und Gegensätze zwischen den beiden Ländern) oder der Untersuchung einzelner Transfers (aus einem Land in das andere) konzentriert sie sich auf die Vermischung gemeinsamer und gegenläufiger Entwicklungen, die sich aus der Vielzahl der deutsch-französischen, länderübergreifenden Kontakte ergeben. So wird es möglich, den nationalen Rahmen (‚französische' versus ‚deutsche' Geschichte) zugunsten anderer Rahmungen (politisch, gesellschaftlich, religiös, wirtschaftlich…) zu verlassen.

Das bisher empirisch kaum angewandte Konzept der *histoire croisée* zeigt in der vorliegenden Arbeit seine Stärken, aber auch die Grenzen seiner Leistungsfähigkeit. Die im zweiten Teil der Studie („Fragen und Perspektiven") thematisierten gemeinsam erlebten gesellschaftlichen und politischen Phänomene können so, über den nationalen Vergleichsrahmen hinaus, in einer wirklich deutsch-französischen Betrachtungsweise untersucht werden. Gleichzeitig stellt sich aber die Frage, nach welcher Systematik die untersuchten Phänomene ausgewählt wurden, und es wird deutlich, dass Wirkungszusammenhänge, zumal kausale, mit dieser Methodik nicht erfasst werden können.

Auch wenn in den Abschnitten zum europäischen Einigungsprozess und zur deutsch-französischen Rolle in Europa die Erkenntnisse der englischsprachigen Europaforschung zu kurz kommen und das Buch den ökonomischen Faktoren beim gesellschaftlichen Transformationsprozess nach 1963 insgesamt zu wenig Beachtung schenkt, ist es dennoch ein großer Wurf. Das Ergebnis ist eine wirklich deutsch-französische Geschichte, die trotz der großen Menge verwendeter Literatur (französisch-, deutsch-, teilweise auch englischsprachig) und der Vielfalt an behandelten Themen als überaus gelungen angesehen werden muss. Diese „Deutsch-Französische Geschichte" wird mit

Sicherheit für längere Zeit einen Platz als Standardwerk in Seminaren und Schulen einnehmen.

Stefan Seidendorf, Ludwigsburg

Montandon, Alain: *Les Yeux de la nuit. Essai sur le romantisme allemand*, Clermont-Ferrand: PU Blaise Pascal, 2010 (Révolutions et romantismes 15), 454 S.

„Himmlischer als jene blitzenden Sterne/ In jenen Weiten/ Dünken uns die unendlichen Augen/ Die die Nacht/ In uns geöffnet." Ausgehend von diesem Zitat aus Novalis' erster *Hymne an die Nacht* (1800) geht Alain Montandon in seiner Studie der Faszination nach, die die Nacht auf die deutschen Romantiker ausübte. In einem breit angelegten Überblick von Novalis bis Eduard Mörike öffnet er uns die Augen für das Thema der Nacht und lenkt unsere Aufmerksamkeit auf die faszinierenden Dunkelheiten in der Literatur und Kunst der deutschen Romantik.

Nach einem kurzen Blick auf das 18. Jahrhundert, wo sich in der englischen Literatur, v. a. mit Edward Youngs *Night Thoughts* (1742–1745), die melancholische Verbindung von Nacht und Vergänglichkeit entwickelt hatte, beschreibt Montandon die Aufwertung der Nacht in der deutschen Literatur. Sie beginnt mit Novalis, der in *Hymnen an die Nacht* seine erotisch aufgeladene Todessehnsucht und die mystische Reise ins eigene Ich feiert. Bei Friedrich Hölderlin erscheint die Nacht hingegen als Metapher der Abwesenheit des Göttlichen und der Orientierungslosigkeit des Menschen.

In den *Nachtwachen des Bonaventura* (1805) wird die Nacht dann zur Voraussetzung einer pessimistischen, nihilistischen Weltsicht, in der die Abgründe der menschlichen Existenz, die unerschließbare Widersprüchlichkeit des Lebens deutlich werden. Die Nachtseiten der menschlichen Psyche, die Umnachtungen der Seele stehen auch im Zentrum von Ludwig Tiecks unheimlichen Märchen und E. T. A. Hoffmanns *Nachtstücken*. Die Nacht begünstigt die Rückkehr des Verdrängten und bedeutet die Gefahr des Wahnsinns. Der extreme Subjektivismus, der Weg ins Innere, den Novalis noch enthusiastisch feierte, wird dabei zur Gefahr und führt in die Katastrophe des Ich-Verlusts. Bei Hoffmann wird die Nacht zum Übergangsraum in eine unheimliche, fantastische Welt. Naturphilosophie und Literatur entdecken die Nacht als Zeit der Seelenzustände des Traums und Somnambulismus. In der Nacht erwachen die extremen Triebe und unheimlichen Schattenseiten des Menschen – aus den literarischen Darstellungen dieser Gefahren der Nacht entwickelt sich der Kriminalroman.

In der Lyrik Joseph von Eichendorffs findet im Gegensatz dazu in der ‚wunderbaren Nacht' die Sehnsucht nach einem Einklang zwischen der menschlichen Seele und der in sich ruhenden Natur ihren poetischen

Ausdruck. Die ‚wunderbare Nacht' schafft eine poetische Atmosphäre, die die Sinne öffnet für die Synästhesien aus ‚Mondscheinduft' und Gesang. Gleichzeitig kann sie mit der erotischen Verführung durch dämonische Naturwesen auch unheimliche, gefährliche Züge annehmen. Spuren dieser Doppelperspektive finden sich schließlich auch in Eduard Mörikes postromantischer Dichtung.

Montandon situiert die Konjunktur des Nachtmotivs in der Literatur um 1800 in ihren kulturgeschichtlichen Kontexten. So habe die Entwicklung neuer Beleuchtungstechniken in Privathäusern und im städtischen Raum die Beziehung der Menschen zur Dunkelheit um 1800 tiefgreifend verändert. Die zeitgenössischen medizinischen und naturphilosophischen Diskurse über die nächtlichen Seelenzustände des Traums, des Somnambulismus und des Magnetismus stellt er konzis und verständlich dar. Sehr aufschlussreich sind schließlich die zahlreichen intermedialen Bezüge zur bildenden Kunst, die er herausarbeitet. Er beschreibt die Konjunktur des Nachtstücks in der Malerei der Romantik, etwa bei Caspar David Friedrich, und zeigt auf, wie sich in der Literatur, u. a. bei Hoffmann und in den *Nachtwachen des Bonaventura*, die Technik der Hell-Dunkel-Kontraste wiederfindet. Die Darstellung der Nacht, des Unsichtbaren und des Nicht-Darstellbaren habe zudem als besondere ästhetische Herausforderung in der Literatur der Romantik den Übergang von der Mimesis zur Autonomie der Kunst beflügelt.

Montandon bietet mit dieser Studie eine eindrucksvolle Gesamtschau der zahlreichen Facetten des Nächtlichen in der Literatur und Kunst der deutschen Romantik. Auf der Basis seiner langjährigen Forschung schöpft er aus der Fülle des Materials. Durch zahlreiche Zitate, die stets in französischer Übersetzung und meist auch im deutschen Original präsentiert werden, erschließt er die Hauptwerke der deutschen Romantik gerade auch für französischsprachige Leser im Überblick. Innovativ erscheint zudem die Kombination kulturgeschichtlicher, literarischer und intermedialer Bezüge. In der Heterogenität der Nachtmotivik bei den behandelten Autoren fehlt dem fachfremden Leser allerdings gelegentlich eine stärkere Synthese zwischen den in sich abgeschlossenen Einzelkapiteln. Die Studie stellt insgesamt einen sehr nützlichen Einstieg in das Themenfeld dar und regt zum weiteren Lesen der Primärtexte an. Sie ist ein Gewinn für germanistisch und komparatistisch interessierte Leser.

Leslie Brückner, Freiburg

Münchow, Patricia von: *Lorsque l'enfant paraît ... Le discours des guides parentaux en France et en Allemagne*, Toulouse: PU du Mirail, 2011, 167 S.

Wer einmal deutsche und französische Familien mit Babys und Kleinkindern erlebt hat, wird gespannt diesen Band zur Hand nehmen und sich darin bestätigt sehen, dass die gesellschaftlichen Werte noch stark divergieren. Analysiert werden hier die drei im Jahr 2004 jeweils meistverkauften Elternratgeber, für Frankreich: Antier: *Elever mon enfant aujourd'hui*; Pernoud: *J'élève mon enfant*; Rufo/Schilte: *Elever bébé. De la naissance à six ans*; für Deutschland: Cramm/Schmidt: *Unser Baby. Das erste Jahr*, Diekmeyer: *Das Elternbuch* (Band 1–6), Göbel/Glöckner: *Kindersprechstunde*.

Die Ergebnisse zeigen Unterschiede, jedoch auch Gemeinsamkeiten auf, die nachdenklich machen. So wenden sich alle Ratgeber vorgeblich an die Eltern, implizit wird aber dann doch der Mutter ein deutlich höherer Stellenwert zugesprochen. Der Vater erscheint als relativ außenstehender ‚Dritter', der sich entweder selbst aus der Mutter-Kind-Symbiose heraushält oder (so der französische Blick) von der Mutter daraus ausgeschlossen wird. Manche Autoren, besonders Frauen, fügen Abschnitte speziell für Väter ein, während das Buch ansonsten nur die Mutter meint. Auch die Ratgeber, die für eine aktivere Rolle des Vaters plädieren, halten Mütterlichkeit für selbstverständlich. Aber wo im deutschen Diskurs die Mutterpflichten betont werden und die Väter sich aus freien Stücken heraushalten, wird in den französischen Ratgebern den Müttern ein natürlicher Vorsprung an Wissen und damit Macht zugeschrieben.

Der eklatanteste Unterschied in den nationalen Sichtweisen ergibt sich erwartungsgemäß beim Thema Berufstätigkeit der Mütter. Während man in Frankreich selbstverständlich davon ausgeht, dass die Mutter ihren Beruf wieder aufnimmt, und die Vorteile für die Kinder herausstellt, sind sich alle deutschen Ratgeber-Bestseller einig, dass eine Berufstätigkeit dem Kindeswohl abträglich wäre. Für die Franzosen geht es durchgängig um das ‚Wie' und ‚Wann' einer Rückkehr in den Beruf, während für die deutsche Mutter die Frage ‚ob überhaupt' mit ‚möglichst Nein' beantwortet wird. Der eigentliche Beruf einer Mutter sei eben die Kindererziehung. Für das Stillen werben die Ratgeber in beiden Ländern, aber während in Frankreich die Väter damit einverstanden sein müssen, dass ihre Frau außer Ehefrau eben auch Mutter ist, also der Mann in eine Konkurrenz zum Baby tritt, baut sich in Deutschland ein Konflikt um die Berufstätigkeit auf: für die deutsche Mutter sei auch für einen Teilzeitjob die Zustimmung des Mannes Voraussetzung.

Was die Instanzen betrifft, die sich von außen in die Kindererziehung einmischen, so wird in Frankreich der Rat der Fachleute, wie z. B. Kinderärzte, Kliniken, Psychologen, weitaus mehr geschätzt als in Deutschland, wo den Eltern hier eine große eigene Kompetenz zugesprochen wird und sie zu einer kritischen Haltung ermutigt werden. Sie sind in Deutschland allein verantwortlich, während in Frankreich der Staat und die Gesellschaft eine Mitverantwortung für den neuen Bürger übernehmen. Mutterschaft wird in Deutschland als eine vollgültige Berufstätigkeit angesehen, die die ungeteilte Energie der Mutter fordert, ihr aber auch weitreichende Entscheidungsmacht einräumt. Entsprechend loben die deutschen Ratgeber Altbewährtes und Rat aus dem privaten Umfeld, wo die französischen auf die neuesten wissenschaftlichen Erkenntnisse verweisen und vor den ‚Ammenmärchen' der Großmütter warnen. Alle wollen sowohl beruhigen wie ermutigen. Insbesondere männliche deutsche Ratgeberautoren warnen dabei gleichzeitig davor, dass mütterliche Unsicherheit schlecht für das Kind sei, stellen aber schlimme Folgen in Aussicht, wenn die Mütter Fehler bei der Erziehung machen. Die ‚Rabenmutter' richte dabei ebenso viel Schaden an wie die übereifrige.

Überall steht die Achtung vor der Persönlichkeit des Kindes an oberster Stelle, aber in Deutschland haben die Bedürfnisse der Eltern systematisch hinter denen des Kindes zurückzustehen. Ist das ein Grund, warum Kinder zu haben in Frankreich viel mehr Spaß zu machen scheint? Jedenfalls ist in den deutschen Ratgebern auffällig stärker von Chaos, Schlafentzugs-Folter, permanentem Geschrei etc. die Rede.

Zutage gefördert werden diese Befunde mittels der linguistisch fundierten kritischen Diskursanalyse, die die herkömmliche Inhaltsanalyse von Aussagen ergänzt. Dabei werden pragmalinguistische Texteigenschaften detailliert einbezogen. So lässt sich die eingangs angeführte Feststellung, dass in der Regel allein die Mutter und nicht, wie im Klappentext meist postuliert, ‚die Eltern' Adressaten des Textes sind, bis in einzelne linguistische Phänomene hinein nachweisen. Auch kann man an der Art der Formulierung, an der Wortwahl und der Stilebene schlüssig belegen, welches Bild vom Leser/der Leserin dem Autor beim Formulieren von Ratschlägen vor Augen stehen mag. So könnte die Methode auch für sozialwissenschaftlich arbeitende Historiker/-innen ergiebig sein.

Der Blick ins Detail erfordert andererseits natürlich den Rückbezug auf die größeren Kontexte. Die Autorin leistet dies gelegentlich, wenn sie z. B. bei der Frage der Mütterberufstätigkeit auf die grundlegend unterschiedliche Situation der Betreuungsangebote verweist. Ein solcher Blick auf die Zusammenhänge hätte sich häufiger angeboten. So steht in Frankreich ja nicht nur in der Kindererziehung die Expertenmeinung hoch im Kurs, sondern es herrscht generell eine größere Wissenschaftsgläubigkeit als in Deutschland.

In einem Schlusskapitel stellt die Autorin den Bezug zu erziehungsgeschichtlichen Traditionen beider Länder seit der Aufklärung her. Angesichts der Kürze kann sie dabei nur Schlaglichter setzen, vom neuen Kindheitsbild seit Rousseaus *Emile* zur antiautoritären Erziehung der 1968iger über den Verlust der väterlichen Autorität in der bürgerlichen Familie zur Mitverantwortung des Staates bis zur ‚vaterlosen Gesellschaft' als einer möglichen Konsequenz des Nationalsozialismus, vom Ammenwesen in Frankreich und dem Einfluss des deutschen Protestantismus und von Bildungsreformern auf das Ideal der ‚guten Mutter' zur Kritik von Mutterliebe als historischem Konstrukt in Frankreich und der Professionalisierung der Mutterrolle in Deutschland. Dieses Kapitel bietet ein willkommenes Gegengewicht zum manchmal allzu detaillierten Blick der Diskursanalyse.

Zu fragen wäre allerdings, inwiefern die Befunde aus Deutschland nicht vor allem die alte Bundesrepublik repräsentieren und ob nicht die DDR-Geschichte, die in puncto Müttererwerbstätigkeit, Kinderbetreuung, aber auch Wissenschaftsgläubigkeit über Jahrzehnte dem französischen Modell so viel näher zu sein schien, auch ihre Spuren in den Mentalitäten hinterlassen hat.

Helga Bories-Sawala, Bremen

Münscher, Robert : *Vertrauensentwicklung im interkulturellen Management : ein empirischer Beitrag am Beispiel der deutsch-französischen Zusammenarbeit*, Wiesbaden : Gabler, 2011, XXIV, 543 p.

Il n'est pas facile aujourd'hui d'amener du nouveau dans le domaine de la recherche en management franco-allemand, tant il existe d'études empiriques et d'ouvrages de synthèse qui transcrivent de manière exhaustive les différences entre les deux cultures nationales et les deux systèmes institutionnels. L'ouvrage de Robert Münscher – sa thèse de doctorat de l'Université de Bayreuth – y réussit pourtant, en prenant un angle d'observation pertinent qui apporte une contribution originale à l'étude des coopérations franco-allemandes : les facteurs de développement de la confiance. Considérant l'importance et la difficulté de construire une relation de confiance dans les coopérations internationales, Robert Münscher cherche à identifier les facteurs qui vont favoriser cette confiance ou les caractéristiques qui rendent une personne digne de confiance dans les interactions professionnelles mono- et interculturelles, à partir d'une analyse de contenu de 100 entretiens menés avec des managers français et allemands.

La partie théorique de l'ouvrage est consacrée à la confiance, à ses nombreuses définitions et à une revue de littérature très complète qui distingue différentes approches théoriques. Cette partie insiste sur les différences culturelles dans le développement de la confiance, rappelant la spécificité culturelle de certains facteurs de construction de confiance, eux-mêmes plus ou moins liés à des signaux ou à des comportements clés pendant les interactions professionnelles. Or, d'une culture à l'autre, les facteurs de développement de confiance peuvent varier, les comportements clés associés à ces facteurs peuvent varier également, et de manière plus générale, les signaux et comportements professionnels peuvent être interprétés différemment, ce qui va entraîner des incompréhensions et des malentendus et donc mettre en danger la construction de confiance dans les relations professionnelles interculturelles.

Münscher présente ensuite le design de son étude, construite sur la base d'entretiens avec 50 managers français et 50 managers allemands. De manière à pouvoir mieux contrôler ce qui est spécifiquement lié à une culture nationale ou ce qui pourrait être spécifique à la relation interculturelle, le design empirique distingue deux sous-groupes qui seront interrogés sur la confiance dans les relations professionnelles monoculturelles (DD et FF) et deux sous-groupes qui sont plus particulièrement interrogés sur la confiance dans les relations professionnelles interculturelles franco-allemandes (DF et FD). Avec une méthode d'analyse de contenu dont la codification est présentée de manière très détaillée, Münscher s'intéresse plus particulièrement à trois champs thématiques qui feront l'objet de ses trois chapitres de résultats : les facteurs de confiance dans la relation managériale, les différences culturelles dans la pondération des facteurs de confiance et enfin les différences culturelles de diagnostic ou d'interprétation de ces facteurs dans les interactions.

La première contribution empirique de l'étude est d'identifier un groupe de 60 facteurs de confiance dans les relations de management : les plus souvent cités par les managers interviewés des deux nationalités sont par exemple le respect et l'intérêt montrés, le fait de ne pas se sentir trompé ou manipulé, le respect des engagements et des accords ou la sympathie ressentie. L'auteur regroupe dans douze catégories ces 60 facteurs, cinq catégories étant plutôt liées aux tâches (relation aux règles et aux engagements, transmission d'information, réalisation des tâches...), cinq plutôt liées aux relations (comportement coopératif, construction de la relation...) et deux catégories plus particulièrement liées à l'interaction interculturelle que sont la manière de gérer les différences culturelles et les stéréotypes.

Cette liste exhaustive de facteurs et le regroupement en catégories permet ensuite à l'auteur d'identifier des différences franco-allemandes dans l'importance de ces facteurs pour ses quatre populations de managers. Deux facteurs de confiance apparaissent significativement plus importants pour les Français en environnement professionnel monoculturel (FF vs DD) : 'soigner la relation'/'communiquer beaucoup' et 'être compétent'. Les Allemands en environnement professionnel monoculturel (DD vs FF) privilégieront de manière significative le partage de connaissance, les propositions (*Mitdenken*) et l'information individuelle, le fait de gérer de manière ouverte et proactive les conflits et le fait d'être pris en considération dans les processus de décision. D'autres différences de facteurs de confiance sont mises en évidence dans les réponses des managers en situation interculturelle, différences qui laissent imaginer un fort potentiel de malentendus et de fausses interprétations.

Mais c'est la troisième contribution qui intéressera le plus les spécialistes du franco-allemand. Dans le cinquième chapitre de son ouvrage, Münscher s'intéresse en effet de manière plus précise aux différences interculturelles de diagnostic des comportements et signaux sur lesquels se construit la confiance. Il met ainsi en évidence 37 types de malentendus franco-allemands (potentiels) dans la construction de confiance, par exemple la manière d'aborder un conflit et de gérer l'émotionnel, la manière de développer la dimension privée des relations, la manière de faire de l'humour, la manière de formuler des critiques et des objections... Tous ces différents types sont illustrés par de nombreux exemples et confrontés aux études interculturelles franco-allemandes. Cette partie mériterait de faire l'objet d'une publication spécifique pour un public de chercheurs franco-allemands, car elle présente ces malentendus de manière nuancée et fine, sortant souvent des clichés et des sentiers battus.

Globalement, l'ouvrage de Robert Münscher est un ouvrage dont on ne peut que recommander la lecture. Très bon travail scientifique, fondé théoriquement, mené avec structure et méthode, il est très riche en illustrations même s'il n'est pas pour autant toujours facile d'accès pour un public de praticiens. De plus, le lecteur qui ne vient chercher qu'un éclairage sur le franco-allemand risque de trouver la première moitié un peu frustrante, première moitié où la revue de littérature sur le franco-allemand est réduite à une portion congrue de trois pages (p. 98–101) forcément rapide et superficielle. Ce lecteur sera largement récompensé avec les chapitres 4 et 5 qui amènent des résultats originaux et fondés, de nombreuses illustrations et une discussion riche, utilisant cette fois un corpus d'études franco-allemandes exhaustif et qui semble bien maîtrisé. La première partie de l'ouvrage est cependant loin d'être inintéressante, passionnante pour ceux et celles qui s'intéressent à la construction de la confiance et à ses mécanismes, elle permet à Münscher de construire une approche théorique originale et solide qui donne un éclairage nouveau sur ces relations franco-allemandes que nous croyons trop souvent bien connaître.

Eric Davoine, Fribourg/Suisse

Robert, Valérie: *La Presse en France et en Allemagne. Une comparaison des systèmes suivi d'un lexique allemand-français de la presse*, Paris: Presses Sorbonne Nouvelle, 2011, 183 S.

Es fehlt im Rahmen deutsch-französischer Vergleiche nicht an Versuchen, einzelne landeskundliche Bereiche oder Aspekte gegenüberzustellen und auf spezifische Unterschiede hin zu untersuchen. Auch für das Pressewesen gibt es durchaus kontrastive Analysen, obwohl meist auf ausgewählte Gesichtspunkte beschränkt.[22] Besonderer Aufmerksamkeit erfreuen sich seit Längerem Erhebungen zum Sprachgebrauch der deutschen und der französischen Presse; diese betreffen u. a. Fragen der Lexik, der Syntax (einschließlich der Funktion sprechsprachlicher Faktoren), der Textorganisation, der Gestaltung des Layouts, der Text-Bild-Relationen sowie, viele Ebenen zusammenfassend,

---

[22] Vgl. etwa die Sammelbände: Weber, Thomas/Woltersdorff, Stefan (Hg.): *Wegweiser durch die französische Medienlandschaft*, Marburg: Schüren, 2001; Albert, Pierre/Koch, Ursula/Rieffel, Rémy (Hg.): *Les Médias et leur public en France et en Allemagne/Die Medien und ihr Publikum in Frankreich und in Deutschland*, Paris: Ed. Panthéon-Assas, 2003; Frenkel, Cornelia/Lüger, Heinz-Helmut/Woltersdorff, Stefan (Hg.): *Deutsche und französische Medien im Wandel*, Landau: Knecht, 2004 – oder: Große, Ernst Ulrich/Lüger, Heinz-Helmut: *Frankreich verstehen. Eine Einführung mit Vergleichen zu Deutschland*, Darmstadt: WBG, [6]2008, S. 244 ff.

Rezensionen

der Adressatenorientierung.[23] Was dennoch bislang nicht existiert, ist ein systematischer und umfassender, d. h. über die Betrachtung von Einzelpunkten hinausgehender Vergleich des Pressewesens in Deutschland und in Frankreich. Eine solche Studie hat nun Valérie Robert vorgelegt. Das mit dieser Arbeit verfolgte Ziel klingt anspruchsvoll und vielversprechend:

> Il s'agit de comparer terme à terme les systèmes pour décrire et expliquer autant les ressemblances que les divergences dans l'organisation, dans le modèle économique, dans le fonctionnement ainsi que dans les débats au sujet d'évolutions et de problèmes qui sont souvent les mêmes. (S. 7)

Die einzelnen Kapitel zeichnen sich aus durch fachlich überzeugende Analysen, eine gut verständliche sprachliche Präsentation und – was besonders hervorzuheben ist – durch viele integrierte deutsch-französische Vergleiche. Die erhobenen Daten entsprechen durchweg dem aktuellen Stand und werden in zahlreichen Tabellen und Diagrammen veranschaulicht. Dabei berücksichtigt die Verfasserin – auch das keine Selbstverständlichkeit – sowohl französisch- wie auch deutschsprachige Vorarbeiten der letzten Jahre. Für den landeswissenschaftlich Interessierten bietet sich insgesamt eine Fülle aufschlussreicher Fakten und Synthesen, die in dieser systematischen Aufbereitung kaum woanders nachzulesen sind.

Ausgangspunkt der Erörterungen bildet die unterschiedliche Situation der deutschen und der französischen Presse (gemeint sind die Tages- und Zeitschriftenpresse sowie Gratiszeitungen). Von hier aus leitet die Verfasserin über zum jeweils spezifischen juristischen Status der Presse (vgl. S. 17 ff): Wie ist die Pressefreiheit verankert? Welche historischen Unterschiede sind wichtig? Wie steht es um die Rolle des Staates? Wie unabhängig sind Nachrichtenagenturen?

Recht ausführlich kommen wirtschaftliche Grundlagen zur Sprache (vgl. S. 37 ff). Der Verfasserin gelingt es, diesbezüglich eine Reihe wesentlicher Divergenzen aufzuzeigen: z. B. höhere Werbeeinnahmen auf deutscher Seite (wobei gerade französische Tageszeitungen gegenüber dem Fernsehen und den Zeitschriften nur einen sehr niedrigen Wert errreichen), Unterschiede im Vertrieb und im Kaufverhalten (Abonnements, Zustellung durch Austräger vs. Straßenverkauf). Konzentrationstendenzen kennzeichnen zwar die Presselandschaft beider Länder, doch gilt es auch hier, entsprechend zu differenzieren: In Frankreich ist der Marktanteil einiger weniger Herausgeber

---

23 Stellvertretend sei verwiesen auf unterschiedliche Ansätze wie in: Große, Ernst Ulrich/Seibold, Ernst (Hg.): *Presse française, presse allemande: études comparatives*, Paris: L'Harmattan, 2003; Härmä, Juhani (Hg.): *Le Langage des médias: discours éphémères?*, Paris: L'Harmattan, 2003; Friedl, Isabelle: *Le Reflet de la langue parlée dans la presse écrite française et allemande*, Paris, Thèse de Doctorat, Université de la Sorbonne Nouvelle, 2009.

noch größer als in Deutschland, trotz der zahlreichen Einzeitungskreise (vgl. S. 63); außerdem sind es jenseits des Rheins oft medienferne Mischkonzerne, die versuchen, in der Presse weiter Fuß zu fassen (z. B. die von der Bank Crédit Mutuel kontrollierte Gruppe EBRA/Est Bourgogne Rhône Alpes oder Dassault als Vertreter der Rüstungsindustrie). Und die französische Zeitschriftenpresse erscheint vergleichsweise stärker internationalisiert, dies vor allem aufgrund deutscher Beteiligungen (z. B. Prisma Presse als Tochter von Gruner + Jahr). Diese allgemeinen Tendenzen werden in zwei vertiefenden Kapiteln zur *presse quotidienne* und zur *presse magazine* weiter konkretisiert (vgl. S. 77 ff).

Die Verfasserin listet nicht nur Zahlen und Fakten auf, sondern ist stets bemüht, ebenso Ursachen, Zusammenhänge, Konsequenzen, Lösungsmöglichkeiten zu verdeutlichen und diese im Vergleich gegenüberzustellen. Mit großem Gewinn nimmt der Leser daher auch die Ausführungen zu Maßnahmen der Krisenbewältigung (vgl. S. 117 ff) und zur Online-Presse (vgl. S. 123 ff) zur Kenntnis.

Das letzte Kapitel „Sociologie du journalisme en France et en Allemagne" (S. 141 ff) ist Fragen der journalistischen Praxis gewidmet; es behandelt u. a. die *Charte des journalistes*, den deutschen Pressekodex, die Instanz des Deutschen Presserats, verschiedene juristische Bedingungen, Interventionsmöglichkeiten des Staates, Traditionen (und Ziele) der Journalistenausbildung. Ein spezieller Diskussionspunkt ergibt sich aus dem altbekannten Objektivitätsmythos, der Forderung nach strenger Trennung von Nachricht und Kommentar. Die Verfasserin verweist hier auf unterschiedliche journalistische Normen, einschließlich des auf deutscher Seite nach dem Zweiten Weltkrieg etablierten angloamerikanischen Modells, und betont – zu Recht – gleichzeitig den Kontrast zur alltäglichen journalistischen Beitragsgestaltung.

Die von Valérie Robert vorgelegte Publikation kann als rundum gelungen betrachtet werden. Die Ausführungen bestechen durch eine konsequente Systematik, durch Präzision im Detail,[24] die Einbeziehung aktueller Daten sowie durch differenzierte Analysen und Vergleiche; insbesondere bleiben sie nicht bei reinen Bestandsaufnahmen stehen, sondern zeigen immer auch ein Bemühen, die betreffenden Sachverhalte in ihrem gesellschaftlichen Kontext und vor dem Hintergrund historischer Entwicklungen zu sehen.

Heinz-Helmut Lüger, Bad Bergzabern

---

[24] In einer Neuauflage sollten nur zwei Punkte korrigiert werden: Roland Koch war nie Ministerpräsident von Baden-Württemberg (vgl. S. 93); das ominöse Seite-1-Girl der Bild-Zeitung (vgl. S. 91) musste inzwischen seinen Platz räumen und mit dem Blattinnern vorliebnehmen.

Schmidt am Busch, Hans-Christoph : *Hegel et le saint-simonisme. Etude de philosophie sociale*, trad. de l'allemand par Olivier Mannoni, Toulouse : PU du Mirail, 2012 (Philosophica), 263 p. (Original : *Religiöse Hingabe oder soziale Freiheit. Die saint-simonistische Theorie und die Hegelsche Sozialphilosophie*, Hamburg : Meiner, 2007 (Hegel-Studien, Beiheft 48), 205 p.)

Le saint-simonisme dérive de la philosophie sociale hégélienne. Il est très important de comprendre les suites de la philosophie hégélienne pour saisir le sens de l'histoire sociale du XIXe siècle. L'actualité philosophique porte surtout (en particulier avec les travaux d'Axel Honneth et de Terry Pinkard) sur les théories de la reconnaissance qui, à partir des *Principes de la philosophie du droit*, peuvent prendre une signification sociale. Saint-Simon défendait une éthique normative à ce sujet. Déjà Friedrich Wilhelm Carové et Eduard Gans considéraient la philosophie de l'histoire saint-simonienne comme triviale.

Il n'est pas possible d'actualiser jusqu'au bout la théorie hégélienne, car elle montre un déficit de démocratie, du fait qu'elle s'enracine, non pas dans le consensus des individus, mais dans la théorie de la volonté libre et dans son organicité. La limite de l'actualité de la philosophie sociale hégélienne tient au fait que les individus citoyens doivent limiter leur propre volonté individuelle au profit de l'organicité du tout. Ce ne sont pas eux qui décident des objectifs à suivre. La volonté libre est le principe socio-ontologique de la société.

L'auteur insiste beaucoup sur le fait que Hegel reprend une thèse caméraliste à propos de la distinction entre l'état paysan et l'état industriel. La ville et la campagne constituent la société moderne (§ 256 des *Principes*). L'état industriel s'articule en trois sphères : l'état artisanal, l'état des fabricants et l'état du commerce. A côté de cet état industriel, il y a un 'état universel', qui correspond à la position des employés publics ou fonctionnaires. L'extrême de la singularité (qui connaît et veut pour soi) et l'extrême de l'universalité (qui connaît et veut ce qui est substantiel) s'unissent dans ces natures spirituelles. La nécessité de la police vient de ce que la situation d'injustice pousse les faibles à la méchanceté, à l'aversion pour le travail et à toutes sortes de vices. Le rôle de la police n'est pas de se soucier directement du bien-être particulier. Mais elle met en évidence que la société civile bourgeoise n'est pas en mesure de faire participer tous ses membres de la richesse générale. C'est ici qu'intervient la 'corporation' qui induit une disposition d'esprit qui n'est pas seulement la solidarité d'un groupe mais qui contient également les intérêts universels de l'Etat. La reconnaissance intra-corporative ouvre à l'universalité de l'Etat.

Cet ouvrage enseigne beaucoup sur le détail des éléments en jeu dans la société civile bourgeoise : c'est la finesse de la philosophie sociale hégélienne qui est ainsi révélée. Dès l'époque de Hegel, Carové et Gans, juristes hégéliens, se sont intéressés au saint-simonisme ; ils ont critiqué l'absence de liberté dans le saint-simonisme, alors que le fondement de tout droit social pour Hegel est la 'volonté libre'. Hegel ne nous explique pas comment l'organicité de l'Etat entraîne l'autolimitation de la volonté libre. Mais Schmidt am Busch nous décrit les divers processus par lesquels la société civile bourgeoise nécessaire à l'Etat dépasse le niveau du simple marchandage et se présente comme un système de médiations sociales.

Jean-Louis Vieillard-Baron, Poitiers

Toledo de, Camille: *Le Hêtre et le bouleau. Essai sur la tristesse européenne*, Paris: Seuil, 2009 (La librairie du XXIe siècle), 207 S.

Sein Buch sei ein Versuch, vom 20. Jahrhundert Abschied zu nehmen, schreibt Camille de Toledo im Vorwort zu seiner Abhandlung *Le Hêtre et le bouleau. Essai sur la tristesse européenne*, die 2009 in der Reihe „Librairie du XXIe siècle" bei Seuil erschienen ist. Er behandelt die Erinnerung an das 20. Jahrhundert, die den europäischen Geist der Gegenwart paralysiere und ihm jede Offenheit für Utopien und Hoffnungen auf eine bessere Zukunft nehme. Diesen Zustand des Stillstands bezeichnet er als „tristesse européenne". Um ‚uns' von der Lähmung zu befreien und für neue Ideen zur Gestaltung der Zukunft zu öffnen, sei ein verändertes (Erinnerungs-)Verhältnis zum 20. Jahrhundert notwendig, argumentiert er und schildert in einem zweiten Teil, „L'utopie linguistique", seine Vorstellungen für die Zukunft eines (wirklich) vereinten Europas.

Von der Notwendigkeit, das Verhältnis zum 20. Jahrhundert weiterzuentwickeln, wird der Leser vor allem durch de Toledos Kommentare zum gegenwärtigen europäischen Geist überzeugt. Durch die stringente Entwicklung der Theorie werden die auf subjektiven Eindrücken beruhenden Ideen nachvollziehbar. Die zahlreichen Rück- und Querverweise lassen die einzelnen Gedanken und Metaphern zu einem großen Ganzen zusammenwachsen. An manchen Stellen würde man sich dennoch einen konkreteren Bezug der Theorie zur Realität wünschen. En passant streift de Toledo ein umfangreiches Korpus philosophischer und literarischer Werke (z. B. Hannah Arendt, Imre Kertész, Daniel Mendelsohn), die er oftmals zum Ausgangspunkt seiner Überlegungen macht.

Schon der Titel *Le Hêtre et le bouleau* verweist auf die wesentlichen Elemente in Camille de Toledos Abhandlung: Die Birke (*bouleau*) stehe für die Zeit der Verbrechen der totalitären Regime (S. 66 f.), während die Buche (*hêtre*) ein Symbol für den aktuellen europäischen Geist sei (vgl. S. 64 f.). Diese Idee spiegele sich in der Schreibweise des Wortes als „h-être" wider, wobei das h für den gegenwärtigen Zustand der „hantise", die omnipräsente Angst stehe, die aus der „honte", der Erinnerung an das 20. Jahrhundert, resultiere. Die Auswirkungen dieser Angst (die „tristesse" Europas) beschreibt de

Toledo eingehend unter Berücksichtigung von Staats- und Moralphilosophie sowie der Erinnerungspsychologie. Die Frage nach dem Einfluss der Ereignisse der jüngsten Vergangenheit auf eine identitätsstiftende Erinnerung (einzelner Nationen) Europas ist jedoch bekanntlich nicht neu und wird spätestens seit dem Historikerstreit der 1980er Jahre in Deutschland vermehrt diskutiert. In diesem Kontext muss der wesentliche Kritikpunkt an de Toledos Ausführungen darin gesehen werden, dass er von einer gesamteuropäischen Erinnerung an das 20. Jahrhundert ausgeht und dabei die Unterschiede zwischen den Nationen weitgehend unberücksichtigt lässt; diese Unterschiede schlagen sich aber zweifellos im gegenwärtigen Verhältnis der Menschen zur Vergangenheit nieder.

Gleichwohl erweist sich de Toledos Erörterung verschiedener Arten von Erinnerungsträgern als durchaus interessant: Er unterteilt sie zunächst in zwei Kategorien – steinerne Denkmäler und literarische Verarbeitungen –, wobei er den Vorteil der Literatur, wie Kertész, darin sieht, dass sich der Leser durch seine persönliche Interpretationsarbeit einem Verständnis des Unverstehbaren annähern könne (vgl. S. 111). Diesen Gedanken erweitert er dann um den Aspekt des „vertige", bei dem jede Erkenntnis davon ausgehen müsse, dass es die eine Wahrheit nicht gebe beziehungsweise man sich ihr nur annähern, sie jedoch nie wirklich erfassen könne, vergleichbar mit der Exegese. Mut zum „vertige" ist nach de Toledo nicht nur in der Erinnerung notwendig, sondern bilde die Voraussetzung für eine europäische Einheit, in der die Fähigkeit zur „traduction" die essentielle Kernkompetenz sei. Der Autor entwickelt im letzten Teil des Buches eine Utopie – wie sie seiner Ansicht nach dringend für die Befreiung des europäischen Geistes notwendig sei –, wie das auf „vertige" und „traduction" bauende Europa in den Jahren 2010 bis 2040 umgesetzt werden könnte. Wenngleich diese Projektskizze bereits in Verzug geraten ist, liegen in vielen Teilprojekten erstrebenswerte Ideen, wie z. B. die Einführung eines gemeinsamen Geschichtsbuches, das die jungen Europäer für die Unterschiede und Gemeinsamkeiten der gesamteuropäischen Geschichte sensibilisieren soll.

Camille de Toledo gelingt es in seinem Essay, die theoretischen Fragen sowohl inhaltlich als auch formal spannend und stellenweise sogar unterhaltsam zu erörtern. Viele seiner Gedanken sind eine Bereicherung der Debatte um den Umgang mit der Erinnerung an das 20. Jahrhundert und bringen vor allem die Sichtweise der jüngeren Generation zum Ausdruck, der die Gestaltung Europas im 21. Jahrhundert obliegt.

Franziska Eickhoff, Freiburg

Westphal, Bertrand: *Le Monde plausible: espace, lieu, carte*, Paris: Minuit, 2011, 254 S.

Zwei im vergangenen Jahr in Frankreich erschienene Bücher diskutieren die Frage danach, wie an der Einheit von ‚Welt' festzuhalten wäre, ohne diese, im Einklang mit einer bestimmten Rhetorik der Globalisierung, als eine vereinheitlichte zu begreifen. Jean-Luc Nancys in Zusammenarbeit mit dem Astrophysiker Aurélien Barrau verfasstes Buch *Dans quels mondes vivons-nous?*[25] schlägt mit dem Plural von *mondes* schon im Titel vor, Welt(en) als ‚mehr als eine' zu denken, die gleichwohl nicht in zählbare, adjektivierbare Teile („die arabische Welt', ‚die westliche Welt' usw.) aufzuspalten wäre. Der in Limoges lehrende Komparatist Bertrand Westphal, der seit der Jahrtausendwende sein Konzept der *géocritique* in einer inzwischen beeindruckend großen Zahl von Publikationen entwickelt hat,[26] beginnt sein bisher jüngstes Buch (*Le Monde plausible*), indem er die Geschichte der Vorstellung einer einheitlichen Welt kritisch skizziert: Die Idee einer universellen Harmonie habe sich in eine Praxis der Homologisierung, der an einer Norm ausgerichteten Gleichmacherei, verwandelt (vgl. S. 9). Auf der Suche nach Alternativen schlägt Westphal ausdrücklich nicht den Begriff der ‚möglichen Welten' vor (der ihm zu unverbindlich erscheint); vielmehr erprobt er, mit einem mutigen Singular, den Begriff der plausiblen Welt, einer Welt, die der „forme irrégulière du puzzle spatial qui caractérise la planète" (S. 17) adäquat wäre.

Eine solche plausible Welt wäre eine Alternative zum Eurozentrismus schon im Sinne dessen, dass sie eine Alternative zum Zentrismus europäischer Prägung wäre (vgl. S. 25); Westphal geht weit zurück in griechische Mythologie und Literatur, um anzudeuten, dass der ‚Nabel der Welt' nicht unbedingt deren Mitte sein müsste (vgl. S. 24). Das Buch rekonstruiert einerseits all die räumlichen Praktiken, mit denen diese Welt einer Ordnung unterworfen wurde, einer Ordnung, die, mit dem berühmten Satz Carl Schmitts, in der Möglichkeit von Ortung besteht (vgl. S. 210). Mit Westphals eigenem Wortspiel: Herrschaft (*maîtrise*) beruht auf Vermessung (*métrise*, vgl. S. 17 u. 205–250), oder, wie man das Wortspiel immerhin andeutungsweise ins Deutsche übersetzen könnte: Zu den wichtigsten Maßnahmen der Macht gehört die Maß-Nahme. Symbolische Praktiken wie die Kartierung und die Benennung von Orten stehen dabei in engem Zusammenhang mit materialen Praktiken wie der Ausstattung von Schiffen und werden von imaginären Praktiken wie der Bebilderung und Mythisierung der Eroberungen unterstützt.

Andererseits sucht Westphal gezielt nach „spatialités alter-natives" (S. 15), unter denen sich auch nicht-europäische befinden. So rekonstruiert der Verfasser etwa im Anschluss an Bruce Chatwin die Raumerschließungs-

---

[25] Barrau, Aurélien/Nancy, Jean-Luc: *Dans quels mondes vivons-nous?*, Paris: Galilée, 2011.
[26] Vgl. z. B. Westphal, Bertrand: *La Géocritique. Réel, fiction, espace*, Paris: Minuit, 2007.

verfahren australischer *aborigines*, die sich dem Modell des kartografischen Rasters nicht fügen. Die Aufmerksamkeit für solche Verfahren ist allerdings, wie ebenfalls ausgewiesen wird, eine ihrerseits durchaus europäisch geprägte: Die australischen *songlines* etwa lassen sich gut mit dem von Gilles Deleuze und Félix Guattari geprägten Suchbegriff der ‚Fluchtlinien' lesen (vgl. S. 206).

Westphals *géocritique* unternimmt es, ähnlich wie die Forschungsgruppe „Géographie littéraire" an der Université Sorbonne nouvelle-Paris 3, dem *spatial turn* einen „tournant spatial" zu geben (S. 15), also in die internationale Hochkonjunktur der Raumforschung zu intervenieren, dabei aber literarische Texte, kanonische und nicht-kanonische, weit stärker einzubeziehen, als es im anglophonen Teilbereich dieser Forschung üblich ist. Mit beeindruckender Gelehrsamkeit und Belesenheit spannt der Verfasser den Bogen von Homer zu Michel Houellebecq, von einem chilenischen Epos zu einem pakistanischen Roman. Ein durchschnittlich vorgebildeter Leser wird hier manche historische Stadien – wie die der spanischen Eroberung von Amerika oder der Internationalisierung des Nullmeridians – schon aus detailreicheren Darstellungen kennen, aber auch viel Neues entdecken: etwa den Vergleich verschiedener Versionen der *Argonautica* (vgl. S. 112–118) oder die sagenumwobenen Geschichten von einer afrikanischen sowie einer chinesischen ‚Entdeckung' Amerikas – wohlgemerkt vor Kolumbus (vgl. S. 125–140). Der *spatial turn/tournant spatial* seinerseits ist dabei noch nicht hinlänglich globalisiert: So bezieht Westphal zwar immerhin einige anglophone Beiträge zur Debatte ein, lässt aber die hoch ausdifferenzierte, teilweise durchaus innovative deutschsprachige Forschung zur Raumtheorie sehr weitgehend rechts(rheinisch) liegen.

Robert Stockhammer, München

Autorenverzeichnis

GUEORGUI CHEPELEV

Diplômé de la faculté d'histoire de l'Université Lomonossov de Moscou et de l'Ecole des Hautes Etudes en Sciences Sociales (Paris), Gueorgui Chepelev enseigne depuis 2007 la langue et la civilisation russes au département d'études slaves de l'Université Paris 8 (ATER, maître de langues). Domaines d'enseignement et de recherche : littérature et histoire russe (en particulier les mémoires et les sources visuelles de la Seconde Guerre mondiale, thème de sa thèse de doctorat en cours). Il est l'auteur de six articles sur ces sujets, dont La communication (im)possible : les civils soviétiques et les soldats et les officiers de la Wehrmacht sur le territoire occupé de la Biélorussie et de la Russie occidentale (1941–1944), ds. : Rentel, N./Schwerter, S. (dir.) : *Défis et enjeux de la médiation interculturelle. Perspectives plurilingues et transdisciplinaires*, Frankfurt/M. [etc.] 2012, p. 157–183 ; Les photographies prises par les soldats de la Wehrmacht sur le front de l'Est : à la recherche d'un regard « divergent », ds. : Branland, M./Mastin, D. (dir.) : *De la guerre dans l'art, de l'art dans la guerre*, Paris : Editions de l'Université Paris 7, UFR Lettres, Arts, Cinema, 2010 (Textuel 34/44, 63), p. 143–158 ; Fotografii, sdelannye nemeckimi soldatami na territorii SSSR (1941–1944) kak istočnik po nacistskoj istrebitel'noj politike. [Les photographies prises par les soldats de la Wehrmacht sur le territoire soviétique soviétique : une source sur la politique nazie d'extermination], ds : Dûkov, Aleksandr R. [*et al.*] (dir.) : *Vojna na uničtoženie. Nacistskaâ politika genocida na territorii Vostočnoj Evropy* [Guerre d'extermination. Politique nazie génocidaire en Europe Orientale], Moscou : Fondation « Istoričeskaâ pamât' », 2010, p. 429–447. Co-auteur de trois articles pour le dictionnaire *Trésor des mots de la ville*, sous la direction de C. Topalov, Paris : Editions Robert Laffont, 2010.

VERONIQUE CHLOUP

Véronique Chloup est docteur en mathématiques, maître de conférences à l'Université de Lorraine (anciennement Université Paul Verlaine-Metz) depuis 1998 et sous-directrice à l'orientation et l'insertion professionnelle à l'Université de Lorraine. Elue au conseil d'administration de l'Université Paul Verlaine en 2008, vice-présidente chargée de l'orientation et de l'insertion professionnelle de 2008 à 2011, directrice du Service d'Information et d'Orientation Universitaire de l'Université Paul Verlaine et co-responsable du Bureau d'Aide à l'Insertion Professionnelle des Universités lorraines de 2009 à 2011, elle a développé de nombreux contacts régionaux avec les acteurs de l'orientation, d'une part, et avec le monde professionnel, d'autre part. Elle s'est fortement engagée en faveur de l'insertion professionnelle des étudiants, et dans cette perspective, elle s'emploie à développer la mise en relation diplômés/ entreprises. A ce titre, elle s'est impliquée dans l'étude de faisabilité de mise en réseau des bureaux de stage au sein de l'Université de la Grande Région. Actuellement elle œuvre à la pérennisation des liens noués dans le cadre de ce projet pour apporter un service toujours plus adapté aux étudiants.

VALERIE DESHOULIERES

Après avoir soutenu une thèse de doctorat (Paris IV-Sorbonne) consacrée en partie à l'œuvre de Robert Musil, puis une habilitation à diriger des recherches sur les métaphores de l'Irreprésentable dans les littératures européennes des XIXe et XXe siècles (Clermont-Ferrand II), Valérie Deshoulières a longtemps enseigné la littérature comparée (« Littératures européennes – dominante allemand – XIXe, XXe et XXIe siècles »). Elle a exercé diverses responsabilités au sein de la Société Française de Littérature Générale et Comparée (Vice-présidente, chargée de la Recherche, de 2003 à 2007) et organisé à ce titre une Université européenne d'été, *Biblia – Les imaginaires de la bibliothèque*, à la BNF en juillet 2005, qui rassemblait une cinquantaine de participants. Depuis 2008, elle dirige l'Institut français de Saarbrücken (Allemagne), tout en étant titulaire de la Chaire de littérature française dans le contexte européen à l'Université de la Sarre. En 2009, elle a fondé une revue, *Villa Europa*, mémoire de l'Institut. Elle est l'auteur d'un grand nombre d'études sur l'expérience de désubjectivation et le malheur du savoir au XXe siècle dont *Métamorphoses de l'idiot* (Paris 2005). Elle prépare actuellement un essai intitulé : *La Voix d'Arkhé. Le paradigme archéologique dans la création moderne et contemporaine*. Sous le pseudonyme de Sophie Khan, elle a publié plusieurs romans et deux recueils de poèmes, notamment aux éditions de la Différence.

IBRAHIMA DIAGNE

Studium der Germanistik, Romanistik und Anglistik an der Universität Cheikh Anta Diop (UCAD) in Dakar. 1992 Stipendiat der Landesregierung Steiermark (Graz, Österreich). 1993 MA in Dakar. 1995 Deutschlehrerdiplom an der Pädagogischen Hochschule (ENS) in Dakar. 1996–1999 Lehrtätigkeit an einigen senegalesischen Sekundarschulen. 2000–2002: DAAD-Stipendiat im Graduiertenkolleg „Interkulturelle Kommunikation in kulturwissenschaftlicher Perspektive", Universität des Saarlandes. 2003 Promotion in Dakar. 2004: Festangestellter Assistentenprofessor für Interkulturelle Germanistik am „Département de Langues et Civilisations Germaniques" der UCAD. 2005–2009: Vorstandsvorsitzender des Deutschlehrerverbandes Senegal. 2012 Habilitation in Dakar über das Thema „Biografie und Interkulturalität im Einwanderungsprozess. Literarische Deutungsmuster schwarzafrikanischer Migrationserfahrung in Deutschland (1980–2010)". 2011–2013:

Georg-Forster-Stipendiat der Alexander-von-Humboldt-Stiftung an der Universität des Saarlandes.
Forschungsschwerpunkte: Literatursoziologie und -psychologie, Interkulturelle Kommunikation (Beziehungen und Repräsentationsformen in Literatur, Historiografie und Medien bzw. Ausstellungen, Filmen und Presse); Wissens- und Kulturtransfer; Fremdwahrnehmungsmuster und Identitätskonstruktion; afrikanische Migrationsliteratur in Deutschland; interkulturelle Autobiographik, literarische Netzwerke, Erinnerungsdiskurs.
Veröffentlichungen: *L'Afrique dans l'opinion publique allemande. Transferts culturels et formes de perception de l'Afrique dans l'Allemagne de l'entre-deux-guerres et de la Seconde Guerre mondiale, 1919–1945*, Berlin [u. a.] 2009; Differentiation, hybridation et transposition du Je. Pratiques autobiographiques et écriture interculturelle dans la litterature de l'immigration africaine en Allemagne, in: Gehrmann, Susanne/Veit-Wild, Flora (Hg.): *Conventions & conversions: generic innovations in African literatures/Innovations génériques dans les littératures africaines*, Trier 2012, S. 141–159, sowie zahlreiche Beiträge in *Ethiopiques, Weltengarten, Amo: Revue sénégalaise de Germanistique, Mont Cameroun* usw.

PAPA SAMBA DIOP

Après un doctorat de IIIe cycle passé à Paris, Papa Samba Diop a enseigné les littératures africaine, antillaise et latino-américaine à l'Université de Bayreuth (R .F. A.) de 1982 à 1995. Maître de conférences à l'Université Paris-Est de 1996 à 1999, puis professeur dans la même université depuis 1999, il y dirige le Centre d'Etudes Francophones.
Publications choisies : *Sony Labou Tansi à l'œuvre*. Actes du colloque international, Paris 2007 (co-dir. avec Xavier Garnier) ; *Ecrire l'Afrique aujourd'hui*, Langres 2008 (co-dir. avec Sélom Komlan Gbanou) ; *Archéologie du roman sénégalais*. Réédition corrigée d'un ouvrage paru en 1995 aux éditions IKO (Frankfurt), Paris [etc.] 2010 ; *Glossaire du roman sénégalais*. Réédition corrigée d'un ouvrage paru en 1995 aux éditions IKO (Frankfurt), Paris [etc.] 2010 ; *Aimé Césaire : propositions de lecture accompagnées d'un lexique de l'œuvre*, Paris 2010 ; The Francophone Sub-Saharan African Novel : What World Are We In ?, ds. : *Yale French Studies* 120 (2011), p. 10–22.

LOUISE-HELENE FILION

Louise-Hélène Filion a étudié les littératures de langue française et l'allemand à l'Université de Montréal, à l'Université Paris VII-Denis Diderot et en Allemagne. Elle est doctorante en études littéraires à l'Université du Québec à Montréal et à Université de la Sarre, dans le cadre d'une cotutelle internationale de thèse. Elle s'intéresse aux relations littéraires Québec–Allemagne et

Québec–Autriche. Sa thèse porte sur la réception de Thomas Bernhard et de Peter Handke au Québec et examine des convergences entre les œuvres de ces deux auteurs et de nombreuses œuvres québécoises parues depuis le début des années 1980. Elle est boursière du Conseil de recherches en sciences humaines du Canada (CRSH) et a notamment été auxiliaire de recherche pour le projet « Perceptions de l'Allemagne nazie au Québec dans la littérature et les médias de 1933 à nos jours », mené par Robert Dion (Université du Québec à Montréal) et Hans-Jürgen Lüsebrink (Université de la Sarre).

GERRIT FISCHER

Studium der Romanistik und der Germanistik in Berlin, Bonn und Paris (Sorbonne), Diplom der Ecole Supérieure de Commerce de Nantes (AUDENCIA). 2000–2005 als DAAD-Fachlektor Leiter des Centre Culturel Franco-Allemand in Nantes, heute Fachkoordinator Moderne Fremdsprachen am Deutsch-Französischen Gymnasium in Saarbrücken und Projektleiter Arbeitswelt Frankreich am Frankreichzentrum der Universität des Saarlandes. Im Jahre 2012 Promotion (Co-tutelle) zum Thema „Von der Versöhnung zur Internationalisierung: Das Auseinanderklaffen von Programmatik und Programm am Beispiel deutscher Kulturinstitute in Frankreich" in den Fächern Romanische Kulturwissenschaft und Interkulturelle Kommunikation (Universität des Saarlandes) sowie Langues et Littératures Germaniques (Universität Nantes). 2003 Prix de Gaulle-Adenauer sowie Initiativpreis Deutsche Sprache (Aktion FranceMobil/DeutschMobil) in Kooperation mit der Föderation deutsch-französischer Häuser in Frankreich.

Forschungsschwerpunkte: Interkulturelle Kommunikation im Unterricht, deutsch-französische Kulturbeziehungen, Universität und Arbeitswelt.

ANNE GRACZYK

Etudes germaniques à l'Université de Toulouse II-Le Mirail. 2004–2005 assistante de langue étrangère à Forst (Allemagne). 2006 mémoire de maîtrise intitulé *Sorbentum und Wirtschaftspolitik : Die Zukunft sorbischer Alltagskultur in der Niederlausitz*. 2006–2007 étudiante Erasmus à l'Université de Potsdam. 2007–2009 master trinational en Etudes franco-allemandes/Communication et coopération transfrontalières aux Universités de Metz, du Luxembourg et de la Sarre (Major de promotion). Titre du mémoire : *L'Europe : espace réel, espace mental. L'invention de l'Europe dans* Education européenne *de Romain Gary (1945) et* L'Europe buissonnière *d'Antoine Blondin (1949)*. Depuis octobre 2010 chargée de mission au Conseil Régional de Lorraine (secteur Coopération transfrontalière).

JULIAN HULS

Historien et archéologue de formation, diplômé à l'Université de Liège (ULg). Après avoir travaillé un an au sein des relations internationales de l'ULg, il a rejoint le projet européen Interreg IVA « Université de la Grande Région » pour en manager la stratégie internationale. Il est actuellement rattaché aux Affaires académiques de l'ULg en charge notamment de la gestion de l'enseignement et des encadrants.

HANS-JÜRGEN LÜSEBRINK

Studium der Romanistik und der Geschichtswissenschaft in Mainz, Tours und Paris; 1981 Promotion an der Universität Bayreuth in Romanischer Philologie; 1984 Promotion im Fach Geschichtswissenschaft an der Ecole des Hautes Etudes en Sciences Sociales (EHESS) in Paris; 1987 Habilitation in Romanischer Philologie an der Universität Bayreuth. Inhaber des Lehrstuhls für Romanische Kulturwissenschaft und Interkulturelle Kommunikation an der Universität Saarbrücken. Gastprofessuren u. a. an der Universität Laval (Québec), der EHESS (Paris), der ENS (Paris), der EPHE (Paris), der Northwestern University (Evanston) und der University of California, Los Angeles (UCLA). 2001 Diefenbaker-Preisträger des Conseil des Arts du Canada, 2005 Ernennung zum Officier dans l'Ordre des Palmes Académiques. Mit York-Gothart Mix (Marburg) und Christophe Charle (Paris) Leiter des binationalen ANR-DFG-Forschungsprojekts „Die Transkulturalität nationaler Räume. Prozesse, Vermittler- und Übersetzerfiguren sowie soziokulturelle Wirkungen des literarischen Kulturtransfers in Europa (1750–1900)" (2012–2015). Stellvertretender Sprecher des Internationalen Graduiertenkollegs GRK 1864, „Diversity. Mediating Difference in Transcultural Spaces" der Universitäten Montréal, Trier und Saarbrücken (DFG/Conseil de Recherche en Sciences Humaines du Canada, 2013–2017).

Forschungsschwerpunkte: Europäisch-außereuropäische Literatur- und Kulturbeziehungen 18.–20. Jahrhundert; Kulturtransfer Deutschland-Frankreich; frankophone Literaturen und Kulturen außerhalb Europas mit Schwerpunkt Afrika und Québec; Theorie der Interkulturellen Kommunikation mit Schwerpunkt Kulturtransfer.

Buchveröffentlichungen u. a.: *Einführung in die Landeskunde Frankreichs. Wirtschaft – Gesellschaft – Staat – Kultur – Mentalitäten*, Stuttgart 2000, ²2003; *Interkulturelle Kommunikation. Interaktion – Kulturtransfer – Fremdwahrnehmung*, Stuttgart, Weimar 2005, erw. Neuaufl. 2008, ³2012; *Französische Kultur- und Medienwissenschaft: eine Einführung*, Tübingen 2004 (Mitautor).

Hg.: *Die französische Kultur – interdisziplinäre Annäherungen*, St. Ingbert 1999; *Das Europa der Aufklärung und die außereuropäische koloniale Welt*, Göttingen 2006; Mithg.: *Konzepte der Interkulturellen Kommunikation: Theorieansätze und*

Praxisbezüge in interdisziplinärer Perspektive, St. Ingbert 2004; *Vies en récit. Formes littéraires et médiatiques de la biographie et de l'autobiographie*, Québec 2007; *Am Wendepunkt. Deutschland und Frankreich um 1945 – zur Dynamik eines ‚transnationalen' kulturellen Feldes*, Bielefeld 2008; *Städtischer Raum im Wandel. Modernität – Mobilität – Repräsentationen/Espaces urbains en mutation. Modernités – mobilités – représentations*, Berlin 2011.

CELINE MERAT

2003–2009 Studium der Romanischen Kulturwissenschaft und Interkulturellen Kommunikation, Betriebswirtschaftslehre und Anglistik (Schwerpunkt Literaturwissenschaften) in Saarbrücken; 2006–2007 Stipendiatin des DAAD in Paris im Rahmen des Europäischen Exzellenzprogramms, Fachbereich: Deutsch-Französische Studien; seit 2009 Promotion im Fachbereich Romanische Kulturwissenschaft und Interkulturelle Kommunikation, Stipendiatin der Konrad-Adenauer-Stiftung, Mitarbeiterin an der Deutsch-Französischen Hochschule in den Bereichen Institutionelle Kommunikation, Presse und Öffentlichkeitsarbeit.

HUBERT ROLAND

Hubert Roland est chercheur qualifié du Fonds de la Recherche Scientifique– FNRS belge et professeur à l'Université catholique de Louvain (UCL). Il est boursier de la Fondation Alexander von Humboldt et a séjourné et enseigné aux universités de Marburg (1999–2001), de Münster (2009) et de La Réunion (2010). Il est actuellement président de la Société Belge de Littérature Générale et Comparée (SBLGC). Ses centres d'intérêt principaux portent sur l'histoire des transferts culturels et littéraires entre la Belgique et les pays de langue allemande, le réalisme magique/*magischer Realismus* dans la littérature allemande et européenne et l'historiographie comparée des avant-gardes (guerre et littérature, primitivisme littéraire). Il est directeur de la collection « Comparatisme et Société » (P. I. E.-Peter Lang).

Publications choisies : *La 'Colonie' littéraire allemande en Belgique 1914–1918*, Bruxelles 2003 (thèse de doctorat traduite de l'allemand, revue et mise à jour ; Prix Littéraire 2003 du Parlement de la Communauté Française de Belgique) ; *Leben und Werk von Friedrich Markus Huebner (1886–1964). Vom Expressionismus zur Gleichschaltung*, Münster [etc.] 2009 ; co-direction avec Marnix Beyen & Greet Draye : *Deutschlandbilder in Belgien 1830–1940*, Münster [etc.] 2011 ; co-direction avec Stéphanie Vanasten : *Les Nouvelles Voies du comparatisme*, Gent 2010 (*Cahier voor literatuurwetenschap* 2 (2010)).

CAMILLE DE TOLEDO

Camille de Toledo est né en 1976. Descendant d'une famille juive d'Edirne, il a étudié l'Histoire et les Sciences Politiques à l'IEP de Paris ainsi que le Droit et la Littérature à l'Université Sorbonne-Censier. Il a poursuivi ses études à Londres, à la London School of Economics, puis à la Tisch School de New York pour le cinéma et la photographie. En 1996, il fonde *Don Quichotte*, une revue d'influence zapatiste pour laquelle il fut photographe et éditorialiste. En 2004, il obtient la bourse de la Villa Médicis. En 2005, il entreprend l'écriture de *Strates* : une archéologie fictionnelle, où l'on voit apparaître pour la première fois le thème du 'vertige'. Traduit aux Etats-Unis, en Allemagne, en Italie, en Espagne, Toledo est aussi l'auteur d'essais esthétiques et politiques mêlant les écritures et les genres : récit, théorie, micro-fictions. Il collabore à la revue *Pylône*. Au printemps 2008, avec Maren Sell, Leyla Dakhli et des parrains allant de Juan Goytisolo à Hélène Cixous, de Peter Sloterdijk à Emily Apter, il fonde la Société européenne des Auteurs pour promouvoir une culture de toutes les traductions. En mars 2011, son roman en fragments, *Vies potentielles*, paraît aux éditions du Seuil. C'est pour lui un tournant biographique et littéraire, l'affirmation de ce qu'il nomme désormais une 'écriture du vertige'. L'ensemble de ses travaux – littéraires, plastiques – est réuni sur www.toledo-archives.net.

Publications : *Archimondain jolipunk. Confessions d'un jeune homme à contretemps*, Paris 2002 (traduction allemande : *Goodbye Tristesse. Bekenntnisse eines unbequemen Zeitgenossen*, traduit par Jana Hensel, Berlin 2005) ; *Vies et mort d'un terroriste américain*, [Paris] 2007 ; *Visiter le Flurkistan ou les illusions de la littérature-monde*, Paris 2008 ; *Le Hêtre et le Bouleau, essai sur la tristesse européenne*, Paris 2009 (traduction espagnole : *El Haya y el Abedul. Ensayo sobre la tristeza europea*, traduit par Juan Asís, Barcelona 2010) ; *Vies potentielles*, Paris 2011 ; *L'Inquiétude d'être au monde*, Lagrasse 2012 ; *En época de monstruos y catástrofes*, traduit par Juan Asís, Barcelona 2012.

CHRISTOPH VATTER

Studium der Fächer Romanische Kulturwissenschaft und Interkulturelle Kommunikation, Deutsch als Fremdsprache und Französische Sprach- und Literaturwissenschaften an der Universität des Saarlandes und der Université Laval (Québec, Kanada); 2008 Promotion im Rahmen einer deutsch-französischen *co-tutelle de thèse* in Romanistik und Sciences de l'information et de la communication an der Universität Paul Verlaine-Metz und der Universität des Saarlandes; seit 2010 Inhaber der Juniorprofessur für Interkulturelle Kommunikation in der Fachrichtung Romanistik der Universität des Saarlandes.

Forschungsschwerpunkte: Interkulturelle Kommunikation und interkulturelles Lernen, französische Kultur- und Medienwissenschaft, Gedächtnis und Erinnerungskultur, frankophones Kanada.

Veröffentlichungen u. a.: *Gedächtnismedium Film. Holocaust und Kollaboration in deutschen und französischen Spielfilmen seit 1945*, Würzburg 2009.

Mitautor: *Französische Kultur- und Medienwissenschaft: eine Einführung*, Tübingen 2004; *Interkulturelle Kompetenz. Erkennen – verstehen – handeln. Französisch*, Stuttgart [u. a.] 2012.

Hg.: *Interkulturelles Lernen im interregionalen Schüleraustausch zwischen Deutschland und Frankreich. Evaluationsergebnisse und didaktische Materialien des COMENIUS-Regio-Projekts ILIS*, St. Ingbert 2011.

Mithg.: *Francophonie et globalisation culturelle. Politiques, Médias, Littératures*, Frankfurt/M. 2007; *Le Cyberespace francophone. Perspectives culturelles et médiatiques*, Tübingen 2011; *Interkulturelle Kommunikation in der frankophonen Welt. Literatur, Medien, Kulturtransfer. Festschrift zum 60. Geburtstag von Hans-Jürgen Lüsebrink/La communication interculturelle dans le monde francophone. Transferts culturels, littéraires et médiatiques. Mélanges offerts à Hans-Jürgen Lüsebrink à l'occasion de son 60ᵉ anniversaire*, St. Ingbert 2012.

THOMAS VERCRUYSSE

Thomas Vercruysse est chargé de cours à l'Université de la Sarre.

Il a soutenu en 2011 une thèse intitulée *La Cartographie poétique (Valéry, Artaud, Mallarmé, Michaux, Segalen, Bataille) – Tracés, diagrammes, formes*, qui tente de développer une théorie transversale de la création, commune à la poésie, la philosophie et la science, à partir de la métaphore de la cartographie. Ses travaux s'inscrivent dans une perspective épistémocritique nourrie principalement par la *French Theory*. Il a publié plusieurs articles, dirigé un numéro de la revue *Tangence* sur « Paul Valéry – Identité et analogie » et fait partie du groupe Valéry de l'ITEM/CNRS ainsi que du groupe « Savoirs du vivant » de l'Université Paris-Est.

Principales publications : *La Cartographie poétique – Tracés, diagrammes, formes (Valéry, Artaud, Mallarmé, Michaux, Segalen, Bataille)*, Genève (à paraître) ; La peau et le pli. Bernard Noël : pour une poétique de la réversibilité, ds. : *Lendemains* 134/135 (2009), p. 54–64 ; La 'symétrie agitée' de Valéry : l'influence du modèle réflexe, ds. : *Recherches Valéryennes/Forschungen zu Paul Valéry* 21 (2008) ; Le paradigme de la combinatoire chez Valéry, Hilbert et Turing, ds. : *Epistémocritique* 6 (hiver 2010), http://www.epistemocritique.org/spip.php?article117&lang=fr (09/11/2012) ; La bêtise selon Valéry. Portrait de M. Teste en idiot, ds. : Dollé, M./Jacques-Lefèvre, N. (dir.) : *Bêtise et idiotie : XIXe–XXIe siècle*, Nanterre 2011 (RITM 40), p. 145–154 ; Intensité et modulation : Valéry à la lumière de Deleuze, ds. : Briand, M./Camelin, C./Louvel, L. (dir.) : *L'Intensité. Formes et forces, variations et régimes de valeurs*, Rennes 2011

(La Licorne 96), p. 219–228 ; De Descartes à Athiktè : métamorphoses du sensible chez Valéry, ds. : *Aisthesis* 5/1 (2012), http://www.fupress.net/index.php/aisthesis/article/view/11048/10500 (09/11/2012) ; Le Léonard de Valéry : l'unité des savoirs par la méthode, ds. : Thoizet, E./Wanlin, N./Weber, A.-G. (dir.) : *Panthéons littéraires et savants – XIXe–XXe siècles*, Arras 2012, p. 187–195.

BERTRAND WESTPHAL

Bertrand Westphal est professeur de littérature générale et comparée à l'Université de Limoges, où il dirige l'équipe de recherche « Espaces Humains et Interactions Culturelles » (EA 1087 EHIC). Il est spécialiste de l'étude des représentations de l'espace en littérature et promoteur de la géocritique. Ses domaines de recherches habituels se situent dans le postmoderne, mais il fréquente aussi des périodes plus anciennes.

Ces dernières années, il a écrit deux livres géocritiques : *La Géocritique. Réel, fiction, espace*, Paris 2007, traduit en anglais (*Geocriticism : Real and Fictional Spaces*, trad. p. Robert T. Tally Jr., New York 2011) et en italien (*Geocritica : reale finzione spazio*, trad. p. Lorenzo Flabbi, Roma 2009), ainsi que *Le Monde plausible. Lieu, espace, carte*, [Paris] 2011, qui sera bientôt traduit chez Palgrave Macmillan.

Par ailleurs, il a publié un essai sur la littérature autrichienne intitulé *Austrofictions. Une géographie de l'intime*, Mont-Saint-Aignan 2010, et, auparavant, un livre sur le pourtour culturel méditerranéen : *L'Œil de la Méditerranée. Une odyssée littéraire*, La Tour d'Aigues 2005.

Bildnachweis

Bildnachweis

CHEPELEV
Abb. 1–3: Archiv des Autors
Abb. 4: *Signal* [Französische Ausgabe] 15 (1943), S. 28.

MERAT
Abb. 1–4, 6: Filmstills aus Camus, Marcel: *Mort en fraude*, Spielfilm, Frankreich 1956.
Abb. 5: Filmstill aus Wargnier, Régis: *Indochine*, Spielfilm, Frankreich, 1991.

TOLEDO
Abb. 1: Donauquelle in Donaueschingen, © Clemensfranz, Wikimedia Commons, CC BY-SA 3.0.
Abb. 2: Carte de l'Europe, in: *Epitome du théâtre du monde* (Anvers, Imprimerie Plantienne, 1598. Imprimé, 118 pages de commentaires et de cartes). Musée national du château de Pau, Inv. P. BP. 1469. © Musée national du château de Pau/phot. Jean-Yves Chermeux.
Abb. 3: The Eiffel Tower in Paris, TX, © B. J. Bumgarner, http://www.flickr.com/photos/homer4k/57087122/, CC BY-NC-SA 2.0.
Abb. 4: Picture of Ski Dubai from Mall of Emirates, © Frank Seiplax, Wikimedia Commons, CC BY-SA 3.0.
Abb. 5–6: Nowhere Lands, © Camille de Toledo.
Abb. 7: Hannah Arendt in the Resistance Museum, © Amy Widdowson, http://www.flickr.com/photos/72912786@N00/ 60850969, CC BY-NC-ND 2.0.
Abb. 8 Berlin, Hannah-Arendt-Straße, © luiginter, http://www.flickr.com/photos/luiginter/2907015513/, CC BY-NC-SA 2.0.
Abb. 9: Holocaust Memorial Site, © Guido Parlato, http://www.flickr. com/photos/hi_gui/220426209/, CC BY-NC-ND 2.0.
Abb. 10: Bruce-Lee-Statue, Mostar, Bosnien, © AP Photo/Amel Emric.
Abb. 11: Stari-Most-Brücke Mostar, © Louis-F. Stahl, Wikimedia Commons, CC BY-SA 3.0 DE.

Jahrbuch des Frankreichzentrums

PETER HAYES, JEAN EL GAMMAL (Hg.)
Universitätskulturen – L'Université en perspective – The Future of the University

2012, 322 Seiten, kart., 31,80 €,
ISBN 978-3-8376-1889-1

PATRICIA OSTER, HANS-JÜRGEN LÜSEBRINK (Hg.)
Am Wendepunkt
Deutschland und Frankreich um 1945
– zur Dynamik eines 'transnationalen' kulturellen Feldes/Dynamiques d'un champ culturel 'transnational'
– L'Allemagne et la France vers 1945

2008, 430 Seiten, kart., 33,80 €,
ISBN 978-3-89942-668-7

CLAUDIA POLZIN-HAUMANN,
DIETMAR OSTHUS (Hg.)
Sprache und Sprachbewusstsein in Europa/ Langues et conscience linguistique en Europe
Beiträge aus Wissenschaft, Öffentlichkeit und Politik/Une approche pluridisciplinaire: entre sciences, opinion publique et politique

2011, 258 Seiten, kart., 29,80 €,
ISBN 978-3-8376-1666-8

Leseproben, weitere Informationen und Bestellmöglichkeiten finden Sie unter www.transcript-verlag.de

Jahrbuch des Frankreichzentrums

MANFRED SCHMELING, MICHAEL VEITH (HG.)
**Universitäten in europäischen Grenzräumen/
Universités et frontières en Europe**
Konzepte und Praxisfelder/
Concepts et pratiques

2005, 410 Seiten, kart., 28,80 €,
ISBN 978-3-89942-353-2

BERND SCHRÖDER, WOLFGANG KRAUS (HG.)
**Religion im öffentlichen Raum/
La Religion dans l'espace public**
Deutsche und französische Perspektiven
Perspectives allemandes et françaises

2009, 474 Seiten, kart., 32,80 €,
ISBN 978-3-89942-922-0

CLEMENS ZIMMERMANN,
MANFRED SCHMELING (HG.)
**Die Zeitschrift – Medium der Moderne/
La Presse magazine – un média de l'époque
moderne**
Deutschland und Frankreich im Vergleich
Etude comparative France-Allemagne

2006, 292 Seiten, kart., 25,80 €,
ISBN 978-3-89942-381-5

Leseproben, weitere Informationen und Bestellmöglichkeiten
finden Sie unter www.transcript-verlag.de